修订说明

高等职业教育三年制护理、助产专业全国规划教材源于原国家教育委员会"面向21世纪高等教育教学内容和课程体系改革"项目子课题研究，是由原卫生部教材办公室依据课题研究成果规划并组织全国高等医药院校专家编写的"面向21世纪课程教材"。本套教材是我国高等职业教育护理类专业第一套规划教材，第一轮于1999年出版，2005年和2012年分别启动第二轮和第三轮修订工作。其中《妇产科护理学》等核心课程教材列选"普通高等教育'十五'国家级规划教材""普通高等教育'十一五'国家级规划教材"和"'十二五'职业教育国家规划教材"，为我国护理、助产专业人才培养做出卓越的贡献！

根据教育部和国家卫生健康委员会关于新时代职业教育和护理服务业人才培养相关文件精神要求，在全国卫生职业教育教学指导委员会指导下，2017年组建了新一届教材建设评审委员会启动第四轮修订工作。新一轮修订以习近平新时代中国特色社会主义思想为指引，坚持立德树人，对接新时代健康中国建设对护理、助产专业人才培养需求。评委会在来自全国30个省、市、自治区140余所高等职业院校的申报专家中全面比较、反复研究，遴选出600余名专家参与第四轮修订。

本轮修订的重点：

1. 秉承三基五性　对医学生而言，院校学习阶段的学习是一个打基础的过程。本轮教材修订工作秉承人民卫生出版社国家规划教材建设"三基五性"优良传统，在基本知识、基本理论、基本技能三个方面进一步强化夯实医学生基础。整套教材从顶层设计到选材用材均强调思想性、科学性、先进性、启发性、适用性。在思想性方面尤其突出新时代育人导向，各教材全面融入社会主义核心价值观，体现"敬佑生命、救死扶伤、甘于奉献、大爱无疆"的卫生与健康工作者精神，将政治素养和医德医技培养贯穿修订、编写及教材使用全过程。

2. 强化医教协同　本套教材评审委员会和编写团队进一步增加了临床一线护理专家，更加注重吸收护理业发展的新知识、新技术、新方法以及产教融合新成果。评委会在全国卫生职业教育教学指导委员会指导下，在加强顶层设计的同时注重指导各修订教材对接最新专业教学标准、职业标准和岗位规范要求，更新包括疾病临床治疗、慢病管理、社区护理、中医护理、母婴护理、老年护理、长期照护、康复促进、安宁疗护以及助产等在内的护士执业资格考试所要求的全部内容，力求使院校教育、毕业后教育和继续教育在内容上相互衔接，凸显本套教材的协同性、权威性和实用性。

3. 注重人文实践　护理工作的服务对象是人，护理学本质上是一门人学，而且是一门实践性很强的科学。第四轮修订坚持以学生为本，以人的健康为中心，注重人文实践。各教材围绕护理、助产专业人才培养目标，将知识、技能与情感、态度、价值观的培养有机结合，引导学生将教材中学到的理论、方法去观察病情、发现问题、解决问题，在加深学生对理论的认知、理解和增强解决未来临床实际问题的能力的同时，更加注重启发学生从心灵深处自悟、陶冶灵魂，从根本上领悟做人之道。

4. 体现融合创新　当前以信息技术、人工智能和新材料等为代表的新一轮科技革命迅猛发展，包括护理学在内的多个学科呈深度交叉融合。本套教材的修订与时俱进，主动适应大数据、云计算和移动通讯等新技术新手段新方法在卫生健康和职业教育领域的广泛应用，体现卫生健康及职业教育与新技术的融合成果，创新教材呈献形式。除传统的纸质教材外，本套教材融合了数字资源，所选素材主题鲜明、内容实用、形式活泼，拉近学生与理论课和临床实践的距离。通过扫描教材随文二维码，线上与线下的联动，激发学生学习兴趣和求知欲，增强教材的育人育才效果。

全套教材包括主教材、配套教材及数字融合资源，分职业基础模块、职业技能模块、人文社科模块、能力拓展模块、临床实践模块 5 个模块，共 47 种教材，其中修订 39 种，新编 8 种，预计于 2018 年 12 月出版，供护理、助产 2 个专业选用。

国家卫生健康委员会“十三五”规划教材
全国高等职业教育教材

供护理、助产专业用

信息技术与文献检索

主　编　李希滨

副主编　崔金梅　胡树煜

编　者（以姓氏笔画为序）

邢唯杰　复旦大学护理学院
李　凯　黑龙江护理高等专科学校
李　新　滨州职业学院
李希滨　黑龙江护理高等专科学校
胡树煜　锦州医科大学
钮　靖　南阳医学高等专科学校
崔金梅　山西医科大学汾阳学院
惠　蓉　大理护理职业学院
潘　攀　黑龙江护理高等专科学校（兼秘书）

人民卫生出版社

图书在版编目(CIP)数据

信息技术与文献检索/李希滨主编. —北京: 人民卫生出版社, 2018

ISBN 978-7-117-27686-3

Ⅰ. ①信… Ⅱ. ①李… Ⅲ. ①信息检索－高等职业教育－教材 Ⅳ. ①G254.9

中国版本图书馆 CIP 数据核字(2018)第 294300 号

信息技术与文献检索

主　　编：李希滨
出版发行：人民卫生出版社（中继线 010-59780011）
地　　址：北京市朝阳区潘家园南里 19 号
邮　　编：100021
E - mail：pmph @ pmph.com
购书热线：010-59787592　010-59787584　010-65264830
印　　刷：人卫印务（北京）有限公司
经　　销：新华书店
开　　本：850 × 1168　1/16　**印张**：15　**插页**：8
字　　数：475 千字
版　　次：2019 年 1 月第 1 版　2019 年 1 月第 1 版第 1 次印刷
标准书号：ISBN 978-7-117-27686-3
定　　价：48.00 元
打击盗版举报电话：010-59787491　E-mail：WQ @ pmph.com
（凡属印装质量问题请与本社市场营销中心联系退换）

教材目录

序号	教材名称	版次	主编	所供专业	配套教材
1	人体形态与结构	第 2 版	夏广军　郝立宏	护理、助产	√
2	生物化学	第 2 版	何旭辉　陈志超	护理、助产	√
3	生理学	第 2 版	杨桂染	护理、助产	√
4	病原生物与免疫学	第 4 版	刘荣臻　曹元应	护理、助产	√
5	病理学与病理生理学	第 4 版	陈振文　杨美玲	护理、助产	√
6	正常人体结构	第 4 版	高洪泉　乔跃兵	护理、助产	√
7	正常人体功能	第 4 版	彭　波	护理、助产	
8	疾病学基础	第 2 版	胡　野	护理、助产	
9	护用药理学	第 4 版	秦红兵　姚　伟	护理、助产	√
10	护理学导论	第 4 版	李晓松　章晓幸	护理、助产	
11	健康评估	第 4 版	刘成玉	护理、助产	√
12	基础护理学	第 4 版	张连辉　邓翠珍	护理、助产	√
13	内科护理学	第 4 版	冯丽华　史铁英	护理、助产	√
14	外科护理学	第 4 版	熊云新　叶国英	护理、助产	√
15	儿科护理学	第 4 版	张玉兰　王玉香	护理、助产	√
16	妇产科护理学	第 4 版	夏海鸥	护理	
17	眼耳鼻咽喉口腔科护理学	第 4 版	陈燕燕　赵佛容	护理、助产	√
18	母婴护理学	第 3 版	简雅娟	护理	
19	儿童护理学	第 3 版	许　玲	护理	
20	成人护理学(上册)	第 3 版	张振香　蔡小红	护理	
21	成人护理学(下册)	第 3 版	张振香　蔡小红	护理	
22	老年护理学	第 4 版	孙建萍　张先庚	护理、助产	
23	中医护理学	第 4 版	温茂兴	护理、助产	√
24	营养与膳食	第 4 版	季兰芳	护理、助产	
25	社区护理学	第 4 版	徐国辉	护理、助产	
26	康复护理学基础	第 2 版	吕雨梅　李海舟	护理、助产	
27	精神科护理学	第 4 版	雷　慧　岑慧红	护理、助产	
28	急危重症护理学	第 4 版	胡爱招　王明弘	护理、助产	

续表

序号	教材名称	版次	主编	所供专业	配套教材
29	妇科护理学	第2版	程瑞峰	助产	√
30	助产学	第2版	魏碧蓉	助产	
31	优生优育与母婴保健	第2版	陈丽霞	助产	
32	护理心理学基础	第3版	汪启荣	护理、助产	
33	护理伦理与法律法规	第2版	李怀珍	护理、助产	
34	护理礼仪与人际沟通	第2版	秦东华	护理、助产	
35	护理管理学基础	第2版	郑翠红	护理、助产	
36	护理研究基础	第2版	曹枫林	护理、助产	
37	传染病护理	第2版	张小来	护理、助产	√
38	护理综合实训	第2版	张美琴　邢爱红	护理、助产	
39	助产综合实训	第2版	金庆跃	助产	
40	急救护理学	第1版	郭茂华　王　辉	助产、护理	
41	预防医学概论	第1版	乌建平	助产、护理	
42	护理美学基础	第1版	王晓莉　徐贤淑	护理	
43	数理基础	第1版	胡志敏　兰冰洁	助产、护理	
44	化学基础	第1版	孙彦坪	助产、护理	
45	信息技术与文献检索	第1版	李希滨	助产、护理	
46	职业规划与就业指导	第1版	才晓茹　夏立萍	助产、护理	
47	老年健康照护与促进	第1版	周郁秋　张会君	护理、助产	

全国高等职业教育护理、助产专业第四届教材评审委员会

顾　　问

郝　阳　陈昕煜　郭燕红　吴欣娟　文历阳　沈　彬
郑修霞　姜安丽　尤黎明　么　莉

主任委员

杨文秀　唐红梅　熊云新

副主任委员（以姓氏笔画为序）

王　滨　田国华　白梦清　吕俊峰　任　晖　李　莘
杨　晋　肖纯凌　沈国星　张先庚　张彦文　单伟颖
胡　野　夏海鸥　舒德峰　赖国文

秘 书 长

窦天舒　王　瑾

常务委员（以姓氏笔画为序）

马存根　王明琼　王柳行　王信隆　王润霞　王福青
方义湖　曲　巍　吕国荣　吕建新　朱秀珍　乔学斌
乔跃兵　任光圆　刘成玉　安力彬　孙　韬　李　红
李　波　李力强　李小寒　李占华　李金成　李黎明
杨　红　杨金奎　杨硕平　吴　蓉　何旭辉　沈曙红
张立力　张晓杰　陈　刚　陈玉芹　陈振文　林梅英
岳应权　金庆跃　周郁秋　周建军　周浪舟　郑翠红
屈玉明　赵　杰　赵　欣　姚金光　顾润国　党世民
黄　刚　曹庆景　梁新武　程瑞峰　温茂兴　谢　晖
赫光中

秘　　书

魏雪峰

数字内容编者名单

主　编　李希滨　崔金梅

副主编　胡树煜　钮　靖

编　者（以姓氏笔画为序）

邢唯杰　复旦大学护理学院

李　凯　黑龙江护理高等专科学校

李　新　滨州职业学院

李希滨　黑龙江护理高等专科学校

胡树煜　锦州医科大学

钮　靖　南阳医学高等专科学校

崔金梅　山西医科大学汾阳学院

惠　蓉　大理护理职业学院

潘　攀　黑龙江护理高等专科学校（兼秘书）

主编简介与寄语

李希滨，黑龙江护理高等专科学校研究馆员。主要教学领域：医学文献检索。主编或参编国家及省部级“十一五”“十二五”“十三五”规划教材6部。主持黑龙江省高等教育学会高等教育科学研究“十二五”规划课题1项；参与卫生部、省级规划课题3项。分别荣获黑龙江省优秀艺术科研成果、黑龙江省图书馆学会优秀科研成果、黑龙江省职业教育学会科研成果等多个奖项；在国家级、省级期刊发表多篇论文。

为黑龙江省高等学校图书情报工作委员会专业委员会成员；黑龙江省艺术科学专家库专家；黑龙江省卫生系统“三八”红旗手；黑龙江省直属机关“优秀党支部书记”；荣获黑龙江省基层卫生岗位练兵和技能竞赛特殊贡献奖。

寄语：

一分耕耘，一分收获。真诚地希望同学们勤勉学习，不断实践，学以致用，努力提高信息素养，做有扎实学识、学会思考、品行高雅、全面发展的时代新人。

前　言

随着科学技术的飞速发展和全球经济一体化的推进，信息技术日新月异，信息数量不断增多。如何及时获取信息、有效处理信息、准确交流信息，进行文献信息检索，并利用这些记载人类科技成果的文献信息促进科学研究的进一步发展，成为科技工作者日益关注的问题。信息素质是现代人才必备的基本素质，是人们终身学习的基础，大学生信息素质培养是新时代人才培养的重要内容。

本教材是根据高职高专学校的特点将课程进行了融合，精练恰当地教会学生如何掌握信息处理技术和文献检索的基本知识，了解常用检索工具的检索方法和使用技巧，从而能够充分利用各类信息资源为自主学习提供帮助，使学生能迅速有效地提高信息意识、信息能力和信息素养。

本教材内容编排独特，新颖翔实，紧扣专业发展脉络与前沿，采用现代化的信息手段，图文并茂，实用性强。力求体现综合创新、风格清新、通俗易学，具有较强的可读性、可操作性。融合富媒体，使教材更具有真实、直观、形象的特色。让学生能了解现代信息处理的方向和应用。本书可作为高等医学职业院校学生信息技术与文献检索课程教材，也可供医学专业人员、教学与科研人员、图书情报人员研究参考。

本书在编写过程中得到各位编者的真诚合作和各位编者所在院校的大力支持，在此表示衷心的感谢！

由于编者学识水平有限，本书难免存在不足与疏漏之处，诚请广大师生和读者不吝指正，以便日后进一步修正和完善。

李希滨　崔金梅

2018年5月

教学大纲
（参考）

目 录

第一章 医学信息技术概述

学习目标

1. 认识信息、了解信息的数字化思想。
2. 掌握几种典型信息的计算机存储与表示。
3. 掌握互联网基础知识，了解信息技术对医疗卫生事业发展的影响。
4. 了解医院信息化建设的发生与发展过程。
5. 熟悉信息技术在现代化护理中的应用。
6. 树立正确的信息意识，具有良好的信息素养。

信息时代，以计算机技术和互联网为代表的信息技术已深入到我们日常生活、学习和工作的方方面面中，特别是近十年来，移动互联技术和大数据技术得到迅速发展，在社会的各个领域中得到了广泛的应用，日益改变着人们的思维方式，信息成为社会发展的重要资源，成为社会发展的时代特征。

在医学领域，计算科学已从生理系统仿真建模、医院信息管理系统、数字医院的应用逐步发展到电子病历、电子健康档案、移动医疗，并在医学研究及临床实践中得到深入而广泛的应用，因此，掌握以计算机为核心的信息技术已成为新时代医学生必备的基本素质和技能。

第一节 信息与医学信息化

小张考入护理高职院校后，开始学习利用计算机解决一些学习问题，但不明白自己的名字在计算机中是怎么存放？想了解视频、图片、声音等信息在计算机中的存储与表示？通过本节课的学习，学生可以了解信息与信息化知识。

问题 1. 数据与信息的区别。

问题 2. 各种信息在计算机的存储表示。

一、信息的数字化

信息这个术语应用十分广泛，不同的学科会有不同的解释。从哲学的角度讲，信息与物质、能量

共同构成了客观世界的三大基础资源，人类获取、积累并利用信息是认识和改造客观世界的必要过程，借助信息，人类才能获得知识、才能有效地组织各种社会活动。因此，信息是人类维持社会正常活动不可缺少的资源。信息奠基人香农(Shannon)认为“信息是用来消除随机不确定性的东西”。因此，信息只有通过计算机快速高效地处理才能最大限度地发挥作用，为人类所用，信息化是信息社会发展的大趋势。

现实世界中的信息需要用一定的形式表述出来才能被记载、传递和应用。人们使用一组符号及其组合对信息进行表达，通常称为数据。数据能表示信息，但同一数据可能有不同的解释，如：在人体体温检测中37.5℃为发热的临界温度，当达到38℃时被确定为发热病人了；在几何学中38℃表示锐角；而天气预报中的38℃表示天气炎热了。

信息与数据是密不可分的，数据是信息的载体，信息则是数据的内涵，是对数据的解释与应用。在计算机领域中，数据除了数值型数据外，还包含文字、语音、图形图像、视频等非数值型数据。同一信息可以有不同的数据表示方式，信息是抽象的，不随数据形式而改变。使用信息可以判断条件、估计某个问题是否已经发生、评估其他解决方案以及选择行动等。随着信息技术的高速发展，人们积累的数据量急剧增长，通过有效管理和处理数据，利用信息发现知识并为决策服务。

总之，数据是信息的源泉，信息是知识的基础，这些概念都是相对的。例如，当护士测量患者体温为39℃时，这是需要挂急诊号的信息，也是临床医生处理该患者信息中的一个数据。又如，一张化验报告是化验室经过数据处理后获得的信息，也是临床医生分析疾病的数据。同样，在信息处理和知识挖掘的过程中，又将已经积累的许多知识视为数据。

以信息处理技术为代表的信息化社会已经形成并在飞速发展，社会信息化、设备数字化、通信网络化成为当今时代的主要特征。信息处理离不开计算机，数字、符号、文字、图形、图像和音频、视频等各种信息已成为计算机处理的对象，那么这些信息是如何在计算机中存储和处理呢？

信息的数字化是信息处理基础。所谓信息数字化是将复杂多变的信息转变为数字数据，并将这些数字数据转变为二进制代码，引入计算机内部，进行统一处理的过程。各种各样的信息在计算机都以“0”或“1”的数字形式被存储和处理，也就是进行二进制编码。

二、信息的计算机存储和表示

编码与人们生产生活密切相关，学号、身份证号、邮政编码、商品条码、疾病代码等都是编码。计算机中采用二进制编码是为了人与计算机之间方便快捷地进行信息交流和处理。

在计算机中，可用“1”和“0”两个数字来表达电压的高低、电流的有无、电容的充电放电、开关的接通断开、磁极的正负等。看似简单的“0”和“1”不仅要表达所有要计算的数据，而且表达计算以及控制规则。同时，也适合逻辑运算，即“1”表示逻辑代数的“真”，“0”表示“假”，实现数值量与逻辑量共存，便于用逻辑运算器件实现算术运算。

（一）信息的存储容量与单位

丰富多彩的计算机信息通过组合多个“0”和“1”的序列表示信息。如01000010可以表示一个信息，序列越长表示的信息越多，计算机所出现的信息均为“0”和“1”形成的序列。为了能有效地表示和存储不同形式的数据，人们使用了不同的数据单位。

1. 位(bit，b)　计算机存储信息的最小单位，代表一个二进制数，由数字0或1组成。一个二进制位只能表示两种状态，要想表示更多的信息，就要把多个位组合起来作为一个整体，每增加一位，所能表示的信息量就增加一倍。例如，ASCII码用7位二进制数组合编码，能表示2^7=128个信息。

2. 字节(byte，B)　计算机存储容量的基本单位。连续8个二进制位编为一组称为一个字节，即：1B=8b。通常，一个ASCII码占1个字节；一个汉字国标码占2个字节；整数占2个字节；实数，即带有小数点的数，用4个字节组成浮点形式等。但是随着计算机存储容量的不断扩大，用字节表示存储容量就显得太小，为此又出现了千字节(KB)、兆字节(MB)、吉字节(GB)、太字节(TB)、拍字节(PB)、艾字节(EB)等单位，它们之间的关系如下。

1KB=2^{10}B=1024B　　1MB=2^{20}B=1024KB　　1GB=2^{30}B=1024MB

1TB=2^{40}B=1024GB　　1PB=2^{50}B=1024TB　　1EB=2^{60}B=1024PB

笔记

3. 字（word）　计算机一次存取、处理和传输的一组二进制数码的整体。一个字通常由若干字节构成，用来存放一条指令或一个数据。字长取决于计算机的内部结构，计算机型号不同，其字长也不同，一般为 8 的倍数。例如，字长为 32 位的计算机，一个字由 4 个字节；字长为 64 位的计算机，1 个字由 8 个字节组成。字长越长，一次处理的数字位数越大，运算越精确，速度越快。

在实际应用中，需要计算机处理的信息多种多样，包括各种进制的数据、不同语种的文字符号、各种图形图像和媒体信息等，无论是把信息送入计算机还是把结果呈现出来，基本上是以我们可接受的自然方式或者接近自然的方式进行，这些信息要在计算机中存储并表达，都需要完成“0”和“1”的数字化转换，即需要转换成二进制。

（二）数值数据的表示

数值数据有大小和正负之分，无论多大的数，在计算机内只能用“0”和“1”表示。在同一计算机内，数据的长度是固定统一的，不足的部分用“0”填充。通常把二进制数的最高位定义为符号位，用“0”表示正数，“1”表示负数。

以二进制形式表示的数分为有符号和无符号数，有符号的定点数可以用三种方法表示，即原码、反码、补码。所谓原码，就是一个二进制的最高位为符号位：0 表示正，1 表示负，其余位为数值位；正数的反码与原码相同，负数的反码是其原码逐位取反，即 0 变为 1，1 变为 0，但符号位 1 不变；正数的补码与其原码相同，负数的补码是在其反码的末位加 1。在计算机中，数值数据用补码来表示和存储。

（三）非数值数据的表示

非数值型数据又称符号数据，包括字母、数字、汉字和其他计算机能够识别的符号等，在计算机内通常用若干位二进制数代表一个特定的符号。用不同的二进制数据代表不同的符号，并且二进制代码集合与符号集合一一对应，这就是计算机编码。

为了使信息的表示、交换、存储或加工处理方便，在计算机中通常采用统一的编码方式，因此制定了编码的国家标准或国际标准，例如，西文字符（字母、数字、各种符号）和中文字符，由于形式的不同，使用不同的编码。

1. 西文字符　在计算机内的二进制编码形式普遍采用 ASCII 编码，即美国国家标准局（ANSI）制定的美国标准信息交换码（American standard code for information interchange）。每个 ASCII 码以一个字节存储，ASCII 码有 7 位码和 8 位码两种版本，即标准 ASCII 码和扩展 ASCII 码，标准 ASCII 码只用到一个字节的低七位，最高位为 0，可表示 2^7=128 个字符，编码从 0 至 127，称为 ASCII 码基本集。

一般，计算机源程序和文本文件都是由一系列连续的 ASCII 码组成的，一连串 ASCII 码组成的数据称为字符串，可以用来表示一个字符、一个单词、一句话或一篇文章。

2. 中文汉字　为了使计算机能够处理、显示、打印、交换汉字字符等，我国国家标准局于 1980 年发布了国家汉字编码标准 GB2312-80，全称是《信息交换用汉字编码字符集——基本集》（简称 GB 码或国标码）。根据统计把最常用的 6763 个汉字分为二级，一级字库包括 3755 个常用汉字，按音序排列；二级字库包括 3008 个次常用汉字，按偏旁部首笔画数排列。由于汉字数量众多，用两个字节来表示一个汉字。

3. 汉字的处理过程　计算机内部只能识别二进制数，汉字量大，笔画繁简不一，所以汉字需要一个处理过程才能输入到计算机中，并在计算机中存储，在屏幕上显示或在打印机上打印。从汉字编码的角度看，计算机对汉字信息的处理过程实际上是各种汉字编码的转换过程，这些编码包括：汉字输入码（外码）、汉字内码、汉字地址码和汉字字形码（字模码）等。汉字信息处理中的各编码及转换流程如图 1-1 所示。

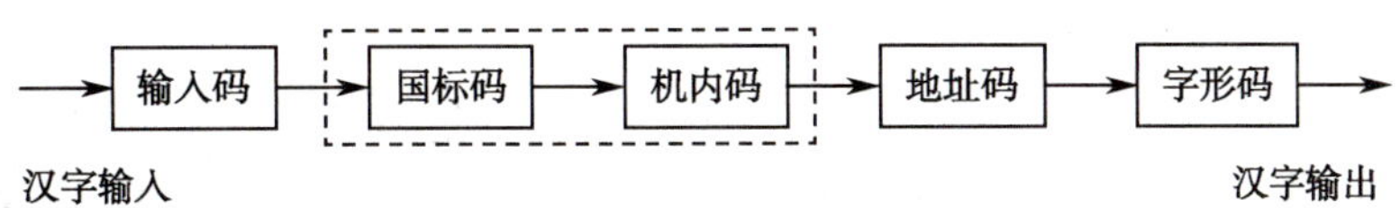

图 1-1　汉字信息处理系统模型

由图 1-1 可知，需要从键盘对每个汉字输入规定的代码，即汉字的输入码。由于键盘的大小和按键数量的限制，汉字的输入不能像英文字符那样，一键对应一个字符，只能多键输入一个汉字，这里的多键就是指输入一个汉字的编码需要多个键配合完成。汉字输入码可以通过音码、形码、音形结合码、数字编码、手写识别输入、语音模仿输入等方案构成，也因此产生了目前几百种汉字输入编码，下面我们列举具有代表性的几种输入编码。

（1）国标区位码：数字形式的外码，它是国家标准局公布实施的一种输入码编码方案。区位码是一种无重码的输入码，即一个区位码对应一个汉字。

（2）拼音输入编码：用汉字的拼音符号作为输入编码。如汉字“护”的拼音是“hu”，这就是其拼音输入编码。由于同音字的存在，拼音输入方法是一种有重码的输入方法。

（3）字形输入编码：是一种以汉字的偏旁部首作为基本键位的输入编码。即把键盘上的某一键位对应某一偏旁部首（当然，某一键位也可能代表多个偏旁部首），按照组字规则，多个键位的组合就是汉字的字形输入编码。例如，五笔字型输入法就是这类编码的代表，它是目前用得相当广泛的输入编码。在五笔字型输入方案中，“湖”字的三个偏旁部首“水”、“古”、“月”分别安排在键盘的“i”、“d”、“e”三个键位上，那么“ide”字符串就是“湖”字的五笔字型输入编码。

一般来说，字形输入码的重码少于拼音输入码，输入速度快；而拼音输入法容易学习，现在广泛流行的搜狗拼音输入法，由于其智能化程度不断提高，输入速度也很快。

不论哪种汉字输入方法，计算机都将每个汉字的输入码转换为相应的国标码，然后再转换为机内码，才可以在计算机内存储和处理了。输出汉字时，先将汉字的机内码通过简单的对应关系转换为汉字的地址码，然后通过汉字地址码对汉字库进行访问，从字库中提取汉字的字形码，最后根据字形数据显示打印出汉字。

（四）多媒体信息表示

多媒体信息可以通过计算机展示丰富多彩的文、图、声信息，而在计算机内部都要转换成 0 和 1 数字化信息后进行处理，并以不同文件类型进行存储。

声音数字化的基本技术是脉冲编码调制（pulse code modulation，PCM），主要包括采样、量化和编码三个步骤。即将在时间上、幅度上连续的模拟信号变换成计算机所能处理的二进制数的形式，利用计算机进行存储、传递、编辑或处理声音信号。存储声音信息文件格式有很多种，常见的数字音频文件格式有 WAV、VOC、MP3、WMA 等。

图形是由直线、圆等图元组成的画面，计算机存储的图形是生成图形的指令，以矢量图形文件形式存储。计算机中的图像是对自然界中客观景物的数字化处理结果，例如照片、海报、书中的插图、影音等，是一种模拟信号。通过摄像机拍摄得到的动态图像称为视频，而用计算机或绘图的方法生成的动态图像称为动画。目前常用的动画制作软件有 Flash、3DSMax 等。

声音、图片、图形、动画和视频等信息编码后可以有效地将它们保存到计算机中，但是，存储这些信息的文件可能十分巨大，因此需要采用压缩编码技术对信息进行重新编码，减少存储空间。

不同的编码技术形成了不同格式的文件，常见的图像格式有 BMP、TIF、JPG、GIF、PNG 等，视频格式有 MPEG（moving picture experts group），包括 MPEG-1、MPEG-2、MPEG-4、MPEG-7、AVI、MPG、MOV、RMVB 等。MP3 则是应用于 MPEG 的一项有损压缩技术标准。

（五）条形码与 RFID

条形码与 RFID 均是近年来广泛使用的一种物品信息标识技术。其方法是赋予物品一个特别的编号，由该编号可以获知该物品的详细信息。如何采用条形码与 RFID 对物品信息进行编码。

1. 条形码技术　条形码是由一组规则排列的条、空及其对应字符组成，按照一定的编码规则排列，表达一组信息的图形标识符。根据条码结构和存储的信息量，分为一维条码、二维条码和三维条码。

（1）一维条形码：一维码只能在一个方向上通过宽度不等的“黑条”和“空白”的排列组合来存储信息，信息量的大小由条码的宽度和印刷的精度来决定。

通常一个完整的一维条形码是由两侧的空白区、起始符、数据字符、校验符、终止符等组成的，如图 1-2 所示。其中，空白区用于提示扫描器准备扫描；起始符和终止符分别用来标识条形码的开始与结束位置，同时提供了码制识别信息和阅读方向信息；数据字符是指位于条形码中间的条、空结构，

包含了所要表达的特定信息；校验符用于检查解码后的资料结果是否正确，如果正确即可输入系统中进行存储和计算，如果不正确则输出警告信息，以便用户重新输入。

空白区	起始符	数据字符	校验符	终止符	空白区

图 1-2　一维条形码组成结构示意图

条形码技术是利用光的反射原理，由于黑线能够吸收光，条形码扫描器就获得弱信号；而空白能反射光，扫描器获得强信号，并且不同的宽度决定了信号持续时间长短。光电转换器根据强弱不同与持续时间长短的不同转换成相应的电信号，电信号输出到条形码扫描器的放大电路增强信号后，再送到译码器将脉冲信号转换为数字电信号“0”或“1”。信号在根据一定的编码规则解码后，转换成相应的数字、字符信息，即可反映出商品信息。

一维条形码的特点是信息录入快，差错率低，但数据容量较小，条码遭到损坏后不能阅读。一维条形码种类很多，常见的有 20 多种，目前使用频率最高的几种一维条形码有 EAN、UPC 等。其中 UPC 主要用于北美地区；EAN 条码又称通用商品编码，由国际物品编码协会（GS1）制定，是目前国际上使用最为广泛的一种商品条形码。EAN 商品条形码分为 EAN-13（标准版）和 EAN-8（缩短版）两种。目前我国推行使用的是 EAN 条形码。

EAN-13 由 13 位数组成，分别为：前缀码（3 位），制造商代码（4 位），商品代码（5 位）和校验码（1 位）组成，如图 1-3 所示。其中前缀码用来标识国家或地区，由国际物品编码协会负责分配，如 690～699 代表中国大陆。制造商代码由各个国家或地区的物品编码组织负责分配。

图 1-3　一维 EAN 条形码示意图

在医院信息系统中，护士通过条形码核对患者和药品信息，住院患者在检验、检查以及调取病案资料中都用条形码标识，如图 1-4 所示。

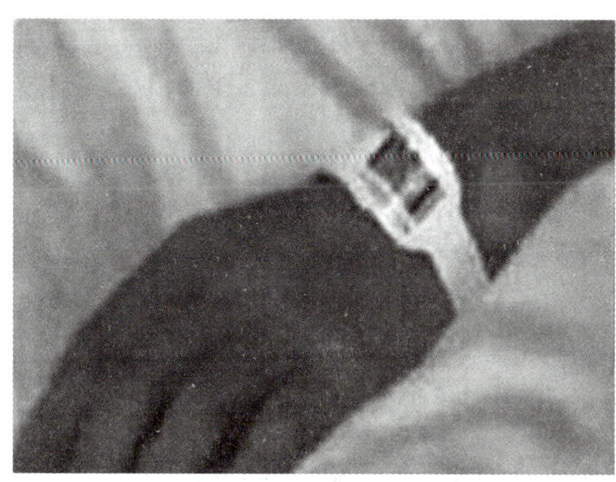

图 1-4　医院信息系统中的条形码

（2）二维条形码：是用某种特定的几何图形按一定规律在平面（二维方向）分布的黑白相间的图形记录数据符号信息的。二维码可以在水平和垂直方向的二维空间上存储信息，其存储量远远高于一维条形码，一个邮戳大小的二维码可存储数千个字符信息，具有信息密度高、容量大，不仅能防止错误，而且能纠正错误等特点。

视频：
条形码

二维码有多种不同的编码方式，根据编码原理通常可分为堆叠式和矩阵式两类。常见的有堆叠式 PDF417 和矩阵式 QR code 码，如图 1-5 所示。(a) 堆叠式二维码是由多行短小的一维条形码堆叠而成；(b) 矩阵式二维码又称棋盘式二维码，是通过黑、白像素在矩阵中的不同分布进行编码。

随着移动互联网及智能终端的发展，二维码已经应用在生活的方方面面，如二维码名片，二维码溯源进行产品跟踪，手机扫码关注公众号或完成支付，轻松阅读或观赏刊物的延伸内容。而在医院中，医生扫描随访二维码可以加入随访医嘱提醒。

（a）堆叠式PDF417

（b）矩阵式QR code码

（c）手机扫码

图 1-5　二维码示意图

（3）三维条码：在二维条码的基础上，结合条空宽度变化、条空颜色变化和纵向排列来表示信息，从而增加单位面积信息存储密度。其能够承载 0.6～1.8MB 的信息，具有存储信息量大，清晰度、质量高等特点。

条形码标识出物品信息并且使用特定的读取设备可将信息很快读入计算机，医院将患者信息和药品信息等相关信息制作成条形码代替输液单，在输液核对时护士只需要用特定的设备扫描条形码就可以获取患者和药品信息，达到输液核对的目的，避免了人工核对存在差错的风险，保证了用药安全。

2. RFID 技术　射频识别（radio frequency identification，RFID）是自动识别技术的一种，利用无线射频信号、电磁耦合和电磁辐射实现无接触式的自动识别和数据采集。RFID 技术超越了条形码，并能实现物品的掌控。

RFID 射频识别是一种非接触式的自动识别技术，通过射频信号自动识别特定目标对象并获取相关数据，如图 1-6 所示。RFID 技术从安全、服务和管理等方面给医疗行业带来了新的应用，可以进行流动资产追踪管理、病人流动与安全管理、药品管理、医疗器材追踪、门禁安全管理、医护人员识别和排班管理等方面的应用。

医用腕带也称为医用患者识别带、医疗腕带，如图 1-7 所示。腕带上存储有患者信息，用于识别患者身份，帮助护士实现无线移动护理及患者定位。有些医用腕带还能对患者进行实时监控，防止走失，对精神病、老人、儿童、急诊患者及传染病管理极为重要。婴儿腕带中带有防盗电子标签，在日常护理中，通过护士携带的手持式 RFID 读写器分别读取母亲与婴儿佩戴的医用腕带中的信息，确认双方的身份匹配，防止婴儿被抱错，从而降低医患纠纷风险。

图 1-6　RFID 读写器通过标签读取药物信息

图 1-7　医用腕带

RFID 系统

一个典型的 RFID 系统一般由标签、读写器以及计算机系统等部分组成，如图 1-8 所示。

RFID 工作流程通常如下：

（1）读写器通过天线发送出一定频率的射频信号。

（2）当 RFID 标签进入读写器工作场时，其天线产生感应电流，从而激活 RFID 标签。

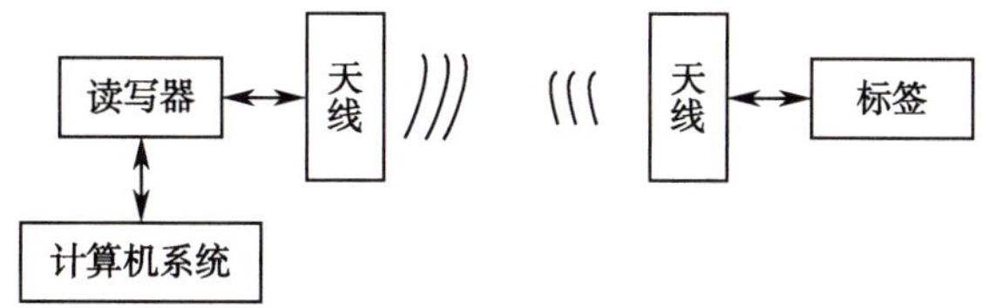

图 1-8　RFID 系统组成示意图

(3) 标签将自身编码等信息通过天线发送出去。

(4) 读写器天线接收到来自标签的载波信号，将其传送至读写器。

(5) 读写器对接收到的信号进行解调和解码后，送至计算机系统进行处理。

(6) 计算机系统根据逻辑运算判断该标签的合法性，针对不同的设定做出相应的处理和控制，发出指令信号控制执行机构的动作。

与传统的识别方式相比，RFID 技术具有快速扫描、数据容量大、抗污能力强、穿透性与无屏障阅读，无需光学可视、无需人工干预即可完成信息的输入和处理，且操作方便快捷，安全性强，能够广泛应用于生产、物流、交通、运输、医疗、防伪、跟踪、设备和资产管理等需要收集和处理数据的应用领域。

三、信息技术与医学信息化

纵观人类社会发展史和科学技术史，信息技术在众多的科学技术群体中越来越显示出强大的生命力。信息技术不仅包括现代信息技术，还包括在现代文明之前的原始时代和古代社会中与那个时代相对应的信息技术。20 世纪以来信息技术的飞速发展促进了信息社会的到来，人类正走进以信息技术为核心的知识经济的时代，信息资源已成为与材料、能源同等重要的战略资源。

1. 信息技术　信息技术（information technology，IT）是管理和处理信息的各种技术的总称，主要包括传感技术、计算机与智能技术、通信技术和控制技术。

一般来说，现代信息技术包含三个层次的内容：信息基础技术、信息系统技术和信息应用技术。

信息基础技术是信息技术的基础，包括新材料、新能源、新器件的开发和制造技术。近几十年来，发展最快、应用最广泛、对信息技术以及整个高科技领域的发展影响最大的是微电子技术和光电子技术。

信息系统技术是指有关信息的获取、传输、处理、控制的设备和系统的技术。感测技术、通信技术、计算机智能技术和控制技术是它的核心和支撑。

信息应用技术是针对种种实用目的，如信息管理、信息控制、信息决策而发展起来的具体技术群类。如工厂自动化、办公自动化、家庭自动化、人工智能和互联通信技术等。它们是信息开发的根本目的所在。

信息技术应用主要是应用计算机科学和现代通信技术来设计、开发、安装和实施信息系统及应用软件，实现获取信息、传递信息、存储信息、处理信息和使用信息等目的。信息技术不仅催生了新型产业，还积极地与传统行业结合，改造传统行业。加速信息技术的传递速度，对社会、科技、人们的日常生活产生广泛的影响。信息技术的发展史可概括为数字化、多媒体化、网络化、宽频带、智能化等，未来信息技术将会得到更深、更广、更快的发展。

2. 信息化及医学信息化　在计算机、互联网等生产工具的作用下，社会经济由工业经济转向信息经济。信息化是指培养、发展以计算机为主要智能化工具所代表的新生产力，并使之造福人类社会的历史过程。它包括信息技术的产业化、传统产业的信息化、基础设施的信息化、生产方式的信息化、生活方式的信息化等几个方面。信息化是一个相对概念，它所对应的是社会整体及各个领域的信息获取、处理、传递、存储、利用的能力和水平，人们对信息化可以从不同角度、不同层次加以理解。

在社会生产力发展、人类认识和实践活动的推动下，信息技术在社会的各个领域得到发展与广泛

的应用，显示出强大的生命力。信息技术在医学领域中的应用给医疗卫生行业带来了前所未有的变革，医护人员的工作效率及病人就医效率得到极大的提高，医学信息化已成为医疗活动中不可缺少的支撑和手段。医学信息化是在卫生信息管理机构统一规划和组织下，将电子计算机、通信等信息技术与卫生管理、医学技术、临床诊疗等紧密结合，充分利用信息技术方法，全面促进、改善卫生服务质量和效率。

中国的医学信息化正随着新医改的进行而蓬勃发展，国内外知名IT企业已进军中国医学信息化领域，电子病历、健康档案和区域医疗信息化正在逐步实现，中国的医疗卫生事业将会有巨大的发展。

第二节　信息技术与信息社会

小张在护理高职院校学习期间，利用校园网完成所修课程的信息查询，在数字图书馆使用网络自主学习，轻松慕课，体会到在网络技术背景下学习方式的转变，今年他就要毕业了，想了解互联网技术对医疗卫生领域发展的影响。通过本节课的学习，让学生了解信息技术在医学领域的应用，重点掌握因特网的基础知识。

问题1. 如何使用因特网？

问题2. 物联网、云计算、大数据等信息技术给医疗卫生行业带来了什么变化？

一、互联网基础

信息技术改变了我们的生活、学习和工作方式，同时，互联网成为信息获取、信息交换与信息发布的基本手段。互联网的发展带来了人们思维的变化，信息搜索与网络化服务对社会和个人有深远影响，促进了互联网与现实世界网络的融合，也促进了基于互联网的创新。

1. 计算机网络　计算机网络是将分布在不同地理位置上的具有独立功能的多个计算机系统，通过通讯设备和通讯线路互相连接起来，实现数据传输和资源（硬件、软件和数据）共享的系统。如果通过专用互联设备将若干个物理网络再连接在一起，形成的网络集合称为互联网。

因特网（internet）是建立在全球网络互联的基础上，一个全球范围的信息资源网，因此又称为“国际互联网”。它是世界上最大的、覆盖范围最广的、提供服务最多的计算机网络。简单说，是通过TCP/IP协议构架，将世界范围内的计算机网络互连起来实现信息传递，在网络上提供各种服务的全球性计算机网络。

2. internet的起源与发展　internet起源于美国军用需要，即1968年的ARPANET网络计划。20世纪80年代，世界先进工业国家纷纷接入internet，20世纪90年代是internet迅速发展的时期，互联网的用户数量以平均每年翻一番的速度增长。我国于1994年4月正式接入因特网，1996年初，中国的internet已经形成了中国科技网（CSTNET）、中国教育和科研计算机网（CERNET）、中国公用计算机互联网（CHINANET）和中国金桥信息网（CHINAGBN）四大具有国际出口的网络体系。

下一代互联网是一个建立在IP技术基础上的新型公共网络，能够容纳各种形式的信息，在统一的管理平台下，实现音频、视频、数据信号的传输和管理，提供各种宽带应用和传统电信业务，是一个真正实现宽带窄带一体化、有线无线一体化、有源无源一体化、传输接入一体化的综合业务网络。未来的互联网将实现随时随地、以任何一种方式高速上网，任何可能的东西都会成为网络化生活的一部分，真正实现数字化生活。

3. internet接入方式　在使用internet之前，必须先通过ISP接入internet，ISP（internet service provider）是internet服务提供商。ISP提供的功能主要是分配IP地址、提供联网软件配置、提供各种因特网服务和接入服务等。

目前个人接入internet的方式主要有无线接入和有线接入两大类。如表1-1所示。

表 1-1　internet 接入方式

一级分类	二级分类	说明
有线接入	拨号连接	利用公用电话交换网通过调制解调器(modem)拨号实现用户的接入。这种方式已被淘汰
	ISDN 接入	综合业务数字网，俗称“一线通”，通过专用的 ISDN modem 拨号上网。用户上网时，同时可拨打电话、收发传真，其极限带宽为 128Kb/s，不能满足高质量的宽带应用
	ADSL 接入	利用普通电话线提供宽带数据业务的技术。在普通电话线的基础上，使用专门的 ADSL modem 接入网络，支持的上行速度 640Kb/s～1Mb/s，下行速度 1～8Mb/s
	cable 接入	利用有线电视缆线实现宽带接入
	光纤接入	使用光缆实现宽带接入。根据用户的不同需求有光纤到小区、到家 / 办公室、到桌面等多种接入方式。用户上网速度可达 10Mb/s 以上
无线接入	无线局域网 WLAN	基于 WAP、蓝牙、IEEE802.11 等技术的无线接入方式。既可满足各类便携机的入网，也可实现局域网远程接入，但本身覆盖范围局限，只限于公司单位或行业用户使用
	无线广域网(手机接入)	基于 GSM、CDMA、GPRS 等无线技术，借助移动运营商的通信网络，真正实现了随时随地无线入网。CDMA 编码技术使得盗号只能于理论，GPRS 的数据传输速度达 115Kb/s，且具有“永远在线”的特点。

4. IP 地址　IP 地址是在 internet 中用来标识某一台计算机的地址。根据 IPv4 标准，IP 地址由 32 位二进制数(4 个字节)表示，总数是 2^{32} 个，也可用十进制数表示，每个字节之间用“.”分隔开。每个字节内的数值范围可从 0 到 255。如：60.28.175.133 就是一个有效的 IP 地址。每个 IP 地址包括两个 ID(标识码)，即网络 ID 和主机 ID。其中网络 ID 用来标明具体的网络段，主机 ID 用来标明具体的节点。同一个物理网络上的所有主机都用同一个网络 ID，网络上的一个主机(包括工作站、服务器和路由器等)对应有一个主机 ID。

视频：IP 地址

每一个 IP 地址在全球范围内都是唯一的。因此，IP 地址构成了整个 internet 的基础，是互联网中的一个最基本最重要的资源。接入 internet 中的计算机拥有了 IP 地址后，就可以与 internet 中其他计算机进行数据通信。IP 地址由 internet 网络信息中心(InterNIC)分配给 Internet 用户。

近年来由于 Internet 迅速发展，接入 Internet 的主机不断增加，以至 IP 地址近乎枯竭。为了解决 IPv4 协议中网络地址资源有限等一系列问题，下一代互联网协议 IPv6 应运而生。IPv6 的地址长度长达 128 位，地址空间是 IPv4 的 2^{96} 倍，能提供超过 3.4×10^{38} 个地址，并不断发展和完善，将取代 IPv4 成为下一代 internet 的基础协议。

5. 域名系统　由于 IP 地址全是数字，为了便于用户记忆，internet 引进了域名服务系统(domain name system，DNS)。域名和 IP 一样是不能重复的，每个域名必须要对应一个 IP。当键入某个域名的时候，这个信息首先到达提供此域名解析的服务器上，再将此域名解析为相应网站的 IP 地址。完成这一任务的过程称为域名解析。

域名简单地说就是 internet 上主机的名字。internet 域名系统采用层次结构，每一层构成一个子域名，子域名之间用圆点隔开，自左至右分别为：计算机名 . 网络名 . 机构名 . 顶级域名。如：www.pku.edu.cn 代表中国教育机构北京大学的 www 主机。

国际上，顶级域名采用通用的标准代码，分组织机构和地理位置模式两类。例如，gov(美国政府部门)采用组织机构域名，其他国家地区采用主机所在地的名称为顶级域名，如 cn(中国)、fr(法国)、jp(日本)等。

根据《中国互联网络域名注册暂行管理办法》规定，我国的顶级域名是 cn，次级域名分类别域名和地区域名，如表 1-2 所示。

笔记

表 1-2 部分在中国注册的计算机次级域名

二级域名	含义	二级域名	含义
gov	政府	bj	北京
edu	教育	tj	天津
com	商业	sh	上海
org	团体	ah	安徽
net	网络	zj	浙江

6. internet 提供的服务 internet 已经成为人们获取信息的主要渠道，人们已习惯从感兴趣的网站上看新闻，收发电子邮件和下载资料，使用广泛的服务有电子邮件（E-mail）、万维网（WWW）、文件传输（FTP）、远程登录（telnet）、电子商务等。

现在，医学生在数字图书馆、数字教室、数字学校中，不仅要学习各种知识与技能，而且要掌握使用网络自主学习的方式方法，医学教育的传统模式随之改变，充分利用网络上的医学信息资源，将促进现代医学教学的改革和发展。

TCP / IP 协议

TCP/IP 协议是指传输控制协议 / 网际协议，是因特网用于计算机通信并保证数据可靠传输的一组协议。数以千计的网络和数以百万计的计算机，依赖于 TCP/IP 互联互通，是最基础和核心的协议。

TCP（transmission control protocol）协议确保数据可靠传输，通俗讲，TCP 负责发现网络传输的问题，一有问题就发出信号，要求重新传输，指导所有数据完全正确地传输到目的地。而计算机在 internet 中互相联结，就需要标识地址，IP（internet protocol）协议是 TCP/IP 协议体系中的网络层协议，IP 给因特网的每一台联网设备一个（唯一）可识别的地址。

二、信息技术对医疗卫生行业的影响

近年来，3G/4G 无线网络已经开始进入千家万户，无线网络技术使数据交换不受时间和空间的限制，可以随时随地浏览网络中的信息和数据。网上挂号就医、网上交友、网上理财和网上购物等，网络在每个人身边。同时，新的信息技术如物联网、云计算、大数据医疗等，为医学领域与医疗带来新的发展契机。

1. 医疗物联网 物联网（internet of things，IOT），即物 - 物相联的互联网，是指通过装置在物体上的各种信息感知设备，如 RFID 装置、红外感应器、全球定位系统（global position system，GPS）、激光扫描器等，按照约定的协议，并通过相应的接口，把物品与互联网相连，进行信息交换和通信，从而实现智能化识别、定位、跟踪、监控和管理的一种巨大网络。物联网实质上是以数据为核心、多业务融合的信息化系统。

物联网让医疗变得更加智慧。医疗物联网是指以智能的物联网和通讯技术连接居民、病人、医护人员、药品以及各种医疗设备和设施，支持医疗数据的自动识别、定位、采集、跟踪、管理、共享，从而实现对人的智能化医疗和对物的智能化管理。

医疗物联网主要包括三个方面：“物”是对象，是指医生、病人、机械等；“网”是流程，医疗的物联网概念，既可以是看得见的物理网络，也可以是看不见的无线网络，但必须是基于标准的流程；“联”是指信息交互。物联网既应用于临床也应用于医院运营管理，从医疗机构内部的移动护理、移动输液、婴儿防盗、药物跟踪管理、供应室质量追溯、医疗废弃物跟踪管理，到院外的远程医疗、生命体征监测、跟踪治疗和手机求救等。医疗物联网能够帮助医院实现物资设备的可视化管理，人与流程的智能化管理，特别是对特定医疗过程或对象的个性化、全功能、全空间、全过程管理。

由此可见，物联网用复杂的 IT 技术，去造就简约的数字医疗，再用简约的数字医疗来完善医疗的

标准化，逐步推进医疗流程的标准化。医疗流程的标准化又反过来促进医疗信息化的推进，形成良性循环。

2. 云计算及其在医疗卫生信息化中的应用　云计算是指厂商通过建立网络服务器集群，向各种不同类型客户提供在线软件服务、硬件租借、数据存储、计算分析等不同类型的服务。

云计算是一种海量数据运算体系，其核心思想是将大量用网络连接的计算资源统一管理和调度，构成一个计算资源池向用户按需服务。提供资源的网络被称为“云”。“云”中的资源对使用者来说是可以无限扩展的，并且可以随时获取。

“健康云”在医疗卫生领域的主要功能在于为公共卫生提供灵活的平台，及时将医疗数据上传以辅助卫生机构及早确定和追踪疾病暴发和与环境相关的医疗问题，为医疗和生物医学领域提供了数据集中型研究、整合与知识共享。

目前，云计算在医疗上的应用才刚刚起步，存在着许多问题和不足。例如使用云计算，最具有数据掌控权的不再是医院或用户，而是云计算服务商，所以安全性依赖于服务商的行业道德及对服务商的权限控制。

3. 大数据医疗　随着医院信息化的快速发展，医疗数据的类型和规模正以前所未有的速度增长，医疗卫生领域已经进入“大数据时代”。医疗卫生数据已经具备大数据的典型特征：一是数据量大。医药研发数据、临床诊疗 / 实验室数据、健康信息等数据爆炸式的产生，使得数据量从 GB、TB、PB 甚至更高量级。二是数据类型多且复杂。包括结构化数据如 Oracle、MySQL 数据库、半结构化数据库如可扩展标记语言（extensible markup language，XML）文档、非结构化数据库如影像、音视频等。三是数据产生速度快。无时无刻不在进行的医疗活动，移动设备和移动互联产生的个人健康数据，医疗物联网发展产生的实时数据等，使得这一趋势变得更加明显。四是价值高。医疗卫生数据的挖掘对促进人群健康有着不可估量的价值。

大数据对医疗行业的数据存储和管理架构提出了挑战，通过人工智能、嵌入式系统、云计算等智能技术的应用，完成各种智能计算、海量数据处理和智能化控制等功能，通过大数据分析技术对医疗行业的数据信息进行有效的探索，推动着医疗行业的进步，医疗行业的所有参与方均可获得无法估量的医疗信息价值并从中受益。

基于互联网的“大数据”，被称为新一代信息技术的重要标志，正在日益深刻地改变着人们的生产生活方式。大量 IT 新技术的快速发展和应用为我们解决医院信息化难题提供了许多新的思路和方法。

三、信息社会和信息素养

随着现代信息技术的发展与应用，面对各种各样的大量信息，人们需要有足够的能力来获取、鉴别、评价和运用信息，这是全球信息化要求人们具备的一种基本能力。信息社会人人离不开信息，信息素养是信息时代需要不断培养和提高的一种新素养。

1. 信息素养的定义　信息素养概念的酝酿源于美国图书检索技能的演变。1974 年美国信息产业协会主席保罗•泽考斯基首先提出，当时主要针对信息获取的技巧、信息定位和信息利用等。目前，信息素养具有代表性也较权威的定义是 2000 年由美国大学与研究图书馆协会提出的：“能认识到何时需要信息，和有效地搜索、评估和使用所需信息的能力”，其中强调信息素养可为一生学习奠定基础。

2. 医学信息素养的内涵　信息技术的进步对信息的分析和管理提供了有效的工具和手段。医疗实践和卫生管理有赖于有效的源源不断的知识和信息，使用信息技术有助于从文献中寻找信息、分析联系病人的资料，形成和调整学习过程，将别人的优质经验和做法转化为自己的思想和行动，主动吸收他人的技术和经验为医疗服务。信息技术有助于信息素养的培养。医学信息素养的内涵较丰富，主要包括以下几个方面：

（1）信息意识：信息意识是指信息在大人脑中的反映，即人对各种信息的自觉心理反应，对信息的重视和敏感性，信息意识的强弱决定了人们利用信息能力的自觉程度。

医学生具备良好的信息意识，积极认识和重视信息和信息技术在临床医疗、科研和管理等重要作

用，形成良好的信息习惯，善于捕捉、分析、判断和吸收医学领域信息知识，具备对医学信息的敏感性和洞察力。

（2）信息知识：是指与信息有关的理论、知识和方法。一般包括信息基础知识和现代信息技术知识等。

（3）信息能力：是指有效利用信息技术和信息资源获取、评价、利用和交流信息的能力。医学生应掌握的信息能力包括掌握信息工具的使用能力及信息技术应用能力，信息获取和识别能力，信息加工和处理能力，创造、传递新信息的能力。

（4）信息道德：是指医学生在信息获取、利用、创造和传播过程中应遵守的一定伦理规范。主要包括了解与信息有关的伦理、法律和社会经济问题，以及在获得、存储、交流信息过程中遵循的法律和道德规范。信息时代的医疗工作者还包括遵守医学信息行为规范，尊重病人隐私，遵守病人病历文件和知识产权的权益，保密，并杜绝剽窃等行为的伦理约束。

在计算机网络应用逐步走入人们的工作、学习、生活中时，信息安全问题日益突出，培养信息道德亦越发重要，互联网应用可能会给个人隐私带来威胁，甚至黄色的、反动的、非法的信息污染，计算机病毒蔓延，黑客可以通过计算机网络窃取商业或军事机密，甚至破坏计算机系统等。保障信息安全除了依靠安全技术解决，还要加强信息素养教育和信息安全道德规范，必要时还得依靠相关法律予以制裁。

总之，信息素养包括关于信息和信息技术的知识和技能，运用信息技术进行学习、合作、交流和解决问题的能力，以及信息的意识和社会伦理道德问题。信息安全道德的产生是人类全面进入信息社会的重要标志。

3. 医学信息素养的培养　进入医学院校的学生，首先要具备获取信息的手段，才能在学习和医疗工作中运用信息。通过本课程的学习，理解信息和现代信息技术知识，了解医学信息技术的发展与应用，掌握 Windows 操作系统知识，熟练 Office 办公软件的使用，了解医学文献和信息检索的基础知识，熟悉常用的医学信息检索系统，熟练各种类文献检索技巧，为快速、准确、全面地获取中外文医学信息打下基础。

新加坡前总理李光耀曾提出："信息技术，如因特网，仅仅给了我们得到信息的途径。理解信息需要知识，应用知识更需要智慧"。

1998 年美国医学院联合会（Association of American Medical College，AAMC）发布的"医学院目标计划"（medical school objective project，MSOP）已经详细阐述了对医学毕业生的信息素养要求。医学信息素养教育的目标是使医学毕业生"有能力通过数据库或其他资源检索、管理、运用生物医学信息，解决医疗问题，做出正确决策"。

由此可见，医学院校学生信息素养重要特色是将信息素养与医学专业素养相结合。

第三节　医学信息技术的发展与应用

小张从护理高职学校毕业了，找到一份三甲医院的护理工作，该医院正在进行信息化建设，他担心自己不熟悉现代化的工作环境，想了解一系列医院信息化发展和医学信息技术的应用。通过本节课的学习，让学生了解医院信息化建设，掌握护理信息化的基本知识，了解信息技术在现代化护理工作中的应用。

问题 1. 在全球信息化进程中，医学信息化建设的基础和关键是什么？

问题 2. 医院信息化建设对现代化护理工作有什么转变和推进？

一、医学信息标准化

信息标准化常指信息表达上的标准化，实质上就是在一定范围内人们能共同使用的对某类、某

些、某个客体抽象的描述与表达。计算机广泛引入信息处理技术以来，信息标准化的表达方式常用数字、字符等抽象符号表达，这是因为计算机处理这些抽象符号较之信息的其他表达方式（如语言、文字、图形、图像等）更节省、更快捷、更方便。而广义的信息标准化不仅涉及信息元素的表达，而且涉及整个信息处理，包括信息存储与管理、信息传递与通信、数据流程、数据技术规范要求等。

例如，数据库是存储各种信息的数据存储管理系统，数据库不仅可以存储文字符号信息，还可存储图像、图形、影像等多媒体信息，目前常见的数据库管理系统有 SYBASE、DB2、Oracle、MySQL Microsoft SQL Server 等。1992 年，ANSI 把 SQL 语言作为关系数据库语言的美国标准，目前已成为全球数据库查询语言的标准。

信息标准化是信息化的基本保证，是信息化建设过程中最基础的要素。

（一）国外医学信息标准化工作成果

世界发达国家投入了大量人力、物力努力进行医学信息标准化的工作，取得了令人瞩目的成绩。目前，国际公认的、权威性的、有关卫生信息的组织主要有国际标准化组织（international standards organizations，ISO）、美国国家标准学会的卫生保健信息标准委员会（the American national standards Institutes healthcare informatics standards board，ANSIHISB）、欧洲标准化委员会（european committee for standardization，CEN）等。一些国家和地区正在联合起来，共同研究、开发医学信息标准，制定国际医学信息标准，促进全球范围内的远程医疗及医学学科的学术交流，推动医学科学的发展。在医疗环境中医护人员主要涉及医学术语的标准化。以下列举几个重要且被广泛应用的标准：

1. 国际疾病分类（international classification of diseases，ICD）　ICD 源于 1891 年国际统计研究所组织的对死亡原因的分类，至今已有一百多年的发展史，一般 10 年一次修订。1946 年由世界卫生组织做了第六次修订，首次引入了疾病分类，保持病因为主的分类思想，产生了对诊断术语进行编码的标准。1975 年在日内瓦的第九次修订，即 ICD-9 在全世界范围内得到了广泛的推广与应用。我国原卫生部早在 1981 年批准北京协和医院成立世界卫生组织疾病分类合作中心。1987 年发布文件，要求医院采用 ICD-9 作为疾病分类统计报告标准，2002 年开始在全国县级及其以上医院和死亡调查点推广使用 ICD-10，现已成为我国疾病分类与代码的国家标准。

2. 北美护理诊断协会码（noah American nursing diagnosis association，NANDA）　护理学作为一门独立的学科，有属于自己专业的医学概念、术语和知识。国际上一些护理组织在发展护理标准编码体系上十分活跃，其中突出的是，也是国内应用较广的护理标准，NANDA 于 1994 年通过，内容简洁，编码十分紧凑。共有 128 项，分属于交换、交流、关系、评价、选择、感情、领悟、了解和感觉等 9 个人体反应形态。NANDA 是用来描述病人对疾病和健康问题反应的护理诊断标准，与 ICD 着重描述疾病本身不一样。

3. 一体化医学语言系统（unified medical language system，UMLS）　又称统一医学语言系统，是由美国国立医学图书馆开发的最重要、规模最大的医学信息标准化项目。1960 年编制的医学主题词表（medical subject heading，MeSH）用于世界文献的索引，形成了 ULMS 的基础，它为医学上描述自然语言的结构化以及电子病历的实现提供了新的途径。

（二）我国医学信息标准化工作情况

早在“九五”期间，我国就开始了军队卫生信息标准的研究工作，2004 年成立了卫生信息标准化专业委员会，逐步明确了我国医学信息标准化建设的必经之路——认识、共识、推广应用。至今已经启动和即将启动的相关标准研究项目有数十个之多，如《国家卫生信息标准基础框架》、《国家医院信息基本数据集标准研究》、《国家公共卫生基本数据集标准研究》、《社区卫生信息基本数据集标准研究》等。建立中国的医学信息标准体系，是促进我国医疗卫生事业发展的重要手段。

（三）分类与编码

分类和编码是信息标准化的主要方法之一。分类法实质是一个序化系统，即将某一要素或特征作为分类的依据，并将所有分类的对象按照这个要素或特征的序化关系或内在规律进行排序。贯穿整个分类过程中的序化标准称为轴，如果分类系统只采用一个序化标准就称为单轴分类系统，否则称为多轴分类系统。

编码是指定一个对象或事物的类别代码或类别集合代码的过程，编码的基本方法包括命名法编

码和分类法编码。

（1）命名法编码：以具体事务为对象，对每一个事务给以唯一的、明确的代码名称。

（2）分类法编码：指首先将某一范畴的对象分类，再对每一类至每一个具体对象予以编码。分类法编码是卫生信息标准编码中最常用的编码方式。

只有解决了标准化的问题，才能从真正意义上实现医疗的数字化、信息化，才能实现高效率的全社会医疗资源共享、跨区域医疗、系统医疗。

二、医院信息化建设

医院信息化建设本质是医院信息系统建设，医院信息系统已成为医院科学管理和提高医疗服务水平的重要手段。传统的医院信息系统是以财务管理为核心的管理信息系统，目的是提高医院效率与效益，服务对象主要是窗口业务和管理人员。而目前的医院信息系统是以电子病历为基础的临床信息系统，旨在提高医疗质量和减少医疗差错，服务对象是医护人员。

（一）医院信息化发展状况

1. 国外医院信息化发展状况　国外医院信息化起步较早，20 世纪 80 年代，医院信息系统的理论趋向成熟，基于电子病历的临床诊疗信息共享也得到足够的重视。

在美国，政府最早于 1987 年组织了对“卫生信息标准”这一战略技术的开发与推广，要求医疗机构尽快进入数字医疗时代。2004 年布什总统在众议院的年度国情咨文中专门强调医院信息系统建设，要求在 10 年内，确保绝大多数美国人拥有共享的个人电子健康记录，并设立一个新的、级别仅低于内阁部长的卫生信息技术协调官员职位。建立了一系列的法案、行业规范、标准，并被业界普遍认可。在 2006 年度的美国联邦政府预算中，为实现 EMR 设立了 1025 亿美元的专款，要求医疗界在 10 年内彻底取消传统的纸张病历，让所有美国人都拥有一份个人健康记录。

在加拿大，2000 年 9 月政府成立卫生信息网络系统，开始为每一个公民建立个人电子健康档案。

2. 我国的医院信息化发展经历了以下几个标志性事件：

（1）20 世纪 70 年代末，计算机进入我国医疗行业，部分医院开始应用小型的部门信息管理系统，如住院系统、药房系统等。在此期间，北京积水潭医院以及南京军区总医院最先将医院信息系统（HIS）应用于医疗工作。

（2）1995 年 5 月，全国范围内启动“金卫”工程，即国家医疗卫生信息网络工程。主要包括建设现代化医院信息管理系统，铺设医疗卫生信息高速网络、全面应用医疗保险卡和卫生保健卡。

（3）“十一五”期间，政府加大卫生事业资金投入，2005 年至 2009 年的五年间，在我国医疗卫生总支出中，政府卫生支出比重增加了近十个百分点，社会卫生支出比重增加了约五个百分点，个人卫生支出比重则相应降低了近十五个百分点。

（4）2009 年 4 月，正式发布《中共中央国务院关于深化医药卫生体制改革的意见》，我国首次将医疗卫生信息化建设列入政府文件，信息化作为其中一大支柱，是实现医疗改革的技术保障。

（5）2010 年 10 月，完成“十二五”卫生信息化建设工程规划编制工作：我国医疗卫生信息化建设路线可归纳为“3521”工程，即“建设国家级、省级和地市级 3 级卫生信息平台，加强公共卫生、医疗服务、新农合、基本药物制度、综合管理 5 项业务应用，建设健康档案和电子病历 2 个基础数据库和 1 个专用网络建设”。

（二）医学信息化发展阶段

一般认为，医院信息化的发展可分为以下三个阶段：

1. 医院管理信息化（hospital management information system，HMIS）　即医院信息化的初级阶段，指的是医院各个部门乃至整个医院的信息化管理。早在 20 世纪 60 年代，发达国家就开始将信息通信技术应用于医疗卫生系统，以期达到降低医疗成本、提高医疗质量的效果。随后的研究证明，计算机与信息技术是提高医疗工作效率以及医院运营效益的最有效措施。

2. 临床信息化（clinical information system，CIS）　即医院信息化的中级阶段，是围绕病患的电子病历展开的信息化建设。目标是达到医疗机构的医护人员均持有计算机终端设备，实现脱离纸质材料的信息处理。医院各部门之间的网络互联，在互联网上传输电子病历、医疗影像等医疗资源。至

20世纪70年代，发达国家已经拥有了大批医疗信息系统初具规模的大型医院，为临床信息系统的应用做好了准备。至20世纪80年代，临床信息系统逐渐出现在具有良好计算机网络应用基础的大型医院中。

3. 区域医疗卫生服务（globe management information system，GMIS） 即医院信息化的高级阶段，要求在某个区域内的医院、社区医疗之间的医疗资源可以远程共享。20世纪90年代至今，随着医疗理念变化与医疗体制阶段性变革的不断深入，全球许多国家尤其是发达国家不断投入大量资金开展各个级别的、围绕电子病历和电子个人健康档案充分交流的、区域性医疗卫生信息化建设。

目前，我国医疗信息化建设处于第一阶段（HMIS）与第二阶段（CIS）之间。在国家政策驱动与大量资金投入下，我国医院信息化的业务覆盖面越来越广，并围绕电子病历这一核心开始更多的临床管理信息化建设。理想的状态是，医院内所有的临床医疗服务全部实现无纸化作业，未来在完善医院临床信息化建设的基础之上，实现全国范围内的区域卫生医疗服务信息化。

（三）医院信息系统功能建设

医院信息系统必须具有对数据或信息的采集、存储、处理、传输和获取五个基本功能。医院信息系统的功能架构是依据医疗业务需求而构建的，依据不同业务部门功能，将医院信息系统划分为若干子系统，每个子系统再划分为若干模块。临床医疗功能划归临床信息系统（CIS），其余部分划为医院管理信息系统（HMIS）。

临床信息系统（clinical information system，CIS）是医院信息系统的核心，主要包括电子病历系统（electronic medical record，EMR），医生工作站、护理工作站或护理信息系统（nurse information system，NIS）、实验室信息系统（laboratory information management system，LIS）、放射科信息系统（radiology information system，RIS）、手术麻醉管理分系统、输血及血库管理分系统、重症监护管理分系统（ICU）、营养管理分系统、临床决策支持系统（CDSS）等，CIS是以处理临床信息为主的管理系统。

医院管理信息系统（HMIS）是以处理人、财、物等信息为主的管理系统，以事务管理为主要内容。二者的区别是显而易见的，CIS以医疗过程为主要内容，医疗过程是一个基于医学知识、医疗经验的推理、决策的智能化过程，CIS主要处理和管理医疗过程产生的信息，这些信息传统上采用手工书写，其中部分内容作为医疗过程的记录称为病历。

1. 电子病历 当医院信息系统（HIS）覆盖医院的整个医疗过程时，医院内全面记录关于病人健康状态、检查结果、治疗过程、诊断结果等信息的医疗文件全部电子化，能够完全代替纸张记录的信息时，就形成了电子病历。它是医院信息系统的核心部分，如图1-9所示。电子病历是一个记录病人长期动态健康信息的数据中心。

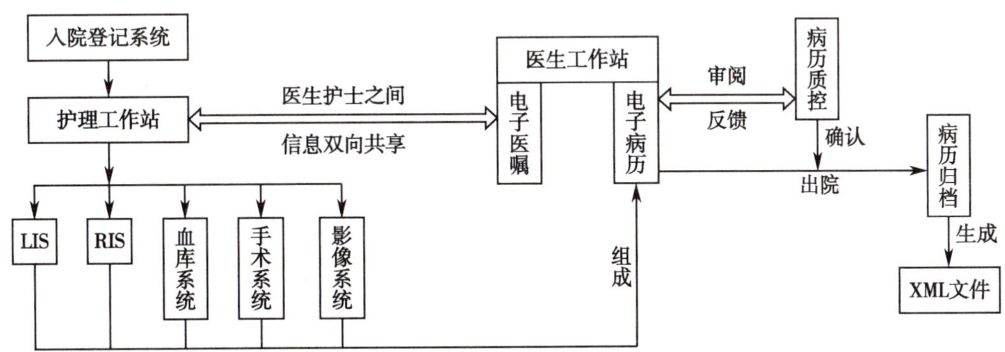

图1-9 以电子病历为中心的信息共享示意图

作为病历发展的必然趋势，电子病历支持医院日常业务运行，同时，电子病历是CIS和HMIS的信息基础，体现了以病人为中心的医疗数据和管理数据的统一管理，因此，CIS与HMIS之间既相互区别，又相互关联。例如，住院登记属于HMIS，但所采集的病人的基本信息是CIS的信息基础；医嘱处方用药属于CIS，但是处方划价收费又属于HMIS；检验检查在HMIS中主要侧重“申请—检查—结果”事务性管理，而在CIS中更注重信息在临床诊断、治疗中的作用。在护理信息系统等其他业务子系统中同样会涉及HMIS和CIS这两方面的内容。

2. 医生工作站 根据卫生部2002年颁布的《医院信息系统基本功能规范》，医生工作站与护理工作站都是CIS的一个重要组成部分。

医生工作站是指协助医生完成日常医疗工作的计算机应用软件。其服务对象主要是临床一线的医护人员及其管理人员。医生工作站系统以电子病历为中心，支持医院建立患者电子病历库，为医生提供高效的电子病历和电子医嘱管理平台，为患者建立了连续的就医资料，极大地提高对患者的诊疗与服务水平；通过"病历质控"保证电子病历质量，为以后的病历统计分析提供有效的手段，并为电子病历临床数据库建设提供基础保障，对提高医院管理和医生的医疗水平产生非常重要的作用。医生工作站可以分成门诊医生工作站和住院医生工作站两种形式。

3. 护理工作站 护理信息系统一般包括临床护理子系统和护理管理子系统。而临床护理子系统一般也称为护理工作站，它是协助护士完成日常的护理业务处理，同时可方便地核对并处理医生下达的长期、临时医嘱，并对医嘱的执行情况进行管理的计算机应用软件。可以分成门诊护理工作站和住院护理工作站两种形式。由于各科室的护理工作的特殊性，临床护理子系统由通用的护理工作站和增加部分特殊功能的专科护理工作站组成，如急诊科护理工作站为专科护理工作站。

临床信息系统(CIS)是医院信息系统的重要组成部分，是当前医院信息化发展最活跃的领域。在CIS的研发和应用中，CIS的基础是各个科室的业务处理，医务人员应用各个子系统处理日常医疗工作中的信息采集、信息传递、医疗文书并向全电子病历方向发展。

总之，从医院信息系统功能的角度看，各个业务子系统应紧紧围绕部门工作内容，以医疗业务工作作为系统的主要功能，以临床应用为目标，逐步发展为专业化、智能化的系统。

三、护理信息系统中的新技术应用

护理是临床医疗的重要组成部分，随着计算机在医疗领域的广泛应用，信息技术逐渐渗透到护理领域，在现有的医院信息系统中，如何跟踪医嘱的全生命周期，特别是护理记录信息，实现护理工作信息化，产生了护理信息系统。

(一) 护理信息系统

护理信息系统(NIS)是指利用计算机软硬件技术、网络通信技术，帮助护士对病人信息进行采集、管理，为病人提供全方位护理服务的信息系统。自19世纪中叶费罗伦斯·南丁格尔创办护理学以来，护理临床实践和理论研究经历了以疾病护理为中心、以病人为中心和以人的健康为中心的3个主要发展阶段。目前，已经进入了以人的健康为中心的系统化整体护理阶段。

系统化整体护理(systematic approach to holistic nursing care)是指以病人为中心，以现代护理观为指导，以护理程序为核心，并将护理程序系统化地应用于临床和管理的工作模式。作为现代护理的标志，它体现了护理工作的系统性、完整性、决策性与科学性。

整体护理是一项系统工程，仅护理程序就包括了估计、诊断、计划、实施、评价5个步骤，其中所包含的信息极其丰富和繁杂，它们互相重叠、交叉，又互为结果，而且必须完成的表格和记录也十分繁多，手工书写难以完成。同时系统化整体护理的根本目的不是完成这些记录，而是让护士走向床边，用更多的时间去贴近患者，去诊断和处理患者现存的或潜在的所有健康问题。实现系统化整体护理只有采用现代信息技术——护理信息系统。

护理信息系统的基本功能包括有：①获取或查询患者的一般信息和既往住院或就诊信息。②实现对床边的管理和对病区的一次性卫生材料消耗的管理。③实现医嘱的录入、审核、确认、打印、执行和查询。④实现费用管理，包括对遗嘱的执行、患者费用的后台自动计费、患者费用查询、打印费用清单和欠费催缴单。⑤实现基本护理管理，包括录入、打印护理诊断、护理计划、护理记录、护理请假单、护理排班表等。

护理信息系统可以采集、存储、提取临床信息和护理信息。信息有来自患者的、护理人员的，有来自治疗、护理、科研、教学和管理的，还有来自各种药品、设备、装置的不同类别信息，具有信息复杂、随机性大、相关性强、质量要求高等特点。

从护理信息系统的发展看，护理信息具有重要价值，利用这些信息和护理知识，能对每一步护理过程提供临床决策。也就是说，不仅能够通过医院信息系统将采集的护理信息为临床各科医务工作

者服务，还可以接受患者在临床医疗、临床检验相关信息为开展后续护理工作服务。

（二）信息技术对护理工作的推进

在 HIS 中，患者挂号和入院时对每位患者进行了基本信息录入，但这些信息并不是时时跟着患者走，只有医护人员到办公区域的电脑终端上才能查到患者的准确信息。如果遇到突发事件，面对需要及时施救的患者，医护人员必须先查找病历，查看患者病史以及药物过敏史等重要信息，才能针对具体情况进行救治，HIS 的传统医护工作站会耽误抢救患者的最佳时机，采用条形码、RFID 和手持设备等现代化信息技术手段，不仅避免使用信息系统对医疗过程的干扰，而且是实现系统化整体护理的基本保障，有效地提高了工作效率和服务水平，在临床中收到较好的效果。

患者身份确认和药物标识是指医护人员在医疗活动中对患者的身份进行查对、核实，以确保正确的治疗用于确定患者的过程。在护理工作中患者身份的辨识是非常重要的环节，通过条形码扫描进行护理操作的身份核对，是保障患者安全的关键环节，避免了人工核对存在差错的风险，保证了用药安全，减少了护理不良事件的发生。

利用 RFID 医疗腕带，存储了患者的相关信息，包括个人资料以及药物过敏史等重要信息，更多更详细的信息可以通过 RFID 电子标签的电子编码对应到数据库中。将标有重要资料的 RFID 医疗腕带系在患者手腕上进行 24 小时贴身标识，医护人员可以随时随地获取每一位患者的准确信息。通过特殊设计的患者标识腕带，能防止被调换或去除，确保标识对象的唯一性和准确性，有效地对患者进行管理。同时，医院的工作人员也佩戴有 RFID 技术的胸卡，可以在紧急时刻找到最重要的医护人员。

使用手持设备（personal digital assistant，PDA），又称为掌上电脑，具有可移动性，支持无线数据传输、丰富的应用软件、强大的数据库支持能力，是个人数字助手的意思。如果在手持设备上安装“移动医护工作站”应用，就可以解决护士工作局限在工作站的问题。护士只要携带掌上电脑，在任何地方都可以完成和记录护理工作。

1. 移动医护工作站　传统的 HIS 都是以有线联网的方式为用户提供服务，移动医护工作站应用无线网络技术，通过无线网络保持与整个信息系统网络实时连接，将患者信息从医生办公室和护理站带到了患者床旁。

移动医护工作站按照患者床旁的信息需求开发，医生可以在床旁查阅患者病历后直接下遗嘱，护士可以在床旁提取患者医嘱、执行医嘱，可以将采集的患者体温、脉搏等信息直接录入系统中。

2. 床边医嘱系统　医嘱管理主要是对住院医生开具的住院医嘱进行执行等的操作。床边医嘱执行是护士在患者床边通过患者身份核对系统直接在床边执行，记录患者的生命体征，录入的生命体征数据直接导入电子病历系统自动生成体温单，不必到护士站计算机进行记录，避免了重复记录、事后补录，减少了中间环节。如图 1-10 所示。

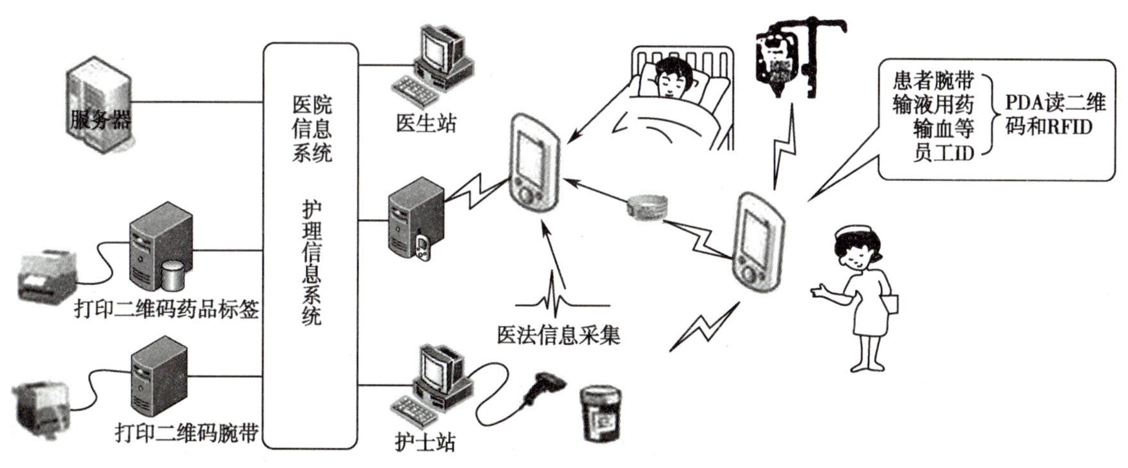

图 1-10　护理信息系统智能终端服务示意图

3. 无线输液系统　静脉输液是临床医学治疗常用的手段之一，在静脉输液、皮试、输血等医嘱执行过程中，无线网络技术的应用可以使掌上电脑完成与存储患者输液信息的数据库之间的数据交互。

通过手持终端扫描条形码对患者信息和药品信息进行实时确认。操作的执行人及时间由系统自动记录，护士不必再记录纸质执行单。

无线输液系统实现输液全程监管，由于输液过程中存在鼓包、血液回流、控制滴速、接瓶等不安全因素。通过射频识别技术、光电监测法与输液报警器对输液过程进行实时监控，患者或家属不需要离开座位就可以呼叫护士，护士收到请求后可以及时准确地提供护理服务，确保患者输液安全，提高了工作效率和输液服务质量，同时还自动完成绩效考核数据统计。

护士工作站前移到病房，有利于落实整体护理，为患者提供连续、全程护理服务，并让护士有更多的时间为患者提供床旁服务和交流，有利于加强护患沟通，密切护患关系。当护士走向患者床边时，使医疗过程中采集和录入患者信息的过程更符合人的思维过程，同时能够减轻护士工作量。

利用信息技术不仅使护士从繁重的大量的非护理工作中解脱出来，给患者提供优质高效的医疗服务、人性化的护理服务，把时间还给护士，把护士还给患者。信息技术推动了护理工作现代化，成为当前医院信息化建设重点。

（崔金梅）

思考题

1. 标准的ASCII码用7位二进制位表示，可表示不同的编码个数是128，为什么？
2. 简述IP地址与域名的关系。
3. 简述CIS与HMIS的区别与联系，为什么说电子病历是医院信息系统的核心？

思路解析

扫一扫，测一测

笔记

第二章　Windows 操作系统

学习目标

1. 理解操作系统的基本概念；了解 Windows7 操作系统的特点。
2. 掌握文件和文件夹的基本操作。
3. 熟练掌握 Windows7 的基本操作。
4. 具有良好的综合运用知识，分析、处理问题的能力。

操作系统是计算机系统正常运行必不可少的重要组成部分，它为人们实施各种计算机应用奠定了重要基础。目前微机上常用的操作系统有 DOS、OS/2、UNIX、XENIX、LINUX、Windows、Netware 等。本章主要介绍 Windows7 操作系统的概念、功能、分类以及应用。

第一节　操作系统概述

小王同学的电脑出现异常，约着同学一起到电脑店维修，维修人员告诉他要给他电脑的操作系统升级为 Windows7，小王不明白什么操作系统，还有 Windows8 吗？两位同学一起上图书馆查询操作系统的相关知识。

问题 1. 什么是操作系统？操作系统的特点和作用是什么？

问题 2. 目前最常用的操作系统有哪些？在操作系统中怎样实现对数据的管理？

一、操作系统的概念

操作系统（operating system，OS），是电子计算机系统中负责支撑应用程序运行环境以及用户操作环境的系统软件，同时也是计算机系统的核心与基石。操作系统是控制和管理计算机软硬件资源、合理组织计算机工作流程，以及方便用户操作的程序集合。它的职责常包括对硬件的直接监管、对各种计算资源（如内存、处理器时间等）的管理、以及提供诸如作业管理之类的面向应用程序的服务等。从用户的角度讲，操作系统是用户与计算机之间的接口，用户通过操作系统让计算机工作，计算机又通过操作系统将信息反馈给用户。

计算机软件大体可分为系统软件和应用软件两大类，操作系统（operating system，简称 OS）是计算机系统中最重要、最基本的系统软件。它的主要功能是对计算机的硬件资源和软件资源进行管理、调度和分配。其他软件都是在操作系统的支持下进行工作的，如果操作系统遭到损坏，计算机系统将不能正常工作。如图 2-1 所示。

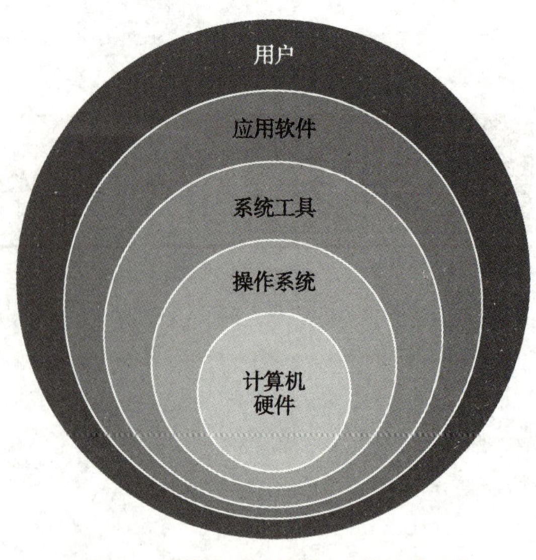

图 2-1　计算机系统的软、硬件层次结构

二、操作系统的特点和功能

Windows 操作系统是美国微软公司（Microsoft）开发的基于图形用户界面的操作系统，是一个多用户多任务的操作系统。他为用户提供了图形化的操作方式，使计算机操作变得简单。自 1985 年推出 Windows 1.0 以来，几乎每年 Windows 都有新的版本推出。2009 年微软公司推出 Windows 7 操作系统，该系统为用户提供更加高效、易用的工作环境。

（一）Windows7 操作系统的新特点

Windows7 中文操作系统继承了 Windows 家族的传统优点，是 Windows Vista 的“改良版”，给用户带来一些新的体验。其主要特点有：

1. Windows7 简化了许多设计　如：快速最大化，窗口半屏显示，跳转列表，系统故障快速修复等。

2. Windows7 将会让搜索和使用信息更加简单，包括本地、网络和互联网搜索功能，直观的用户体验将更加高级，还会整合自动化应用程序提交和交叉程序数据透明性。

3. Windows7 中，系统集成的搜索功能非常的强大，只要用户打开开始菜单并开始输入搜索内容，无论要查找应用程序、文本文档等，搜索功能都能自动运行，给用户的操作带来极大的便利。

4. Windows7 的小工具没有了像 Windows Vista 的边栏，这样，小工具可以单独在桌面上放置。

5. Windows7 系统资源管理器的搜索框在菜单栏的右侧，可以灵活调节宽窄。它能快速搜索 Windows 中的文档、图片、程序、Windows 帮助甚至网络等信息。

6. Windows7 系统的搜索是动态的，当用户在搜索框中输入第一个字的时候，Windows7 的搜索就已经开始工作，大大提高了搜索效率。

7. Windows7 的 Aero 效果华丽，有碰撞效果，水滴效果，还有丰富的桌面小工具，这些都比 Vista 增色不少。

Windows Aero

“Aero”为四个英文单词的首字母缩略字：authentic（真实）、energetic（动感）、reflective（反射）及 open（开阔）。

我们来介绍 Aero 的特效功能。该功能是从 Windows 7 系统中新增的一种可视化系统主体效果，其表现为任务栏、标题栏等位置的透明玻璃效果。开启了透明玻璃效果以后，可以看到很多地方都变得通透，有一种毛玻璃的感觉，直接可以看到下方的内容，还可以发现在平时的一些最大化最小化、关闭窗口等细节操作上多了一些绚丽的特效。

Windows Aero 的主要特点：①动态窗口：当您将窗口最小化时，它以动画的形式平滑地移动到任务栏上，这样当您需要它时，会更容易找到。②高点 / 英寸（DPI）支持：支持高分辨率显示器，这样您可以在体积更小的显示器上，显示高分辨率的易读图像。③任务栏活动缩略图：在活动任务栏缩略图中，既显示当前打开窗口的实际内容，也显示任务栏中最小化窗口内的内容。当您将鼠标指针停在任务栏的窗口图标时，您不用将其带到前台即可看到该窗口的内容，把鼠标放在上面还可以看见窗口的预览。

（二）操作系统的功能

操作系统的主要功能是资源管理，程序控制和人机交互等。计算机系统的资源可分为设备资源和信息资源两大类。设备资源指的是组成计算机的硬件设备，如中央处理器、主存储器、磁盘存储器、打印机、磁带存储器、显示器、键盘输入设备和鼠标等。信息资源指的是存放于计算机内的各种数据，如文件、程序库、知识库、系统软件和应用软件等。

从资源管理角度看操作系统具有以下五大功能：

1. 进程管理　又称处理器管理，其主要任务是对处理器的时间进行合理分配、对处理器的运行实施有效的管理。

2. 存储器管理　由于多道程序共享内存资源，所以存储器管理的主要任务是对存储器进行分配、保护和扩充。

3. 设备管理　根据确定的设备分配原则对设备进行分配，使设备与主机能够并行工作，为用户提供良好的设备使用界面。

4. 文件管理　有效地管理文件的存储空间，合理地组织和管理文件系统，为文件访问和文件保护提供更有效的方法及手段。

5. 用户接口　用户操作计算机的界面称为用户接口（或用户界面），通过用户接口，用户只需进行简单操作，就能实现复杂的应用处理。用户接口有两种类型：

（1）命令接口：用户通过交互命令方式直接或间接地对计算机进行操作。

（2）程序接口：供用户以程序方式进行操作。程序接口也称为应用程序编程接口（application programming interface，API），用户通过 API 可以调用系统提供的例行程序，实现既定的操作。

随着计算机技术的发展，人们开发了许多适用于不同机型、不同用户群的操作系统。根据支持的用户数，可分为单用户操作系统和多用户操作系统，如：DOS 和 Windows；根据用户使用界面和功能特征的不同，按操作系统的使用环境和对作业处理方式可分为批处理操作系统、分时操作系统、实时操作系统；根据硬件结构不同可分为网络操作系统、多媒体操作系统和分布式操作系统等。

现在使用最广泛的 Windows 7 是多用户操作系统，其次还包括如 UNIX、Linux 操作系统属多用户多任务操作系统。

三、文件管理

在现代计算机中，通常把程序和数据以文件形式存储在外存储器上，供用户使用。文件管理，就是操作系统中实现文件统一管理的一组软件、被管理的文件以及为实施文件管理所需要的一些数据结构的总称。从系统角度来看，文件系统是对文件存储器的存储空间进行组织，分配和回收，负责文件的存储，检索，共享和保护。从用户角度来看，文件系统主要是实现“按名取存”，文件系统的用户只要知道所需文件的文件名，就可存取文件中的信息，而无需知道这些文件究竟存放在什么地方。

（一）文件与文件管理

1. 文件　文件是一组相关信息的集合，该集合的名称就是文件名。如：一个程序，一首歌曲，一张图片等都可以认为是一个文件。

2. 文件的属性　除文件名外，文件还有大小、建立时间、占用空间等，这些信息称为文件属性。右击文件，可以查看和修改文件的属性。其中包括只读，隐藏和存档属性等。

3. 文件名中的通配符　文件名或扩展名中允许使用文件通配符 * 和 ?，其中 * 表示任意一串字符，而 ? 表示任意一个字符。比如：“*.txt”表示所有的文本文件，“a?.doc”表示所有以 a 开头、主文件名只有两个字符但第二个字符任意的 .doc 文件。通配符常用于文件搜索、查找和替换。

在系统中搜索某些文件或在 Word 中进行查找和替换时可以使用通配符进行模糊查找。

4. 文件夹　文件夹是在磁盘上用于存储程序、文档、快捷方式和其他文件夹的一种容器，又称作目录。一个文件夹中，可以保存许多文件，也可以有下属子文件夹，每一个文件夹中也可以再建立文件夹，称为子文件夹。

5. 文件和文件夹的命名　在 Windows 中，文件名一般由文件名称和扩展名两部分组成，这两部

分由一个点隔开。如“考试成绩. XLS”,“考试成绩”是文件名，而“. XLS”是扩展名。文件夹也有自己的名称，其命名方式与文件相似，但文件夹没有扩展名。

程序和数据都是以文件的形式出现，文件名成为存取文件的依据。Windows 文件和文件夹的命名规则如下：

(1) 支持长文件名，但最多不得超过 256 个字符。

(2) 在命名时不能出现以下西文字符：

\ / : * ? “ ” < > |

(3) 命名时不区分英文字母大小写。如 TEXT1.DOC 和 text1.doc 表示同一个文件。

(4) 可以使用通配符“*”和“?”。“*”表示任意一串字符，而“?”表示任一个字符，主要用于文件或文件夹的查找。

(5) 可以使用多个分隔符，如“助产 计算机应用基础. 成绩 .doc”等。

(6) 通常每一个文件都有 3 个字符组成的文件扩展名，用于表示文件的类型，而文件夹通常无扩展名，但有扩展名也不会出错。

6. 文件的类型　文件通常具有三个字母的文件扩展名，用于指示文件类型(例如，图片文件常常以 JPEG 格式保存并且文件扩展名为 .jpg)，如表 2-1 所示。

表 2-1　常见的文件类型

文件类型	扩展名	文件类型	扩展名	文件类型	扩展名
网页文档	.HTM	系统文件	.SYS	文本文件	.TXT
压缩文件	.ZIP 或 .RAR	临时文件	.TMP	Word 文件	.DOC
帮助文件	.HLP	声音文件	.WAV	Excel 文件	.XLS
可执行文件	.EXE	图像文件	.JPG	RTF 文件	.RTF

(二) 文件系统的层次结构

1. 基本概念

(1) 盘符：计算机给存储设备的一个符号。常见的软驱为：A，B 等，硬盘为：C，D…等，光驱为：G.…等；还有一些常用的移动存储器，U 盘和移动硬盘等，计算机都会给与相应的盘符加以区分。

(2) 根文件夹：根文件夹在 DOS 中称为根目录，指的是每一个盘中最开始的那个目录，如 C 盘的根目录就是“C:\”即打开 C 盘就显示的目录。

(3) 子文件夹：子文件夹在 DOS 中称为子目录，根文件夹下的所有文件夹都称为该根文件夹下的子文件夹。子文件夹包括：一级子文件夹、二级子文件夹等，又可成为父文件夹和子文件夹。

(4) 当前文件夹：当前文件夹在 DOS 中称为当前目录，指的是执行某一操作时所在系统位置的文件夹。

(5) 路径(path)：路径(path)与 DOS 中的路径概念相同，是指从根文件夹或当前文件夹开始到所要查找的文件或子文件夹之间的一条“通路”，表示在哪可以找到要找的文件或文件夹。

表示方法：“盘符:\一级子目录\二级子目录\三级子目录”或

“计算机 ▶ 盘符: ▶ 一级子目录 ▶ 二级子目录 ▶ 三级子目录”

各级文件夹之间用“\”或“▶”隔开。

2. 树型结构的文件系统　为了便于组织和管理大量的磁盘文件，解决文件重名问题，Windows 使用了多级存储结构——树型结构的文件系统，它是通过文件夹来实现的。由一个根文件夹和若干层子文件夹组成树型结构，称为文件夹树(一棵倒置的树)。在树型结构的文件系统中，根文件夹就像树的根，各文件夹像树的分枝，文件则像 s 树的叶子。

(1) 树型结构的特征：①每个逻辑盘中只有一个根文件夹，根文件夹下可以有多个层次的文件夹。②每个根文件夹下，各个文件夹的名字不能相同。③每个文件夹中可以有多个文件，其文件名不能相同。④不同文件夹中的文件可以有相同的文件名。

（2）树型结构的优点：树型结构是目前最常用的文件管理模型，它具有如下优点：①解决了文件的重名问题。②有利于文件的分类。③提高了文件的检索速度。④能进行存取权限的控制。

第二节 典型桌面操作系统——Windows

李婷新买了一台电脑，拿回后弟弟想和李婷一起用。但是弟弟对电脑的一些基本操作还不是很熟悉，李婷想系统给弟弟指导，于是来请教老师，老师给她一个完整的方案。

问题 1. Windows 的基本操作有哪些？怎样利用资源管理器对文件进行管理？

问题 2. 控制面板的作用是什么？

视频：鼠标的五种常用操作

一、Windows 的基本操作

（一）鼠标与键盘操作

1. 鼠标的常用操作方法有以下 5 种　指向、单击、双击、拖曳、右击。

鼠标指针的形状及其含义如表 2-2 所示。

表 2-2　鼠标指针形状及其含义

指针形状	含义	指针形状	含义	指针形状	含义
	正常选择		文字选择		沿对角线调整 1
	帮助选择		手写		沿对角线调整 2
	后台运行		不可用		移动
	忙		垂直调整		候选
	精度选择		水平调整		链接选择

2. 键盘操作　在 Windows7 的系统中，有些操作使用鼠标的话很麻烦，相反使用快捷键就简单多了，掌握这些快捷键，可以大大加快操作速度，提高工作效率。Windows 常用的快捷键见表 2-3 所示。

表 2-3　Windows 常用的快捷键

快捷键	含义	快捷键	含义
F1	打开帮助	Windows+L	锁定系统
F5	刷新（可用于桌面和网页的刷新）	Windows+Tab	3D 效果显示切换窗口
Alt+F4	关闭当前的窗口或突出程序关机	Windows+E	打开资源管理器
Ctrl+A	选定全部内容	Windows+R	打开运行命令框
Ctrl+C	将选定内容复制到剪贴板	PrtSC	复制屏幕图像到剪贴板
Ctrl+X	将选定内容移动到剪贴板	alt+PrtSC	复制当前窗口图像到剪贴板
Ctrl+V	将剪贴板内容粘贴到当前光标位置	Ctrl+Shift	在各种输入法之间进行切换
Ctrl+Z	撤销刚进行过的操作	Shift+Delete	彻底删除
Ctrl+Tab	窗口切换	ctrl+alt+Esc	打开 Windows 任务管理器

（二）Windows7 桌面操作

“桌面”就是用户启动计算机登录系统后看到的整个屏幕界面。Windows7 桌面上的基本元素有图标、任务栏、“开始”按钮，如图 2-2 所示。要处理的资源信息和各种应用程序都可以从桌面上按照一定步骤找到并执行，丰富多彩的图形化界面还可以根据个人喜好自由设定。

笔记

图 2-2 Windows7 桌面

1. 桌面图标 桌面上的每一个图标代表一个对象，可以是一个文件、一个程序等，它包含图形和说明文字两部分。鼠标单击可以选中该图标，鼠标双击则可以打开图标相应的窗口。

（1）常用图标：在 Windows7 操作系统的桌面上，放置了多种方便用户操作系统资源的快捷方式，如计算机、网络和回收站等。常用图标及其作用如表 2-4 所示。

表 2-4 桌面的常用图标及其作用

图形	图标名称	图标的作用
	计算机	可以访问、管理和维护本地计算机中的所有资源。包括磁盘管理、文件夹和文件的管理等。
	网上邻居	用来管理和访问局域网内的计算机，共享整个网络上的资源。
	回收站	存放硬盘上删除的文件或文件夹。
	Internet Explorer	用于浏览因特网的信息。

（2）添加系统图标：如果误删除了图标可以再次添加，以添加计算机图标为例：

右键单击桌面的空白处→选择快捷菜单的“个性化”命令，打开“个性化”窗口，如图 2-3 所示。单击对话框左边的“更改桌面图标”超链接，打开“桌面图标设置”对话框，如图 2-4 所示，选中“计算机（M）”复选框，单击“确定”键。

（3）删除桌面图标：桌面图标占用的是系统盘的空间，将不需要的桌面图标删除，可提高电脑运行速度。

方法 1：右键单击桌面图标→单击快捷菜单的“删除”命令。

方法 2：在不需要的桌面图标上单击并按住鼠标不放，将图标拖至“回收站”图标上，然后松开鼠标。

（4）图标的基本操作：图标的基本操作主要有五种。

显示或隐藏：右击桌面空白处，在弹出的快捷菜单中选择排列图标命令，从子菜单中选择显示桌面图标，若该命令前有“√”则表示显示桌面图标，否则是隐藏桌面图标。

图 2-3　“个性化”窗口

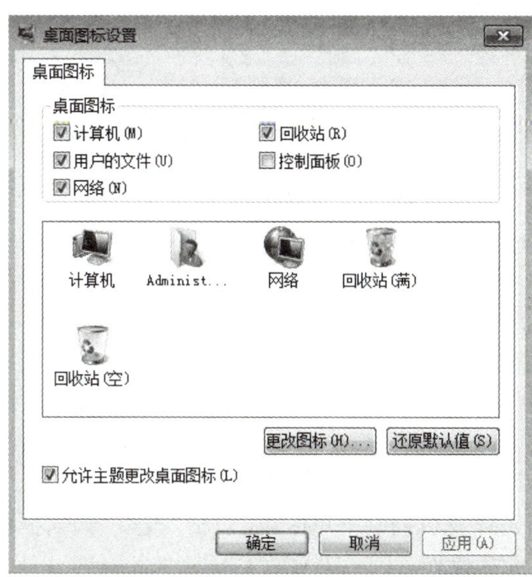

图 2-4　桌面图标设置

移动：鼠标指向要移动的桌面图标，按住鼠标左键拖动。

重命名：鼠标右击要重命名的图标，从弹出的快捷菜单中选择重命名命令，输入新的名称，按回车键确定。

排列：鼠标右击桌面空白处，从弹出的快捷菜单中选择排列图标，从子菜单中选择按名称、大小、类型和修改时间中的任何一种即可。

删除：鼠标右击需删除的图标，从弹出的快捷菜单中选择删除命令，系统弹出确认文件删除对话

框，单击“是”即可。

2.“开始”菜单的组成及操作　在中文版 Windows 7 操作系统中，单击“开始”按钮，弹出默认“开始”菜单，考虑到 Windows 旧版本用户的需要，系统中还保留了经典“开始”菜单，如图 2-5 所示。

图 2-5　Windows7“开始”菜单

“开始”菜单将内容进行了分组化管理，以默认的“开始”菜单为例，它大体上可分为四部分：

（1）“开始”菜单右上方标明了当前登录计算机系统的用户，由一个小图片和用户名称组成，它们的具体内容是可以更改的。

（2）“开始”菜单的中间部分左侧是用户常用的应用程序的快捷启动项，根据其内容的不同，中间会有分组线进行分类。通过这些快捷启动项，用户可以快速启动应用程序。在右侧是系统控制工具菜单区域，比如“文档”、“图片”、“音乐”、“计算机”、“控制面板”等选项，通过这些菜单项用户可以实现对计算机的操作与管理。

（3）在“所有程序”菜单项中显示计算机系统中安装的所有应用程序。

（4）“开始”菜单最下方是计算机控制菜单区域，包括“搜索”输入框和“关机”按钮，用户可以在此进行搜索和关闭计算机的相关操作。

“开始”菜单主要有以下操作：

（1）用户若需要改变“开始”菜单样式时，可在任务栏的空白处或者在“开始”按钮上右击，在弹出的快捷菜单中选择“属性”命令，这时会打开“任务栏”和“开始”菜单对话框，在“开始”菜单选项卡中选择“经典开始”菜单单选项，单击“确定”按钮，当用户再次打开“开始”菜单时，已经改为经典样式。“任务栏”和“开始”菜单对话框中有一个“自定义”按钮，单击该按钮，可在弹出的对话框中设置“开始”菜单的一些属性。

（2）若需要打开某个菜单命令，鼠标单击该菜单命令即可，若该命令后有黑色小三角，则会弹出下一级子菜单。

3. 任务栏的组成及其操作　系统默认任务栏位于屏幕底端，由四个部分组成，如图 2-6 所示。

图 2-6　任务栏的组成

"任务栏"和"开始"菜单属性对话框：

(1)"开始"按钮：位于任务栏最左边，单击后弹出"开始"菜单，在"开始"菜单中可以进行启动程序、查找文件及访问"帮助"等操作。

(2) 快速启动区：单击该区上的图标，即可运行相应的应用程序。

(3) 任务切换区：当启动某一应用程序时，在"任务栏"上出现应用程序的窗口标题按钮，当前活动窗口的应用程序按钮是深蓝色，不活动的应用程序则是浅蓝色。

(4) 系统通知区：位于任务栏最右侧，包括"语言设置"、"时间显示"、"音量"、"输入法"等。

4. 任务栏的设置　任务栏的设置主要有任务栏的移动、尺寸的调整及"属性"的设置。

(1) 任务栏的锁定：具体操作如下：步骤一：在任务栏的空白处右击，弹出快捷菜单。步骤二：在弹出的快捷菜单中，若"锁定任务栏"命令前面有"√"，则表示任务栏已锁定，不能改变其某些设置。否则表示可以改变其某些设置。

(2) 任务栏的移动：任务栏的位置不是一成不变的，当任务栏处于非锁定状态下时，在任务栏的空白处按下鼠标左键可以拖动任务栏到桌面的顶部、底部、左侧、右侧四个边缘，但是不能放在屏幕的中间。

(3) 任务栏尺寸的调整：在任务栏非锁定状态下，将鼠标指针移到任务栏的上边缘，当指针变成双向箭头时，按住左键，拖曳边缘到理想的尺寸，释放鼠标左键即可。

(4) 任务栏"属性"的设置：任务栏的属性是在"任务栏和'开始'菜单属性"对话框中设置，"任务属性和'开始'菜单属性"对话框的打开方法如下：

方法：鼠标右击任务栏空白处，选择"属性"命令，打开"任务栏属性和'开始'菜单"对话框，如图 2-7 所示。

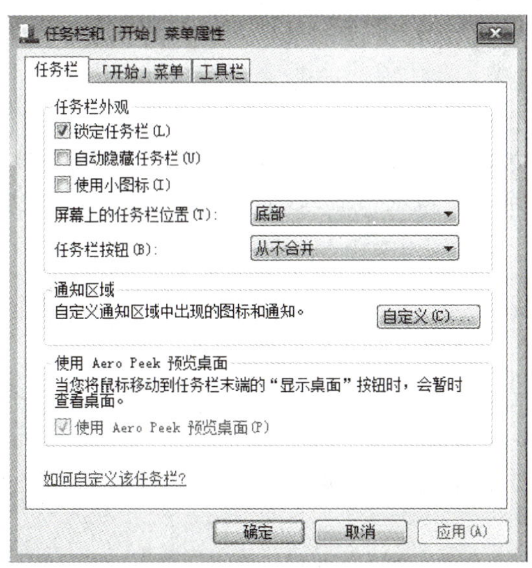

图 2-7　"任务栏"和"开始"菜单属性对话框

该对话框中有"任务栏"和"'开始'菜单"两个选项卡，用户需要对某项进行设定时，只要单击相应的复选框或单选按钮，然后单击"确定"按钮即可。

（三）窗口的组成及其操作

窗口是屏幕上与一个应用程序相对应的矩形区域，当用户开始运行一个应用程序时，会在屏幕上显示一个窗口。

1. 窗口的组成 通常窗口由标题栏、菜单栏、工具栏、信息区、工作区、状态栏等组成，以“Windows资源管理器”窗口为例，如图2-8所示。

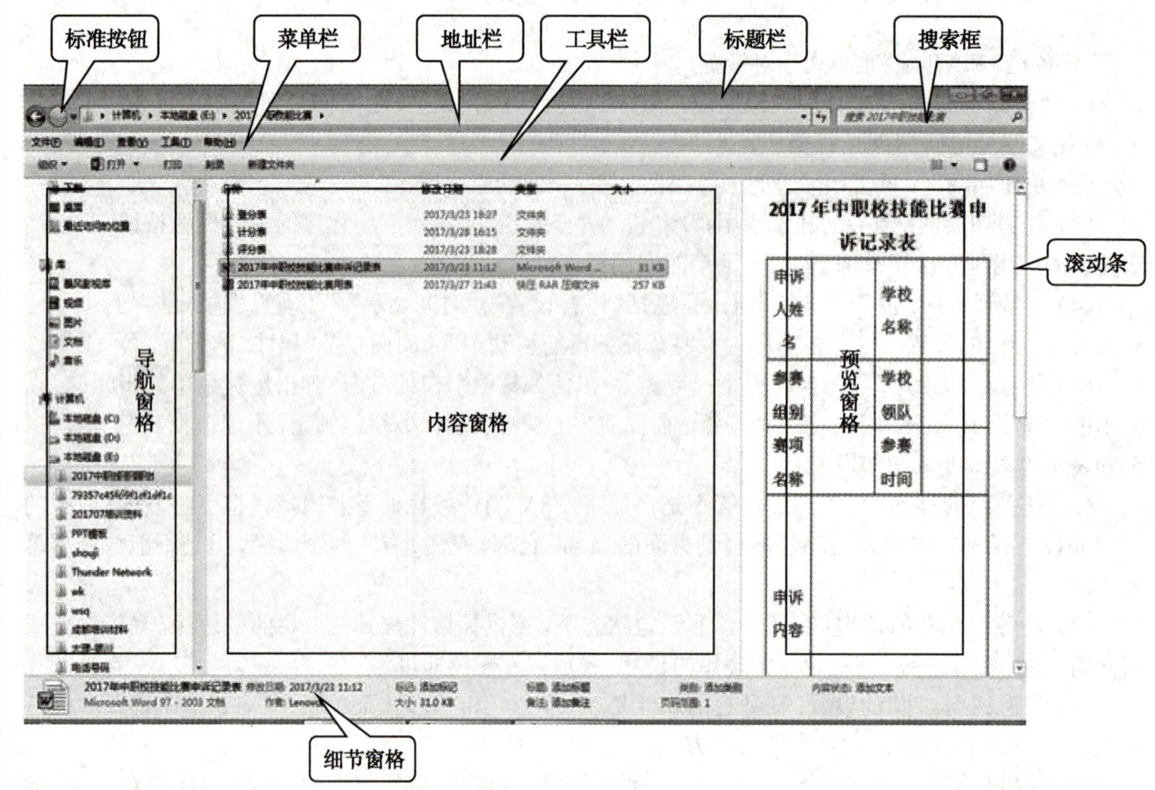

图2-8 “Windows资源管理器”窗口的组成

（1）标题栏：窗口标题栏显示程序和文档的名称，位于窗口的顶端，最左侧是控制菜单图标，紧邻的是窗口的标题，最右侧是三个控制按钮，依次为最小化按钮、最大化或还原按钮及关闭按钮。

（2）标准按钮：位于标题栏的左下方，“前进”按钮和“后退”按钮，可以导航到已经打开的其他文件夹或库，而无须关闭当前窗口。

（3）地址栏：出现在每个文件夹窗口的顶部，可以导航到不同的文件夹或库、返回上级文件夹或库。将当前的位置显示为以箭头分隔的一系列文件夹，通过它可以清楚地知道当前打开的文件夹的路径。

（4）搜索框：搜索当前文件夹或库中符合条件的文件夹或文件。

（5）菜单栏：包含程序中可以单击进行选择的项目，每个菜单均包含一系列命令。大多数程序都有“文件”、“编辑”、“查看”、“工具”、“帮助”菜单。

（6）工具栏：为操作方便而把菜单栏中的常用命令以按钮的形式集中放置在条形区域中。

（7）导航窗格：显示系统任务和所选中对象的一些信息，“Windows资源管理器”导航窗格给用户提供了树状结构文件夹列表，从而方便用户快速定位所需的目标，主要分成收藏夹、库、计算机、网络等4大类。

（8）内容窗格：显示文件和文件夹列表，以及与搜索框中内容相匹配的文件。

（9）预览窗格：可以查看大多数文件的内容。

（10）细节窗格：可以查看与选定文件关联的最常见属性。

（11）滚动条：分为垂直滚动条和水平滚动条，只有窗口的内容一屏幕不能完全显示时才会出现滚动条。

2. 窗口的操作

（1）窗口的打开：鼠标双击一应用程序、文件夹可打开相应的窗口；或右击一应用程序、文件夹，弹出快捷菜单，选择“打开”命令，也可打开相应的窗口。

（2）窗口大小的改变：鼠标单击最小化、最大化或还原按钮可以改变窗口的大小；或将鼠标放于窗口边缘，鼠标变成双向箭头，鼠标左键拖动窗口边框即可改变窗口的大小。

（3）窗口的移动：当窗口未处于最大化状态时，将鼠标指针置于窗口的标题栏上，按下鼠标左键，拖动到目标位置即可。

（4）窗口的排列：鼠标右击任务栏空白处，从弹出的快捷菜单中可以看见有层叠窗口、横向平铺窗口和纵向平铺窗口三种方式，选择其中一种方式，即可进行窗口排列，可用于多窗口的操作。

（5）窗口的切换：当同时打开多个窗口时，当前活动窗口只有一个，若要切换到目标窗口，则只需单击目标窗口即可。

（6）窗口的关闭：鼠标单击窗口标题栏右上角的“关闭”按钮，或在键盘上同时按下“Alt+F4”快捷键，关闭活动窗口。

（四）对话框的组成及其操作

1. 对话框的打开　在 Windows 窗口菜单中，菜单命令后面带有“…”符号的，表示执行该命令后会弹出相应的对话框。如在计算机窗口中，执行“工具”→“文件夹选项…”命令，即可弹出对话框，如图 2-9 所示。

2. 对话框的特点　在外形上看，对话框是个矩形，大小不一，与窗口相比，对话框的大小不能改变，标题栏上无最大化和最小化按钮，通常会有“？”按钮，使用该按钮用户可以获得帮助信息。

3. 对话框的组成　下面以“页面设置”为例介绍对话框的组成，如图 2-10 所示。

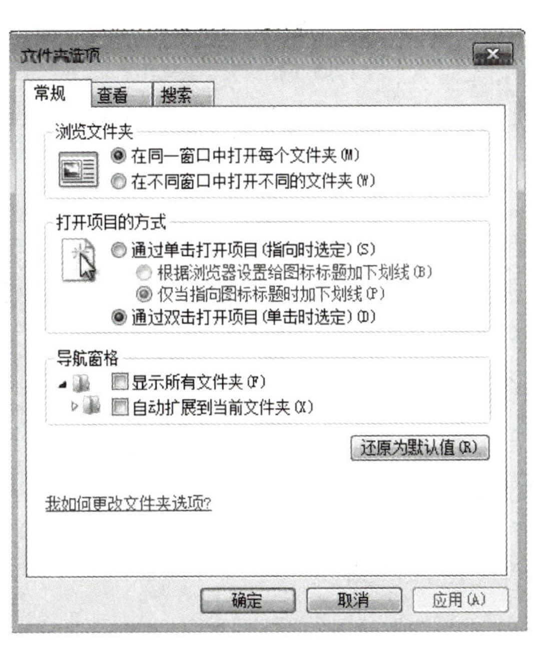

图 2-9　对话框

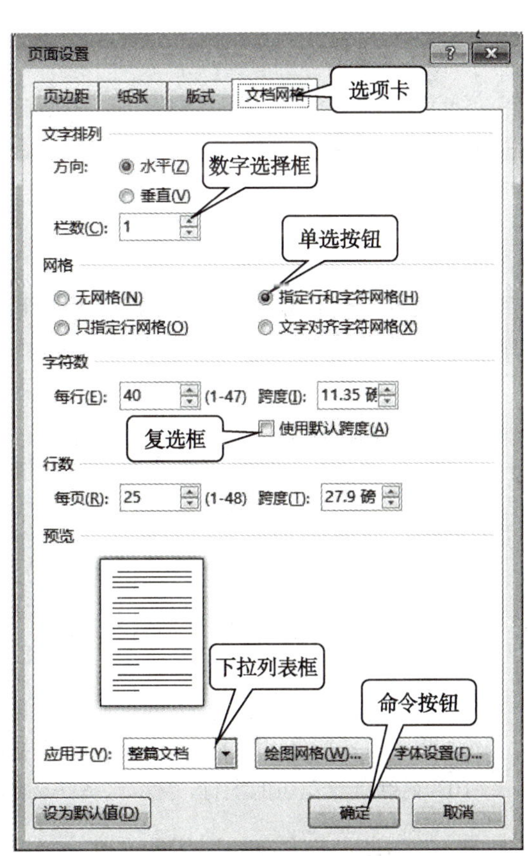

图 2-10　对话框的组成

（1）选项卡：是设置选项的模块。单击任意一个选项卡，即可切换到该选项卡对应的对话框中，从中可完成相关的操作。

（2）文本框：是对话框中的一个空白区域，单击其空白处，会出现光标插入点，在插入点输入文字。

（3）单选按钮：同一组命令中必须选择而且只能选中一条命令。

（4）复选框：单击方框即可选中相应项，同一组命令中可同时选择多条命令。

（5）下拉列表框：单击下拉列表框右侧的下拉按钮，将弹出一个下拉列表，从中可选择所需选项。

（6）数字选择框：直接输入数字或通过“调整”按钮，递增、递减数字。

（7）命令按钮：单击命令按钮可执行完成相关的命令或任务。

（五）菜单操作

Windows 中大多数的命令都是通过菜单中的相关命令来实现的，菜单就是一组命令列表，这是 Windows 的特色之一。

1. 菜单的分类　Windows 的菜单一般包括“开始”菜单、窗口菜单、快捷菜单、控制菜单和子菜单。

（1）“开始”菜单：是存放操作系统或设置系统的绝大多数命令，而且还可以使用安装到当前系统里面的所有的程序。

（2）窗口菜单：是提供控制工作环境中窗口的命令，如工作区、工具、选项、历史记录、颜色等面板的选项。

（3）快捷菜单：是显示与特定项目相关的一列命令的菜单，即鼠标右击时常出现的那个菜单。

（4）控制菜单：在 windows 操作系统中，每个应用程序都有一个控制菜单。提供还原、移动、大小、最大化、最小化、关闭窗口功能。右击标题栏的任意位置，或单击标题栏左侧的图标即可弹出控制菜单。同时按住 Alt+ 空格也可以弹出控制菜单。每个程序都有的控制菜单具有相同的菜单命令。

（5）子菜单：菜单栏实际是一种树型结构，子菜单是菜单栏的一个分支。

2. 菜单的打开　窗口菜单等可以用单击鼠标左键的方法打开，而快捷菜单要用鼠标右击的方法打开。

3. 符合菜单命令的有关约定

（1）菜单分组线：是将菜单中属同一类型的项目排列在一起，成为一组，各组间用横线分隔，方便用户查找，如图 2-11 所示。

（2）菜单中显示为黑色表示单击后可以执行，显示为灰色表示当前不可执行。

（3）菜单命令后带下划线的字母表示按下 Alt 键和该字母可打印的菜单。

（4）菜单命令后带下划线的字母表示在菜单打开的情况下，直接按下该字母执行相应命令。

（5）菜单命令右边的“…”命令表示执行该命令后可弹出对话框。

（6）菜单命令前有“●”符号表示单项目选定标记，即一组中只能选定一个命令。

（7）菜单命令前有“√”符号表示多项目选定标记，有“√”符号表示命令项生效，否则无效。

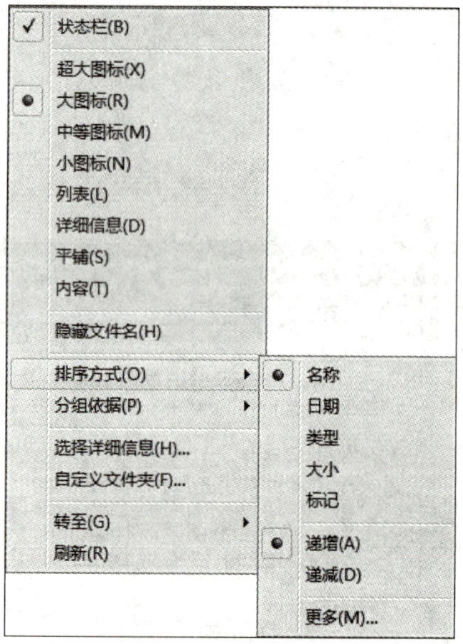

图 2-11　菜单命令

（8）菜单命令右边快捷键，可以快速地利用键盘执行菜单命令。

（9）菜单打开后最下边的“≽I”表示鼠标指针指向该符号，菜单自动会显示隐藏的命令。

（10）菜单命令左边的图标，表示这些图标均可在各类工具栏上找到。

二、文件操作与资源管理

在 Windows7 中，所有软、硬件资源均用文件或文件夹的形势来表示，管理文件和文件夹就是管理整个计算机系统。通常可以通过“Windows 资源管理器”对计算机系统进行统一管理和操作。

（一）文件和文件夹的基本操作

“Windows 资源管理器”窗口中能显示出计算机上的文件、文件夹和驱动器的分层结构，同时显示

了映射到本地计算机上的网络驱动器名称，可以复制、移动、重新命名以及搜索文件和文件夹，实现对计算机中所有资源的管理。

1. 启动“Windows 资源管理器”的方法主要有以下几种：

(1) 双击桌面上的“计算机”图标，即可启动“Windows 资源管理器”。

(2) 单击开始按钮，然后执行“计算机”命令，启动“Windows 资源管理器”。

(3) 或者单击开始按钮，然后执行“所有程序”→“附件”→“Windows 资源管理器”命令，如图 2-12 所示，启动“Windows 资源管理器”。

图 2-12 启动 Windows 资源管理器

(4) 单击锁定在任务栏左侧的“Windows 资源管理器”图标启动“Windows 资源管理器”。

(5) 按键盘上的 Windows 徽标 +“E”也可启动“Windows 资源管理器”。

2. 文件和文件夹的基本操作

(1) 新建文件和文件夹：在要新建文件或文件夹的目标位置右击，弹出的快捷菜单中选择“新建”，子菜单中选择“文件”命令或“文件夹”命令。

(2) 选择文件和文件夹

1) 选择一个：鼠标单击目标文件或文件夹；

2) 选择多个连续的：鼠标单击第一个文件或文件夹，按下 Shift 键，再单击最后一个文件或文件夹；

3) 选择多个不连续的：鼠标单击一个文件或文件夹，按下 Ctrl 键，再单击其他目标文件或文件夹；

4) 全部选取：选择“编辑”命令→单击“全选”命令或按下“Ctrl+A”快捷键；

5) 取消选取一个：按下 Ctrl 键，鼠标单击要取消的目标文件或文件夹；

6) 取消选取：单击其他任意地方即可。

（3）复制文件和文件夹：选取要复制的对象，单击“编辑”→“复制”命令，或按快捷键 Ctrl+C 表示复制；打开目标位置，再选择“编辑”→“粘贴”命令，或按下快捷键 Ctrl+V 也可。

（4）移动文件和文件夹：选取要复制的对象，单击“编辑”→“剪切”命令，或按快捷键 Ctrl+X（剪切）；打开目标位置，再选择“编辑”→“粘贴”命令；或按下快捷键 Ctrl+V 也可。

（5）重命名文件和文件夹：鼠标右击需要重命名的文件或文件夹，弹出的快捷菜单中选择“重命名”命令。

视频：文件、文件夹的基本操作

（6）查看或修改文件属性：鼠标右击需要查看或修改文件属性的文件或文件夹，弹出的快捷菜单中选择“属性”命令，有只读、存档和隐藏三种属性。

（7）删除文件和文件夹：鼠标右击需要删除的文件或文件夹，弹出的快捷菜单中选择“删除”命令，或选中目标后，直接按“Delete”键。

（8）恢复文件和文件夹：对近几次的误操作可以进行撤消操作，单击“编辑”→“撤消”命令，或按快捷键 Ctrl+Z（撤消）。

（二）设置文件与文件夹的属性

1. 隐藏文件、文件夹或驱动器　文件、文件夹或驱动器都有一个隐藏属性。默认设置下在资源管理器中不显示隐藏的文件、文件夹或驱动器。如果要设置或查看文件属性，在资源管理器中，右键单击要隐藏的文件、文件夹或驱动器的图标，在单击快捷菜单中的“属性”命令，选中“属性”后面的“隐藏”复选框，在单击“确定”按钮，如图 2-13 所示。

2. 显示隐藏文件和文件夹　在“Windows 资源管理器”中，单击“工具”菜单中的“文件夹选项”，显示“文件夹选项”对话框。单击“查看”选项卡，在“高级设置”列表框中，选中“显示隐藏文件、文件夹和驱动器”复选框；如果要查看所有文件的扩展名，取消选中“隐藏已知文件类型的扩展名”复选框，如图 2-14 所示，单击“确定”按钮。如果要查看操作系统文件，可取消选中“隐藏受保护的操作系统文件（推荐）”复选框。

视频：显示隐藏的文件和文件夹

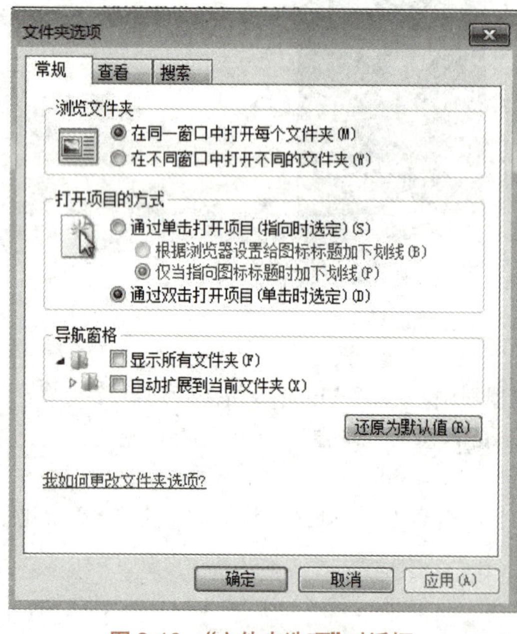

图 2-13　“文件夹选项”对话框

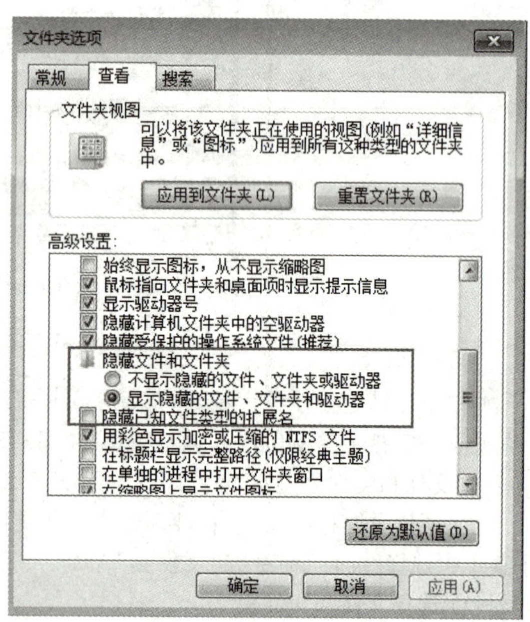

图 2-14　显示隐藏文件和文件夹

（三）使用库访问文件和文件夹

“库”是 Windows7 系统最大的亮点之一。库中包含子库和文件。文件夹存储的是文件本身，其文件和子文件夹都存在该文件夹中，而库存储的是文件或文件夹的快照（类似快捷方式）。库存储的文件来自四面八方，如可以来自于用户电脑上的关联文件或者来自于移动磁盘上的文件。库提供了一种更加快捷的管理方式。

例如：如用户有一些工作文档主要存在自己电脑上的 D 盘和移动硬盘中，为了以后工作的方便，

用户可以将 D 盘与移动硬盘中的文件都放置到库中。在需要使用的时候，只要直接打开库即可（前提是移动硬盘已经连接到用户主机上了），而不需要再去定位到移动硬盘上。

“库”的出现并不会因为用户把某个文件夹加入到库中，而把那个文件夹的内容也复制到库中。收纳到库中的内容除了它们自身占用的磁盘空间之外，几乎不会再额外占用磁盘空间，并且在删除库及其内容时，也并不会影响到那些真实的文件。另外，Windows7 库中的这些文件还支持随着原始文件夹的变化而自动更新，功能十分强大。

1. 添加文件到库

方法一：右键单击要添加的目标文件夹→选择“包含到库中”命令，并在子菜单中选择要去的库，如图 2-15 所示。

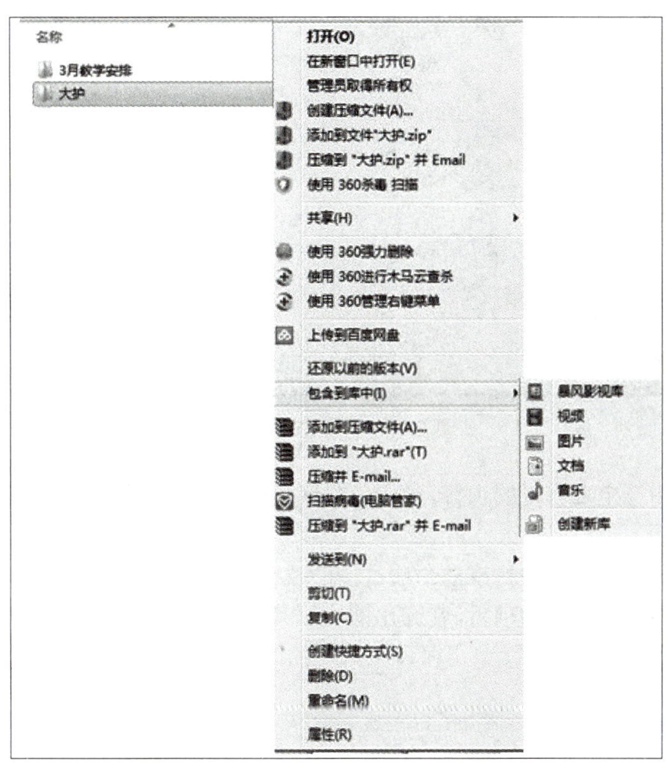

图 2-15　添加文件和文件夹到库

方法二：首先在资源管理器中选中要添加的文件夹→点击工具栏中的“包含到库中”按钮，从下拉菜单里选择要加入的“库”名称即可。

注意：如果需要的话，也可以借助最下方的“创建新库”组建一个全新库，把文件夹添加到新库中。

2. 增加库中类型　Windows7 库中默认提供视频、图片、文档、音乐 4 种类型库，如不能满足需求，可通过新建库的方式添加新的库类型。方法如下：右键单击“库”根目录窗口的空白处，选择快捷菜单的“新建”→单击“库”命令，输入类名即可。

3. 将文件夹从库中删除　右键单击导航窗口库中的文件夹名→单击“从库中删除位置”命令。

（四）回收站的使用

回收站主要是用来存放从计算机硬盘上被删除的文件或文件夹。像 U 盘等移动存储设备上删除的文件或文件夹不会放在回收站中。其重要的功能可以将错误删除的文件或文件夹还原到原位。当回收站满后，系统将自动腾出空间来存放最近删除的文件或文件夹。

在桌面上双击回收站图标，打开如图 2-16 所示的“回收站”窗口，在此用户可找到被删除的文件或文件夹。

1. 项目还原

方法一：选择要恢复的项目，选择“文件”菜单中的“还原”命令。

方法二：直接右击要恢复的项目，在弹出的快捷菜单中选择“还原”。

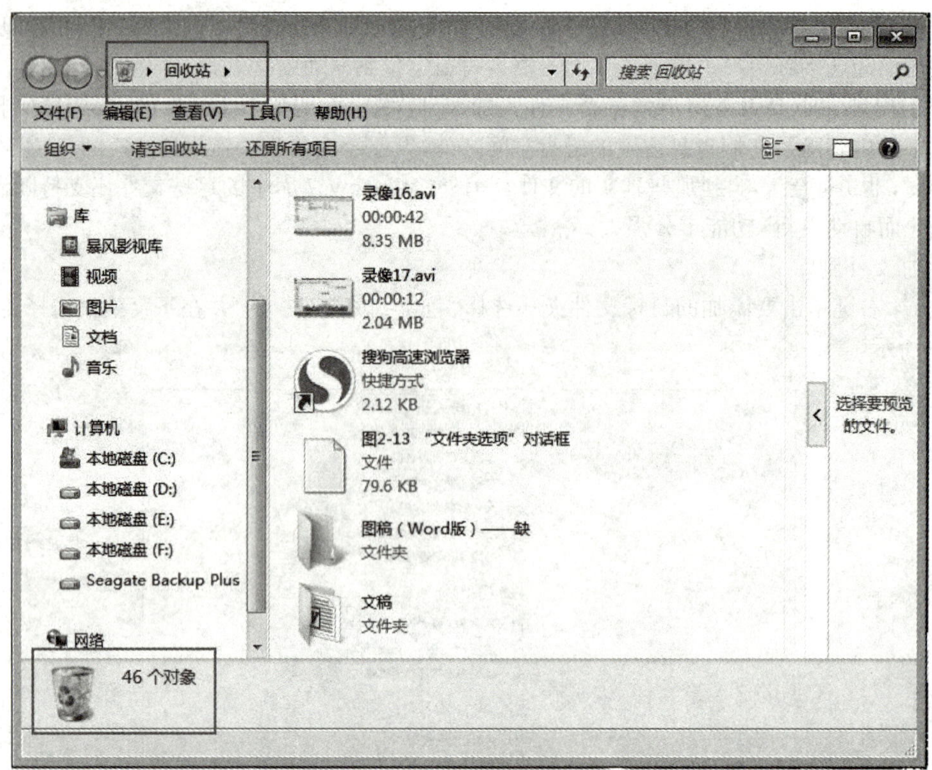

图 2-16　"回收站"窗口

方法三：在窗口中选定要恢复的项目，单击信息区的"还原此项目"。

2. 项目删除

方法一：选中要删除的一个项目或多个项目，在"文件"菜单中选择"删除"命令。

方法二：鼠标右击需要删除的项目，在弹出的快捷菜单中选择"删除"。

方法三：选择要删除的项目后，单击窗口工具栏的"删除"按钮，弹出确认删除文件对话框，单击"是"，即可删除选中对象。

3. 回收站清空

方法一：选择"文件"菜单中的"清空回收站"命令。

方法二：在"回收站"窗口，单击信息区的"清空回收站"。

方法三：鼠标右击"回收站"窗口的空白处，在弹出的快捷菜单中选择"清空回收站"。

三、设备管理

控制面板是 Windows 的一个对自身设置进行控制和管理的工具程序。它允许用户查看并操作有关 Windows 外观和工作方式的所有设置，比如添加 / 删除软件，控制用户账户，更改辅助功能选项。

Windows 7 操作系统中控制面板的打开方法如下：

（1）单击开始按钮，然后执行"控制面板"命令。

（2）在桌面单击右键，在弹出的快捷菜单中执行"个性化"命令。

（一）查看计算机的基本信息

在"控制面板"的小图标视图中，单击"系统"，显示"系统"窗口，如图 2-17 所示，可以查看有关计算机的基本信息，包括：

（1）Windows 版本：列出计算机上运行的版本的信息。

（2）系统：显示计算机的 Windows 体验指数的基本分数。

（3）计算机名称、域和工作组设置：显示计算机名以及域或工作组信息。单击"更改设置"，可以更改信息并添加用户账户。

（4）"Windows 激活"：显示当前 Windows 副本是否激活及是否正版。

图 2-17　“系统”窗口

（二）设置显示属性

显示器属性包括显示器分辨率、文本大小、连接到投影仪等方面。

1. 调整屏幕分辨率的步骤：

（1）在打开的“控制面板”窗口中，找到“外观和个性化”，单击“调整屏幕分辨率”，如图 2-18 所示；或在桌面单击右键，在弹出的快捷菜单中执行“屏幕分辨率”命令，屏幕分辨力就可以进行调整了。

图 2-18　“屏幕分辨率”窗口

（2）单击“分辨率”下拉列表框，将滑块移动到所需的分辨率，然后单击“应用”按钮。

（3）弹出“显示设置”对话框，如图 2-19 所示，单击“保留更改”按钮，应用新的分辨率；或单击“还原”按钮，恢复原来的分辨率。

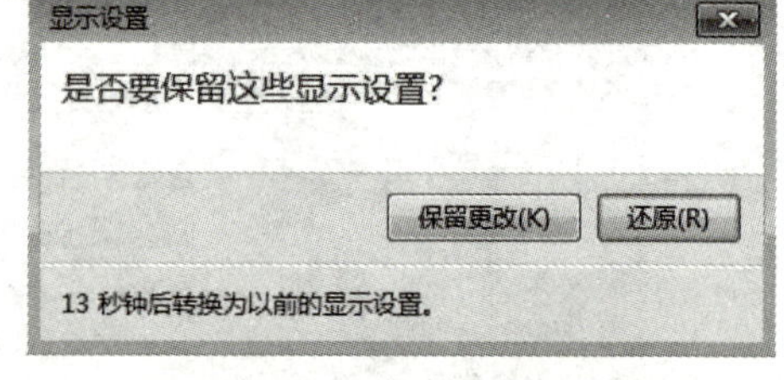

图 2-19　“显示设置”对话框

2. 更改字体大小　在“控制面板”的小图标视图中，单击“显示”，打开“显示”窗口，选择下列操作之一：

（1）“较小 -100%（默认）”：该选项使文本和其他项目保持正常大小。

（2）“中等 -125%”：该选项将文本和其他项目设置为正常大小的 125%。

单击“应用”按钮。若要查看更改，先关闭所有程序，然后注销 Windows。该更改在下次登录时生效。如图 2-20 所示。

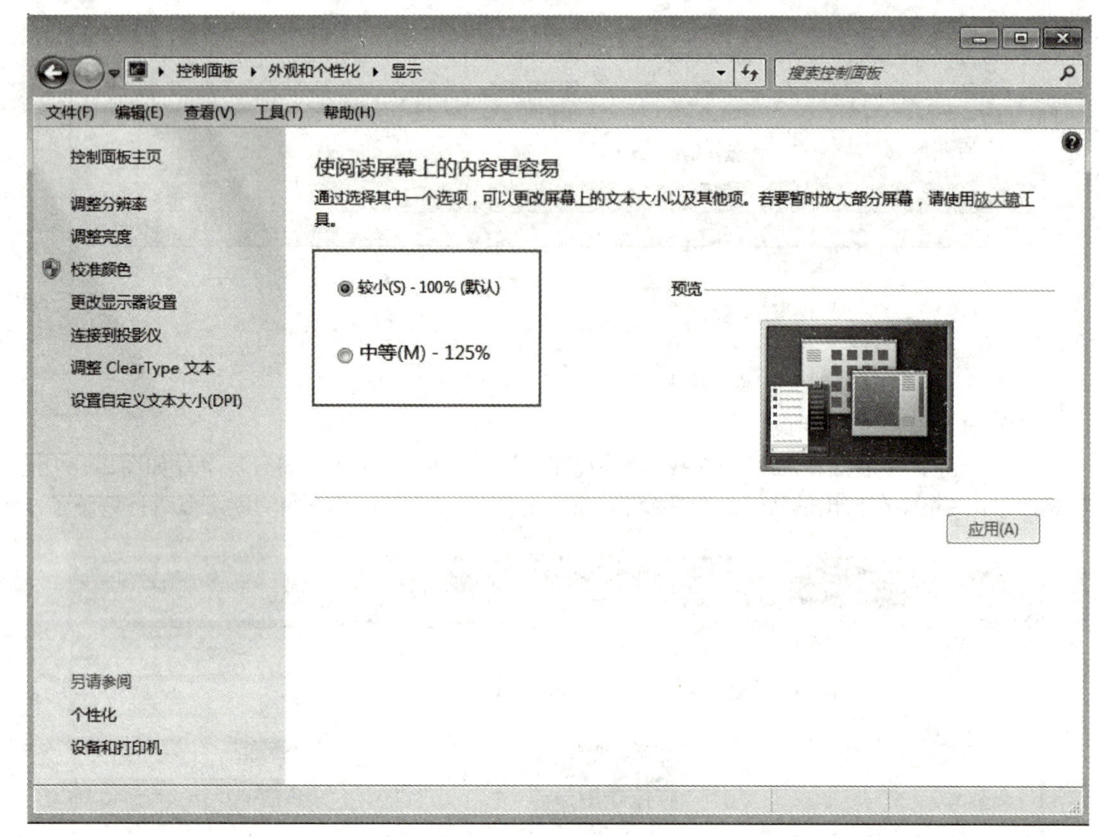

图 2-20　“显示”窗口

（三）设置 Windows 主题

主题主要包括对桌面背景、窗口颜色、声音和屏幕保护等一些元素。

1. 更改桌面背景　主要是设置桌面背景，在“个性化”窗口中，单击“桌面背景”，如图 2-21 所示。在列表框中选择一个喜欢的背景，“桌面”的显示器中将显示该图片作为背景图片的效果；如果要使用的图片不在桌面背景列表框中，单击“图片位置”的“浏览”按钮，在本地磁盘或网络中选择其他图片作为桌面背景。在“图片位置”下拉列表中有填充、适应、居中、平铺和拉伸五种显示方式，可调整背景图片在桌面上的位置，单击“保存修改”按钮即可。

2. 更改屏幕保护程序　在“个性化”窗口中，单击“屏幕保护程序”按钮，显示“屏幕保护程序设置”对话框，如图 2-22 所示。屏幕保护程序可进行一些设置（如对象的样式、颜色等），单击“设置”按钮，可对该屏幕保护程序进行一些设置；单击“预览”按钮，可预览该屏幕保护程序的效果，移动鼠标或操作键盘即可结束屏幕保护程序。在“等待”文本框中可输入或调节带有上下三角的微调按钮确定

计算机多长时间无人使用则启动屏幕保护程序。若是你暂时离开电脑，为了防范别人偷窥你存放在电脑上的一些隐私，可以在屏幕保护设置中，勾选“在恢复时使用密码保护”复选框。这样，当别人想用你的电脑时，会弹出密码输入框，密码不对的话，无法进入桌面，从而保护个人隐私。

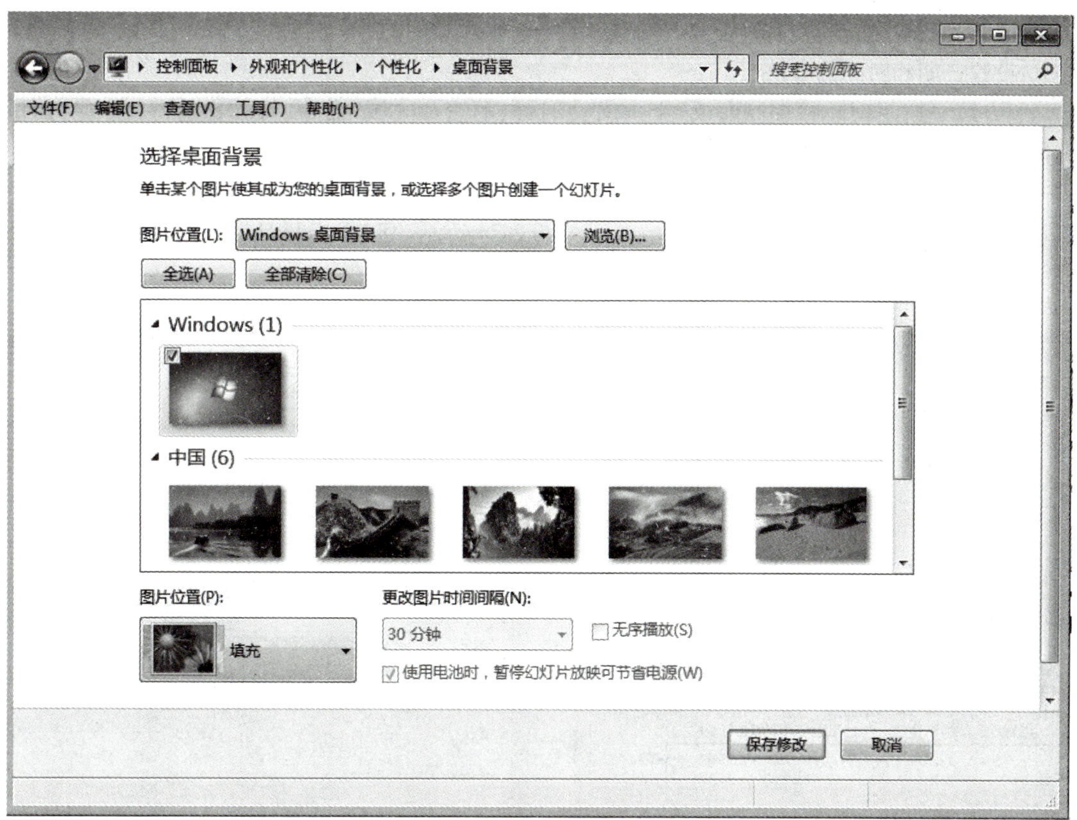

图 2-21　“桌面背景”窗口

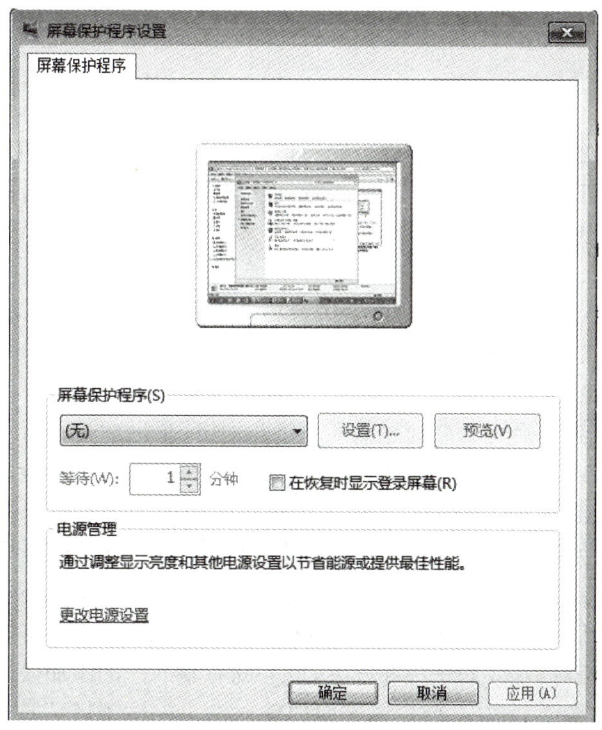

图 2-22　“屏幕保护程序设置”对话框

3. 更改窗口颜色 在“个性化”窗口中，单击“窗口颜色”按钮，显示“窗口颜色外观置”对话框，如图 2-23 所示。单击“项目”下拉列表框，可选择需要更改颜色的项目；单击“颜色”下拉列表框，可选择需要更改的颜色；单击“字体”、“大小”下拉列表框，可以为选定项目改变字体和大小；单击“加粗”、“倾斜”图标按钮，可以为文字加粗或倾斜。

（四）设置日期和时间

1. 设置日期和时间的方法

（1）方法一：在打开的“控制面板”上，单击“时钟、语言和区域”命令，在弹出的窗口中找到“日期和时间”，单击“设置日期和时间”命令。

（2）方法二：单击“任务栏”右侧的时间，在弹出的对话框中单击“更改日期和时间设置…”。

以上方法均可打开“日期和时间”对话框，如图 2-24 所示，包括时间和日期、附加时钟及 Internet 时间三个选项卡。

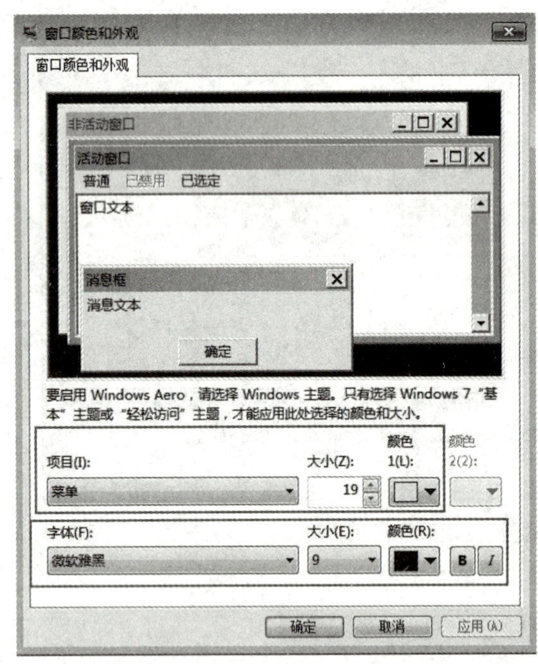

图 2-23 “窗口颜色和外观”窗口

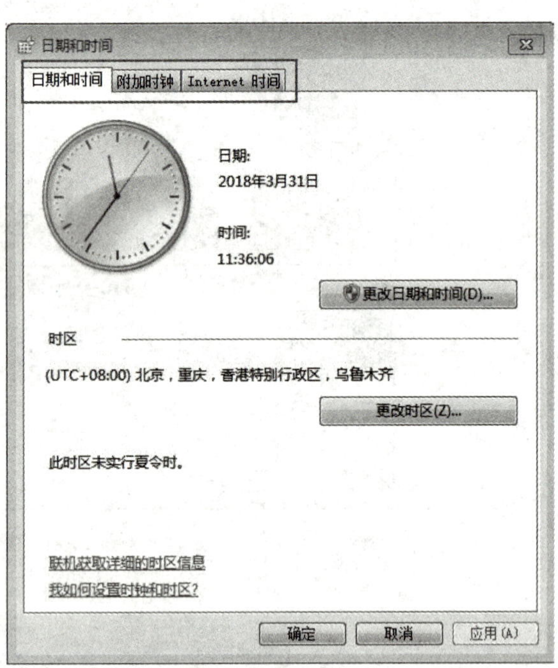

图 2-24 “日期和时间”对话框

2. 日期和时间属性对话框的操作 在“日期”选项组中的“年份”框中，可单击带有上下三角的微调按钮调节准确的年份；在“月份”下拉列表中可选择月份，在列表框中可选择日期和星期；在“时间”选项组“时间”文本框中，可输入或调节准确的时间。

（五）设置输入法

Windows 7 系统自带的输入法主要有微软拼音和王码五笔字型等输入法，微软拼音是以拼音为基础，以汉字词和短语为主的智能化输入法，简单易学，使用方便。其他常用输入法有紫光拼音、搜狗拼音、谷歌拼音等输入法。

汉字输入确定性高，熟练后可以高速地输入单字和词组，借助软件平台还可以实现整句的输入。形码或音形码通常不需要输入法软件太多的功能，更不需要软件的智能功能，所以这类输入法的软件通常都非常小巧，而且无需频繁更新词库。

1. 添加输入法 如果需要其他的输入法，可以上网到相应输入法的官网上下载输入法安装文件。安装完毕后，可以单击“控制面板”的“时钟、语言和区域”选项组中的“更改键盘和输入法”命令，在弹出“区域和语言”对话框中，如图 2-25 所示，选择“键盘和语言”选项卡，单击“更改键盘”按钮，出现“文字服务和输入语言”对话框，如图 2-26 所示，可以进行输入法的添加操作。

2. 删除输入法 在图 2-26 中，选择要删除的输入法，单击“删除”按钮即可删除不必要的输入法。

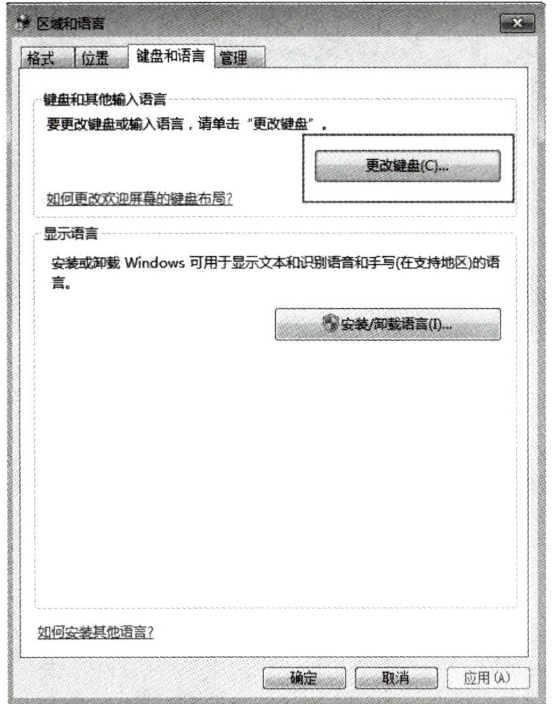

图 2-25　“区域和语言”对话框

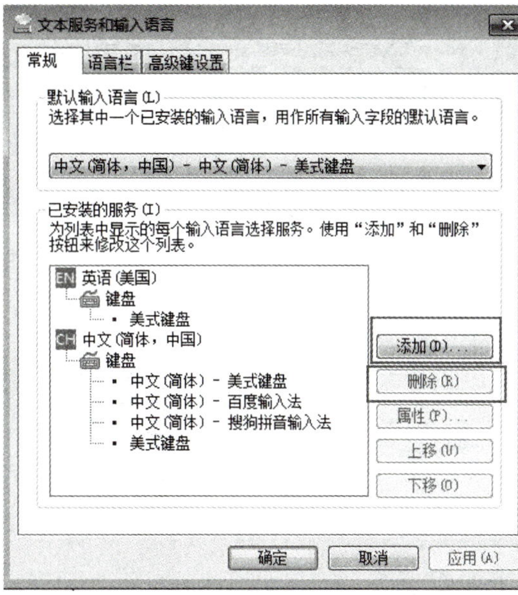

图 2-26　“文字服务和输入语言”对话框

3. 设置语言栏显示　在图 2-26 中，单击“语言栏”选项卡，在选项卡中对语言栏进行设置，如图 2-27 所示，设置后按“确定”按钮。

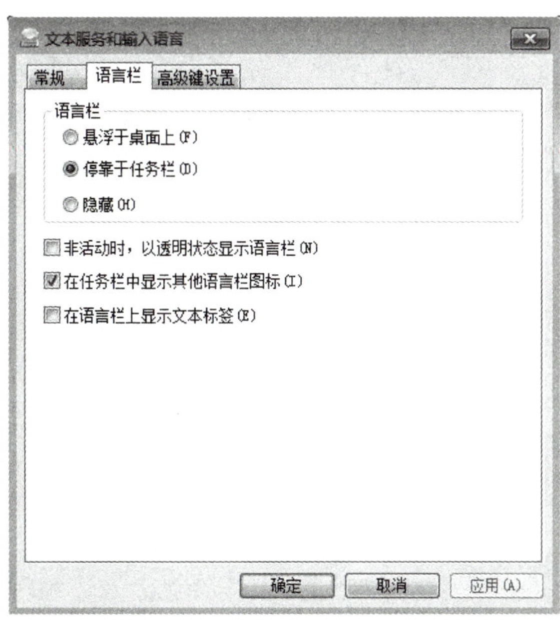

图 2-27　“语言栏”设置

（六）打印机

1. 添加打印机

步骤一：在打开的“控制面板”对话框中，单击“查看设备和打印机”图标，打开“设备和打印机”窗口，如图 2-28 所示。单击“文件”菜单，选择“添加打印机”命令，打开“添加打印机”向导对话框，如图 2-29 所示。

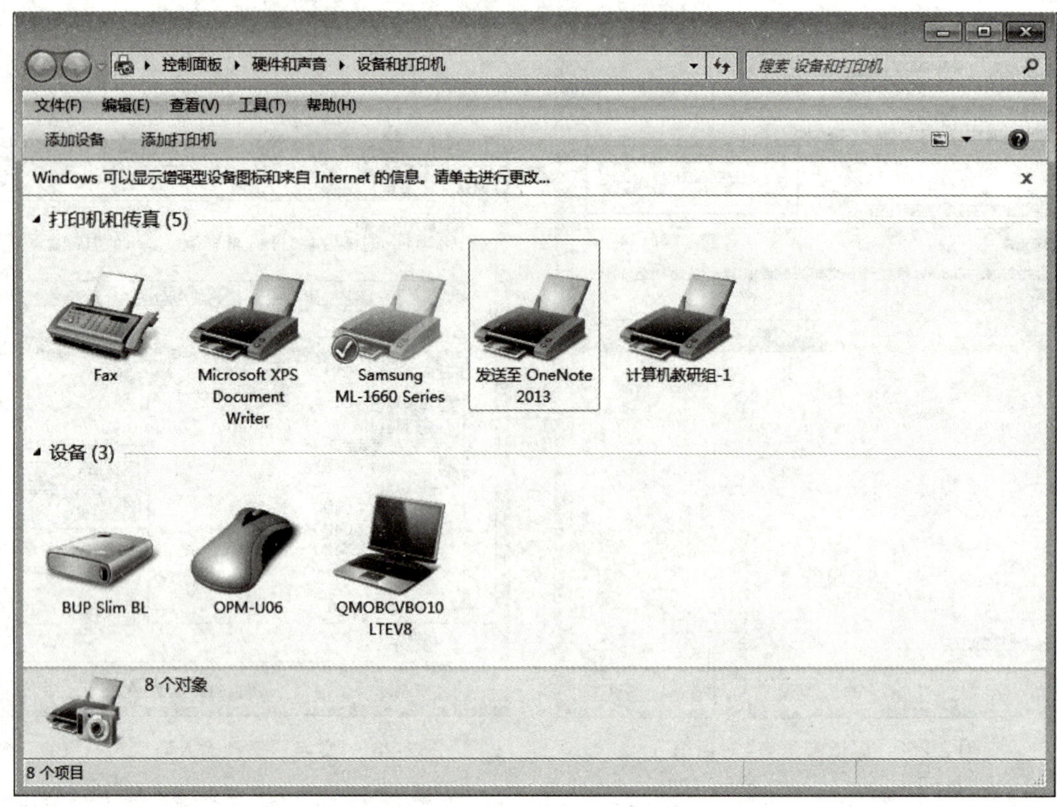

图 2-28　“设备和打印机”窗口

步骤二：单击“下一步”按钮，如果安装的是已经连接到计算机上的本地打印机，则选择“添加本地打印机”。如果要安装网络上的打印机，则选择“添加网络、无线或 Bluetooth 打印机（W）”，如图 2-29 所示。

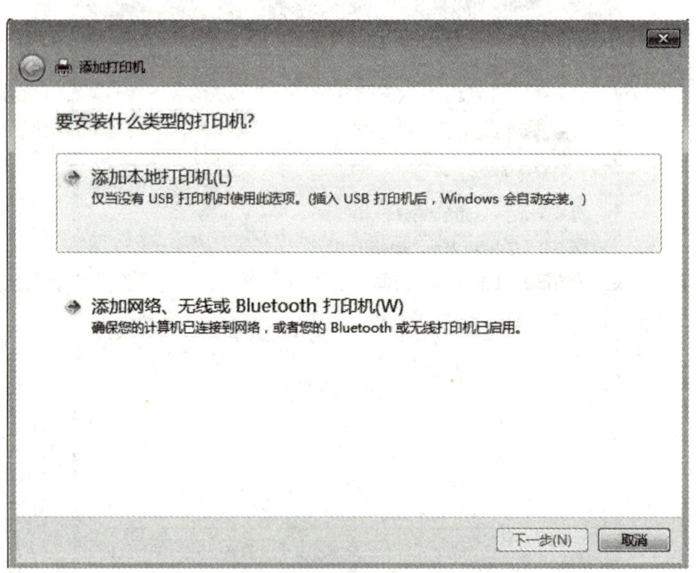

图 2-29　“添加打印机”向导框

步骤三：单击“下一步”按钮，出现要求选择打印机所使用的端口的页面，选择“使用现有的端口”对话框，如图 2-30 所示。

步骤四：单击“下一步”按钮，出现提示选择打印机生产厂商及型号的窗口，如图 2-31 所示，以便于系统安装打印机驱动程序。列表所显示的打印机的驱动程序都是系统自带的，如果列表中没有所安装的打印机的型号，可单击“从磁盘安装”按钮。

步骤五：单击“下一步”按钮，给打印机指定名称，如图 2-32 所示。

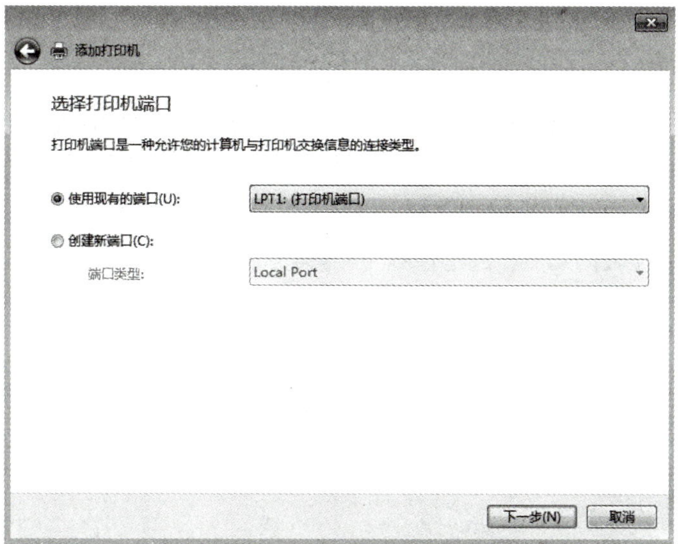

图 2-30　选择打印机端口

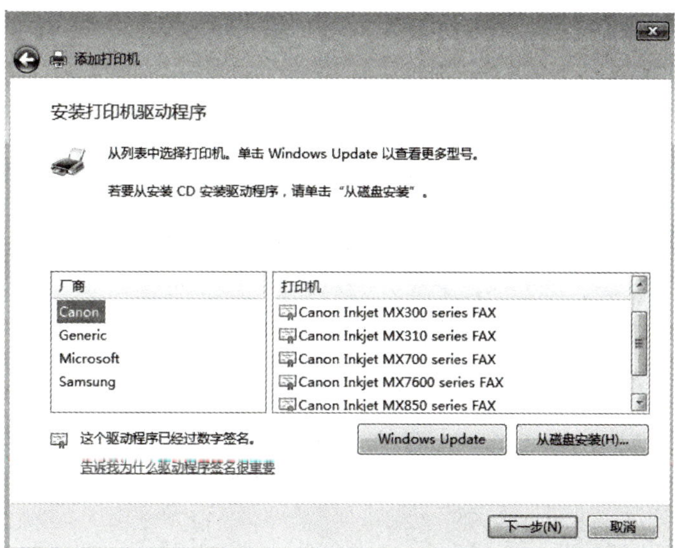

图 2-31　安装打印机驱动程序

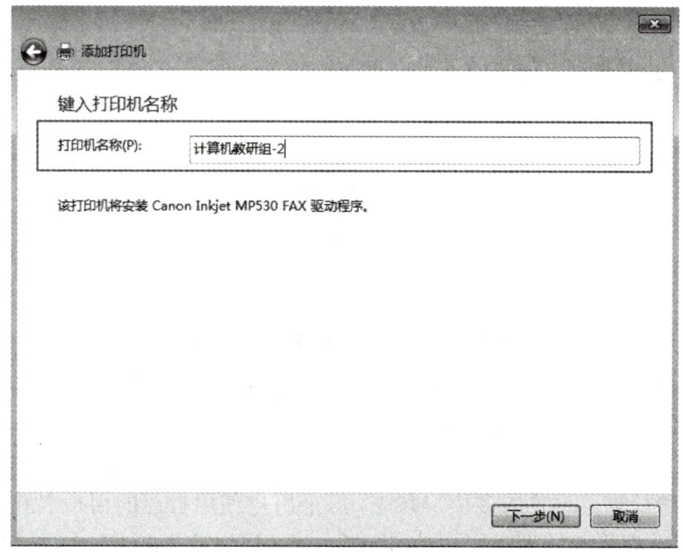

图 2-32　指定打印机名称

步骤六：单击“下一步”按钮，系统会提示是否共享这台打印机，如图 2-33 所示，选择“共享”或“不共享”。

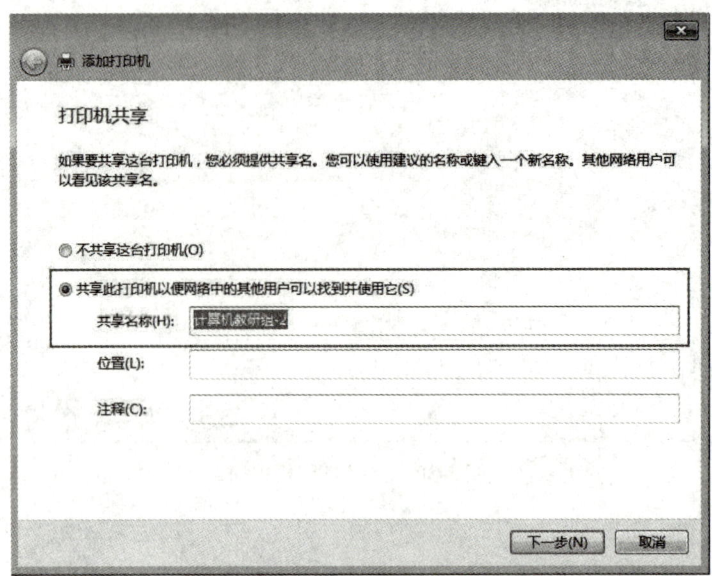

图 2-33 设置打印机共享

步骤七：单击“下一步”按钮，系统会提示是否打印测试页，如图 2-34 所示，选择“是”或“否”。

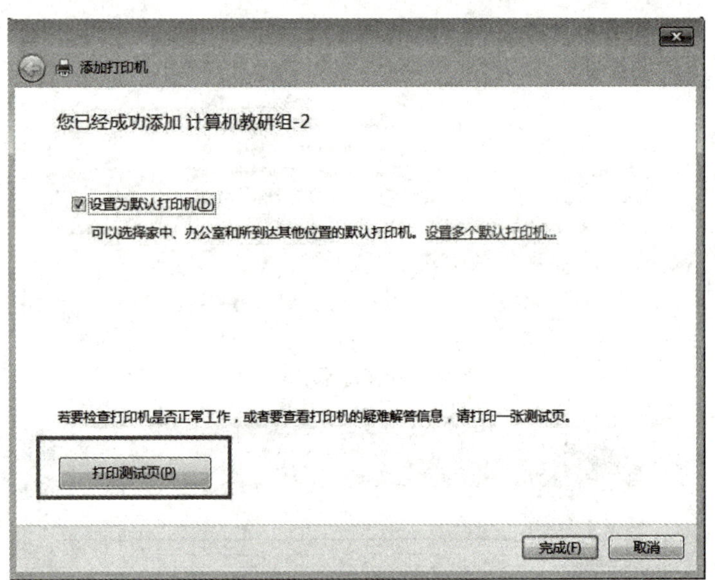

图 2-34 打印测试页

步骤八：然后单击“完成”按钮，系统会将打印机驱动程序复制到相应的目录下，安装打印机结束，如图 2-35 所示。

2. 删除打印机 在打开的“控制面板”中打开“设备和打印机”窗口，选择要删除的打印机。单击“文件”菜单，在弹出的菜单中选择“删除设备”命令，如图 2-36 所示。选择要删除的打印机单击鼠标右键，从弹出的快捷菜单里选择“删除设备”命令。

（七）用户账户管理

Windows7 允许将计算机设置为多用户状态，每个用户使用自己的用户名和密码登陆系统，则可以有自己的操作环境。在系统管理员用户（Administrator 用户或 Administrator 组用户）下，可以对所有用户设置不同的权限，以此来增加系统的安全性。

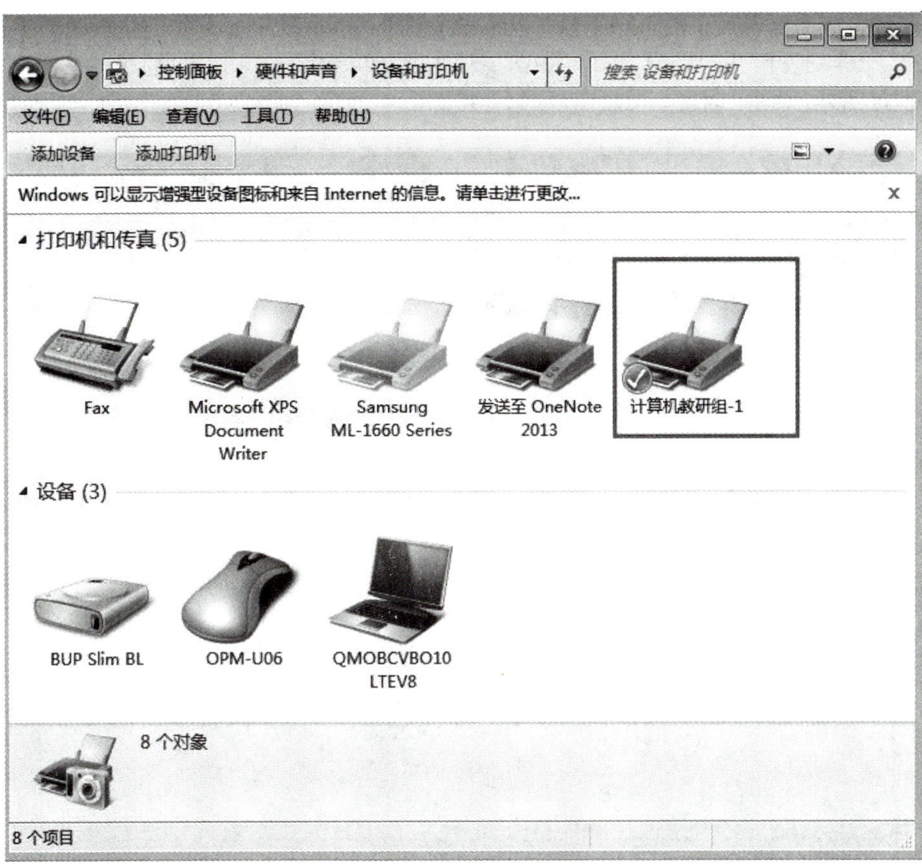

图 2-35 打印机安装完毕

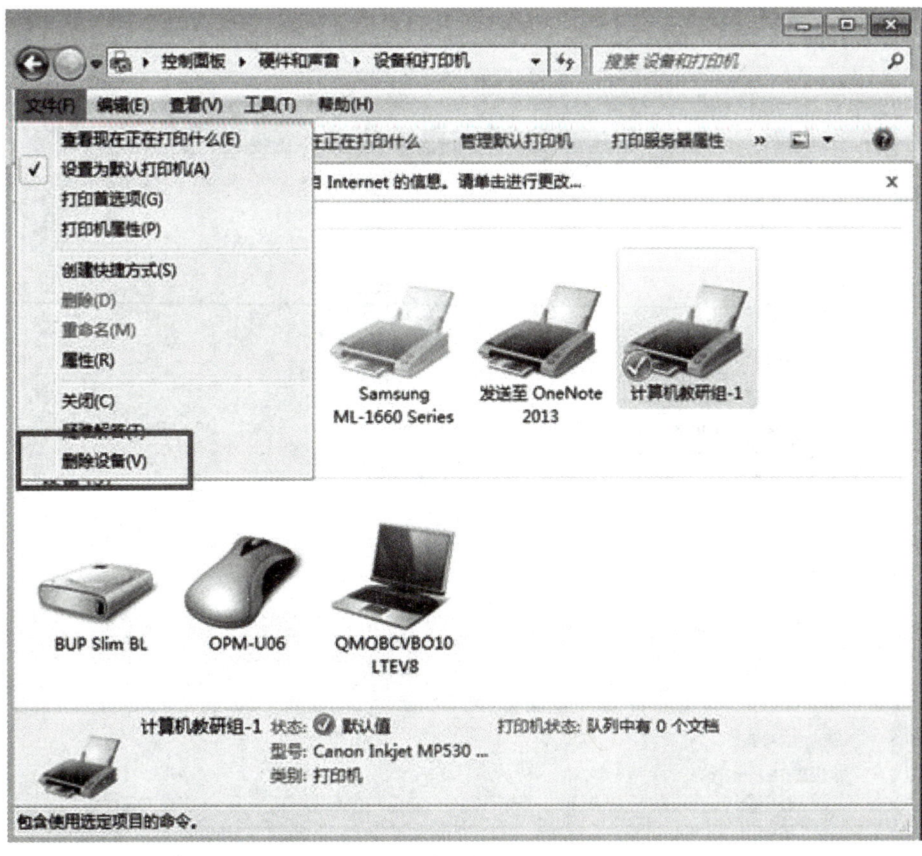

图 2-36 删除打印机

1. 设置用户账户　在“控制面板”的窗口中，单击“用户账户和家庭安全”选项组中的“添加或删除用户账户”命令，打开“用户账户”窗口，如图 2-37 所示；单击“管理其他用户”超链接，打开“管理窗口”，如图 2-38 所示；单击“创建一个新用户”超链接。

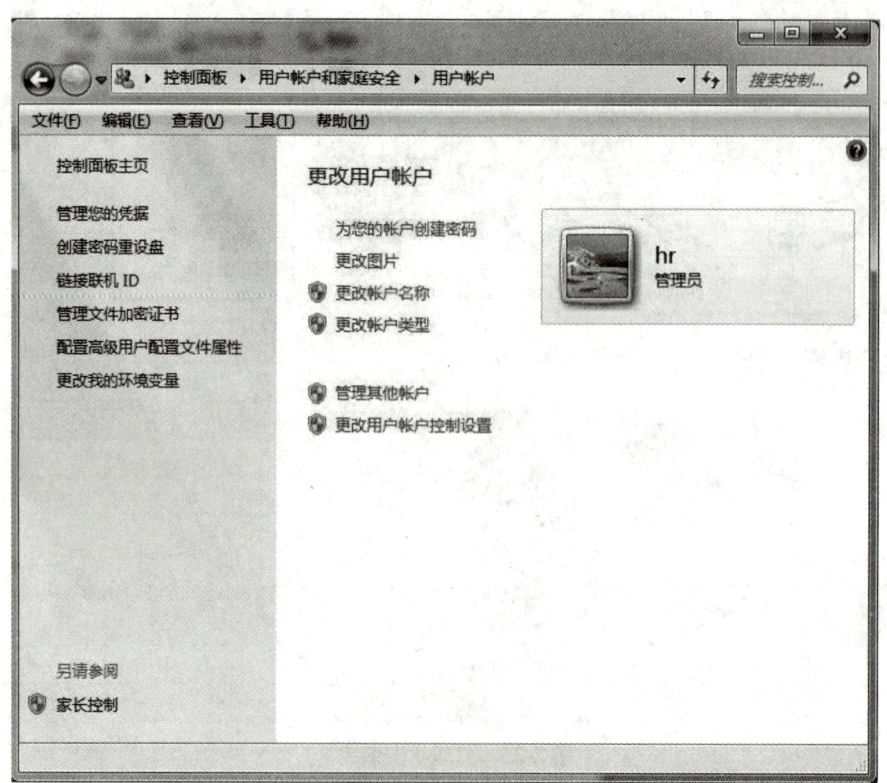

图 2-37　“用户账户”窗口

图 2-38　“管理账户”对话框

在打开的“创建新用户”窗口，如图 2-39 所示，输入新账户的名册（例如“李婷”），选择“标准用户”单选按钮，然后单击“创建账户”按钮，显示账户信息，如图 2-40 所示。

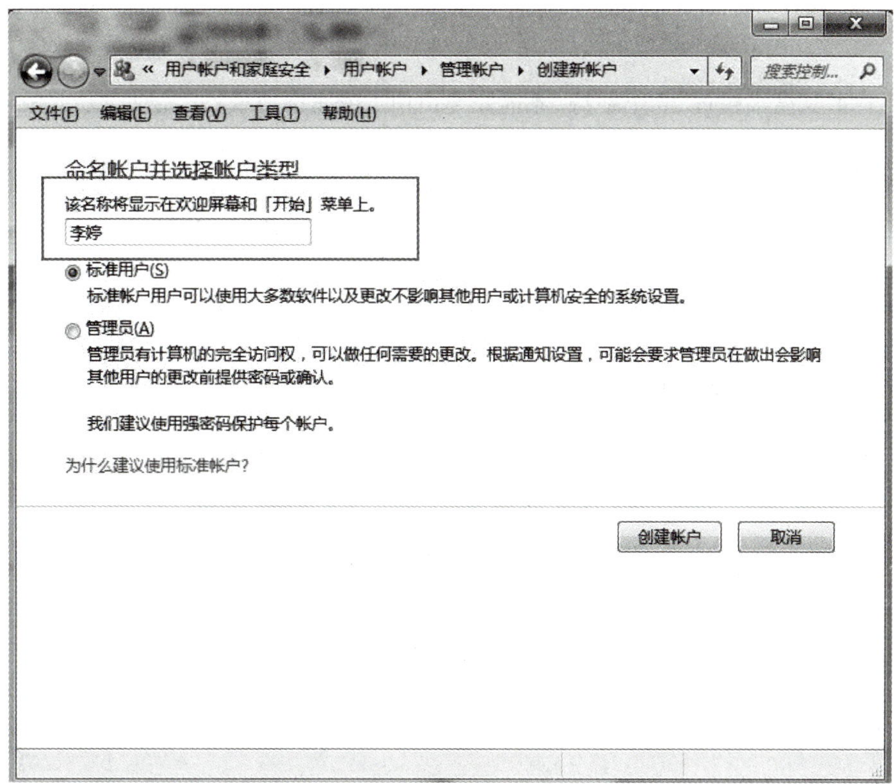

图 2-39　“创建新账户”窗口

图 2-40　选择希望更改的账户

在“更改账户”的窗口中可以进行“更改账户名称”、“创建密码”、“更改图片”、“更改账户类型”、“删除账户”、“管理其他账户”等操作。

1. 用户名长度不超过 20 个字符，不能完全由句点或空格组成，不能包含以下任何字符：\/ [] " :|<>+=; , ? *@。

2. Windows 要求至少有一个管理员账户。如果计算机上只有一个账户，则无法将其更改为标准用户。另外，为防止在忘记密码时失去对文件的访问权限，强烈建议创建密码时重设盘。

2. 设置用户账户控制 用户账户控制（UAC）会在对电脑进行需要管理员级别权限的更改之前通知你。可以通过设置来控制 UAC 通知用户的频率。设置步骤为：在“控制面板”的“用户账户”窗口中，单击“更改用户账户控制设置”超链接，打开“用户账户控制设置”窗口，如图 2-41 所示。

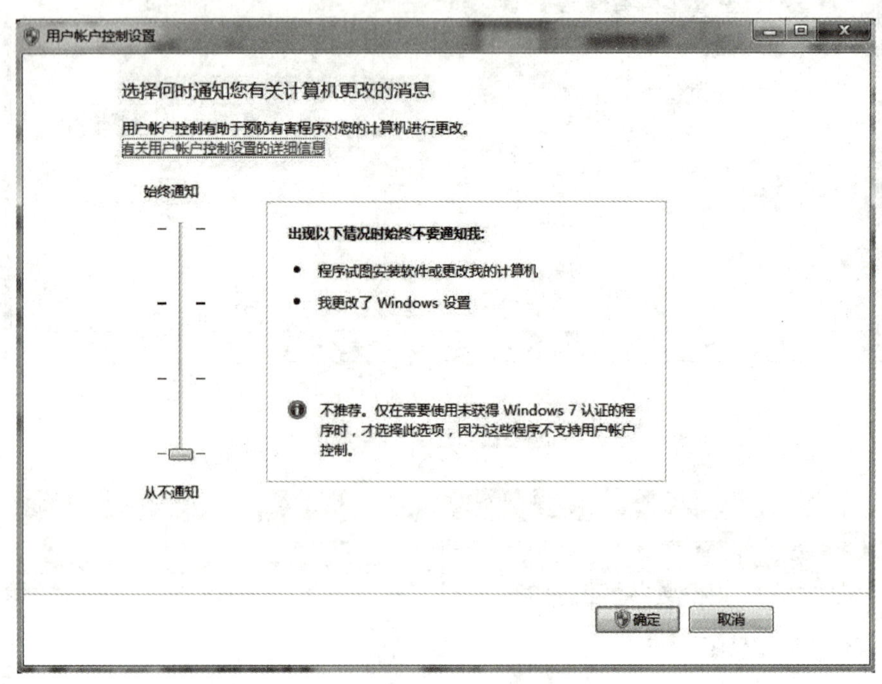

图 2-41 “用户账户控制设置”窗口

（1）始终通知：对每个系统变化进行通知。这也就是 Vista 的模式，任何系统级别的变化（windows 设置、软件安装等）都会出现 UAC 提示窗口。

（2）默认设置：仅当程序试图改变计算机时发出提示。当用户更改 windows 设置（如控制面板和管理员任务时）将不会出现提示信息。

（3）不降低桌面亮度：仅当程序试图改变计算机时发出提示，不使用安全桌面（即降低桌面亮度）。这与默认设置有些类似，但是 UAC 提示窗口仅出现在一般桌面，而不会出现在安全桌面。这对于某些视频驱动程序是有用的，因为这些程序让桌面转换很慢，请注意安全桌面对于试图安装响应的软件而言是一种阻碍。

（4）从不通知：从不提示，这也等于完全关闭 UAC 功能。

（八）卸载应用程序

1. 安装应用程序 一般情况下，Windows 应用程序都自带有安装程序，即 setup.exe。安装应用程序就是直接双击 setup.exe，然后根据安装提示，回答一些问题或做一些选择，一步一步完成应用程序的安装，也可以通过控制面板安装应用程序。

使用 Windows 中附带的程序和功能可以执行许多操作，但可能还需要安装其他程序。通常，程

序从 CD 或 DVD、从 Internet 或从网络安装。

（1）从 CD 或 DVD 安装程序的步骤：将光盘插入计算机，打开程序所在的路径，双击打开安装文件（文件名通常为 Setup.exe 或 Install.exe）。一般会出现安装向导，然后按照屏幕上的提示操作，如果系统提示您输入管理员密码或进行确认，请键入该密码或提供确认。

如果您的程序是为 Windows 的某个早期版本编写的，就要参阅旧版本的程序在 Windows 此版本中的运行。

（2）从 Internet 安装程序的步骤：在 Web 浏览器中，单击指向程序的链接，执行下列操作之一：

若要立即安装程序，单击“打开”或“运行”，然后按照屏幕上的提示进行操作。

若要以后安装程序，单击“保存”，然后将安装文件下载到计算机上。在需要安装时，双击安装文件，并按照屏幕上的提示进行安装。这是比较安全的方法，因为可以在安装前扫描文件中的病毒。

2. 卸载和更改程序　有些应用程序带有自卸载程序，在“开始”菜单中选择“程序”，出现的应用程序组中有相应的卸载命令。有些应用程序不带自卸载程序，就需要从“控制面板”中卸载。

步骤：在打开的“控制面板”窗口中双击“卸载程序”，出现“卸载和更改程序”窗口，选择“卸载”，如图 2-42 所示，然后按照提示操作就可以卸载程序。

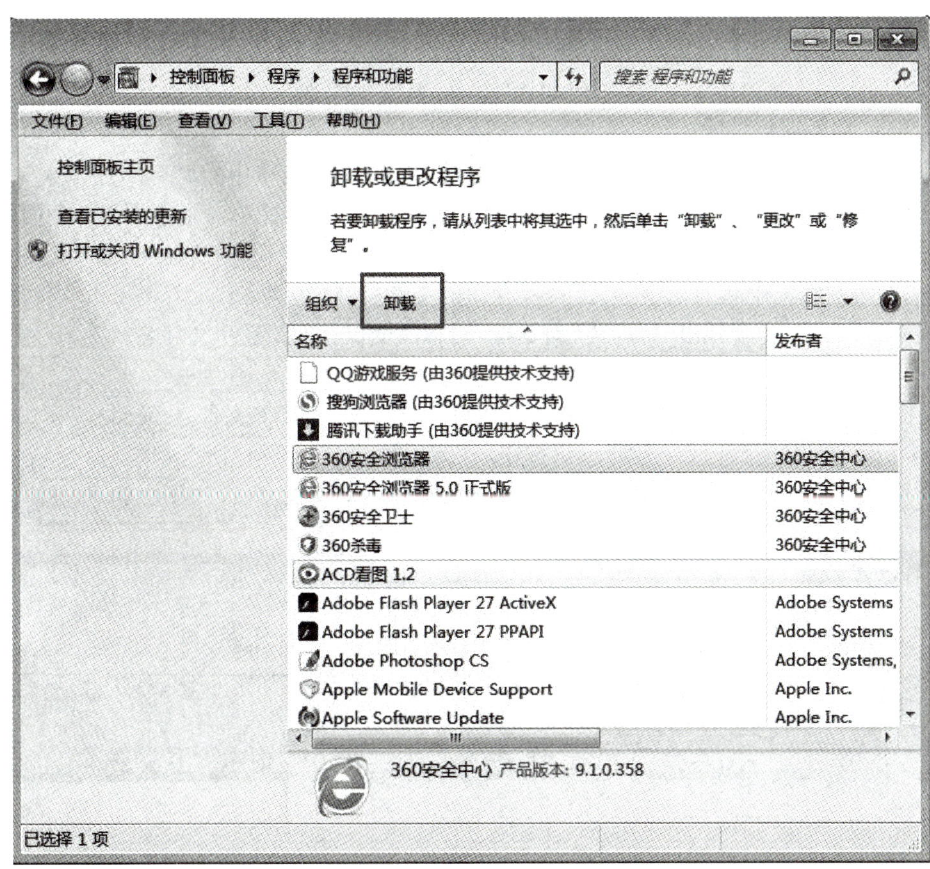

图 2-42　“卸载和更改程序”窗口

四、常用附件工具

附件是 Windows 附带的一组应用程序。单击“开始”按钮，从弹出的菜单中选择“程序”命令，在子菜单中选择“附件”命令，可看见 Windows 的所有附件程序，本节主要介绍记事本、写字板和画图这三个附件程序。

（一）记事本

1.“记事本”的特点　是一个编辑纯文本文件的附件程序。所谓纯文本文件是指有简单的格式处理能力，只能编辑文字和数字，不能进行字符和段落的格式化，也不能插入图片等。但是记事本运行

速度快，保存后占用的存储空间小，而且可编辑大多数文档，是一个非常实用的应用程序。

2.“记事本”窗口的打开　单击“开始”按钮，在弹出的菜单中选择“所有程序”命令，在子菜单中选择“附件”命令，在级联菜单中选择“记事本”命令即可打开记事本窗口，如图 2-43 所示。

图 2-43 “记事本”窗口

3. 新建文档　选择记事本窗口中的“文件”菜单，从菜单中选择“新建”命令，即可新建一个记事本文件。

4. 格式和页面设置　在记事本窗口中，可以选择“格式”菜单命令中的“字体”命令来完成文档字体的格式化设置；可以选择“文件”菜单命令中的“页面设置”命令来完成对记事本文件页面的设置。

5. 保存文档　选择记事本窗口中的“文件”菜单，从菜单中选择“保存”命令，弹出“另存为”对话框。设置后即可保存一个新的记事本文件，保存后的文件扩展名为“.txt”。若记事本文件已保存，可以单击“另存为”命令，也会弹出“另存为”对话框，可以改变保存的路径和文件名。

（二）写字板

“写字板”用于简单的文档处理，可以将文档保存为文本文档、RTF 文件、unicode 文本文档。

1.“写字板”窗口的打开　单击“开始”按钮，在弹出的菜单中选择“所有程序”命令，在子菜单中选择“附件”命令，在级联菜单中选择“写字板”命令即可打开写字板窗口，如图 2-44 所示。

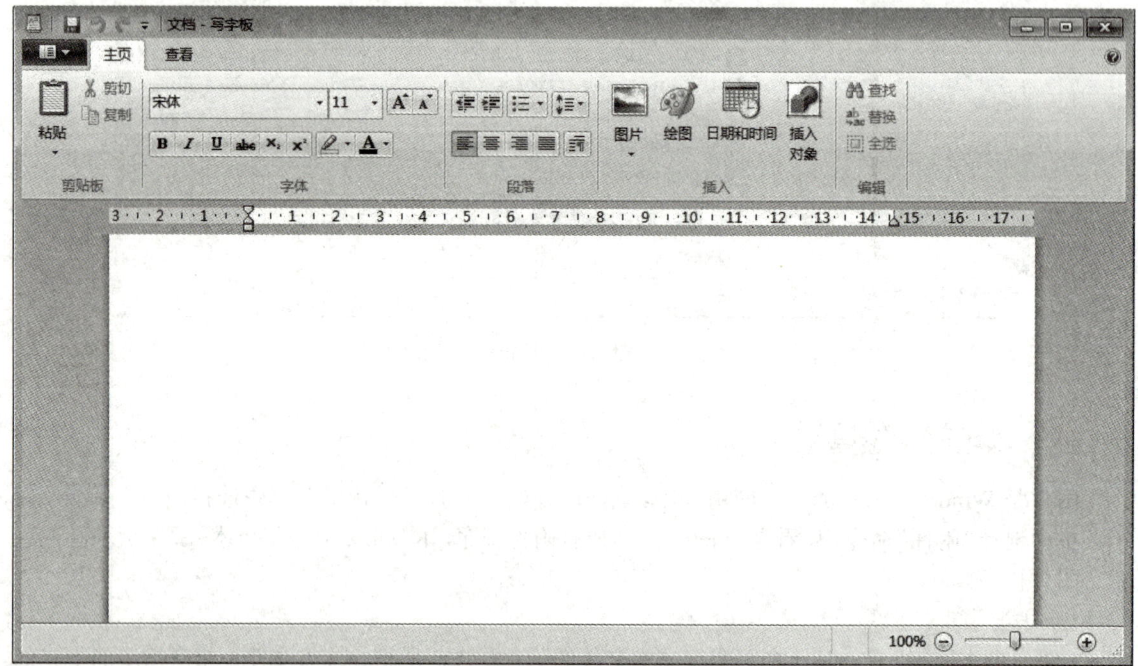

图 2-44 “写字板”窗口

2. 新建文档　需要新建一个文档时，选择写字板“文件”功能卡中选择“新建”命令，即可新建一个文档。

3. 格式的设置　写字板窗口中，在“主页”功能卡的“字体”项目和“段落”项目选择相应的命令按钮，可以对写字板中的文字进行格式设置。

4. 保存文档　需要保存文档时，单击“文件”功能卡中的“保存”或“另存为”命令，弹出“另存为”对话框。设置保存的位置和保存的文件名后按“保存”按钮即可，保存时默认的文件名为文档 1，默认的扩展名为“.rtf”。

（三）画图

“画图”程序可以对各种位图格式的图画进行编辑。

1. “画图”窗口的打开　单击“开始”按钮，在弹出的菜单中选择“所有程序”命令，在子菜单中选择“附件”命令，在级联菜单中选择“画图 ”命令即可。打开“画图”窗口，如图 2-45 所示。

图 2-45　“画图”窗口

2. 画图窗口的组成　由标题栏、功能区、绘图区、状态栏组成。标题栏位于窗口最顶端，从左到右依次为控制菜单图标、快速访问工具栏、当前操作文档名称、程序名称和窗口控制按钮组。功能区位于标题栏的下方，默认情况下包含“剪贴板”、“图像”、“工具”、“形状”、“颜色”5 个选项卡，单击某个选项卡可以将它们展开。状态栏位于窗口底端，用于显示当前鼠标的坐标位置、画布像素、缩放级别和缩放等信息。

3. 画图的文件管理

（1）新建文件：选择“文件”功能卡中的“新建”命令，可新建一个画图文件。

（2）打开文件：选择“文件”功能卡中的“打开”命令，在“打开”对话框中，选定需要打开的文件，单击“打开”按钮。

（3）保存文件：需要保存文件时，单击“文件”菜单中的“保存”或“另存为”命令，弹出“另存为”对话框，设置保存的位置和保存的文件名后按“保存”按钮即可。保存时默认的文件名为未命名，默认的扩展名为“.bmp”。

（4）当前屏幕图像拷贝与编辑：在计算机中可以将当前的窗口或屏幕图像拷贝后，粘贴到画图中进行简单处理。

拷贝当前屏幕图像：在屏幕上显示要拷贝的图像，按 Print Screen 键，屏幕上的图像拷贝到了剪切板。打开画图程序，执行“粘贴”命令后，进行简单的编辑。

拷贝当前窗口：在屏幕上显示要拷贝的窗口图像，按 Alt+Print Screen 键，窗口图像被拷贝到了剪切板。打开画图程序，执行“粘贴”命令后，进行简单的编辑。

在绘制图形或编辑图形过程中，如果操作有误，可在“编辑”菜单中执行“撤销”命令撤销刚刚进行的操作，最多可重复执行 3 次。

（四）磁盘管理

1. 磁盘清理　主要用于释放硬盘驱动器空间，如删除临时文件、Internet 缓存文件和不需要的文件，腾出它们占用的磁盘空间，以提高系统性能。

方法如下：单击“开始”菜单的“所有程序”中的“附件”，在级联菜单中选择“系统工具”的“磁盘清理”命令，打开“磁盘清理”对话框，如图 2-46 所示。打开下拉列表框，选择需要清理的磁盘，单击“确定”后，弹出 * 盘的磁盘清理，如图 2-47 所示，选择要删除的文件，单击“确定”按钮。

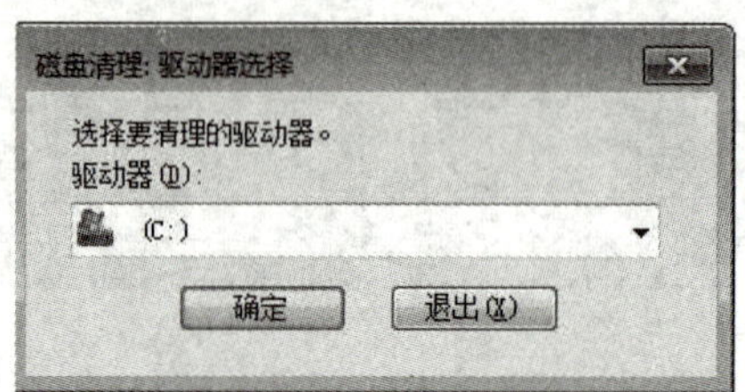

图 2-46 “磁盘清理：驱动器选择”窗口

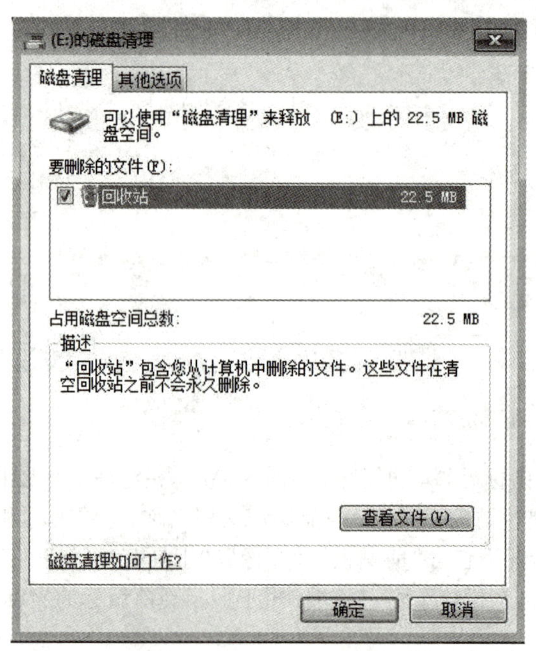

图 2-47 （E：）盘的磁盘清理

2. 磁盘碎片整理　对磁盘频繁的随机读写，使盘片上的数据凌乱无序，影响文件的存取速度，这就是磁盘碎片。磁盘碎片整理程序可以重新排列碎片数据的存储位置，将文件的存储位置整理到一起，同时合并可用空间，实现提高计算机整体运行速度的目的。但也可以手动分析磁盘和驱动器以及对其进行碎片整理。

方法如下：单击“开始”菜单的“所有程序”中的“附件”，在级联菜单中选择“系统工具”的“磁盘碎片整理”命令。打开“磁盘碎片整理程序”窗口，如图 2-48 所示。单击“分析磁盘”，在分析完以后，单击“磁盘碎片整理”。

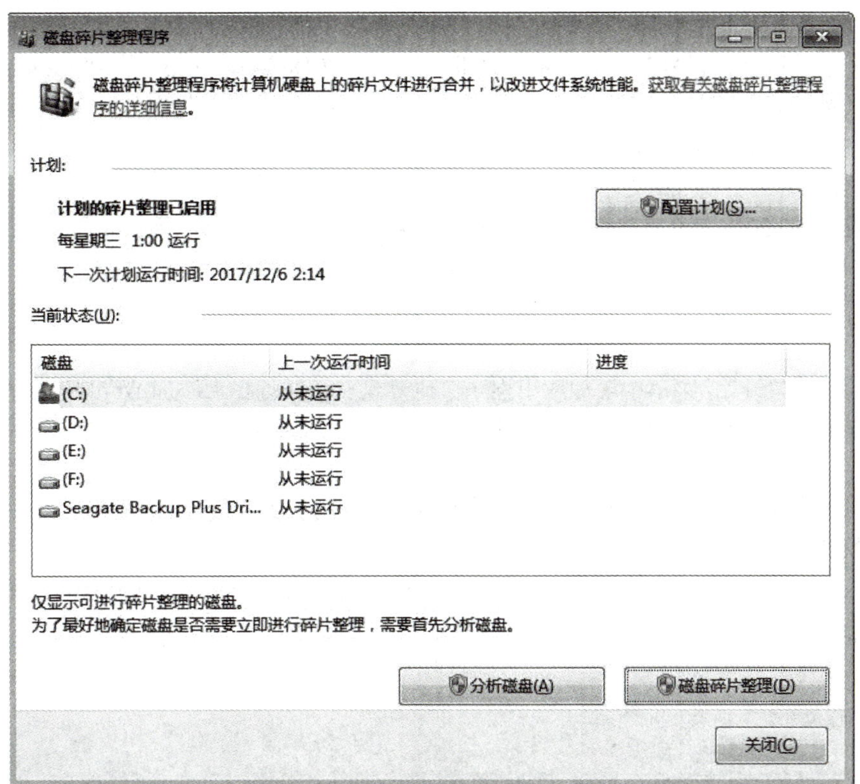

图 2-48　“磁盘碎片整理程序”窗口

磁盘碎片整理程序可能需要几分钟到几小时才能完成，具体取决于硬盘碎片的大小和程度。在碎片整理过程中，仍然可以使用计算机。

实训　Windows 的基本操作和文件夹、文件的操作

【实训目的】

1. 掌握在任务栏和“开始”菜单中增加应用程序快捷方式的方法。
2. 掌握设置 Windows7 桌面背景的方法。
3. 掌握设置分辨率的方法。
4. 掌握设置屏幕保护程序的方法。
5. 掌握进行账户设置和权限管理的方法。
6. 掌握文件夹与文件的操作。

【实训内容】

一、Windows 的基本操作

1. 为使用方便，在任务栏或“开始”菜单中添加常用的应用程序的快捷方式。
2. 把桌面背景更换成自己喜欢的图案。
3. 设置桌面分辨率为最大。
4. 设置屏幕保护程序并加入密码，避免长时间不使用计算机时他人使用或破坏自己的数据和文件。
5. 为其他使用电脑的用户设置账户，维护各自的信息安全。

二、Windows 的文件夹、文件操作

1. 在 D 盘上新建一个名为“排班表”的文件夹，同时在 D 盘根目录上“新文本文档 .txt”。将 D 盘

根目录下的文件“新文本文档 .txt”移动到“排班表”文件夹中，并将文件改名为“2018 年 9 月份 .txt”。同时将“2018 年 9 月份 .txt”复制一个在根目录下，改名为“2018 年 10 月 .txt”；将“2018 年 9 月份 .txt”文件属性修改为隐藏、存档。

2. 删除 D 盘上名为“2018 年 10 月份 .txt”的文件。

3. 搜索 2018 年 9 月份 .txt 文件。

4. 为 D 盘上的 2018 年 9 月份 .txt 文件创建快捷方式。

【实验步骤】

一、Windows 的基本操作步骤

1. 在任务栏和“开始”菜单中增加应用程序快捷方式　在任务栏上添加 Word 快捷方式的步骤：

（1）在桌面上右击应用程序快捷方式图标，在弹出的快捷菜单中选择“锁定到任务栏”命令，如图 2-49 所示，在任务栏中即出现了该应用程序图标。

（2）在“开始”菜单中找到 Word 的快捷方式图标，拖放到任务栏位置，即可在任务栏上建立 Word 应用程序的快捷方式。

（3）右击任务栏空白处，在弹出的快捷菜单中选择“属性”命令，弹出“任务栏和‘开始’菜单属性”对话框，对复选框中“使用小图标”设置为选中状态，如图 2-50 所示，单击“确定”。

图 2-49　“锁定到任务栏”命令

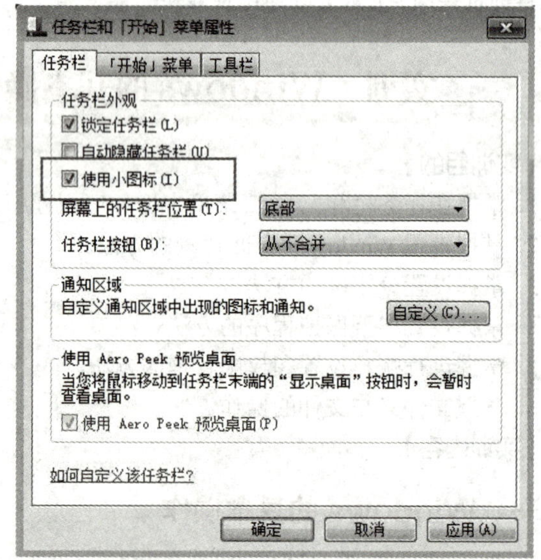

图 2-50　选中“使用小图标”复选框

在“开始”菜单中添加快捷方式的步骤：

将桌面上的应用程序快捷方式添加到“开始”菜单，可以在桌面上右击应用程序图标，在弹出的快捷菜单中选择“附加‘开始’菜单”命令，如图 2-51 所示，即可将应用程序的快捷方式添加到“开始”菜单。

2. 设置 Windows7 桌面背景的步骤

（1）在桌面空白处右击：弹出如图 2-52 所示的快捷菜单，选择“个性化”命令，打开“个性化”窗口。

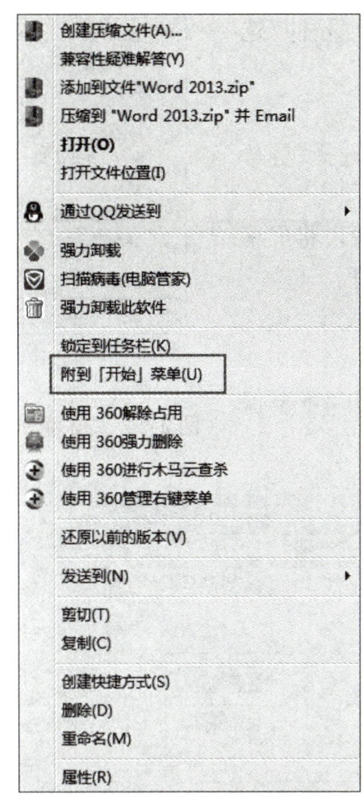

图 2-51 选择“附到‘开始’菜单”命令

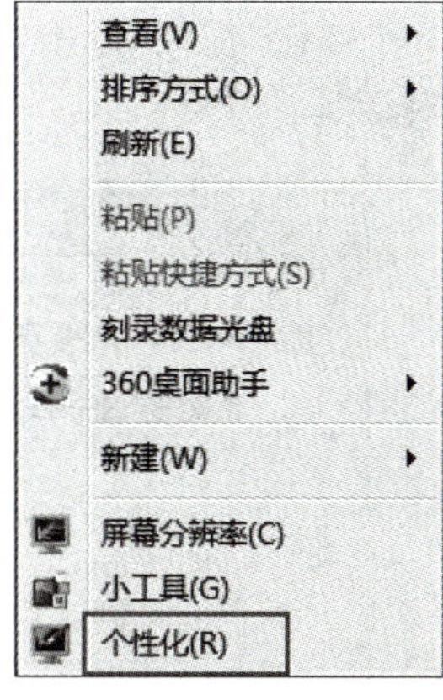

图 2-52 “个性化”命令

（2）单击“桌面背景”链接：在打开的“桌面背景”窗口中选择自己喜欢的图片作为桌面背景。或在打开的“桌面背景”窗口中单击“浏览”按钮，在打开的对话框中选择文件所在的盘符和文件夹名，选择图片文件出现在下面的列表框中，选择已有的图片，如图 2-53 所示，在桌面上即可实时预览显示效果。

图 2-53 打开已有图片作为桌面背景

（3）单击“图片”位置下拉按钮：在弹出的下拉列表中选择“拉伸”选项，可以设置图片在桌面上的显示方式，单击“保存”按钮。

3. 设置分辨率的步骤

（1）在桌面空白处右击，弹出如图 2-54 所示的快捷菜单，选择“屏幕分辨率”命令，打开“屏幕分辨率”窗口。

（2）单击“分辨率”下拉按钮，在弹出的下拉列表中拖动滑块将屏幕分辨率设置为“高”的最上端，如图 2-55 所示，单击“确定”即可。

4. 设置屏幕保护程序的步骤　设置屏幕保护程序为三维文字“重症监护室”，时间为 1 分钟。

（1）打开“个性化”窗口，单击“屏幕保护程序”链接，打开“屏幕保护程序设置”对话框。

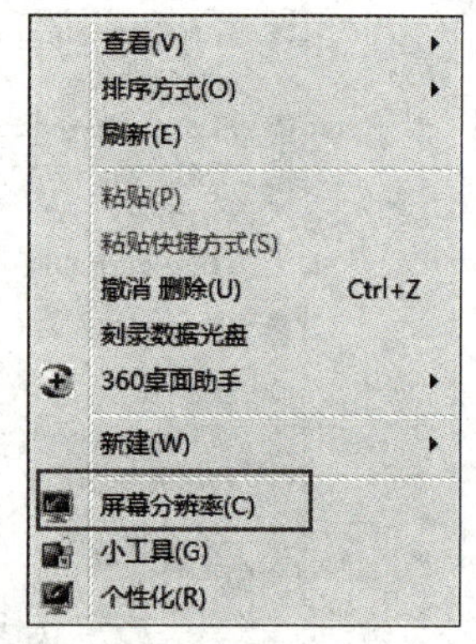

图 2-54　“屏幕分辨率”命令

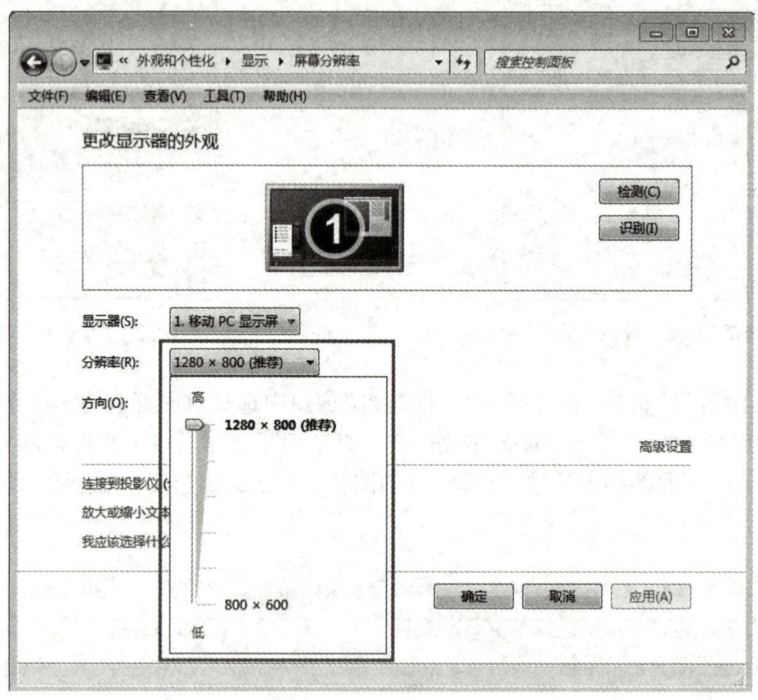

图 2-55　设置“屏幕分辨率”

（2）在“屏幕保护程序”下拉列表框中，选择“三维文字”选项，在该选项卡的显示器中可以预览到该屏幕保护程序的显示效果，如图 2-56 所示。

（3）单击“设置”按钮，打开“三维文字设置”对话框，如图 2-57 所示，输入文字“重症监护室”，单击“确定”按钮返回“屏幕保护程序设置”。

（4）在“等待”文本框中输入时间为 1 分钟，即 1 分钟无人使用则启动该屏幕保护程序。

5. 设置新账户的步骤　创建一个新用户。用户类型为标准用户，用户名为“护士长”，密码为 654321。

（1）在“控制面板”窗口中单击“用户账户”图标，打开“用户账户”窗口，如图 2-58 所示。

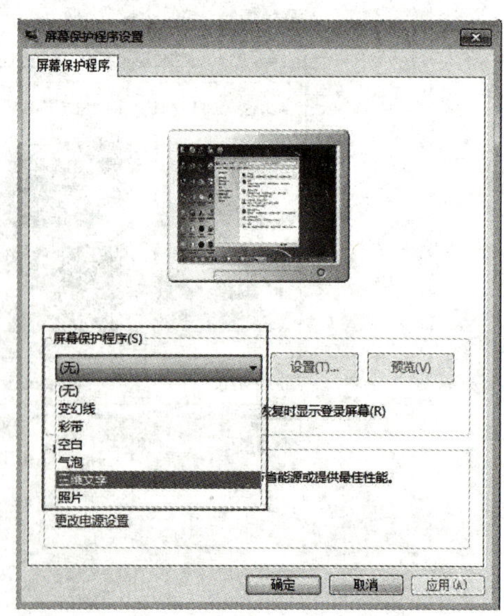

图 2-56　“屏幕保护程序”对话框

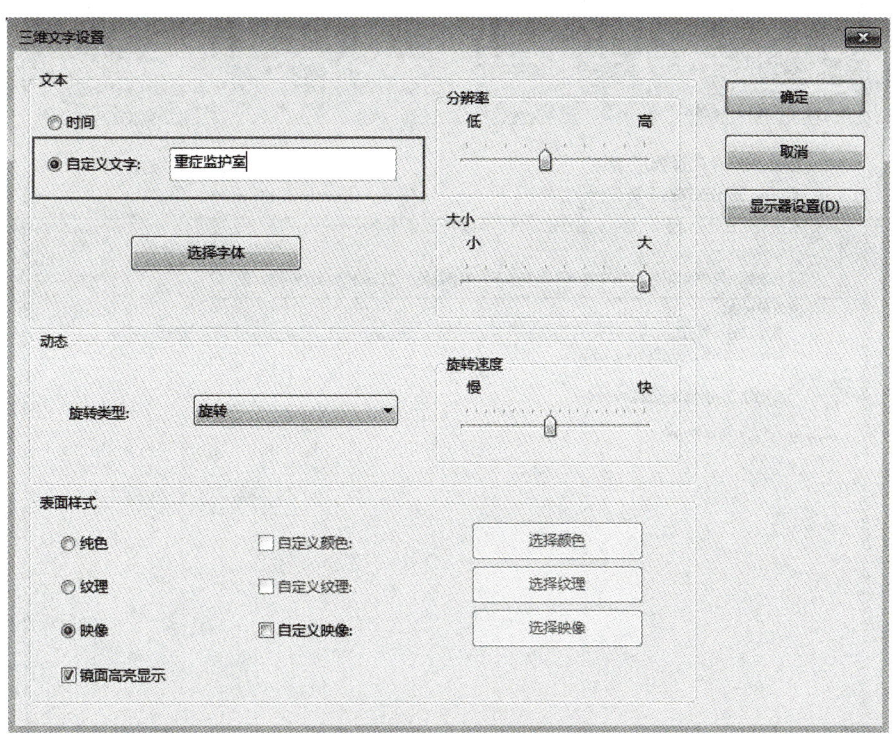

图 2-57　“三维文字设置”对话框

图 2-58　“用户账户”窗口

（2）单击“管理其他账户”链接，在打开的窗口中单击“创建一个新用户”链接，打开“创建新账户”窗口，在文本框中输入“护士长”，同时选中“标准用户”，如图 2-59 所示。单击“创建账户”按钮，则创建好新账户。

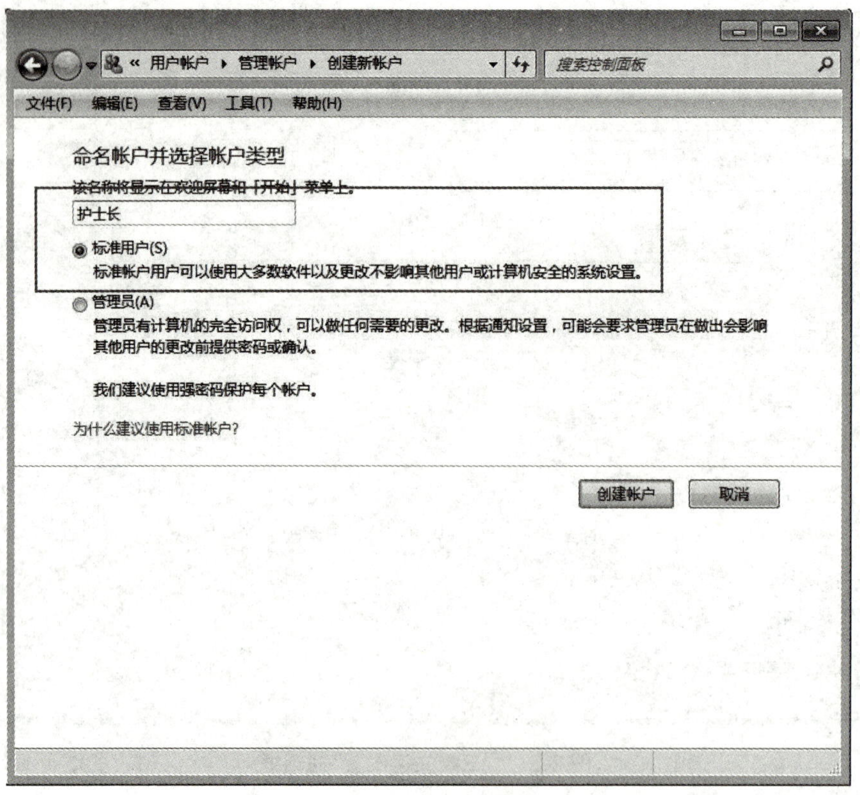

图 2-59　创建一个新用户

（3）单击护士长账户图标，在打开的窗口中单击“创建密码”链接。打开创建密码窗口，如图 2-60 所示，在文本框中输入“654321”，可以在“密码提示”文本框中输入密码提示信息，单击“创建密码”，密码创建成功。

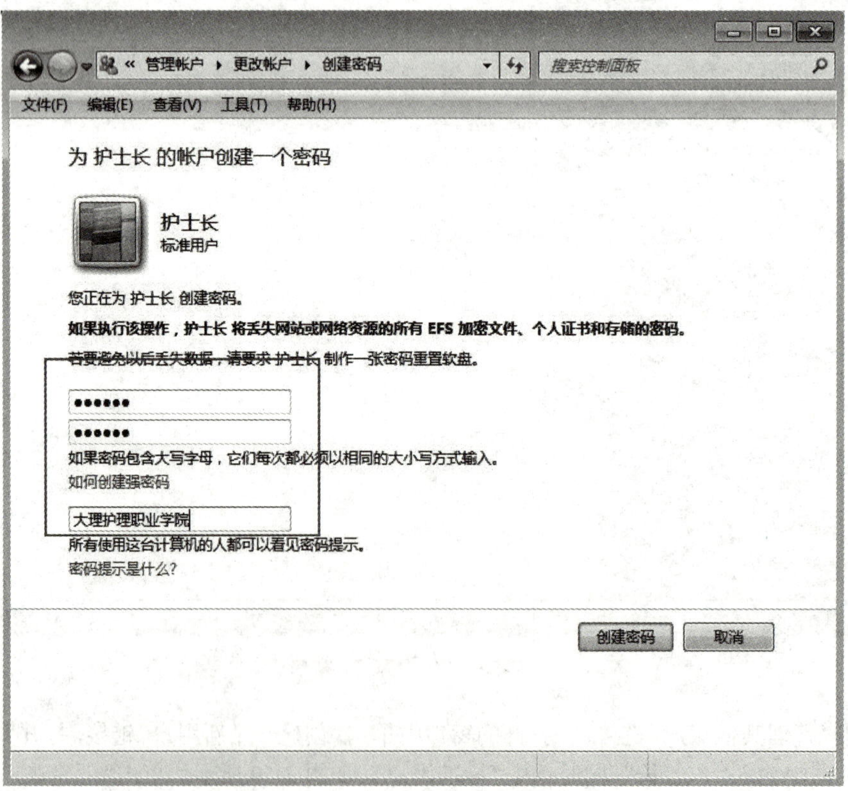

图 2-60　为账户创建密码

二、Windows 的文件夹、文件操作步骤

1.（1）打开资源管理器，选择 D 盘，单击鼠标右键，在弹出的快捷菜单中选择“新建”，子菜单中选择“文件夹”命令，即新建一个文件夹。选择新文件夹单击，文件夹外出现一个黑色方框，修改文件夹名为“排班表”，在空白处单击鼠标左键，建成如图 2-61 所示。同样的方法新建一个文本文档，如图 2-62 所示。

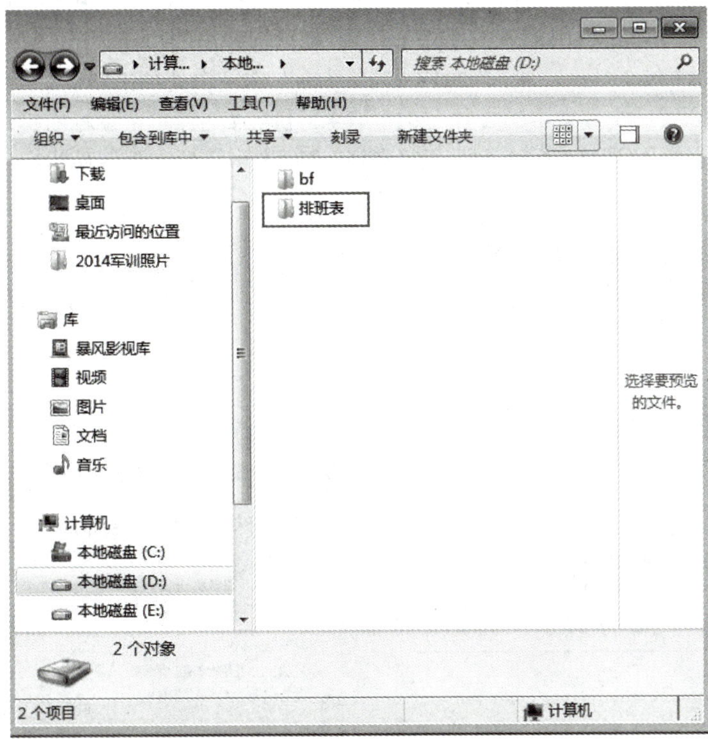

图 2-61　创建新文件夹

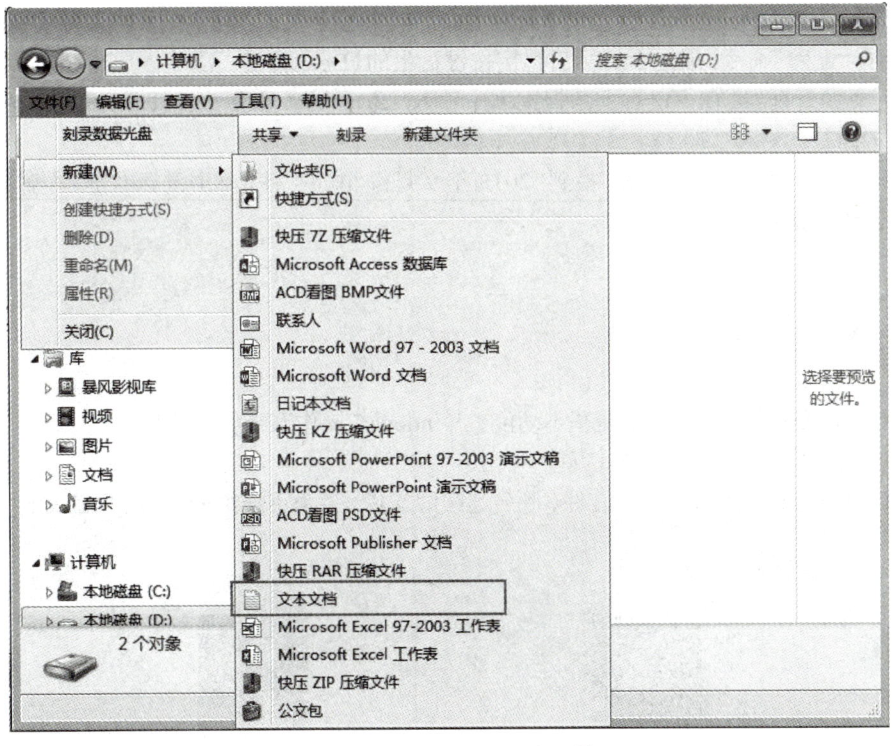

图 2-62　新建一个文本文档

（2）在左边窗格中单击 D 盘，右边窗格中选取要移动的文件“新文本文档 .txt”，单击“编辑”→“剪切”命令（或按快捷键 Ctrl+X）；打开“排班表”文件夹，再选择“编辑”→“粘贴”命令（或按下快捷键 Ctrl+V）。

（3）鼠标右击文件“新文本文档 .txt”，在弹出的快捷菜单中选择“重命名”命令，在文件名框中删除新文本文档 .txt，输入 2018 年 9 月份 .txt，在空白处单击左键。

（4）在右边窗格中选取要复制的文件“2018 年 9 月份 .txt”，单击“编辑”→“复制”命令（或按快捷键 Ctrl+C）；单击左边窗格中的 D 盘，在右边窗格中选择“编辑”→“粘贴”命令（或按下快捷键 Ctrl+V）。在右边窗格中单击“2018 年 9 月份 .txt”，右击鼠标弹出的快捷菜单，选择“重命名”命令，在文件名框中删除“2018 年 9 月份”，输入“2018 年 10 月份”，在空白处单击左键。

（5）在 D 盘“排班表”文件夹中的文件“2018 年 9 月份 .txt”上，单击鼠标右键，在弹出的快捷菜单中选择“属性”命令，弹出“属性”的对话框，在“常规”选项卡中设置文件属性为存档和隐藏，如图 2-63 所示，单击“确定”。

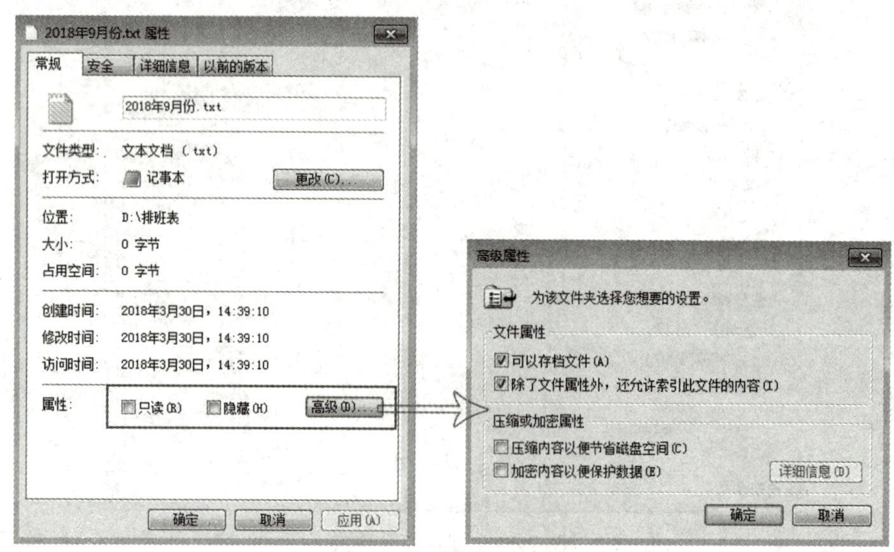

图 2-63 文件属性设置

2. 打开资源管理器，选择 D 盘，找到名为“2018 年 9 月份 .txt”的文件，单击鼠标右键，弹出的快捷菜单中选择“删除”命令，或选中目标后直接按键盘上的【Delete】键。

3. 打开资源管理器，在窗口右上角搜索框中输入“2018 年 9 月份 .txt”，即可搜索出 2018 年 9 月份 .txt 所在的路径。

4. 打开资源管理器，选择 D 盘，找到“2018 年 9 月份 .txt”文件，单击鼠标右键，在弹出的快捷菜单中选择“创建快捷方式”命令，即可。

（惠　蓉）

思考题

1. 什么是操作系统？它有哪些基本功能？Windows7 操作系统有哪些特点？

2. 文件名中不能出现的字符有哪些？

3. Windows 中如何选择单个文件、多个连续的文件、多个不连续的文件、全部文件？如何取消选择？

思路解析

扫一扫，测一测

第三章 Word文字处理软件

学习目标

1. 熟悉 Word2010 的工作界面和功能特点，掌握文本编辑和文档排版，掌握表格应用和图文混排，了解长文档编辑和高级应用，掌握页面格式设置。

2. 学会使用 Word 解决日常办公中的文档排版与编辑，熟练使用表格制作处理、图文混排、使用样式等功能。

3. 具有高效的文书处理和信息展示能力。

Word2010 是 Microsoft 公司推出的 Office2010 办公软件的核心组件之一，它是一个功能强大的文字处理软件。使用它不仅可以进行简单的文字处理，还能制作出图文并茂的文档，以及进行长文档的排版和特殊版式编排。

第一节　文档处理软件

小张作为一名新入职的护士，在岗前培训会上，护理部主任强调除了要干好本职工作之外，还要具备一定的文字处理能力，例如会制作培训会议通知、护理记录单、健康教育手册与发放随诊信等，要完成这些工作就要掌握 Word2010 这个软件的应用。

问题 1：为什么说 Word2010 的工作界面是以任务为导向的？

问题 2：Word2010 有哪些新增的功能和特点？

一、以任务为导向的工作界面

（一）Word2010 应用程序的启动与退出

1. Word2010 的启动

方法一：单击桌面左下角的开始按钮，在打开的“开始”菜单中选【所有程序】→【Microsoft Office】→【Microsoft Word 2010】。

方法二：双击桌面上的快捷方式图标，即可启动 Word2010 程序。

方法三：若电脑磁盘中保存的有已经创建的 Word 文档，双击该文档即可启动 Word2010 并打开该文档。

2. Word2010 的退出

方法一：单击 Word2010 主窗口右上角的“关闭”按钮。

方法二：在 Word 窗口中切换到“文件”选项卡，然后单击左侧窗格的“关闭”命令，关闭当前文档，重复这样的操作，直到关闭所有打开的文档，方可退出 Word2010 程序。

方法三：在 Word 主窗口中切换到“文件”选项卡，然后单击左侧的窗格的“退出”命令，即可快速退出 Word2010 程序。

方法四：双击左上角的系统控制按钮，即可快速退出 Word 程序。

（二）Word2010 的工作界面

启动 Word2010 时，首先显示的是软件的欢迎画面，然后进入其工作界面。Word2010 的工作界面主要有标题栏、功能区、文档编辑区及状态栏等部分组成，如图 3-1 所示。

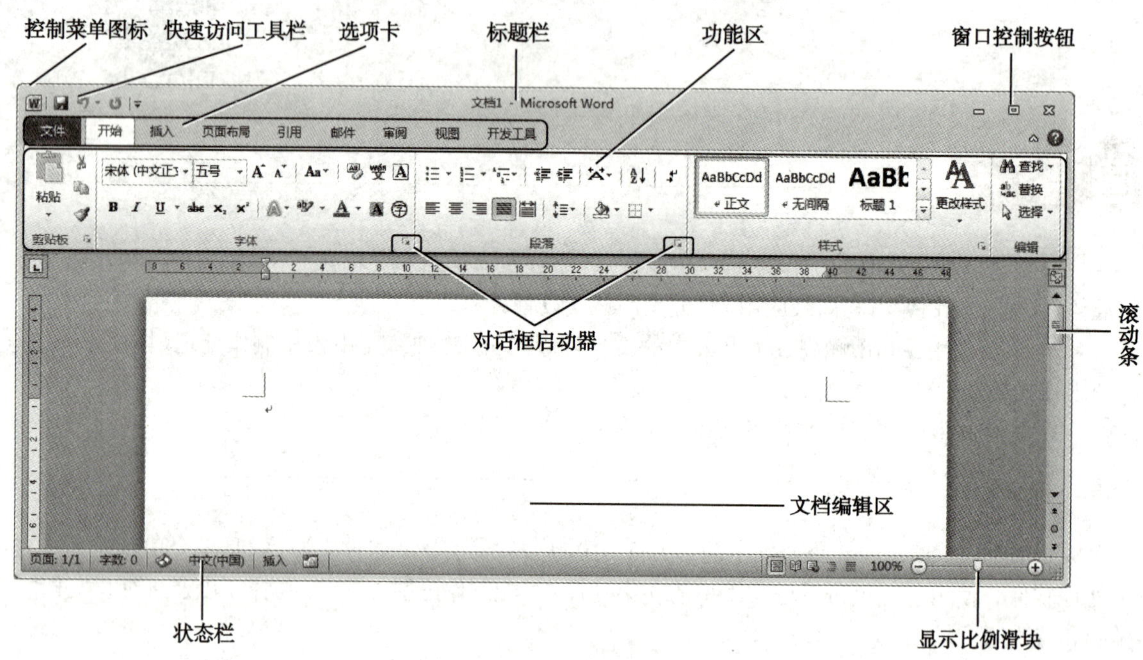

图 3-1　Word2010 工作界面

1. 标题栏　标题栏位于 Word2010 工作界面最顶端。从左到右依次为控制菜单图标、快速访问工具栏、当前操作文档名称、程序名称和窗口控制按钮组。

（1）控制菜单图标：单击该图标，将会弹出控制菜单，可以对窗口执行还原、最小化和关闭等操作。

（2）快速访问工具栏：它包含一组常用操作的快捷按钮。在默认情况下从左到右依次为“保存”、“撤销”、“恢复”3 个按钮，单击这些按钮可以执行相应操作。单击最右侧的“自定义快速访问工具栏”按钮，在打开的下拉列表中选择需要的选项，如“新建”等，可以自定义快速访问工具栏。

（3）窗口控制按钮：从左到右依次是“最小化”按钮、“最大化”按钮 /“还原”按钮和关闭按钮。单击它们执行相应的操作。

2. 功能区　功能区位于标题栏的下方，默认情况下包含“文件”、“开始”、“插入”、“页面布局”、“引用”、“审阅”、“视图”8 个选项卡，单击某个选项卡可以将它们展开。

（1）当在文档中插入图片、艺术字或形状等对象时，功能区会显示与所选对象设置相关的选项卡，这种选项卡称为上下文选项卡，例如，选中表格后会显示“表格工具 - 布局”选项卡。

（2）每个选项卡都代表一个活动区域，每个选项卡又有若干个组组成。例如，“开始”选项卡由“剪贴板”、“字体”、“段落”、“样式”、“编辑”5 个组组成。这些组将相关功能按钮显示在一起，这些功能按钮又称为命令。

（3）有些组的右下角有一个带有箭头的小图标，称为对话框启动器，单击对话框启动器会打开对

应的对话框或任务窗格提供该组更多的功能选项。

（4）在 Word2010 的功能区中，“文件”选项卡取代了原来的 Word2007 的“Office”按钮和 Word2003 的“文件”菜单，单击“文件”选项卡时会看到许多传统版本的按钮和命令。

3. 文档编辑区　文档编辑区位于窗口中央，是工作区域，是文档内容录入、编辑的区域。在编辑区内有一条闪烁的黑色竖线，称为光标，所在位置是插入点。在输入文字时插入点会向右移动，到达一行末尾会自动换行，如果要强制换行可以按回车键。插入点的移动可扫码观看视频操作。

视频：怎样移动插入点

滚动条可以使文本等内容在窗口中滚动，以便显示区域外的内容。标尺用来定位文本中的文本、段落、表格和图片等内容。

4. 状态栏　状态栏位于窗口底端，用于显示当前文档的页数 / 总页数、字数、输入语言和输入状态等信息。状态栏的右侧有两栏功能按钮：视图切换按钮和显示比例调节工具。

二、字处理软件主要功能与特点

Word 拥有强大的编辑排版功能，Word 可以编辑文字、表格、图像、声音、动画，还可以插入其他软件的制作信息，实现真正的图文混排。Word 还拥有强大的打印功能和丰富的帮助功能，Word 具有对各种类型的打印机参数的支持性和配置性，帮助功能还为用户自学提供了方便。下面我们来了解以下 Word2010 新增的一些功能和视图方式。

（一）Word2010 的新增功能

1. 快速最小化功能区　如果要加大屏幕上工作区域空间，双击活动选项卡的名称或者按快捷键【Ctrl+F1】，可让功能区最小化，再次双击选项卡或者按快捷键【Ctrl+F1】，可以还原功能区大小。在 Word2010 操作界面的右上角，添加了一个“最小化功能区”按钮，单击此按钮可以随时关闭或开启功能区。

2. 自定义功能区　可以根据需要设置功能区显示的选项卡及按钮组。操作方法是选择“文件”选项卡，在弹出的 Backstage 视图左侧窗格选择“选项”命令，打开“Word 选项”对话框。切换至“自定义功能区”选项面板，在“自定义功能区”列表中设置显示的选项卡及按钮组，如选中“开发工具”复选框，如图 3-2 所示。

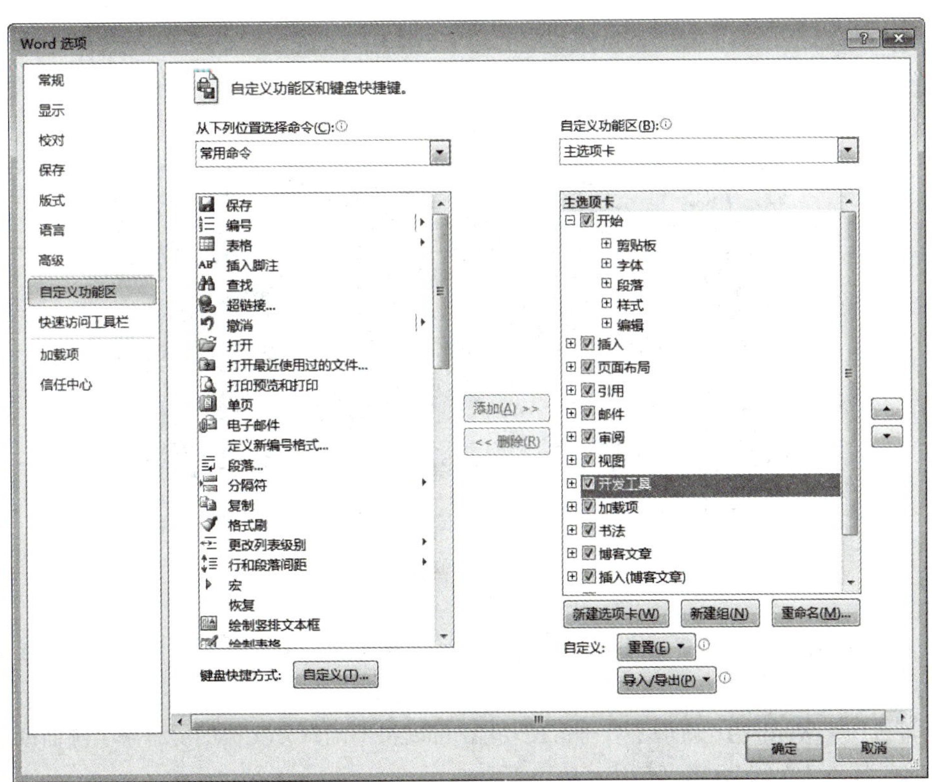

图 3-2　Word 选项对话框

图片：设置文字效果

3. 增强文字效果　Word2010 中，可以直接套用特殊效果在文字上，还可以加上“阴影”、“映像”、“发光和柔化边缘”等文字效果。选中文字，在“开始”选项卡中，单击“字体”按钮组右下角的对话框启动器，弹出“字体”对话框，单击对话框下方的“文字效果”按钮，弹出“设置文本效果格式”对话框，在对话框中进行设置，即可得到特殊文字效果。

4. 快速查看文档的“导航”窗格　单击“视图”选项卡，勾选“显示”按钮组的“导航窗格”复选项，“导航”窗格就显示在窗口左侧。在该窗格中可以通过标题样式快速定位到文档所需位置，浏览文档缩略图，通过关键字搜索定位文档等。

5. 丰富的图片格式设置功能　在 Word2010 中，不仅可以对图片设置阴影、映像、亮度和对比度等，还能对图片设置各种艺术效果，以及调整图片的版式，如图 3-3 所示。

Word2010 还提供了一个删除背景的功能，通过该功能可以去除图片背景，或者消除图片中的不需要元素。方法是：选中图片，从显示的“图片工具 - 格式”选项卡下选择“调整”按钮组中“删除背景”按钮。此时会弹出“背景消除”功能区，根据需要进行调整后，单击“保存更改”按钮，背景即被删除，如图 3-4 所示。

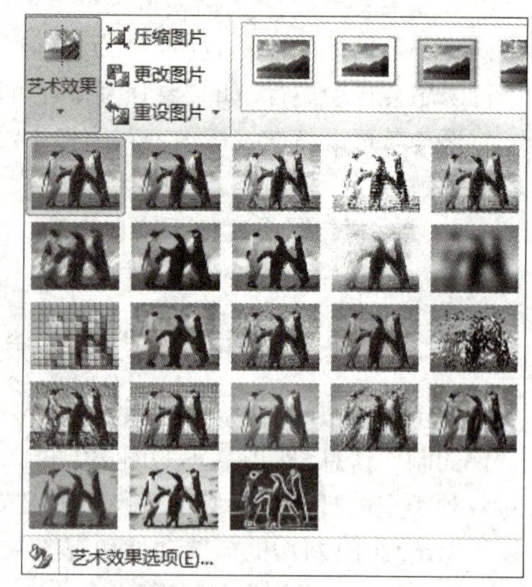

图 3-3　设置图片艺术效果

图 3-4　编辑“背景”消除

除此之外，在 Word2010 中，如果要用照片或其他图像来阐述案例，只需在 SmartArt 形状中插入图片即可。

6. 屏幕截图　Word2010 新增了屏幕截图功能，可以将不同打开文档的屏幕整个画面或者当前屏幕部分画面截取并插入到 Word 文档中去。方法是：

(1) 将光标移动到要截取屏幕图像的位置。

（2）切换到“插入”选项卡，单击“插图”按钮组中的“屏幕截图”按钮，弹出“屏幕截图”面板，如图 3-5 所示。

（3）单击“屏幕截图”面板内“可用视窗”栏内的一幅打开文档界面视图图像，即可在光标处插入选中的界面视图图像。

（4）如果要截取某个软件或者文档界面，需要先打开它们。我们这里截取窗口一部分图像，先打开相应的窗口，然后将光标定位到要插入截图屏幕图像处，选择“屏幕截图”面板的“屏幕剪辑”命令，这时屏幕亮度变亮，鼠标指针成十字状，在需要截取的图像处拖拽出一个矩形区域，松开鼠标，即可在光标处插入截取图像。

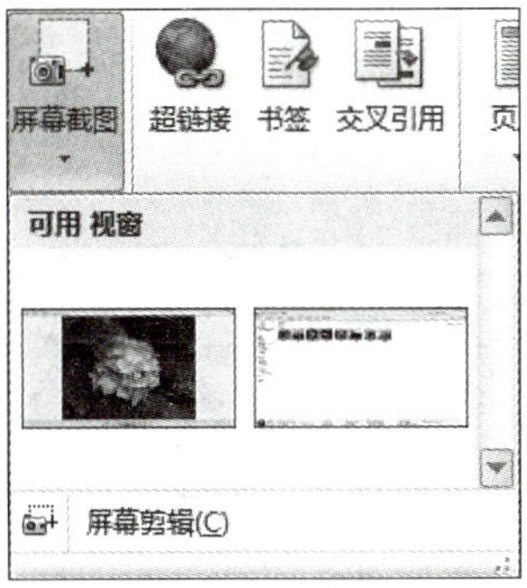

图 3-5　“屏幕截图”面板

（二）Word2010 的视图模式

Word2010 中提供了多种视图模式供用户选择，这些视图模式包括“页面视图”、“阅读版式视图”、“Web 版式视图”、“大纲视图”和“草稿视图”等五种视图模式。用户可以在“视图”功能区中选择需要的文档视图模式，也可以在 Word2010 文档窗口的右下方单击视图按钮选择视图。

1. 页面视图　页面视图是默认的视图模式，可以显示 Word2010 文档的打印结果外观，主要包括页眉、页脚、图形对象、分栏设置、页面边距等元素，在该视图模式中文档的显示与实际打印效果一致。

2. 阅读版式视图　阅读版式视图以图书的分栏样式显示 Word2010 文档，“文件”按钮、功能区等窗口元素被隐藏起来。在阅读版式视图中，用户还可以单击“工具”按钮选择各种阅读工具。

3. Web 版式视图　Web 版式视图以网页的形式显示 Word2010 文档，Web 版式视图适用于发送电子邮件和创建网页。

4. 大纲视图　大纲视图主要用于设置 Word2010 文档的设置和显示标题的层级结构，并可以方便地折叠和展开各种层级的文档。大纲视图广泛用于长文档的快速浏览和设置中。

5. 草稿视图　草稿视图取消了页面边距、分栏、页眉页脚和图片等元素，仅显示标题和正文，是最节省计算机系统硬件资源的视图方式。

第二节　Word 基本操作

小张一大早接到护理部领导通知：要求她起草一份“新入职护士培训通知”文件，12：00 之前通知到各部门，你能完成吗？

问题 1：怎样新建保存文档，如何进行文本编辑和格式设置？

问题 2：怎样向文本中插入日期，打印之前怎样完成页面设置？

一、文档管理

（一）创建文档

启动 Word2010 程序，系统会自动创建一个名为“文档 1”的新文档。在打开一个 Word 文档的同时，如果想再创建一个文档，可以选择“文件”选项卡下的“新建”命令，在右侧窗格的“可用模板”选项组中选择“空白文档”选项，然后单击“创建”按钮，系统会自动创建一个名为“文档 2”的新文档，用同样的方法，可以创建“文档 3”、“文档 4”等。

（二）保存文档

选择“文件”选项卡中的“保存”命令，或者单击快速访问工具栏中的“保存”按钮，或按【Ctrl+S】组合键，都能够打开“另存为”对话框，如图 3-6 所示。然后在对话框中设置保存路径和文件名称，单击“保存”按钮，新创建的 Word 文档将以 docx 为默认扩展名保存起来。

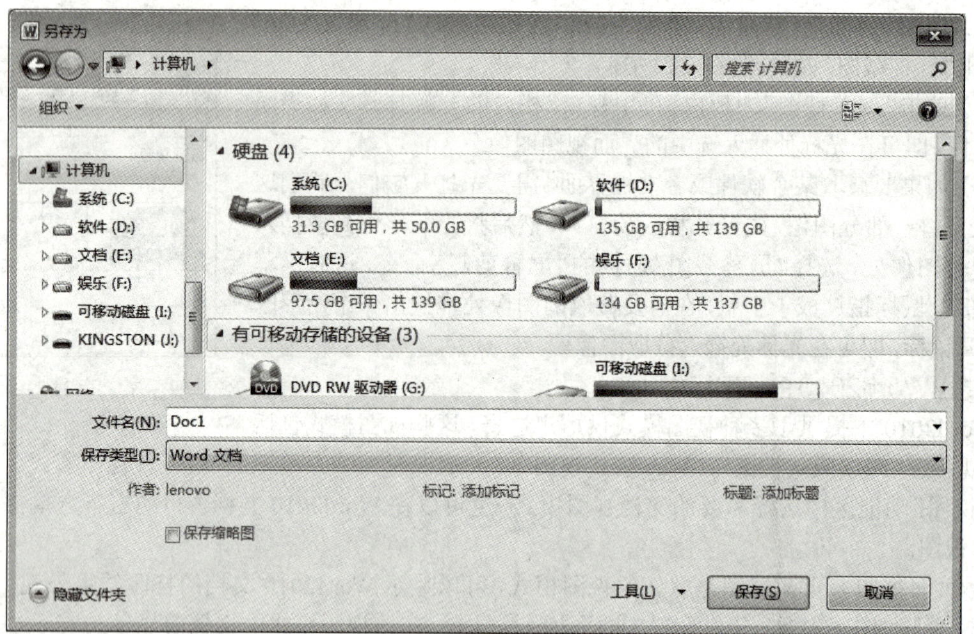

图 3-6 “另存为”对话框

如果对已存盘的文档进行了修改，需要对其再次保存，使修改后的内容覆盖原有的内容，可以使用上面的方法完成该操作，则不弹出“另存为”对话框，同名保存。当需要将文件另行保存时，执行“文件”→“另存为”命令，在打开的“另存为”对话框中选择不同的保存位置、保存类型或文件名称，然后单击“保存”按钮。

Word2010 每隔一段时间为用户自动保存一次文档，以避免因突然停电或发生意外而导致文件没能及时存盘，使损失率降到最低。在“文件”选项卡中选择“选项”命令，打开“Word 选项”对话框，在“保存”选项卡中选中“保存自动恢复信息时间间隔”复选项，在右边的数值框中调整时间间隔。

（三）打开文档

打开以前保存的文件会在程序中重新加载该文件，供用户查看、修改或打印。打开单个文件时，在文件夹窗口中双击文件图标，或者将资源管理器中的 Office 文件拖曳到相应的工作区。

在 Word 文档中打开文档时，可以使用下列方法启动“打开”对话框，选择“文件”选项卡中的“打开”命令，或者按【Ctrl+O】组合键，然后在对话框的“查找范围”下拉列表中指定文件的位置，在下方的列表中选择文件名称，最后单击“打开”按钮。

一次打开多个连续文档时，在“打开”对话框中单击第 1 个目标文件的名称，然后按住【Shift】键，并单击最后一个目标文件的名称，此时这两个文件以及二者之间所有文件被选中，最后单击“打开”按钮。如果要打开多个不连续的文档，可用【Ctrl】配合使用。

另外，执行“文件”→“最近所用的文件”命令，右侧显示的列表中会显示近期使用过的文件，选择其中之一即可快速将其打开。

二、文档编辑

（一）录入文本

新建一个文档后，就可以向 Word 中录入文本了，如果要输入汉字首先要切换到中文输入法，在光标处录入即可。

Word 有插入和改写两种文本输入方式，Word2010 窗口状态栏中的显示为“插入”按钮时，当前处于插入状态；显示为“改写”按钮时，当前处于改写状态。两种方法可以切换输入方式，一是双击状态栏中的按钮，二是按键盘上的“Insert”键。插入和改写两种输入方式的区别是：当光标后面有内容时，若采用的是“改写”输入方式，输入的内容将覆盖光标后面的内容；如果采用的是“插入”输入方式，光标后面的内容将依次后移。

在输入文档的过程中，输完一段后，可以按回车键创建一个新段落，Word2010 通过插入一个段落标记来标记段落的结束。段落标记是非打印字符，不会被打印机打印出来，可以通过选择“开始”→“段落”按钮组中的“显示 / 隐藏编辑标记”按钮来显示和隐藏段落标记。

（二）插入日期、时间和特殊符号

1. 插入日期和时间　在文档中插入日期和时间有两种方式：键盘直接输入和自动更新插入。用键盘直接输入的方式输入时间、日期，直接输入即可，不受系统时间的限制，所以不会自动更新。

自动更新方式插入的时间和日期会随系统时间和日期的改变而自动更新。在打印文档时，打印出来的总是当前的日期和时间，这适用于通知、信函等文档类型。具体的操作步骤如下：将光标移动到要插入日期和时间的位置，选择“插入”→“文本”→“日期和时间”按钮，打开“日期和时间”对话框，如图 3-7 所示。从可用格式列表中选择一种日期格式，同时勾选右下角的“自动更新”复选框。

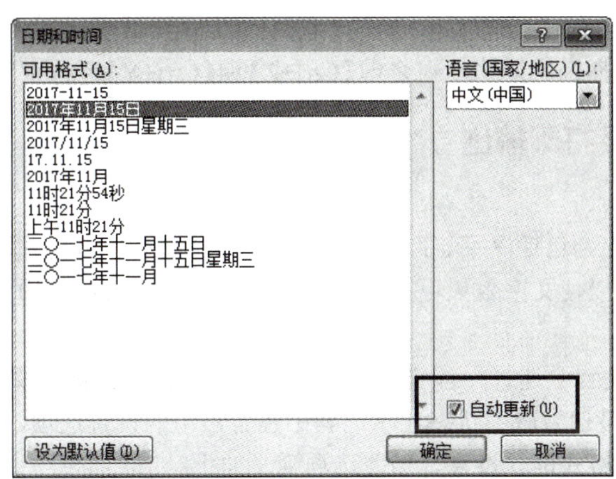

图 3-7　“日期和时间”设置对话框

2. 插入特殊符号　将光标移动到需要插入符号的位置，选择“插入”→“符号”，打开“符号对话框”，双击要插入的符号即可以将该符号插入到文档中。如果要频繁的插入某个特殊符号还可以自定义插入符号的快捷键。

（三）选择文本

当需要对文档内容进行修改、删除、移动、复制等编辑操作之前，必须先选择要编辑的文本。在需要选择的文本的起始位置单击后按住鼠标左键不放拖动到文本结束处释放鼠标，即可选定该部分文本，选择后的文本呈蓝底黑字显示。选定文本的方法很多，可以使用鼠标也可以使用键盘，选定文本的其他操作方法请扫码观看操作视频。

视频：选定文本的操作

（四）复制与移动文本

若要输入与文档中已有内容相同的文本，可以使用复制操作；若要将所需文本内容从一个位置移动到另一个位置，可使用移动操作。复制文本时选中要复制的文本，按住【Ctrl】键后按住鼠标左键将其拖动到新位置，松开左键；或选中要复制的文本，单击“开始”选项卡中的“复制”按钮，把光标移动到要复制文本的位置，单击“粘贴”按钮。移动文本时，选中要移动的文本，按住鼠标左键将其拖动到新位置，松开左键；或选中要移动的文本，单击“开始”选项卡中的“剪切”按钮，把光标移动到要移动文本的位置，单击“粘贴”按钮。

（五）查找替换文本

当文档中出现某个多次使用的文字或短语错误时，可使用查找与替换功能来检查和修改错误的

部分，以节省时间避免遗漏。将光标定位到文档开始处，单击“开始”→“编辑”组中的“替换”按钮，此时弹出“查找和替换”对话框窗口，如图 3-8 所示。在“查找内容”文本框中输入“2016 年”，在“替换为”文本框中输入“2017 年”，单击“全部替换”按钮即可将整个文档中所有的“2016 年”替换为“2017 年”。单击“更多”按钮可以展开“搜索选项”进行高级查找和替换操作。

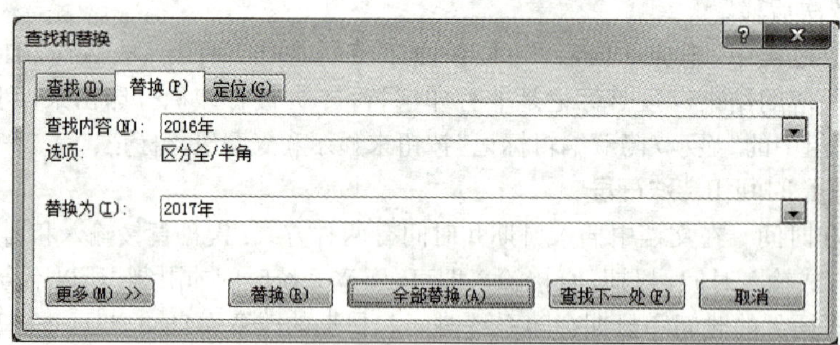

图 3-8 “查找和替换”对话框

（六）撤销和恢复操作

Word2010 有自动记录功能，在编辑文档的过程中执行了错误的操作可以进行撤销，同样也可以恢复被撤销的操作。单击“快速访问工具栏”的“撤销”按钮，可以撤销前一步或几步的操作；单击“恢复”按钮可以恢复被撤销的操作。组合键【Ctrl+Z】和【Ctrl+Y】可分别实现撤销和恢复操作。

三、文档格式化及打印输出

（一）设置字符格式

Word 文档中的文本内容包括汉字、字母、数字、符号等，设置字体格式即更改文本的字体、字号、颜色等。通过这些设置可以使文字效果更突出，文档更美观。在 Word2010 中设置字符格式可以通过以下方法完成。

1. 通过浮动工具栏设置　选择一段文本后，将鼠标光标移动到被选文本的右上角，将会出现浮动工具栏，该浮动工具栏最初为透明状态显示。其中包含常用的设置选项，单击相应的按钮或进行相应选择即可对文本的字符格式进行设置。相关选项含义如下：

字体：指文字的外观，如黑体、楷体等，Word 默认的中文字体是宋体。

字号：指文字的大小，默认为五号。其度量单位有“字号”和“磅”两种。最大的字号为初号，最小的字号为八号；当用磅值作单位时，磅值越大文字越大。

2. 通过“字体”按钮组设置　选择需要设置字符格式的文本后，单击“开始”→“字体”对应的按钮可以直接设置文本的字符格式。“字体”按钮组还包括以下选项。

文本效果：单击该按钮右侧的下拉列表中选择需要的文本效果，如阴影、发光、映像等效果。

下标与上标 x_2 x^2：单击下表按钮将选择的字符设置为下标，单击上标按钮将选择的字符设置为上标。

更改大小写 Aa：在编辑英文文档时，可能需要转换其大小写，单击“更改大小写”按钮右侧的下拉列表，其中提供了全部大写、全部小写、句首字母大写等转换选项。

清除格式：单击该按钮将清除所选字符的所有格式，使其恢复到默认的字符格式。

3. 通过“字体”对话框设置　单击“字体”按钮组右下角的对话框启动器按钮，或按【Ctrl+D】组合键，打开字体对话框。在“字体”选项卡下可设置字体格式，如字体、字形、字号、字体颜色、下划线等，还可即时预览设置字体后的效果。

在“字体”对话框中单击“高级”选项卡，可以设置字符间距、缩放和字符位置等，如图 3-9 所示。

（二）段落格式设置

段落是指文字、图形、其他对象的集合。通过设置段落格式可使文档的结构更清晰，层次更分明。

1. 设置段落对齐方式　段落的对齐方式主要包括左对齐、居中对齐、右对齐、两端对齐、分散对

齐等。选择要设置的段落，在“开始”→“段落”按钮组中单击相应的按钮，即可设置段落对齐方式，也可以使用浮动工具栏完成此操作。

2. 设置段落缩进　段落缩进包括左缩进、右缩进、首行缩进和首行悬挂 4 种。一般利用“标尺”和“段落”对话框设置。单击滚动条上的“标尺”按钮在工作区显示出标尺，然后拖动水平标尺的各个缩进滑块，可以直观地调整段落缩进。选择需要设置的段落，单击“段落”组右下角的对话框启动器，打开“段落”对话框，在该对话框的“缩进”栏中进行设置，如图 3-10 所示。

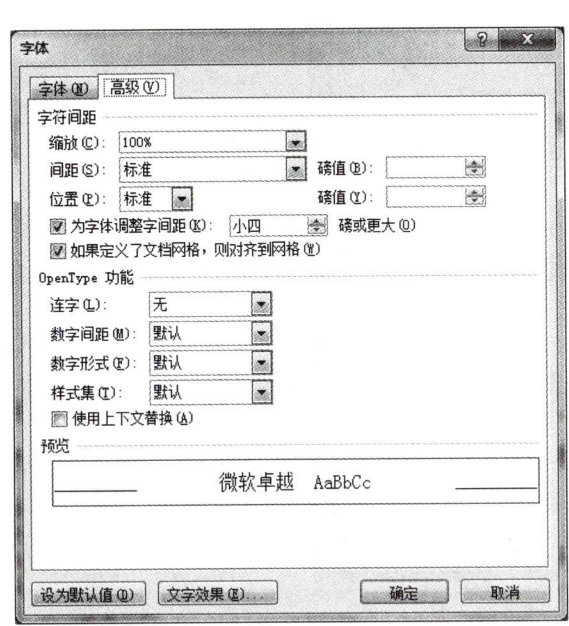

图 3-9　“字体”对话框“高级”选项卡

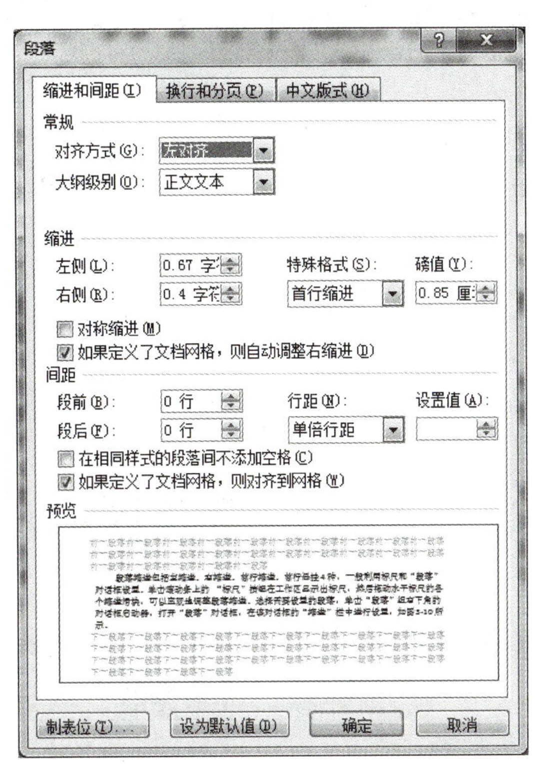

图 3-10　“段落”对话框

3. 设置行距和段落间距　打开“段落”对话框，在“间距”栏的“段前”和“段后”数值框中输入值，在行距下拉列表中选择相应的选项，即可设置行间距。

（三）项目符号和编号

使用项目符号和编号功能，可以为属于并列关系的段落添加项目符号和编号，还可组成多级列表，使文档层次分明，条理清晰。

选择需要添加项目符号的段落，在“开始”→“段落”按钮组中单击“项目符号”按钮右侧的下拉列表按钮，从弹出的下拉列表中选择一种项目符号样式即可。Word2010 中默认的项目符号样式共 7 种，根据需要还可以自定义项目符号，从下拉列表中选择“定义新项目符号”选项，打开“定义新项目符号”对话框，如图 3-11 所示。选择“符号”、“图片”、“字体”按钮从弹出的对话框中选择新的项目符号，通过“对齐方式”下拉列表选择对齐方式，单击“确定按钮”即可。

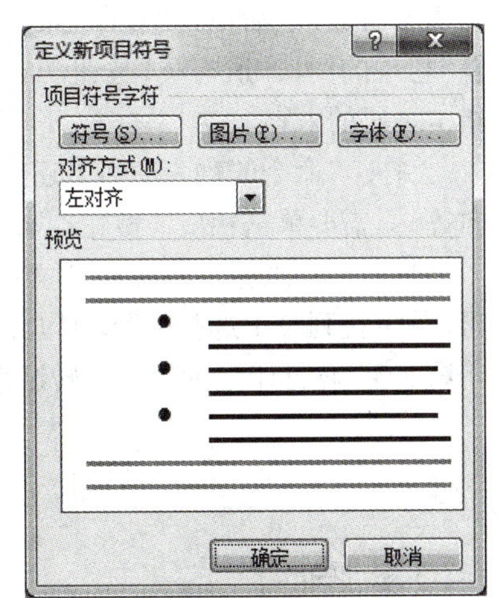

图 3-11　“定义新项目符号”对话框

（四）设置边框和底纹

Word 文档中不仅可以为字符设置默认的边框和底纹，还可以为段落设置更漂亮的边框与底纹，同时还可以设置页面边框，具体的操作请扫描二维码观看视频操作。

视频：设置边框和底纹的操作

（五）设置纸张大小、方向和页边距

默认的 Word 页面纸张大小为 A4（21cm×29.7cm），页面方向为纵向，页边距为普通。在“页面布局”→“页面设置”按钮组中

单击相应的按钮便可进行修改。

单击“纸张大小”按钮下面的下拉按钮，在打开的下拉列表中选择一种页面选项，或者选择“其他页面大小”选项，在打开的“页面设置”对话框中输入文档宽度和高度。

单击“纸张方向”按钮下面的下拉按钮，在打开的下拉列表中选择“横向”选项，可以将页面设置为横向。

单击“页边距”按钮下面的下拉按钮，在打开的下拉列表中选择一种页边距选项，或选择“自定义页边距”选项，在打开的“页面设置”对话框中，可设置上、下、左、右页边距，如图 3-12 所示。

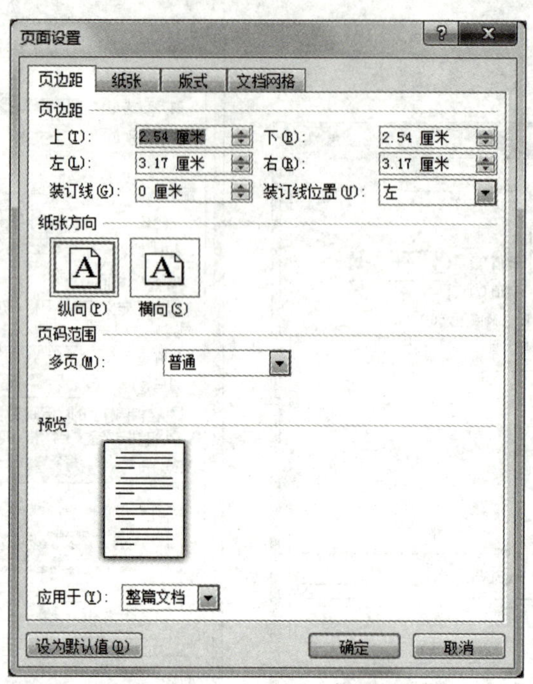

图 3-12　“页面设置”对话框

（六）打印预览与打印

1. 打印预览　为了保证文档打印的品质及准确性，务必进行打印预览，以检查整体版式布局，满意后再进行输出。

单击快速访问工具栏的“打印预览和打印”按钮，即可在文档窗口预览打印效果。拖动“显示比例”滚动条上的滑块能够调整文档的显示大小。单击“下一页”或“上一页”按钮，能够进行预览的翻页操作。当发现文档中有需要修改的地方时，单击其他选项卡标签以便继续对文档进行编辑。

2. 打印　对预览效果满意后，执行“文件”→“打印”命令，在中间窗格内的“份数”文本框中设置打印的份数，然后单击“打印”按钮即可打印文档的所在页面。如果只打印文档的部分页面，单击“设置”栏中的“打印所有页”按钮，从下拉列表中选择打印的范围。另外，还可以在“页数”文本框中打印指定页码的内容。

“打印”命令的列表窗格中还提供了其他常用的打印选项，如设置页面的打印顺序、页面的打印方向等，只需要单击相应的按钮，再从下拉列表中选择适当的参数即可。

当需要在纸张的两面打印文档，但打印机仅支持单面打印时，单击中间窗格内的“单面打印”按钮，从下拉列表中选择“手动双面打印”选项。这样，当所有纸张的第 1 面都打印完后，系统将提示打印第 2 面，将打印过的纸张翻转过来继续打印即可。

实训一　制作新入职护士培训班通知

【实训目的】

1. 掌握文档的建立、打开和保存。

2. 掌握文本的录入和编辑操作。

3. 掌握文档的格式化设置。

4. 掌握文档的打印预览及打印。

【实训内容】

会议或培训通知是办公中使用率最高的文档类型之一，通知必须简洁清楚地告知参加人员主要内容、地点、时间等信息，比较正式的通知一般由眉首、主体、版记三部分组成。本次实训任务使用Word2010编辑完成一份“汉州市人民医院新入职护士培训班”通知。

【实训步骤】

1. 创建文档　启动 Word2010 程序，创建一个名为“文档 1”的新文档。

2. 编辑文档

（1）在新建的空白文档中输入如图 3-13“培训通知文件内容”所示的文本。

汉州市人民医院文件
汉医【2017】第 20 号
汉州市人民医院
关于举办 2017 年度新入职护士培训班的通知
各科室：
为了帮助新入职护士尽快适应医院护理工作，进一步提升年轻的护理人员的基础理论、基本知识、基本技能以及职业道德素养、沟通交流能力、应急处理能力和落实责任制整体护理所需的专业照顾、病情观察、协助治疗、心理护理、健康教育、康复指导等护理服务能力，为患者提供更加优质的护理服务。特制定新入职护士岗前培训班。
培训计划：见附件 1
参加人员：2017 年新入职护理人员
培训时间：2017 年 9 月每周三下午 14:30-16:30
培训地点：住培楼 5 楼会议室
附件：xxxxxxx

主题词：新入职护士　培训
报送：市卫计委 院长　副院长
抄送：院办、护理部、医教处、住培中心、信息中心
汉州市人民医院　　　　印发

图 3-13　培训通知文件内容

（2）定位光标到文本最后一行“汉州市人民医院”名称后面，插入系统日期，并设置自动更新。

3. 保存文档　选择快速访问工具栏的“保存”按钮，将文档保存在 D 盘中，以“新入职护士培训班通知”为名保存。

4. 页面设置　选择“页面布局”选项卡，在“页面设置”按钮组中设置纸张大小为“A4”，页边距上、下、左、右分别为 3.7cm、3.5cm、2.8cm、2.6cm，装订线左侧，0.5cm。

5. 设置通知眉首格式

（1）选中眉首文本“汉州市人民医院文件”设置字体为“黑体”，字号为“初号”，颜色为“红色”，对齐方式为“居中”，段前间距为“5 行”，段后间距为“2 行”，行距为“单倍行距”。

（2）选中文件号文本“汉医【2017】第 20 号”设置字体为“仿宋”，字号为“三号”，对齐方式为“居中”，字体颜色为“黑色”。选中“边框和底纹”命令，设置该文本边框为实线、红色、1.0 磅，下框线，应用于段落。

6. 设置通知主题格式

（1）光标放在通知标题前面：按回车键，增加一个空行，选中通知标题，设置字体为“黑体”，字号为“小二号”，颜色为“黑色”，对齐方式为“居中”。

（2）选中正文内容：设置字体为“华文中宋”，字号为“四号”，首行缩进“2 字符”，多倍行距“1.5”。

（3）选中“培训计划：见附件 1；参加人员：2017 年新入职护理人员；培训时间：2017 年 9 月每周三下午 14：0～16：30；培训地点：住培楼 5 楼会议室”设置自动编号。

（4）选择“通知名称”：设置行距为“最小值”、“15.5 磅”。

7. 设置通知版记格式　选中版记的所有内容，设置字体为“宋体”，字号为“四号”。选中“主题词：新入职护士　培训”，设置“加粗”显示。选中“报送、抄送、医院名称和日期”设置左缩进“1 字符”，上下褐色边框线。

文档：培训通知效果图

8. 打印预览　选择“文件”选项卡的“打印”命令，在Backstage视图中查看打印预览效果，核对无误后进行打印。

扫描二维码可查看本任务完成后的PDF文档“培训通知效果图”。

第三节　Word文档的修饰与美化

小张是一名即将毕业实习护士，本周末学校要组织毕业生就业招聘会，她需要制作一份漂亮的自荐书以更好地向用人单位介绍自己。

问题1：如何制作一张图文并茂的自荐书封面？

问题2：怎样将自己未来工作的座右铭和校训添加到自荐信页眉页脚中，怎样设计一个条理清晰、重点突出的个人简历表格？

只有通过文本编辑和排版往往不能达到文档所需的效果，为使文档的效果美观，还需在文档中设置页面效果、添加编辑图形、图片、艺术字、文本框、表格等对象来提升文档表现力。

一、文档的美化

（一）设置页眉，页脚和页码

页眉实际上可以位于文档中的任意区域，但根据文档的浏览习惯，页眉一般就是指文档中每个页面顶部区域的对象，用于补充说明标示文档标题，文件名、作者姓名、章节标题等。

1. 创建与编辑页眉　选择“插入”→“页眉和页脚”组中“页眉”按钮，在打开的下拉列表中选择某种预设的页眉样式选项，然后在文档中按所选的页眉样式输入所需的内容即可。在页眉区域双击将进入页眉编辑状态，利用功能区的“页眉和页脚工具设计”选项卡，便可对页眉内容进行编辑。选中“首页不同”框可使文档第一页不显示页眉页脚。选中“奇偶页不同”复选框，可单独设置文档奇数页和偶数页的页眉页脚。单击“关闭页眉和页脚”按钮，可退出页眉页脚编辑状态。

2. 创建与编辑页脚　页脚一般位于文档中每个页面的底部区域，也用于显示文档的附加信息，如日期，公司标示文件名，作者名等。但最常见的是在页脚中显示页码。选择“插入”→“页眉和页脚”组中“页脚”按钮，在打开的下拉列表中选择某一种预设的页脚样式选项，在文档中按所选的页脚样式输入所需的内容即可，操作与页眉相似。

3. 插入页码　选择“插入”→“页眉和页脚”组中“页码”按钮，在打开的下拉列表中选择“设置页码格式”选项，打开“页码格式”对话框。在“页码编号”栏中，单击选中“起始页码”单选项，在“起始页码”数值框中输入起始页码，如图3-14所示。

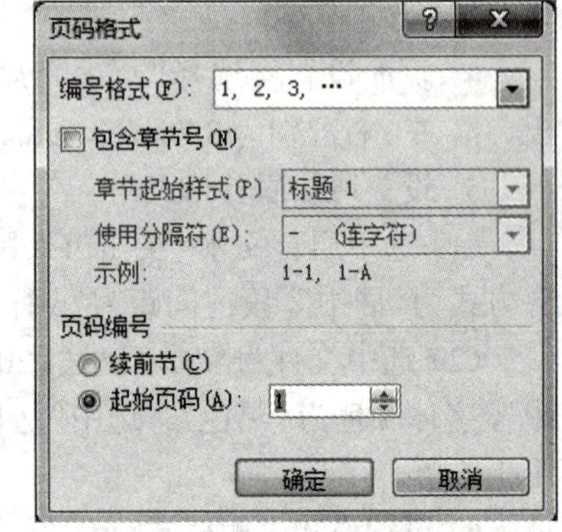

图3-14　“页码格式”对话框

（二）设置页面水印，颜色和边框

为了使制作的文档更加美观，还可以为文档设置页面颜色和边框以及添加水印等。

1. 设置页面水印　制作办公文档时，为了表明公司文档的所有权和出处，可以为文档添加水印背景，如添加机密水印等。添加水印的方法是：选择“页面布局”→“页面背景”组，单击“水印”按钮，在打开的下拉列表中选择一种水印效果即可，也可选择下拉列表中的“自定义水印”选项，从弹出的对话框中设置其他的图片和文字为水印效果。

2. 设置页面颜色　选择“页面布局”→“页面背景”组，单击“页面颜色”按钮，在打开的下拉列表中选择一种颜色即可。

3. 设置页面边框 选择“页面布局”→“页面背景”组，单击“页面边框”按钮，打开“边框和底纹”对话框，可以设置边框的类型、样式、颜色、宽度、艺术类型。

（三）设置分栏与分页

在 Word 中，可将文档设置为多栏预览，还能通过分隔符进行自动分页。

1. 设置分栏 选择“页面布局”→“页面背景”组，单击“分栏”按钮，在打开的下拉列表中选择分栏的数目，或在打开的下拉列表中选择“更多分栏”选项。打开“分栏”对话框，在“预设”栏中可选择预设的栏数，或在“栏数”数值框中输入设置的栏数，在“宽度与间距”栏中可设置栏之间的宽度与间距，如图 3-15 所示。

2. 设置分页 设置分页可通过分隔符实现，主要用于标识文字分隔的位置。通过分隔符设置分页的具体操作请扫描二维码观看操作视频。

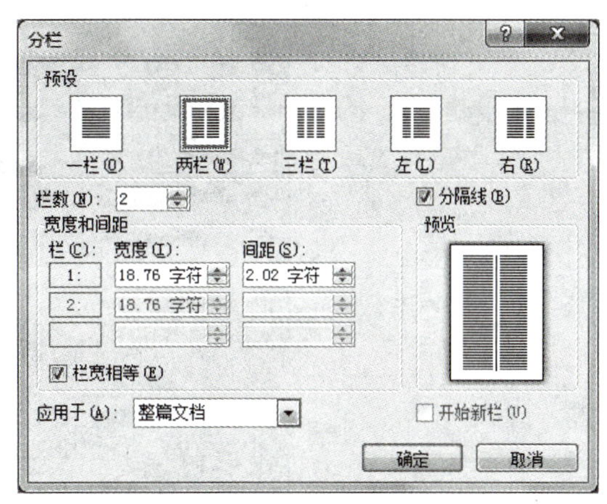

图 3-15 “分栏”对话框

视频：设置分页操作

二、图文混排

（一）文本框操作

利用文本框可以排版出特殊的文档版式，在文本框中可以输入文本，也可插入图片。在文档中插入的文本框可以是 Word 自带样式的文本框，也可以是手动绘制 。

选择“插入”→“文本”组，单击“文本框”按钮，在打开的下拉列表中选择一种系统预设的文本框样式，或者选择“绘制文本框”，在文档合适位置绘制文本框，在文本框中直接输入需要的文本内容。

（二）艺术字操作

在文档中插入艺术字，可以呈现不同的效果，达到增强文字观赏性的目的。选择“插入”→“文本”组，单击“艺术字”按钮，在打开的“艺术字样式”下拉列表中选择一种艺术字样式，如图 3-16 所示。

此时将在插入点处自动添加一个带有默认文本样式的艺术字文本框，在其中输入需要插入的文本内容，选择艺术字文本框，当鼠标指针变为☆形状时，按住鼠标左键不放，向左上方拖动改变艺术字的位置，拖动控制句柄可以调整文本框大小和旋转文本框。

在打开的“绘制工具 - 格式”→“艺术字样式”按钮组中可以重新选择艺术字的样式，设置艺术字的“文本填充”、“文本轮廓”、“文本效果”等选项。

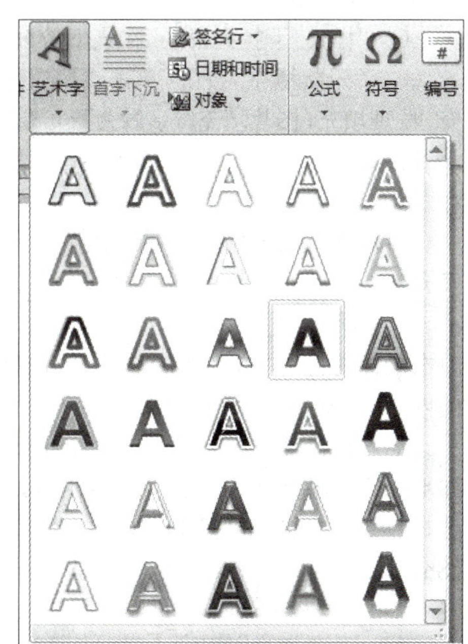

图 3-16 插入“艺术字”

（三）形状操作

形状具有一定独特的性质和特点。Word2010 提供了大量的形状。编辑文档时合理地使用这些形状，不仅能提高效率，而且能提高文档的质量。SmartArt 是一种具有设计师水准的图形对象，它具有布局合理、主题统一、结构层次分明等优点，是可以有效提供文档专业性和编辑效率的使用工具。

1. 插入形状 选择“插入”→“插图”组，单击“形状”按钮，在打开的下拉列表中，选择某种形状对应的选项，此时可以执行以下任意一种操作完成形状的插入。

（1）单击鼠标：单击鼠标将插入默认尺寸的形状。

（2）拖动鼠标：在文档编辑区中拖动鼠标，至适当大小时释放鼠标即可插入任意大小的形状。

选择插入的形状，可调整图片的方法，对其大小、位置、角度进行调整，除此之外，还可以根据需

要改变形状，或编辑形状顶点。选择形状后在“绘图工具 - 格式”→“插入形状”组中单击“编辑形状”按钮，在打开的下拉列表中选择更改形状选项，在打开的列表框中选择需要改变形状对应的选项即可，如图 3-17 所示。

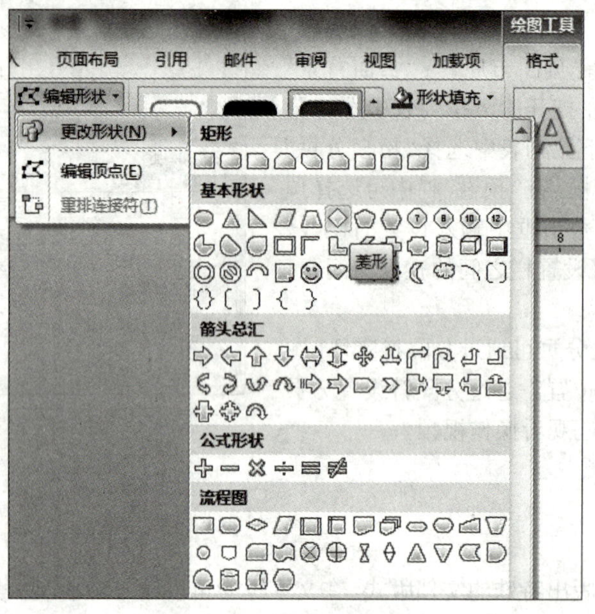

图 3-17 更改形状

2. 美化形状 选择形状后，在“绘图工具 - 格式”→“形状样式”组中可以进行各种美化操作，其中部分参数的作用分别如下：

(1)“样式”下拉列表框：在该下拉列表框中可以快速为形状应用 Word2010 预设的形状形式效果。

(2)“形状填充”按钮：单击该按钮后，可在打开的下拉列表中设置形状的填充颜色，包括渐变填充、纹理填充、图片填充等多种效果可供选择。

(3)“形状轮廓”按钮：单击该按钮后，可在打开的下拉列表中设置形状边缘的颜色、粗细和边框样式。

(4)“形状效果”按钮：单击该按钮后，可在打开的下拉列表中设置形状的各种效果，如阴影效果、发光效果等。

3. 为形状添加文本 除线条和公式类型的形状外，其他形状中都可添加文本。选择形状在其上单击鼠标右键，在弹出的快捷菜单中选择“添加文字”命令，此时形状中将出现文本插入点，输入需要的内容即可。

插入形状时，选择一种形状后，鼠标指针变成细十字形状，若同时按住【Shift】键就能画出方正的图形。例如选择矩形后同时按住【Shift】键可画出正方形；选择椭圆后同时按住【Shift】键可画出正圆；选择直线后按住【Shift】键可绘制水平和垂直的直线……当选中图形后要改变它的大小时，同时按住【Shift】键可等比例缩放。

（四）插入 SmartArt 图形

视频：SmartArt 实例应用操作

SmartArt 图形是信息和观点的视觉表现形式，主要用于演示流程，层次结构，循环和关系。在文档中插入 SmartArt 图形的方法为：切换到“插入”选项卡，单击“插图”组中的“SmartArt”按钮，打开“SmartArt” 图形对话框，选择所需要的类型及图形，接着向 SmartArt 图形中输入文字或插入图片。

SmartArt 图形插入文档后，通过“设计”和“格式”选项卡可以对图形的整体样式，图形中的形状与文本等进行重新设置。具体实例操作请扫描二维码观看视频操作。

（五）图片和剪贴画操作

在 Word 中插入图片和剪贴画，可以达到图文并茂的效果。

1. 插入图片和剪贴画　在 Word 中插入图片和剪贴画的方法分别如下：

插入图片：将文本插入点定位到需插入图片的位置，在“插入”→“插图”组中单击“图片”按钮，打开“插入图片”对话框，在其中选择需插入的图片后，单击“插入”按钮即可。

插入剪贴画：将文本插入点定位到需插入剪贴画的位置，在“插入”→”插图”组中单击“剪贴画”按钮，打开“剪贴画”任务窗格，在“结果类型”下拉列表框中选中剪贴画类型前的复选框，在“搜索文字”文本框中输入描述剪贴画的关键字和词组，单击“搜索”按钮，所有符合条件的剪贴画都将显示在下方的列表框中，单击所需的剪贴画即可插入到文档中，如图 3-18 所示。

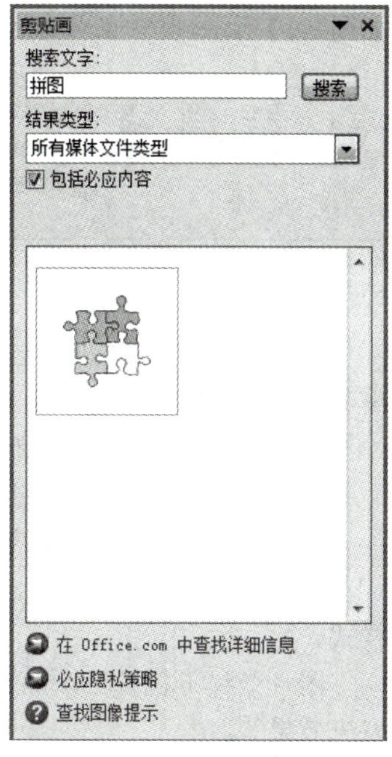

图 3-18　“剪贴画”任务窗格

2. 调整图片大小，位置和角度　将图片插入到文档中后，单击选择图片，此时利用图片上出现的各种控制点便可实现对图片的基本调整。

调整大小：将鼠标指针定位到图片边框出现的 8 个控制点之一，当其变为双向箭头形状时，按住鼠标左键不放并拖动鼠标即可调整图片大小，其中 4 个角上的控制点可以等比例调整图片的高度和宽度，不至于图片变形；四条边中间的控制点可以单独调整图片的高度或宽度，但图片会出现变形效果。

调整位置：选择图片后，将鼠标指针定位到图片上，按住鼠标左键不放并拖动到文档中的其他位置，释放鼠标即可调整图片位置。

调整角度：调整角度及旋转图片，选择图片后，将鼠标指针定位到图片上方出现的绿色控制点上，当其变为形状时，按住鼠标左键不放并拖动鼠标即可。

3. 裁剪与排列图片　将图片插入到文档中后，可根据需要对图片进行裁剪和排列，使其能更好地配合文本所要表达的内容。

裁剪图片：选择图片在“图片工具 - 格式”→“大小”组中，单击“裁剪”按钮，将鼠标指针定位到图片上出现的裁剪边框线上，按住鼠标左键不放，并拖动鼠标释放鼠标后，按【Enter】键或单击鼠标，其他位置即可完成裁剪。

排列图片：排列图片是指设置图片周围文本的环绕方式，选择图片在“图片工具 - 格式”→“排列”组中，单击“自动换行”按钮，在打开的下拉列表中选择所需环绕方式对应的选项即可。

知识拓展

插入到 Word2010 文档中的图片、形状、文本框、艺术字等有时候存在位置移动的问题。通过设置文字环绕方式，则可自由移动这些对象。Word2010“自动换行”选项中每种文字环绕方式的含义如下所述：

1. 嵌入型　图片与文档中的文字一样占有实际位置，它在文档中与上下左右文本的相对位置始终保持不变，嵌入型环绕式是插入图片时默认的文字环绕方式。

2. 四周型环绕　不管图片是否为矩形图片，文字以矩形方式环绕在图片四周。

3. 紧密型环绕　如果图片是矩形，则文字以矩形方式环绕在图片周围；如果图片是不规则的，文字将紧密环绕在图片四周。

4. 穿越型环绕　文字可以穿越不规则图片的空白区域环绕图片。

5. 上下环绕　文字环绕在图片上方和下方。

6. 衬于文字下方　图片在下，文字在上分为两层，文字将覆盖图片。

7. 衬于文字上方　图片在上，文字在下分为两层，图片将覆盖文字。

8. 编辑环绕顶点　用户可编辑文字环绕区域的顶点，实现更个性化的环绕效果。

4. 美化图片和剪贴画 Word2010 提供了强大的美化图片和剪贴画的功能。选择图片和剪贴画后，在“图片工具 - 格式”→“调整”组和“图片工具 - 格式”→“图片样式”组中即可进行各种美化操作，如图 3-19 所示，其中部分参数的作用分别如下：

图 3-19 “调整”和“图片样式”按钮组

“更正”按钮：单击该按钮后，可在打开的下拉列表中选择 Word 预设的各种锐化和柔化，以及亮度和对比度效果。

“颜色”按钮：单击该按钮后，可在打开的下拉列表中设置不同的饱和度和色调。

“艺术效果”按钮：单击该按钮后，可在打开的下拉列表中选择 Word 预设的不同艺术效果。

“样式”下拉列表框：在该下拉列表框中，可快速为图片应用 Word 预设的图片样式。

图片边框下拉按钮：单击该按钮后，可在打开的下拉列表中设置图片边框的颜色，粗细边框的样式。

图片效果下拉按钮：单击该按钮后，可在打开的下拉列表中设置图片的各种效果，如阴影效果、发光效果等。

三、表格设计

表格是一种可视化的交流模式，是一种组织整理数据的手段，由多条在水平方向和垂直方向平行的直线构成。其中直线交叉形成一个单元格，水平方向的一排单元格成为行；垂直方向的一排单元格称为列。表格是文本编辑过程中非常有效的工具，可以将杂乱无章的信息管理的井井有条，从而提高文档内容的可读性，下面讲解在 Word 中使用表格的方法。

（一）创建表格

Word 文档中将文本插入点定位到需要插入表格的位置，便可利用多种方法插入所需的表格。

根据插入表格的行数列数，和个人的操作习惯，可使用以下两种方法来实现表格的插入操作。

快速插入表格：在“插入”→“表格”组中，单击“表格”按钮，在打开的下拉列表中，将光标移动到插入表格栏的某个单元格上，此时呈黄色边框显示的单元格为将要插入的单元格，单击鼠标即可完成插入操作。

通过对话框插入表格：在“插入”→“表格”组中，单击表格下方的下拉列表按钮，在打开的下拉列表中选择“插入表格”选项。此时将打开“插入表格”的对话框，在其中设置表格尺寸和单元格宽度后，单击“确定”按钮即可。如图 3-20 所示。

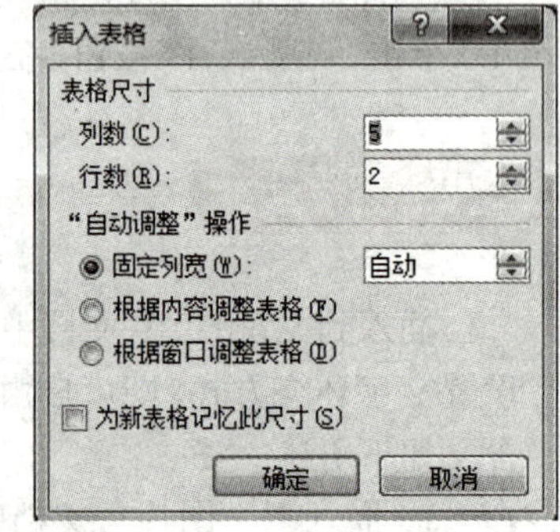

图 3-20 “插入表格”对话框

（二）绘制表格

对于一些结构不规则的复杂表格，可通过绘制表格的方法进行创建。在“插入”→“表格”组中，单击“表格”按钮，在打开的下拉列表中选择“绘制表格”选项。此时光标将变成绘图笔形状，在文档编辑区拖动鼠标即可绘制表格外边框。在外边框内拖动鼠标，可绘制行线和列线。表格绘制完成后，按【Esc】键退出绘制状态即可。在 Word 中绘制表格时，功能区会出现“表格工具 - 设计”选项卡，在其中的“绘图边框”组中提供了相应的参数，用于对绘制表格进行相应的设置。如果要擦除一条或多条线，在“设计”选项卡的“绘图边框”组中单击“擦除”按钮，此时鼠标指针变为橡皮形状，单击要擦除的线条即可将其擦除。

（三）编辑表格

表格创建后，可根据实际需要对其现有的结构进行调整。这其中将涉及表格的选择和布局等操作，下面分别进行介绍。

1. 选择表格　选择表格主要包括选择单元格，选择行，选择列，选择整个表格等内容，具体方法如表 3-1 所示。

表 3-1　选择表格的方法

操作	操作方法
选择单个单元格	将光标移动到所选单元格的左边框偏右位置，当其变为指向右上角的黑色箭头时，单击鼠标即可选择该单元格
选择行	用拖动鼠标的方法可选择一行或连续的多行单元格，另外，将光标移至所选行左侧，当其变为右上箭头形状时，单击鼠标，可选择该行
选择列	将光标移至所选列上方，当其变为向下方向箭头形状时单击鼠标，可选择该列。利用【Shift】键和【Ctrl】键可实现连续多列和不连续多列的选择操作
选定整个表格	将光标移至表格区域，此时表格左上角将出现移动控制点，单击该图标可选择整个表格

2. 表格布局　表格布局主要包括插入、删除、合并、拆分等内容。其布局方法为，选择表格中的单元格行或列，在"表格工具布局"选项卡组中利用"行和列"组与"合并"组中的相关参数进行设置即可，如图 3-21 所示。其中各参数的作用介绍如下：

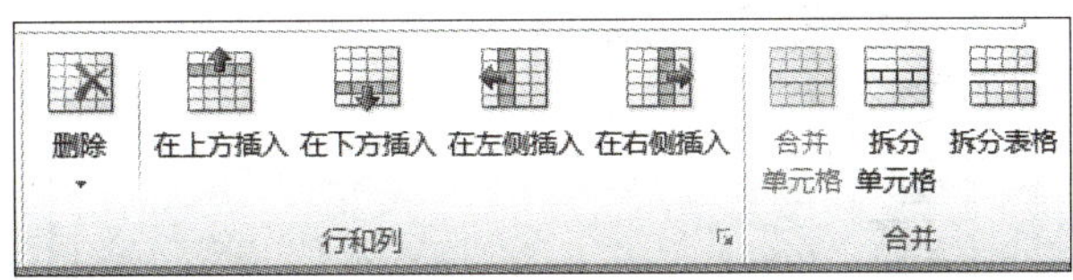

图 3-21　布局表格的各种参数

删除按钮：单击该按钮，可在打开的下拉列表中执行删除单元格行、列和表格的操作。当删除单元格时，会打开"删除单元格"对话框，要求设置单元格删除后剩余单元格的调整方式，如右侧单元格左移，下方单元格上移动等。

在上方插入按钮：单击该按钮，可在所选行的上方插入新行。

在下方插入按钮：单击该按钮，可在所选行的下方插入新行。

在左侧插入按钮：单击该按钮，可在所选列的左侧插入新列。

在右侧插入按钮：单击该按钮，可在所选列的右侧插入新列。

合并单元格按钮：单击该按钮，可将所选的多个连续的单元格合并为一个新的单元格。

拆分单元格按钮：单击该按钮，将打开"拆分单元格"对话框，在其中可设置拆分后的列数和行数，单击"确定"按钮后，即可将所选单元格按设置的尺寸拆分。

拆分表格按钮：单击该按钮，可在所选单元格处将表格拆分为两个独立的表格，需要注意的是，Word 只允许对表格进行上下拆分，而不能进行左右拆分。

3. 设置表格　对于表格中的文本而言，可按设置文本和段落格式的方法对其格式进行设置。此外，还可以对数据进行对齐方式、行高和列宽、边框和底纹、对齐和环绕方法等进行设置。

(1) 设置数据对齐方式：单元格对齐方式是指单元格中的文本对齐方式。其设置方法为：选择需设置对齐方式的单元格，在"表格工具 - 对齐方式"组中单击相应按钮；或选择单元格后，在其上单击鼠标右键，在弹出的快捷菜单中选择"单元格对齐方式"命令；在弹出的子菜单中单击相应的按钮也可设置单元格的对齐方式。

(2) 设置行高和列宽：设置表格行高和列宽的常用方法有两种。

拖动鼠标设置：将光标移至行线或列线上，当其变为上下箭头形状或左右箭头形状时，拖动鼠标即可调整行高或列宽。

精确设置：选择需调整行高或列宽的行或列，在"表格工具 - 布局"→"单元格大小"组的高度数值框或宽度数值框中，可设置精确的行高或列宽值。

(3) 设置边框和底纹：设置单元格边框和底纹的方法分别如下：

设置单元格边框：选择需设置边框的单元格，在“表格工具 - 设计”→“表格样式”组中，单击“边框”按钮右侧的下拉按钮，在打开的下拉列表中选择相应的边框样式。

设置单元格底纹：选择需设置底纹的单元格，在“表格工具 - 设计”→“表格样式”组中，单击“底纹”按钮右侧的下拉按钮，在打开的下拉列表中选择所需的底纹颜色。

（4）设置对齐和环绕：环绕就是表格被文本包围。如果表格被文字环绕，对齐方式基于所环绕的文字；如果表格未被文字环绕，其对齐方式则基于页面。通过表格属性对话框，可设置表格的环绕和对齐方式。

设置对齐：选择表格，在“表格工具 - 布局”→“表”组中，单击“属性”按钮，打开“表格属性”对话框，在“对齐方式”栏中可选择对齐的方式。

设置环绕：选择表格，在“表格工具 - 布局”→“表”组中，单击“属性”按钮，打开“表格属性”对话框，在“文字环绕”栏中选择环绕选项，然后再“对齐方式”栏中选择环绕的对齐方式，如图 3-22 所示。

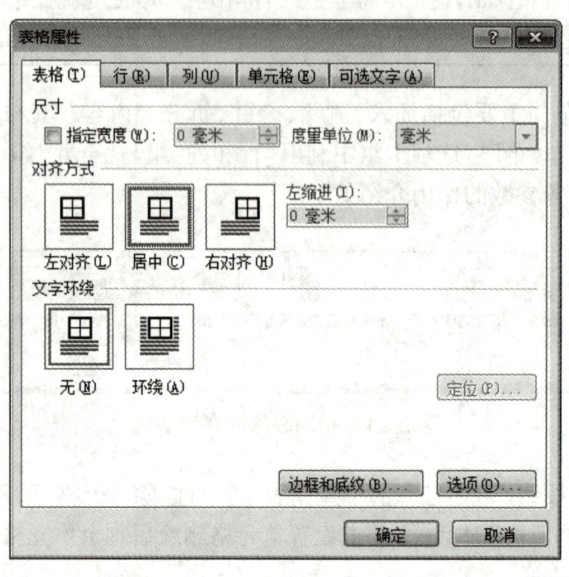

图 3-22　设置对齐和环绕

视频：表格和文本的相互转换操作

4. 表格和文本的相互转换　在 Word 中，表格和文本可以相互转换。在转换时需选择分隔符设置转换标记，请扫描二维码观看视频演示。

5. 表格排序与数字计算　在 word 中，可对表格中的数据进行排序和计算。下面对其方法进行讲解。

（1）表格中数据的排序：对表格中的数据进行排序，可对选择的区域进行排序，也可对整个图表进行排序。选择要进行排序的行，在“表格工具 - 布局”→“数据”组中，单击“排序”按钮，打开“排序”对话框，如图 3-23 所示。在“主要关键字”下拉列表框中，选择进行排列的选项；在“类型”栏中选择排序的类型。单击选中“升序”单选项可升序排列；单击选中“降序”单选项可降序排列。若有标题行，则选中“有标题行”的单选项，单击“选项”按钮，还可设置排序时是否区分大小写等。

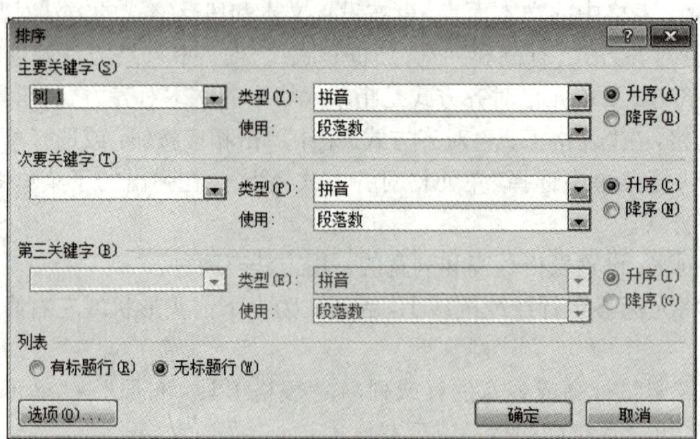

图 3-23　“排序”对话框

（2）表格中数据的计算：表格中经常会涉及数据计算，使用 Word 制作的表格可实现简单计算。请扫描二维码观看视频演示。

视频：表格数据的计算操作

实训二　制作护理毕业生个性自荐书

【实训目的】

1. 掌握文档的分页、插入页眉页脚。
2. 掌握形状的绘制与美化操作。
3. 掌握插入文本框、艺术字及其格式设置。
4. 掌握插入图片及格式设置。
5. 掌握插入表格及属性设置。

【实训内容】

自荐书作为一种自我信息表达的工具，有着不可低估的作用。自荐书的整体效果要吸引人，突出重点，体现内涵。本次实训任务使用 Word2010 编辑完成一份“护理毕业生个性自荐书”，自荐书主要由封面、自荐信和个人简历组成。个人简历包含个人基本信息，自我评价，工作与学习经历，荣誉与成就。

【实训步骤】

1. 创建文档　创建文档，启动 Word 应用程序。创建一个空白文档，设置纸张大小为 A4（21cm×29.7cm），以“自荐书”为文件名保存文档。

生成空白页，在插入点处按【Ctrl+Enter】，或者选择“插入”选项卡“页”组中单击“空白页”按钮，生成 3 张空白页。

2. 设计封面

（1）使用直线工具：按住【Shift】键，在页面上侧和左侧，分别绘制横线和竖线，并设置直线的粗细为 2.25 磅。

使用椭圆工具：按住【Shift】键的同时绘制一个正圆，设置“形状填充”为蓝色，“形状轮廓”为无轮廓。按住【Ctrl】拖动，再复制一个正圆，并设置它的“形状样式”为“细微效果 - 蓝色，强调颜色 1”样式。

（2）选择“形状”下拉列表中“星与旗帜”下的“波形”，绘制一个“波形”图，选中添加的“波形”右击，从弹出的快捷菜单中选择“设置形状格式”。在打开的“设置形状格式”对话框“填充”选项卡中，选择“渐变填充”单选按钮，“类型”为“射线”，“方向”为“中心辐射”。设置“渐变光圈”，左侧颜色块为“白色，背景 1”；右侧颜色块为“白色，深色 25%”。如图 3-24 所示。

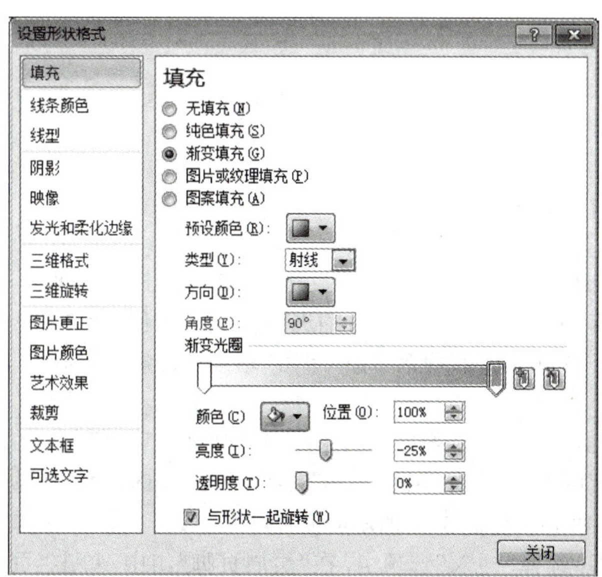

图 3-24　设置“波形”的填充

在“波形”图上右击，从弹出的快捷菜单中选择“添加文字”，添加“×× 医学高等专科学校 2018 届毕业生”，设置字体为华文行楷，字号为二号，颜色为黑色。

（3）插入一个竖排文本框，并设置“形状轮廓”为“无轮廓”。插入“艺术字样式”为“填渐变填充 - 蓝色，强调文字颜色 1”。在艺术字文本框中输入“自荐书”，设置字号为 66，选择“格式”选项卡。在文本组中的“文字方向”下拉列表中，选择“垂直”，使文字竖排排列。调整其位置位于上一步中文本框的上方。

（4）插入图片素材“3-2-1.jpg”：设置“文字环绕”方式为“衬于文字下方”。调整其大小并移动到合适位置。

（5）插入文本框：设置“形状轮廓”为“无轮廓”。在文本框中输入个人信息“姓名：韩西月，专业：护理，电子邮箱：hanyue2006@163.com，联系电话：13569205880”。选中相应的文字设置下划线，并调整文字相对位置。

第一页封面完成后的效果，如图 3-25 所示。

图 3-25　封面效果图

3. 编辑自荐信内容

（1）在第二页输入自荐信内容。

（2）设置标题“字体”为宋体，“字形”为加粗，“字号”为一号，对齐方式为“居中”。

（3）设置正文格式：选择除标题以外的所有文本，设置“字号”为小四号，选择除称谓和落款以外的自荐信内容。在“段落”对话框中设置“首行缩进”对应的“磅值”为 2 字符，“行距”为 1.5 倍行距。选择落款文字，在“开始”选项卡，在“段落”组中单击“增加缩进量”按钮，多按几次，并将位置调整合适即可。

（4）插入图片素材“3-2-2.jpg”：选择插入的图片，设置“文字环绕”为“衬于文字下方”；选择“绘图工具 - 格式”选项卡，在“图片样式”组中的“其他”下拉列表中，选择“柔化边缘椭圆”的图片样式，最后调整图片至合适大小，并移动至图 3-26 所示的位置。

（5）设置页眉 / 页脚：选择“插入”选项卡，在“页眉页脚”组中，单击“页眉”按钮，在打开的下拉列表中选择“编辑页眉”命令。在页眉中输入文字“崇仁、厚德、恒志、精术”，设置字体“华文楷体”，

字号“二号”。将插入点移到页脚处，插入剪贴画“BD21332_.gif”，选择“页眉和页脚工具—设计”选项卡，在“选项”组勾选中“首页不同”复选框。

第二页自荐信完成后的效果如图 3-26 所示。

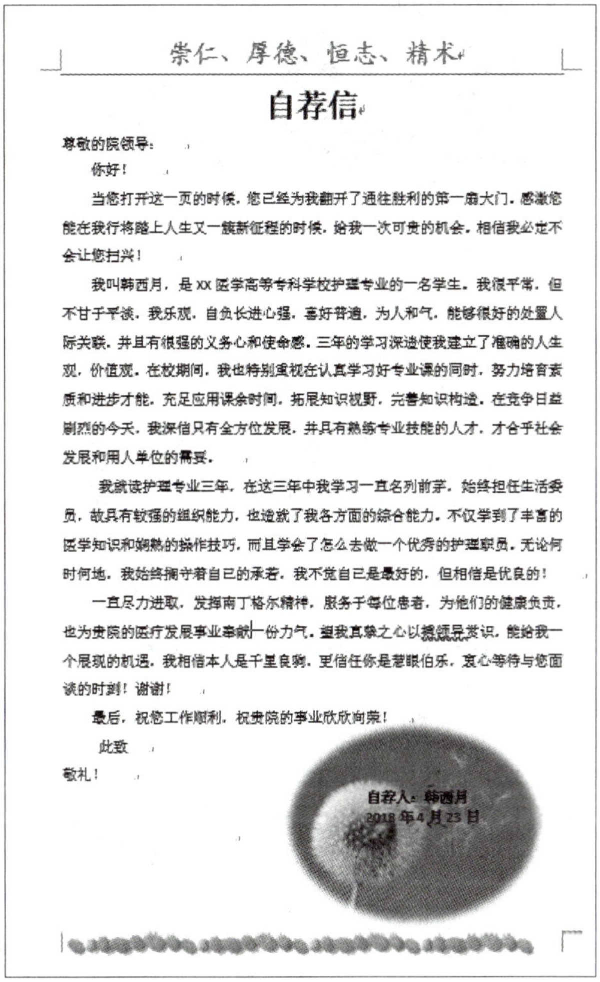

崇仁、厚德、恒志、精术

自荐信

尊敬的院领导：

你好！

当您打开这一页的时候，您已经为我翻开了通往胜利的第一扇大门。感激您能在我行将踏上人生又一髋新征程的时候，给我一次可贵的机会。相信我必定不会让您扫兴！

我叫韩西月，是 XX 医学高等专科学校护理专业的一名学生。我很平常，但不甘于平淡，我乐观，自负长进心强，喜好普遍，为人和气，能够很好的处置人际关联，并且有很强的义务心和使命感。三年的学习深造使我建立了准确的人生观，价值观。在校期间，我也特别重视在认真学习好专业课的同时，努力培育素质和进步才能，充足应用课余时间，拓展知识视野，完善知识构造。在竞争日益剧烈的今天，我深信只有全方位发展，并具有熟练专业技能的人才，才合乎社会发展和用人单位的需要。

我就读护理专业三年，在这三年中我学习一直名列前茅，始终担任生活委员，故具有较强的组织能力，也造就了我各方面的综合能力。不仅学到了丰富的医学知识和娴熟的操作技巧，而且学会了怎么去做一个优秀的护理职员。无论何时何地，我始终恪守着自己的承若，我不觉自己是最好的，但相信是优良的！

一直尽力进取，发挥南丁格尔精神，服务于每位患者，为他们的健康负责，也为贵院的医疗发展事业奉献一份力气。望我真挚之心以换领导赏识，能给我一个展现的机遇，我相信本人是千里良驹，更信任你是慧眼伯乐，衷心等待与您面谈的时刻！谢谢！

最后，祝您工作顺利，祝贵院的事业欣欣向荣！

此致

敬礼！

自荐人：韩西月

2018 年 4 月 23 日

图 3-26　自荐信效果图

4. 制作个人简历

（1）插入表格：在第三页首行插入点处按两次【Enter】键，插入两个空行。

将插入点定位在插入表格的位置。选择“插入”选项卡，在“表格”组中单击“表格”按钮，在弹出的下拉列表中，选择“插入表格”命令，弹出“插入表格”对话框，设置列数为 5，行数为 8。

（2）合并或拆分单元格：选中位于第 5 列上面的 4 行单元格，选择“表格工具 - 布局”选项卡，在“合并”组中，单击“合并单元格”按钮，进行单元格的合并。选中位于第五行的第 4 列和第五列两个单元格右击，在弹出的快捷菜单中选择“合并单元格”命令。用同样的方法合并第 6 列、第 7 列、第 8 列的相应单元格，效果如图 3-27 所示。

（3）调整表格行高：选择第 1～6 行单元格，选择“布局”选项卡，在“单元格大小”组中的“高度”数值框中输入 1.2cm。用同样的方法设置其他相同行的单元格高度为 7cm。

（4）输入信息：在表格中输入信息，如图 3-27 所示。设置表格标题字体为华文新魏，字号为小一号，对齐方式为居中。

（5）设置表格样式：选择整个表格，选择“设计”选项卡。在“表格样式”组中，单击“表格样式”右侧的“其他”按钮，在打开的下拉列表中选择“中等深浅网络 1- 强调文字颜色 5”样式。

（6）设置单元格数据对齐方式：选择所有单元格，选择“布局”选项卡，在“对齐方式”组中，单击“中部两端对齐”按钮。

崇仁、厚德、恒志、精术

个人简历

姓　名		性　别		
出生年月		民　族		
政治面貌		身体状况		
毕业学校		学　历		
专　业		籍　贯		
电　话		特　长		
工作经验				
自我评价				

图 3-27　个人简历效果图

文档：自荐书效果图

第三页个人简历完成后的效果如图 3-27 所示。

5. 保存文档　按快捷键【Ctrl+S】保存文档，一份漂亮的自荐书制作完成。

扫描二维码可查看本任务完成后的 PDF 文档“自荐书效果图”

第四节　Word 高级编辑技巧和综合应用

小张作为一名神经内科的护士，科主任和护士长要求她根据提供的文本资料制作一份脑血管疾病健康教育手册，并且和随诊信一起发放给曾到该科室就诊的患者。

问题 1：如何制作一份结构清晰合理的健康教育手册？怎样完成目录的制作？

问题 2：如何批量地完成随诊信及信封制作？

掌握了文字、表格和图片等基本元素在文档处理中的应用后，提高效率、实现高质量和低成本的办公，就需要借助于 Word 提供的高级编辑技巧。

一、样式与模板

样式与模板是 Word 中常用的排版工具，下面介绍样式与模板的相关知识。

（一）使用样式

文档有长有短，短文档内容少，格式处理起来比较简单。长文档涉及的文本格式很多，例如 1，2，3 级标题以及正文字符、段落、表格、图片操作起来非常烦琐，快捷有效的方法就是使用样式。样式是指一组已经命名的字符和段落格式。它设定了文档中的标题、题注以及正文等各个文本元素的格式，用户可以将一种样式应用于某个段落或段落中的选择的字符上。

1. 新建样式　选择“开始”→“样式”组，单击右下角的“对话框启动器”按钮，打开“样式”窗格，单击窗格右下角的“新建样式”按钮，打开“根据格式设置创建新样式”对话框，如图 3-28 所示。

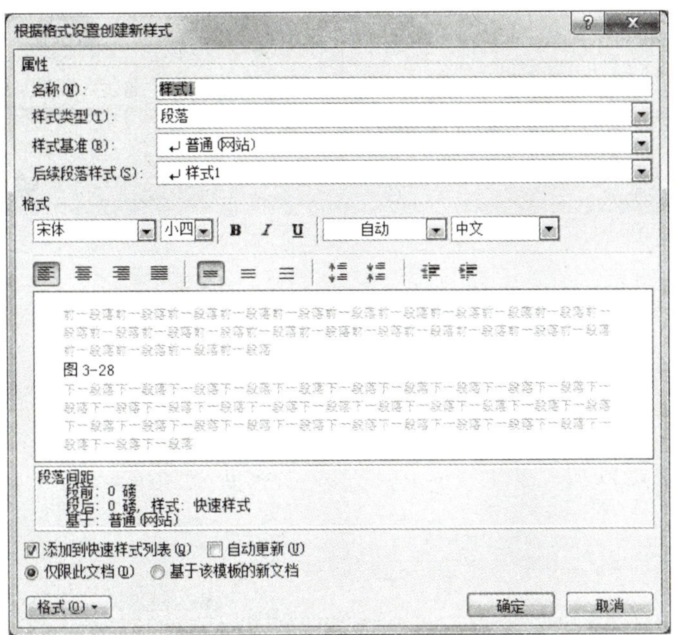

图 3-28　“根据格式设置创建新样式”对话框

在“名称”文本框中输入新建样式的名称，尽量使名称有意义，同时不与软件默认的样式重名。从“样式类型”下拉列表框中选择样式类型，根据创建样式时设置的类型不同，其应用范围也不同。例如，字符样式类型用于设置选中的文字格式，而段落样式类型用于设置整个段落的格式。如果要创建的样式与“样式基准”下拉列表框中某个样式较为接近，可在其中选择该样式，新样式会继承选择样式的格式，只要稍作修改即可。

在编辑文档的过程中，按【Enter】键后，下一段落自动套用样式。从“后续段落样式”下拉对表框中选择适当的选项。

在“格式”栏中，可以设置字体、段落的常用格式：例如字体、字号、字形；字体颜色、段落、对齐方式以及行间距等。根据实际情况，还可以单击“格式”按钮，从弹出的列表选择格式类型，然后在打开的对话框中进行详细的设置。单击“确定”按钮，新样式创建完成。

2. 修改样式　切换到“开始”选项卡，右击“样式”组中快速样式库列表框内要修改的样式名称，从弹出的快捷菜单中选择“修改”命令。在打开的“修改样式”对话框中重新设置样式，方法与操作与“根据格式设置创建新样式”对话框类似。

切换到“开始”选项卡，单击“样式”组中的“对话框启动器”按钮。打开“样式”窗格，单击样式名右侧箭头按钮，从列表中选择“修改”选项；或者右击样式名，从弹出的快捷菜单中选择“修改”命令，也可以打开“修改样式”对话框。

3. 删除样式　打开“样式”窗格，单击列表框中“样式名”右侧的箭头按钮，或右击“样式名”，从弹出的快捷菜单中，选择如“删除二级标题”的命令，即可删除不再使用的样式。若要清除文档中所有已应用的样式，可在“样式”窗格中选择列表框内的“全部清除”选项。

如果文档中应用了多种样式，如“标题 1”、“标题 2”等，同时又进行了多种字符格式排版，如有的段落是宋体，有的是楷体；有粗体字也有斜体字等，若只对字符格式不太满意，想要取消它们，但却要保留已应用的样式，该怎么办呢？答案就是选中整篇文档，然后按 <Ctrl+Shift+Z> 组合键。

（二）使用模板

Word2010 的模板是一种固定样式的框架，包括了相应的文字和样式。下面分别介绍新建模板和套用模板的方法。

1. 新建模板　选择“文件”→“新建”命令。在可用模板中选择“我的模板”选项，打开“新建”对话框，在“新建”栏单击选中“模板”单选项，如图 3-29 所示。单击“确定”按钮，即可新建一个名称为模板 1 的空白文档窗口，保存文档其格式为 .dotx。

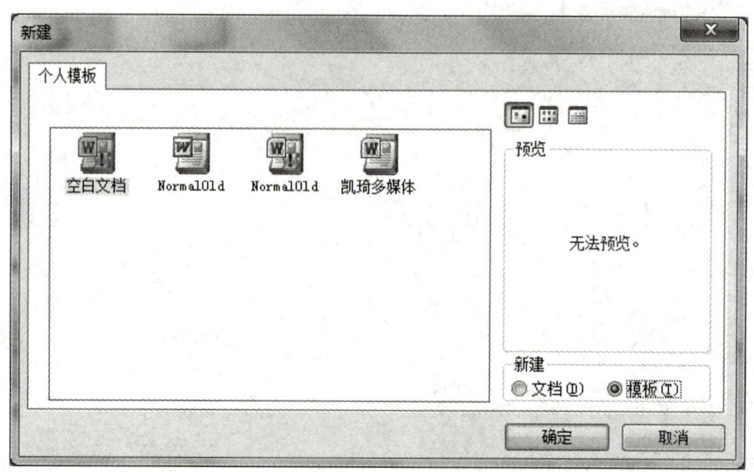

图 3-29　新建模板

2. 套用模板　选择“文件”→“选项”命令。打开“Word 选项”对话框，选择左侧的“加载项”选项，在右侧的管理下拉列表中选择“模板”选项，单击“转到”按钮，打开“模板和加载项”对话框，如图 3-30 所示。在其中单击“选用”按钮，在打开的对话框中选择需要的模板，然后返回对话框。单击选中“自动更新文档样式”复选框，单击“确定”按钮，即可在已存在的文档中套用模板。

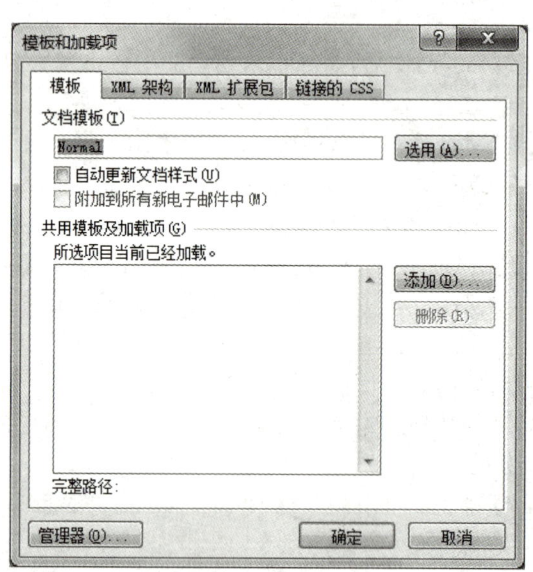

图 3-30　套用模板

二、长文档编排

（一）文档精确导航

当编写、阅读、修订毕业论文或工作报告等长文档时，导航功能对于提高效率而言，就显得很重要了。除了大纲视图外，可以使用 Word2010 的“导航”窗格进行精确导航。

1. 使用大纲视图处理长文档　切换到“视图”选项卡。单击“文档视图”组中的“大纲视图”按钮，

打开文档的大纲视图方式。在“大纲级别”栏中可以看到文档的大纲级别。单击每个标题的任意位置，在“大纲工具”组中，从“大纲级别”下拉列表中选择所需的选项，可以将该标题设置为相应的大纲级别。大纲级别设置完成后，从“显示级别”下拉列表框中选择合适的选项，即可显示文档的大纲视图效果。

在大纲视图方式下，将光标定位于某段落中，单击“大纲工具”组中的“上移”或“下移”按钮，可以将该段落内容向相应的方向进行移动；单击“关闭”组中的“关闭大纲视图”按钮，返回页面视图方式。

2. 使用“导航”窗格对长文档进行导航　切换到“视图”选项卡，在“显示”组内选中“导航窗格”复选框，即可在文档左侧显示“导航”窗格。

使用标题导航方式的前提是对超长文档已设置好了标题样式。打开“导航”窗格后，Word 会在“导航”窗格中列出各级标题，单击某标题，即可定位到相应位置。

页面导航根据 Word 文档默认的分页进行导航。单击“导航”窗格中的“浏览你的文档中的页面”按钮，即可切换到页面导航。“导航”窗格以缩略图的形式列出文档分页。单击某缩略图，光标即定位到相应的页面中。

单击搜索框右侧的“选项”按钮，从下拉表中选择所需的选项，可以快速查找文档中的图形、表格、公式等特定对象。

（二）创建题注和交叉引用

1. 创建题注　在进行长文档编辑时，图表和公式通常按所在章节中出现的顺序分章编号，例如，图 1-1、表 2-1 和公式 3-1 等。当需要引用它们时通常使用“见表 2-1”、“如图 1-1 所示”和“参考公式 3-1”字样。在论文的编辑过程中，图表和公式的数量往往会增加或减少，题注和交叉引用省去了对这些编号维护的工作量。为图片设置题注的操作步骤如下：

切换到“引用”选项卡。单击“题注”组中的“插入题注”按钮，打开“题注”对话框。从“标签”下拉列表框中选择如“图”、“表格”的标签，如图 3-31 所示。

如果上述标签不能满足要求，单击“新建标签”按钮，打开“新建标签”对话框。在“标签”文本框中输入自定义标签名，单击“确定”按钮返回“题注”对话框。此时，新建的标签出现在“标签”下拉列表框中。单击“关闭”按钮，右击插入到文档中的图片，从弹出的快捷菜单中选择“插入题注”命令，在“题注”对话框中单击“确定”按钮，即可在图片的下方自动插入标签和图号。

选中题注，然后按【Delete】键即可将其清除。清除某题注后，Word 将自动更新其余题注的编号。

2. 创建交叉引用　交叉引用可以将插图、表格等内容与相关正文的说明文字建立对应关系，从而为编辑操作提供自动更新手段。创建交叉引用的操作步骤如下：

（1）输入如“请参阅”的介绍文字，切换到“引用”选项卡，单击“题注”组中的“交叉引用”按钮，打开“交叉引用”对话框。

（2）从“引用类型”下拉列表框中选择如“表格”的选项，以表明引用的内容，然后在“引用哪一个题注”列表框中选择要引用的项目。

（3）“插入为超链接”复选框，用于将引用的内容以超链接方式插入到文档中，单击它即可跳到引用的内容处，如图 3-32 所示。

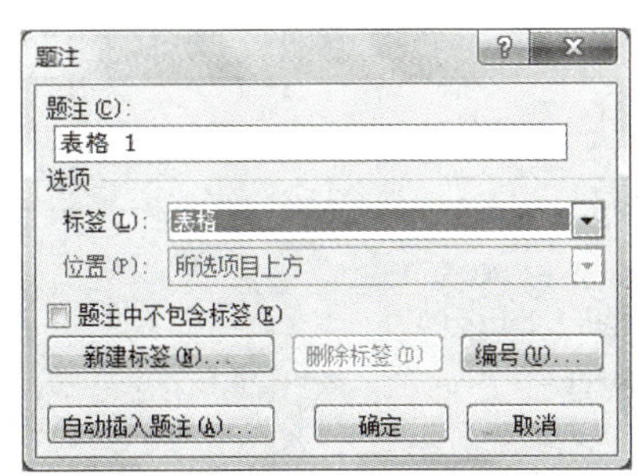

图 3-31　“题注”对话框

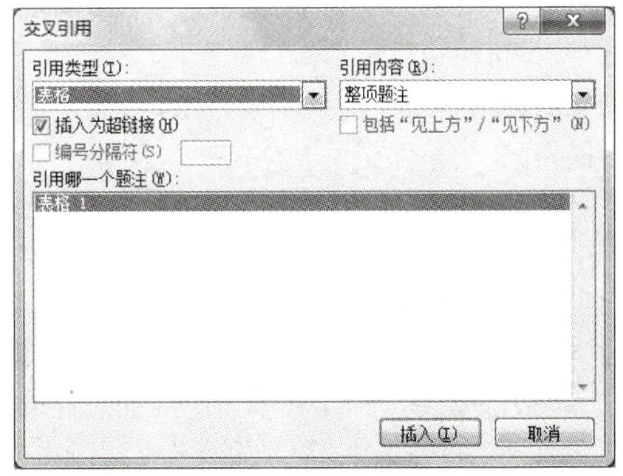

图 3-32　创建交叉引用

视频：创建题注和交叉引用

（4）单击“插入”按钮，即可在当前位置添加相应图片的引用说明。

（5）如果还要插入其他的交叉引用，输入所需的附加文字，然后重复步骤（2）～（4）。交叉引用设置完毕后，单击对话框的“取消”按钮。

将插入点置于交叉引用文本范围内，其内容会显示为灰色的底纹。如果修改被引用位置的内容，返回引用点后按【F9】键，即可更新交叉引用的结果。

请扫描二维码观看创建题注和交叉引用视频操作。

（三）设置脚注和尾注

脚注和尾注是对文章添加的注释，经常在专业文档中看到。在页面底部添加的注释称为脚注；文档末尾的注释称为尾注。Word 提供了插入脚注和尾注的功能，并且会自动为脚注和尾注添加编号。

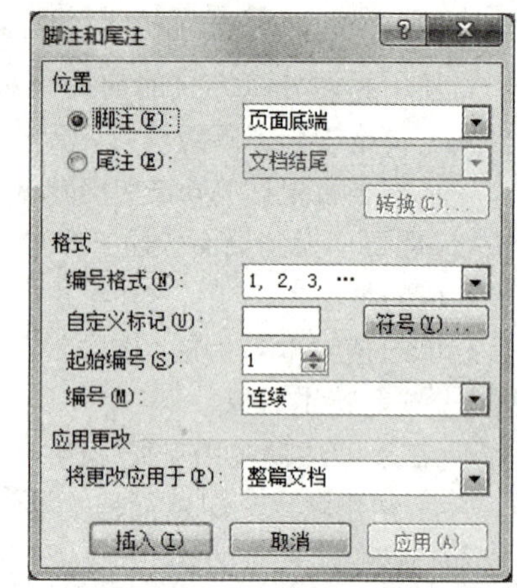

图 3-33　“脚注和尾注”对话框

1. 插入脚注和尾注　将插入点移至目标位置，切换到“引用”选项卡。如果要插入脚注，单击“脚注”组中的“插入脚注”按钮；如果要插入尾注，单击“插入尾注”按钮。此时，Word 会把插入点移至脚注或尾注区，接着输入相关注释即可。如果对脚注或尾注的编号格式不满意，单击“脚注”组的“对话框启动器”按钮，在“脚注和尾注”对话框中进行自定义，如图 3-33 所示。

2. 编辑脚注和尾注　添加脚注或尾注后，即可在脚注和尾注区中对其进行编辑。移动某个注释的方法为：在页面视图中，选定注释引用标记，按住鼠标左键将其拖至新的位置，然后释放鼠标按键。

复制某个注释时，选定注释引用标记，然后按住【Ctrl】键不放并拖动鼠标到新的位置，接着在注释区输入注释文本即可。

删除脚注或尾注时，将光标置于脚注或尾注编号后，按两次【Backspace】或者选中脚注或尾注编号并按【Delete】键，注释内容也随之消失。

3. 脚注和尾注之间相互转换　切换到“引用”选项卡，单击“脚注”组中的“对话框启动器”按钮，打开“脚注和尾注”对话框。单击“转换”按钮，打开“转换注释”对话框，根据需要选择合适的单选按钮，然后单击“确定”按钮即可。

（四）制作文档目录

1. 自动生成目录　当各级标题应用了 Word 定义的样式时，创建目录将十分方便。方法为：将插入点移至目标位置，切换到“引用”选项卡，单击“目录”组中的“目录”按钮，从下拉列表中选择一种自动目录样式选项，如图 3-34 所示。

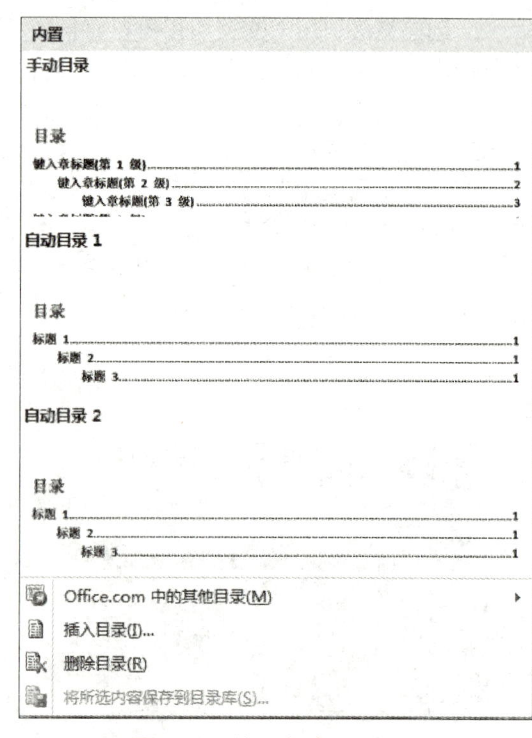

图 3-34　使用自动目录样式

目录制作完成后，按住【Ctrl】键并单击其中的某标题行，即可快速跳转到指定位置。

如果要利用自定义样式生成目录，参照下述步骤进行操作。

（1）将光标移至目标位置：切换到“引用”选项卡，单击“目录”组中的“目录”按钮，从下拉列表中选择“插入目录”选项，打开“目录”对话框。

（2）从“格式”下拉列表框中选择目录的风格：如果选择“来自模板”选项，表示使用内置的目录样式格式化目录。按需选中“显示页码”或“页码右对齐”复选框；从“制表符前导符”下拉列表框中选择

文字与页码之间的分隔符；从“显示级别”下拉列表框中选择显示的标题层次。

（3）如果要使用如“一级标题”的自定义样式创建目录，单击“选项”按钮，打开“目录选项”对话框。在“有效样式”列表框中找到相应的样式，通过“目录级别”文本框指定标题的级别，然后单击“确定”按钮。

（4）当要修改目录的外观格式时，单击“目录”对话框中的“修改”按钮，在“样式”对话框中选择目录级别，然后单击“修改”按钮，在“修改样式”对话框中进行处理。

（5）单击“确定”按钮，自定义目录完成。

请扫描二维码观看创建目录的视频操作。

视频：创建目录操作

2. 更新目录　切换到“引用”选项卡，单击“目录”组中的“更新目录”按钮（或者右击目录，以快捷菜单中选择“更新域”命令），打开“更新目录”对话框。如果只是正文的页码发生改变，选中“只更新页码”单选按钮，否则，选择“更新整个目录”单选按钮，单击“确定”按钮，目录更新完毕。

选中整个目录后按【Ctrl+Shift+F9】组合键，中断目录与正文的链接，目录将被转换为普通文本。此后，可以像编辑文本那样直接对其处理。

（五）文档分节

节是 Word 划分文档的一种方式。默认情况下，整个文档就是一节，只能用一种版面格式编排。为了对文档的多个部分使用不同的格式，就要把文档分为若干节，即插入分节符。每一节可以单独设置页眉、页脚的格式，从而使文档的编辑更加灵活。

切换到“页面布局”选项卡，单击“页面设置”组中的“分隔符”按钮，从下拉列表中选择下列分节符选项，即可插入相应的分节符，如图 3-35 所示。

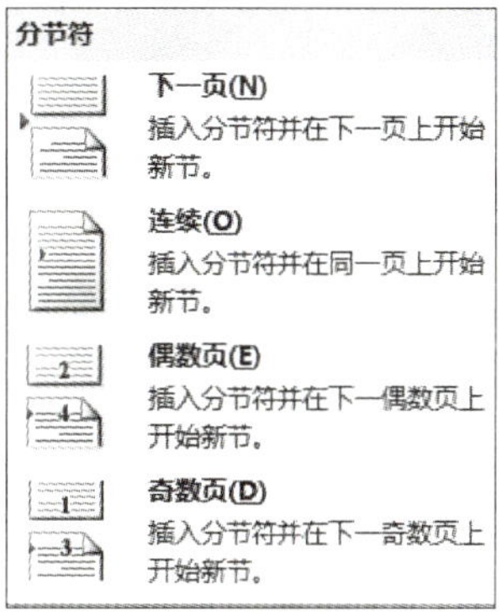

分节符
下一页(N)
插入分节符并在下一页上开始新节。
连续(O)
插入分节符并在同一页上开始新节。
偶数页(E)
插入分节符并在下一偶数页上开始新节。
奇数页(D)
插入分节符并在下一奇数页上开始新节。

图 3-35　插入分节符

“下一页”分节符使文档强制分页，在下一页上开始新节。此后，可以在不同的节中应用不同的页码格式、页眉和页脚文字，以及改变页面的纸张方向等。

“连续”分节符是指新的一节从下一行开始。

“偶数页”（“奇数页”）分节符，使新的一节从偶数页（奇数页）开始。若干分节符在偶数页（奇数页）上，则下一个奇数页（偶数页）将是空页。

如果要取消分节，切换到“草稿”视图，将光标置于分节符上，然后按【Delete】键。

三、邮件合并与域的使用

利用 Word 编辑文档时，通常会遇到这样一种情况，多个文档文本内容、格式基本相同，只是具体的数据有所变化。例如学生的获奖证书、成绩报告单、信封、邀请函等，对于这类文档的处理，可以使用 Word2010 提供的邮件合并功能，并直接从数据源处提取数据，将其合并到 Word 文档中去，最终自动生成一系列输出文档。

（一）操作方法

要实现邮件合并功能，通常需要如下三个关键环节。

1. 创建数据源　邮件合并中的数据源可以是 Excel 文档、Word 文档、Outlook 的联系人列表等，可以选择其中一种文件类型，并建立这类文档作为邮件合并的数据源。

2. 创建主文档　主文档是一个 Word 文档，包含了文档所需基本内容，并设置了符合要求的文档格式。主文档中的文本和图形格式在合并后都固定不变。

3. 关联主文档与数据源　利用 Word2010 提供的邮件合并功能，实现将数据源合并到主文档中去的操作，得到最终的合并文档。

（二）制作随诊信

现在以制作随诊信为例，说明如何使用 Word2010 提供的邮件合并功能，来实现数据源与主文档的关联，最终自动批量生成一系列文档。

1. 创建数据源　这里通过前面学习的表格功能制作一份患者信息数据源 Word 文档。该表格包

括姓名、性别、出院年数、出院月数等信息，如图 3-36 所示，并保存为“邮件合并数据源”。

姓名	性别	出院年数	出院月数	通讯地址	邮政编码
王飞	男	3	2	北京珠市口大街 14 号	100054
李莉	女	1	4	郑州市文化路 90 号	450000
刘涛宇	男	5	9	郑州市南阳路 50 号	450010
李艳	女	4	11	洛阳市工业路 17 号	466000
杨光	男	7	2	郑州市英才街 2 号	450040
吴腾飞	男	9	5	郑州市花园路 101 号	450003
冯艳	女	2	7	石家庄市解放路 21 号	376000

图 3-36 邮件合并数据源

2. 创建主文档 新建一个文档，并命名为“随诊信主文档 .doc”。输入随诊信的内容，设置标题宋体，小一号字；随诊信内容为宋体，三号字，如图 3-37 所示。

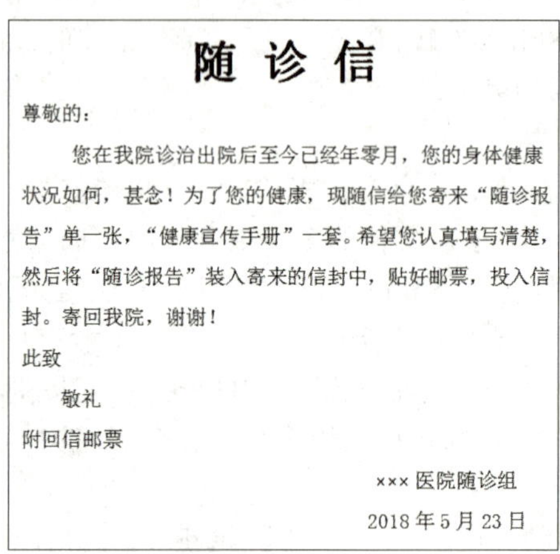

随 诊 信

尊敬的：

您在我院诊治出院后至今已经年零月，您的身体健康状况如何，甚念！为了您的健康，现随信给您寄来“随诊报告”单一张，“健康宣传手册”一套。希望您认真填写清楚，然后将“随诊报告”装入寄来的信封中，贴好邮票，投入信封。寄回我院，谢谢！

此致

敬礼

附回信邮票

××× 医院随诊组

2018 年 5 月 23 日

图 3-37 随诊信主文档内容

3. 关联主文档与数据源 在主文档中选择“邮件”选项卡，在“开始合并组”中单击“选择收件人”按钮，在打开的列表中选择“使用现有列表”选项，弹出“选取数据源”对话框，如图 3-38 所示。在左侧导航区中选择数据源保存的磁盘文件夹，选择数据源数据文件，单击“打开”按钮，将患者信息表加载到随诊信主文档中。

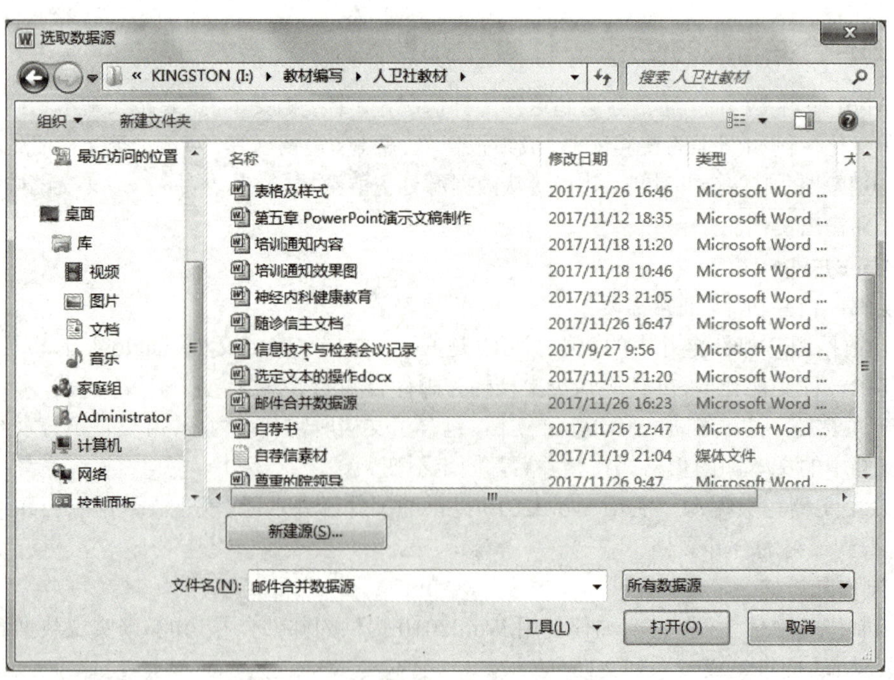

图 3-38 “选取数据源”对话框

在主文档中插入域，单击“尊敬的”三个字的后方，选择“邮件”选项卡。在“编写和插入域”组中，单击“插入合并域”按钮，弹出“插入合并域”下拉列表，选择“姓名”选项，将在此处插入“《姓名》”。

设置插入 Word 域规则，将插入点定位在冒号前方，选择“邮件”选项卡，在“编写和插入域”组中，单击“规则”按钮，打开“规则”下拉列表，选择“如果…那么…否则”选项，弹出“插入 Word 域：IF”对话框，如图 3-39 所示。

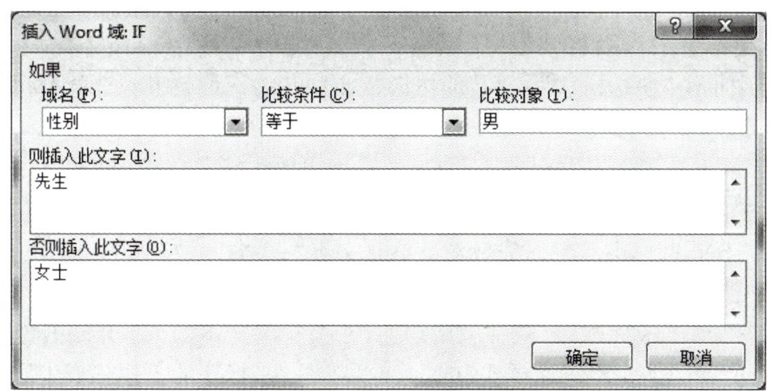

图 3-39　“插入 Word 域：IF”对话框

将插入点定位到出院“年”和“月”字前面，分别插入于“出院年数”和“出院月数”域，将在对应位置插入“《出院年数》”和“《出院月数》”。

选择“邮件”选项卡在“预览结果”组中，单击“预览结果”按钮可以预览合并后的效果，此时主文档中所有的关键字都被替换为真实的内容。

如果确定合并没有问题，那么选择“邮件”选项卡，单击“完成”组中的“完成合并”下拉按钮，在下拉列表中选择“编辑单个文档”选项，打开“合并到新文档”对话框，对所有的记录进行合并，Word 将自动在一个新文档中创建多份随诊信。每份随诊信中都包含了患者的姓名、称谓、出院的年、月，其他内容都相同。

扫描二维码可查看完成后的 PDF 文档“随诊信效果图”。

文档：随诊信效果图

实训三　制作健康教育手册

【实训目的】

（1）掌握样式的使用。

（2）掌握分隔符和复杂页面的页眉页脚设置。

（3）掌握自动生成目录和更新目录。

【实训内容】

在实际工作和学习中，长文档的编辑是很常见的，例如毕业论文、调研报告、宣传手册等。本任务通过完成一份神经内科健康宣传手册，掌握样式的应用、自动生成目录、复杂页眉页脚的设置等操作。

【实训步骤】

1. 页面设置　设置纸张大小为 A4 纸，设置页边距“上”为 3cm，“下”、“左”、“右”均为 2.5cm，装订线为 1cm，装订线位置为“左”。

2. 宣传手册格式编辑　录入文本，设置正文部分为小四号，宋体；设置段落格式，设置“特殊格式”为“首行缩进”，“磅值”自动选择“2”字符；将“行距”设置为“固定值”，“设置值”为“20 磅”。

3. 设置样式

（1）选择标题行文本“概述”：选择“开始”选项卡，在样式组中单击“快捷样式”的“其他”按钮，打开“样式”下拉列表，选择“标题 1”选项。

单击样式组对话框启动器，打开“样式”窗格，单击“标题 1”右侧的箭头，在下拉列表中选择“修

笔记

改”选项，打开“修改样式”对话框，在该对话框中单击“居中对齐”按钮。在“格式”组中设置文本格式为三号、黑体，并选择“自动更新”复选框。再次单击左下角的“格式”按钮，在打开的下拉列表中选择“段落选项”，打开“段落”对话框，设置段前段后间距均为“1 行”，完成对“标题 1”样式的修改，同时完成摘要格式的自动更新。

（2）章标题应用（一级标题）样式：选择章标题，例如“第一章 脑出血病人的健康教育”标题，选择“样式”下拉列表中的“标题 1”，完成章标题格式的修改。同样的方法设置其他章标题格式。

（3）修改节标题（二级标题）样式应用“标题 2”样式：选择节标题文本“1.1 病因”，选择“开始”选项卡，在“样式”组中单击“快速样式”的“其他按钮”，在打开的下拉列表中选择“标题 2”选项，设置节标题文本的标题样式为“标题 2”。

在“快速样式”的下拉列表中“标题 2”上右击，在弹出的快捷菜单中选择修改命令，打开“修改样式”对话框，在该对话框中设置标题格式为四号、黑体字、并选中“自动更新”复选框，单击“确定”按钮，完成对“标题 2”样式的修改。同时完成对节标题文本“1.1 病因”格式的自动更新。将其他节标题应用“标题 2”样式。

（4）修改小节标题（三级标题）样式并应用：选择小节标题文本“1.6.1 开始锻炼的时机”，选择“开始”选项卡，在“样式”组中单击“快速样式”的“其他”按钮，在打开的下拉列表中选择“标题 3”样式。同样的方法修改其他的小节标题，并将标题文本应用为“标题 3”样式。

4. 对文档分节并插入封面

（1）定位到第一章节的标题文字前：选择“页面布局”选项卡，单击“页面设置”组中的“分隔符”命令，在打开的下拉列表框中选择“分节符”类型中的“下一页”。用同样的方法对文章的其他各章进行分节。

（2）定位到论文的最前面：选择“插入”选项卡，在“页”组中单击“封面”按钮，在打开的下拉列表中选择“细条纹”选项，输入副标题“脑血管疾病健康教育”设置字体为华文楷体，字号为小一。

（3）定位到“概述”的标题文字前：输入文字“目录”，选中并设置其样式“标题 1”；定位到“概述”的标题文字前，选择“页面布局”选项卡，单击“页面设置”组中的“分隔符”按钮，在打开的下拉列表中选择“分节符”类型中的“下一页”。

5. 插入页眉和页码

（1）按组合键【Ctrl+Home】快速定位插入点到文档开始处。

（2）选择“插入”选项卡：在“页眉和页脚”组中，单击“页眉”按钮，选择“编辑页面”选项，进入“页眉和页脚”编辑状态。

在“页眉”左边显示有“首页页眉 – 第 1 节 -”的提示文字，表明当前是对第 1 节设置页眉。由于第 1 节是封面，不需要设置页眉，因此可单击“页眉和页脚工具—设计”选项卡中的“下一节”按钮，显示并设置下一节即第 2 节的页眉。注意，页眉的右上角显示有“与上一节相同”提示，表示第 2 节的页眉与第 1 节一样。如果在页眉区域输入文本，该文本将会出现在所有节的页眉中，若要设置的页眉奇偶页不同，则不要急于编辑文本。

（3）选择“设计”选项卡：在“导航”组中单击“链接到前一条页眉”按钮，取消按钮的选中状态，这时页眉右侧的“与上一节相同”提示消失，表明当前节的页眉与前一节不同，此时可在页眉中输入文字“脑血管疾病健康教育”作为页眉，宋体四号字，后面的其他节则无须再设置页眉，因为后面节的页眉默认与第 2 节相同。

（4）设置页码格式：选择“插入”选项卡，在“页眉和页脚”组中单击“页码”按钮，在下拉列表中选择“设置页码格式”选项，弹出“页码格式”对话框。在对话框中设置“编号格式”为“Ⅰ，Ⅱ，Ⅲ，…”选择“起始页码”单选按钮，在数值框中输入Ⅰ，单击“确定”按钮。

插入“目录”页码，将光标定位到目录页，选择“插入”选项卡，在“页眉和页脚”组中单击“页码”按钮，在打开的下拉列表中选择“页面底端”中的一种页码样式即可。

（5）设置“正文”部分页码：将光标定位于“概述”下面的页脚位置，选择“插入”选项卡，单击“页眉和页脚”组中的“页码”按钮，在下拉列表中选择“设置页码格式”选项，弹出“页码格式”对话框，设置编号格式为“1，2，3，…”，选择“起始页码”单选按钮，在数值框中输入 1，单击“确定”按钮。

6. 自动生成目录和目录更新

(1) 将光标定位到封面后面的第二页“目录”文字的后面，按【Enter】键产生一个新行。

(2) 选择“引用”选项卡：在“目录”组中单击“目录”按钮，在打开的下拉列表中选择“插入目录”选项，弹出“目录”对话框，在“常规”选项组中，设置“显示级别”为“3”，单击“确定”按钮，自动生成论文目录。

(3) 选择“引用”选项卡：单击“目录”组中的“更新目录”按钮，打开“更新目录”对话框。或右击目录区域的任何位置，选择“更新域”命令，同样显示“更新目录”对话框。如果只是页码发生改变，可选择“只更新页码”单选按钮。如果有标题内容的修改或增减，可选择“更新整个目录”单选按钮，单击“确定”按钮，完成目录更新。

7. 打印与保存文档　选择“文件”选项卡，在弹出的 Backstage 视图的左窗格中选择“打印”选项。打开“打印”视图窗口，在窗口的右侧可以预览文档的打印效果。打印预览若没有问题，即可打印文档。执行打印操作前，应先在“打印”视图窗口中设置打印份数、打印范围、单面打印还是双面打印，并选择纵向还是横向打印等内容。

文档：神经内科健康教育效果图

按【Ctrl+S】组合键保存文档，一篇健康宣传手册长文档即设置完毕。

扫描二维码可查看完成后的 PDF 文档“神经内科健康教育效果图”。

（钮　靖）

思考题

Word2010 中格式刷的作用是什么，怎么使用？

思路解析

扫一扫，测一测

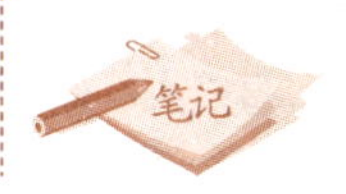

第四章 Excel电子表格与数据处理

1. 了解 Excel 的启动方式、退出方式，熟悉 Excel 窗口的组成。

2. 掌握工作簿、工作表及单元格的基本操作；熟练操作数据分析及图表制作，与护理专业技术相结合，提高工作效率。

3. 学会运用 Excel 公式与函数、图表图形、数据透视表等进行数据分析，与临床相结合，学以致用。

4. 具有使用 Excel 工作表解决未来工作岗位上实际问题的能力。

第一节 电子表格的基本操作

内科病房护士长为了更好地管理本科室的当前住院患者生命体征情况，现需整理住院患者血压指标情况，护士长将此任务交给护士小艾，小艾决定使用 Excel 电子表格来管理患者血压数据，现需将患者早中午血压数据记录到电子表格中，以便更直接地了解每个患者的情况。

问题 1：制作患者血压登记表都需要哪些项目和需要患者的哪些指标？

问题 2：一个工作簿可以创建多少张工作表？

一、Excel 功能与操作界面

Excel 2010 是微软公司推出的 office 2010 办公软件中的电子表格软件，拥有强大的处理数据能力。该软件以表格的形式呈现，编辑、计算、分析各种数据。运用函数和公式计算来处理大量数据；运用图表功能更直观的统计分析数据；运用操作简单、方便，是当下应用较广泛的处理数据的工具。

本章主要介绍 Excel 2010 的操作，零起点教学，将理论与实际工作相结合，针对护理专业实际应用，做到学以致用。本章介绍了电子表格的输入、统计、分析工具及在护理实践中的应用等。电子表格也可生成直观的表格及图表，大大提高了护理实际工作的效率，在实践工作中是不可缺少的好帮手，并将信息化在护理实践中得到推进。

（一）启动和退出

1. 启动　单击桌面的“开始”按钮，找到“所有程序”命令，在“Microsoft Office 2010”中选择“Microsoft Office Excel 2010”子命令，即可启动该程序；或可通过双击 Excel 2010 的桌面快捷方式来启动程序。

2. 退出　单击打开的操作界面右上角的关闭按钮，即退出应用程序；或单击“文件”选项卡下的“退出”命令，也可退出应用程序。

（二）工作界面

启动 Excel 2010，打开 Excel 2010 窗口展现工作界面，其中包含“文件”、“开始”选项卡、“插入”选项卡、“页面布局”选项卡、“公式”选项卡、“数据”选项卡、“审阅”选项卡和“视图”选项卡。选项卡基本内容与 Word 2010 相似，“公式”选项卡与“数据”选项卡与 Word 2010 有差别。“公式”选项卡用于处理函数和公式计算等；“数据”选项卡用于进行数据分析等。

二、Excel 工作簿

工作簿是在 Excel 中用来储存数据的文件，工作簿文件的扩展名为 .xslx。一个工作簿可以包含多张工作表，默认每个工作簿中包含 3 个工作表，分别以 sheet1、sheet2、sheet3 来命名。每个工作簿至少包含 1 个可见的工作表，最多 255 个。

（一）创建工作簿

单击屏幕左下角“开始”按钮，选择“所有程序”，在展开的列表中选择“Microsoft Office”下的“Microsoft Excel 2010”程序，单击即可启动 Excel 2010 窗口。在启动 Excel 程序时，Excel 会自动建立一个名为“工作簿 1”的空白工作簿，如图 4-1 所示。

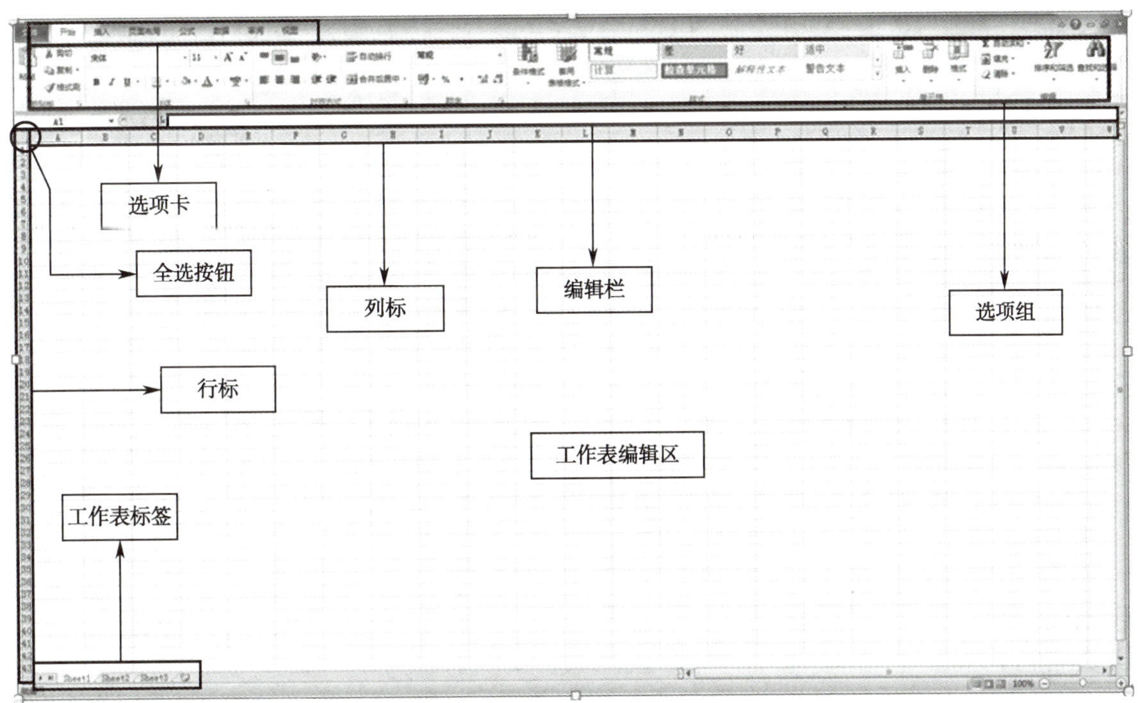

图 4-1　Excel 窗口

（二）工作簿的保存及命名

单击“文件”选项卡，选择“保存”或“另存为”命令（第一次单击“保存”命令打开的也是“另存为”对话框，以后保存时不再显示）。打开“另存为”对话框，在弹出的对话框中，在文件名处输入新工作簿名“患者血压登记表 .xlsx”，选择保存路径，如图 4-2 所示，单击“确定”按钮，即可保存工作簿。

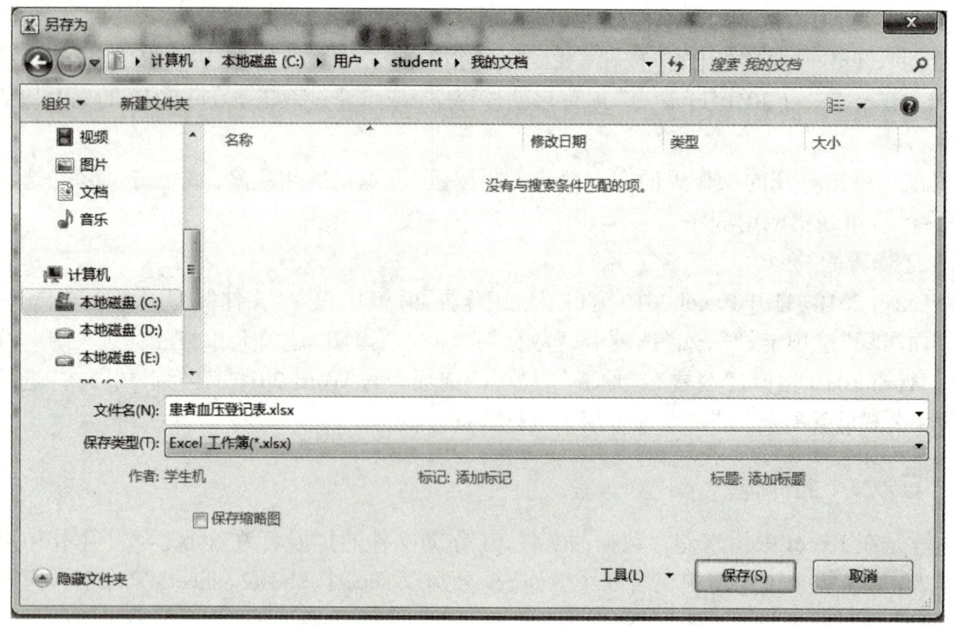

图 4-2　“另存为”对话框

（三）工作簿的关闭和退出

Excel 工作簿的关闭和退出与 Word 有所不同，在 Excel 窗口的右上角有上下两个关闭按钮，分别是关闭工作簿和当前工作表，如图 4-3 所示。

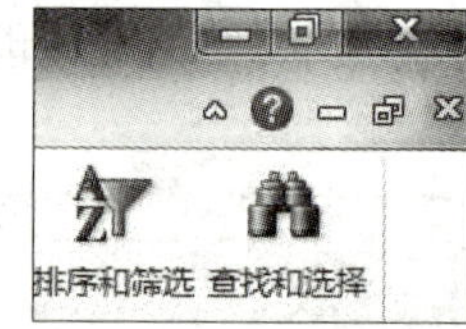

图 4-3　Excel 关闭按钮

1. 关闭当前工作表　在“sheet1”工作簿窗口中，鼠标左键单击右上角“关闭”按钮下面的按钮，关闭当前工作表“sheet1”。

2. 关闭工作簿　在“患者血压登记表”工作簿窗口中，鼠标左键单击右上角的“关闭”按钮，关闭整个工作簿。

三、工作表基本操作

视频：工作表的编辑

（一）工作表的编辑

1. 修改默认工作表数量　Excel 默认的工作表数为 3 个，可以改变该默认值。设置方法是：在“文件”选项卡中选择“选项”命令，在弹出的“选项”对话框中，选择“常规”选项卡，在“包含的工作表数”框中输入新设定的工作表数即可。

2. 工作表的删除　鼠标右键单击工作表标签，在弹出的快捷菜单中选择“删除”命令，即可将“sheet1”工作表删除。

也可以在“开始”选项卡下“单元格”组中单击“删除”下拉按钮，在下拉菜单中选择“删除工作表”命令，可删除当前工作表。

3. 工作表的移动或复制　选择要移动的工作表标签，单击鼠标右键，在快捷菜单中选择“移动或复制工作表”命令，在“下列选定工作表之前”列表框中，选择所要移动的位置。如果是要复制工作表，则选择下方的“建立副本”选项，单击“确定”按钮。

如果是在不同工作簿间移动或复制工作表，只需要“移动或复制工作表”对话框的“工作簿”下拉列表中选择目标工作簿，单击“确定”按钮即可。

4. 隐藏与显示工作表

（1）隐藏工作表：选择要隐藏的工作表，在“开始”选项卡下“单元格”组中，选择“格式”下的下拉按钮，在菜单里选择“隐藏和取消隐藏”命令下的“隐藏工作表”子命令，即将选择的工作表隐藏。

（2）显示工作表：打开有隐藏工作表的工作簿，在“开始”选项卡下“单元格”组中，选择“格式”下的下拉按钮，在菜单里选择“隐藏和取消隐藏”命令下的“取消隐藏工作表”子命令，弹出“取消隐藏”对话框，在“取消隐藏”对话框里，选择要取消隐藏的工作表，单击“确定”按钮。

5. 工作表的插入　在“开始”选项卡下“单元格”组中单击“插入”下拉按钮，在下拉菜单中选择“插入工作表”命令，如图4-4所示。可在当前工作表左侧插入一个新的工作表“sheet4”。

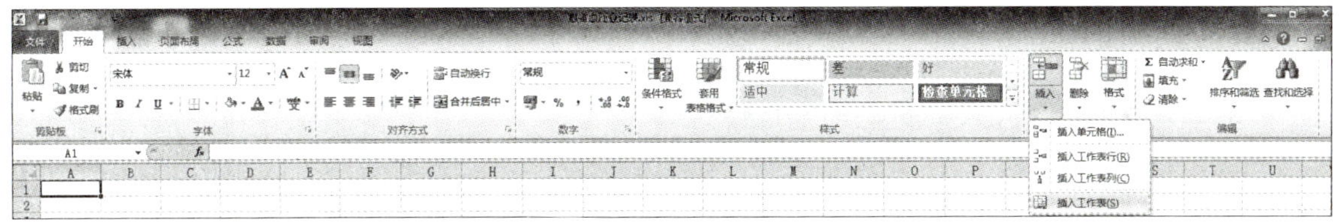

图4-4　“插入”列表

6. 重命名工作表　在工作表标签上单击鼠标右键，在弹出的快捷菜单中选择“重命名”命令，可为工作表重新命名，如图4-5所示。

7. 设置工作表标签颜色　在工作表标签上单击鼠标右键，在弹出的快捷菜单中选择“工作表标签颜色”命令，在颜色列表中，选择颜色即可，如图4-6所示。

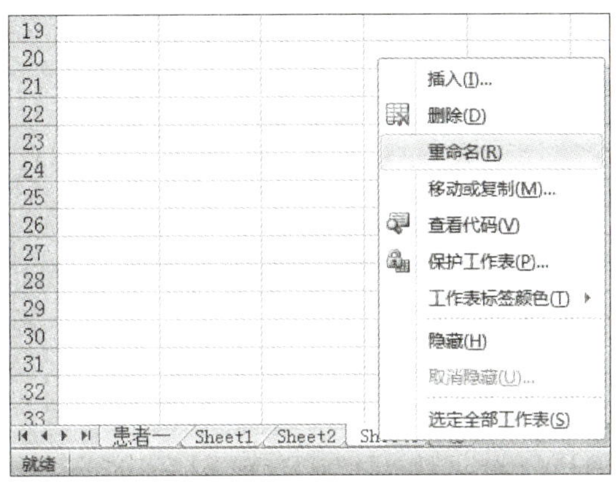

图4-5　工作表重命名

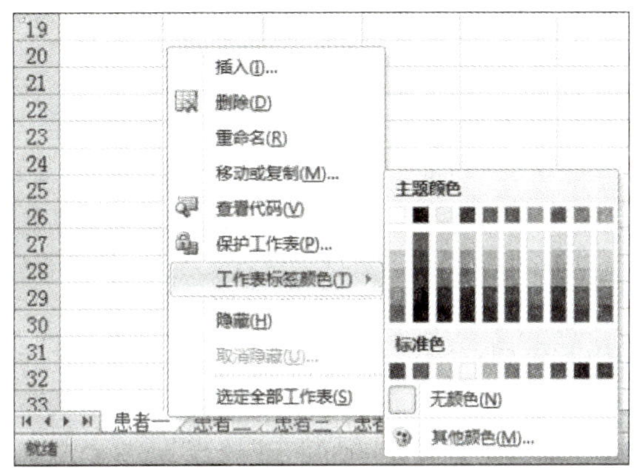

图4-6　工作表标签颜色

（二）单元格数据输入

单元格是工作表中存储数据的基本单位，在工作表中，每一个单元格的地址由所在的列标和行号组成，例如，A1就是表示单元格在第A列第1行。

在单元格中，在某一时刻只有一个单元格是活动单元格，单击某个单元格即可将其设为活动单元格。活动单元格的框线会加粗显示；活动单元格的地址会显示在编辑栏的名称框中。

1. 基础数据的输入　选中单元格，可在其中输入数据。当向单元格输入数据时，编辑栏中的公式框左边会出现三个按钮，如图4-7所示。输入结束时，单击✕按钮，可取消本次输入或修改，它的作用与按下【Esc】键相同；单击✓按钮，则确认本次输入或修改，它的作用与按下【Enter】键相同；单击fx按钮，表示要插入一个函数。

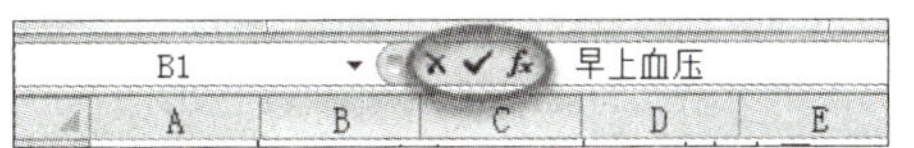

图4-7　编辑栏的三个按钮

在默认情况下，当在Excel工作表中输入数据时，系统遵循默认对齐规律。如果输入的是文本类型的数据，系统会自动左对齐；如果输入的是数字类型的数据，系统会自动右对齐。为了使表格更加整洁和统一，用户也可以根据自己的需要设置单元格的对齐方式。

2. 设置数据类型　单元格中输入数据后，选择数据所在单元格，在“开始”选项卡下“单元格”组中，单击“格式”下拉按钮。在下拉菜单中选择“设置单元格格式”命令，打开“设置单元格格式”对话框，在“数字”选项卡下分类中可选择数据类型，如图4-8所示。

数值型数据转换文本型数据在excel中输入一些较长的数字，回车后产生的不是所需格式，则需将输入的数字设置为文本型。

方法一：选择需要设置的文本区域，右键“设置单元格格式”命令，在单元格格式中，将“数字”选项卡设置为“文本”，单击“确定”即可。此时输入的数字为文本型，单元格左上方显示绿色三角标记。

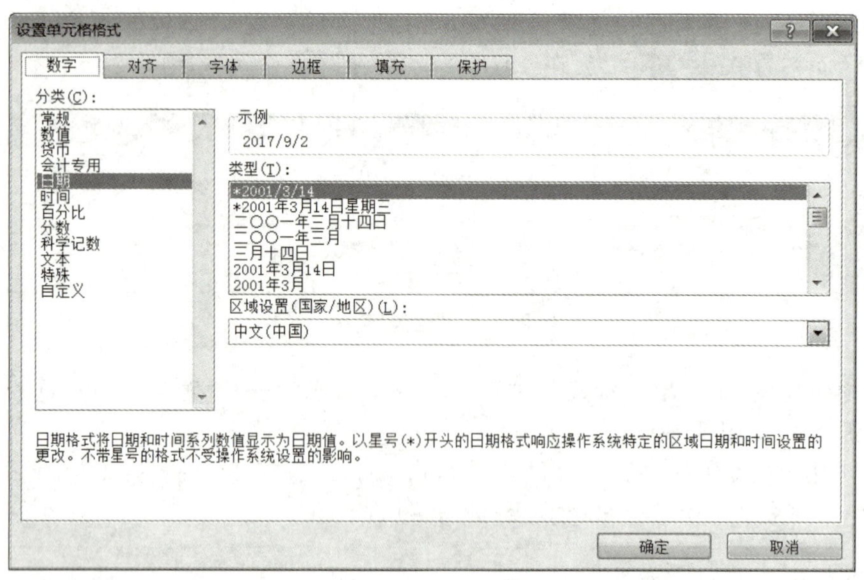

图 4-8　数据的类型

方法二：本单元格数据转换为文本选择需要设置的文本单元格，双击单元格进入单元格的编辑模式，在数据前输入英文状态下的单引号“ ' ”，则本单元格数据转换为文本型。

单元格中常见的数据类型有文本型、数值型、日期时间型等。

文本型数据：包括字母、数字、标点符号及其他符号。字符与数字的混合输入，也作为文本常量。在输入文本时，一个单元格内最多可以存放 32 000 个字符，默认对齐方式为单元格内左对齐。当输入的文本长度超过单元格的宽度时，超出的部分将被隐藏或放到下一空单元格内；若要完全放置在本单元格内，可以在“单元格”组中“格式”下拉菜单内，将“对齐方式”设置为自动换行。

数值型数据：数值型数据由数字和一些数字符号组成，为方便各行各业的使用，系统准备了多种数据格式。在单元格中输入数字时，系统默认的通用数字格式是：整数、小数，数字在单元格的对齐方式为右对齐。当数字的长度超过单元格的宽度时，系统会自动使用科学计数法来表示，例如，输入“202056789”，单元格中显示为“2.02E+08”。当输入负数时，是在输入的数字前加“-”号，或将数字用“()”括起来；当输入分数时，是在输入的分数前加 0 和空格；输入带分数的整数时，整数与分数之间加空格。

3. 数据的自动填充

视频：数据的自动填充

1）自动填充柄：例如在 A1 单元格内输入“1”，在 A2 单元格输入“2”，形成等差数列。选择 A1 和 A2 单元格，并将鼠标移至在单元格右下角，鼠标变为黑色十字光标时，使用自动填充柄，向下拖动鼠标到任意单元格，本列数值自动填充完毕。文字文本也可以用自动填充柄填充序列。

2）填充序列：例如在 A1 单元格内输入“1”，选择填充数据的单元格，单击“开始”选项卡下的“编辑”选项组中的“填充”按钮，选择“系列”命令，对话框中序列可选择产生在行或列；序列的类型可选择为等差序列、等比序列、日期或自动填充；步长值根据所需可设置；单击“确定”则自动填充序列。

知识拓展

单元格的选择

选择单个单元格：鼠标单击要输入数据的单元格，即将此单元格选择为当前活动单元格。

选择相连的多个单元格：可按住鼠标左键拖动选择相应连续的单元格。

选择不相连的多个单元格：可选择第一个单元格后，按住【Ctrl】键，再选择其他不相连的单元格。

选择连续的单元格：先选择某一单元格，按住【Shift】键，鼠标左键单击另一单元格，则选中以上两个单元格之间的区域。

选择整行或整列单元格：单击该行行标或该列列标即可。

（三）单元格格式设置

1. 设置单元格边框　选择相应的数据区域，在“开始”选项卡“字体”组中，单击“边框”按钮旁的下拉列表按钮。在弹出的下拉列表中，选择“其他边框”。在“设置单元格格式”对话框“边框”选项卡下，可选择“线条样式、颜色、边框位置”等，并可预览，设置完成后确定即可，如图4-9所示。

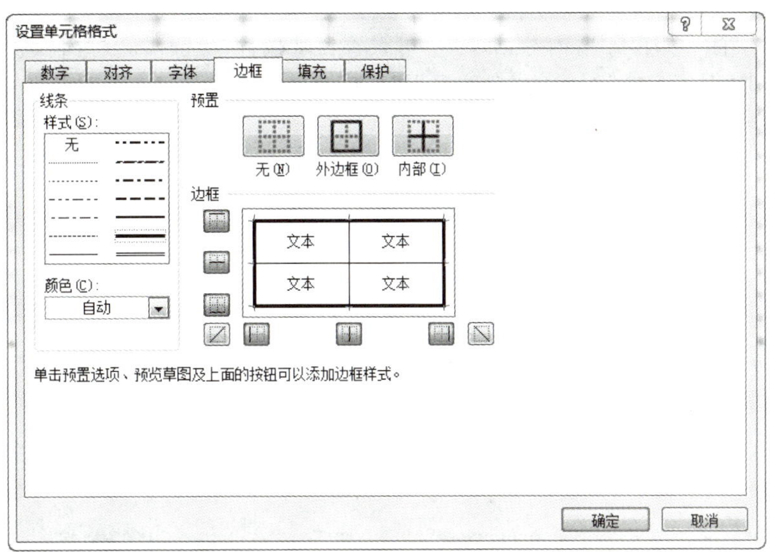

图4-9　边框设置对话框

2. 设置单元格底纹　选择需要设置底纹的区域，在“开始”选项卡下“字体”组中，单击“填充颜色”按钮旁的下拉列表按钮，在弹出的颜色下拉列表中选择所需颜色进行填充，如图4-10所示。需更多颜色则可以选择“其他颜色”。也可以通过“设置单元格格式”对话框中的“填充”选项卡进行填充。

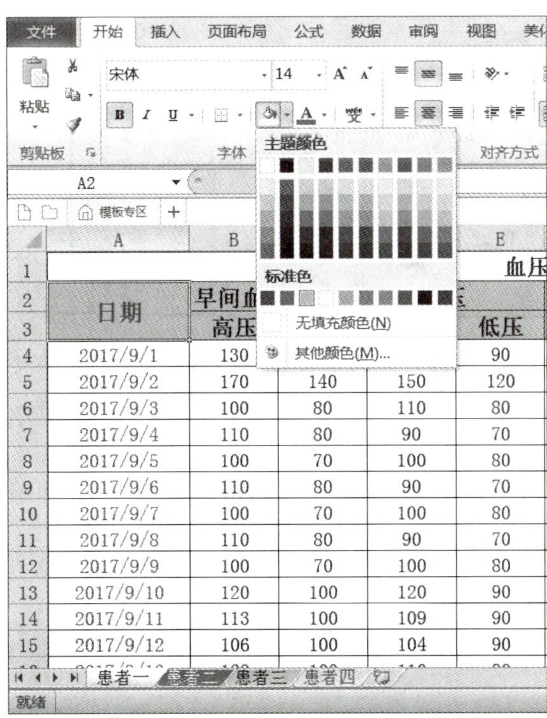

图4-10　字体颜色设置列表

（四）设置单元格字体格式

1. 设置表内数据字体格式　选择工作表中数据区域，在“开始”选项卡下“字体”组中，设置“字体、字形、字号”等。

2. 设置字体颜色　在“开始”选项卡下“字体”组中，单击“A·”按钮旁的下拉按钮，在预设颜色中选择字体颜色。

（五）设置对齐方式选项

1. 设置对齐方式　选择要设置对齐方式区域，在“开始”选项卡下“对齐方式”组中，可以选择各种对齐方式。也可以打开“设置单元格格式”对话框中的“对齐”选项卡设置文本的对齐方式。

2. 设置自动换行　如单元格内数据过多，可设置自动换行。选择需设置自动换行区域，在“开始”选项卡中，单击“对齐方式”组中的“自动换行”按钮即可完成。此时在不改变列宽的情况下，可将单元格内不能完全显示的内容自动分为多行显示。

3. 合并且居中　选择需合并且居中的区域，在“开始”选项卡下“对齐方式”组中，单击“合并后居中”下拉按钮，在弹出的菜单里包含“合并后居中”、“跨越合并”、“合并单元格”、“取消单元格合并”选项，选择“合并后居中”即可，如图 4-11 所示。

（六）调整行高或列宽

1. 用格式菜单调整行高、列宽　选择要调整行高或列宽的区域，在“开始”选项卡下“单元格”组中，单击“格式”按钮下的下拉按钮。在弹出的菜单中选择“行高”或“列宽”选项，如图 4-12 所示。在对话框内输入相应数值即可调整。

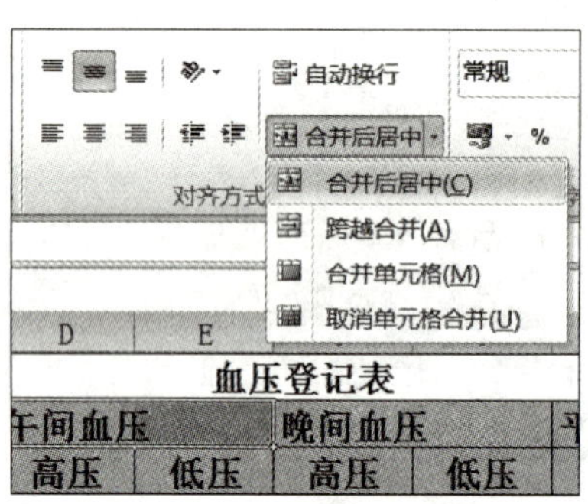

图 4-11　“合并后居中”的设置

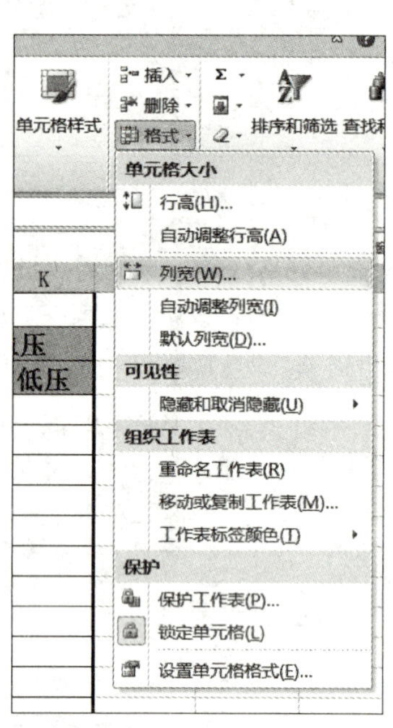

图 4-12　“列宽”的设置

2. 用鼠标调整行高、列宽　将鼠标指针移到列标的右边框线上（行号的下边框线上），指针变为双箭头，然后按住鼠标左键并拖动分隔线向右或左（向上或向下）。当拖动时，列的宽度（行的高度）自动显示，当宽度（高度）合适时，释放鼠标左键。

3. 用快捷菜单调整行高　选中一行或多行，在选中的区域处右键单击鼠标，在弹出的菜单中选择“行高”，在弹出的“行高”窗口中输入行高值即可。

四、页面设置与打印

工作表完成后，要对工作表进行打印时，需要进行页面设置。

（一）页面设置

启动“页面设置”对话框，在“页面布局”选项卡下，单击“页面设置”组右下角的“页面设置”对话框启动器按钮。在弹出的“页面设置”对话框中，可以设置纸张的横竖方向、缩放比例、纸张大小等。如图 4-13 所示。

（二）页边距设置

1. 设置页边距　启动“页面设置”对话框，在“页面布局”选项卡下，单击“页面设置”组中的“页

边距"按钮。在弹出的下拉列表中选择"自定义边距"选项，弹出"页面设置"对话框。在该对话框"页边距"选项卡中，进行页边距设置，可设置上、下、右边距和页眉、页脚的距离。

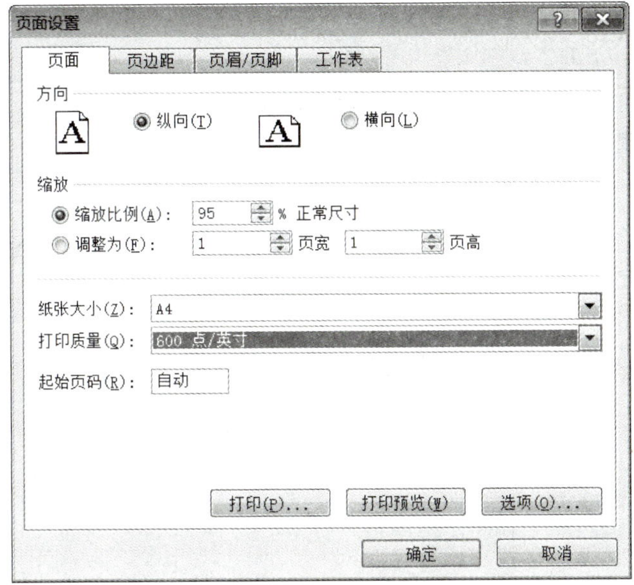

图 4-13　"页面设置"对话框

2. 设置工作表居中方式　在"页边距"选项卡中，居中方式项中可选择"垂直"、"水平"两种居中方式，单击"确定"按钮，如图 4-14 所示。

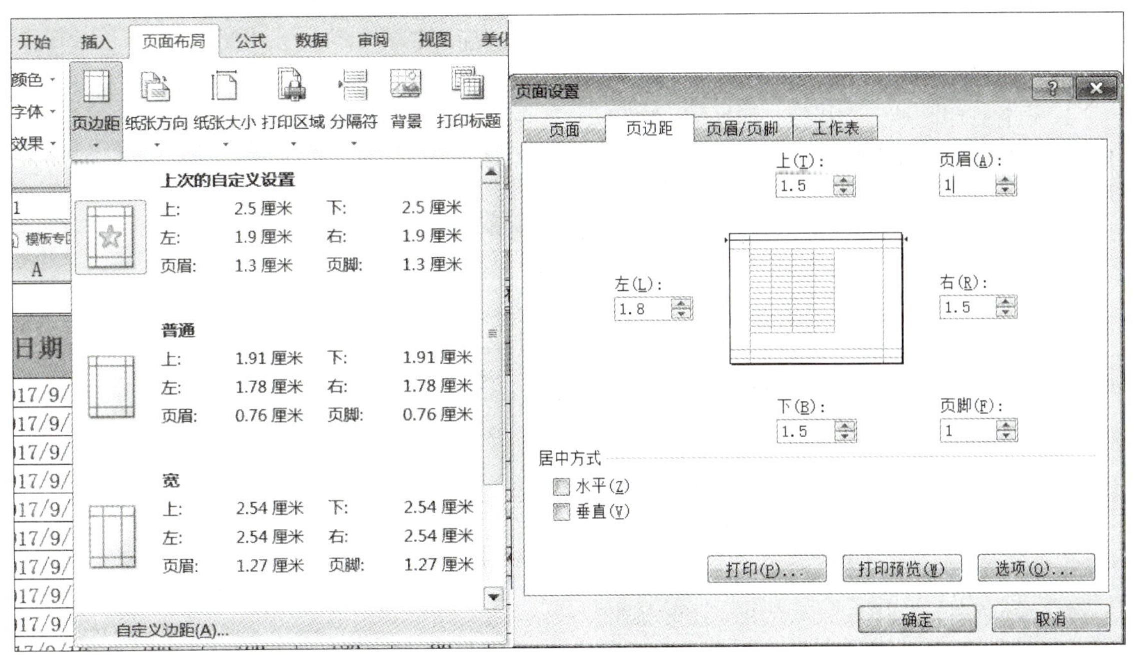

图 4-14　"页边距"列表

(三)设置页眉页脚

1. 进行"页眉"设置　在"页面设置"对话框中"页眉 / 页脚"选项卡下，单击"自定义页眉"，弹出"页眉"对话框。通过单击预设按钮页眉处可插入为"页码"、"页数"、"日期"、"时间"、"文件路径"、"文件名"、"数据表名称"、"图片"。单击"页眉"对话框中的"中"文本框，在此文本框内输入文字，即可设置为页眉内容。如图 4-15 所示，单击"确定"按钮。

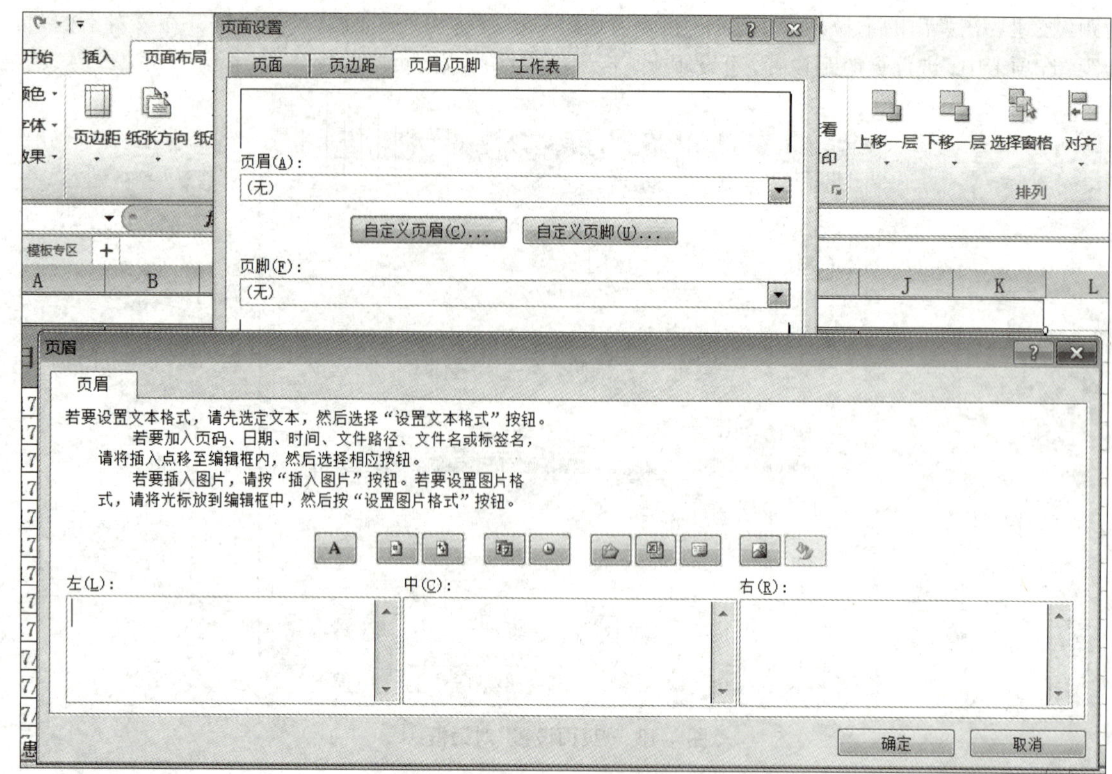

图4-15　“页眉”的设置

2. 进行“页脚”设置　在“页面设置”对话框中“页眉 / 页脚”选项卡下，单击“自定义页脚”，弹出“页脚”对话框，在页脚处可以插入同页眉一样的内容。单击“页脚”对话框中的“中”文本框，在此文本框内单击按钮插入“页码”，单击“确定”按钮。

（四）工作表的打印设置

1. 设置打印区域　选择待打印区域，在“开始”选项卡下“页面布局”组中，单击“打印区域”按钮，在弹出的下拉菜单中选择“设置打印区域”命令。如图4-16所示。

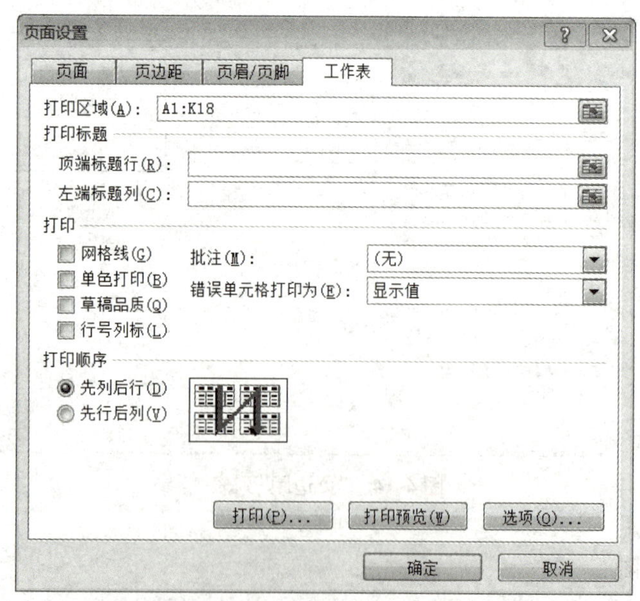

图4-16　“打印区域”设置

2. 设置工作表“打印标题”　在打印工作表时，如每页都有表头和标题行，就需要进行“打印标题”的设置。

（1）启动“页面设置”对话框：在“页面布局”选项卡下“页面设置”组中选择“打印标题”按钮，弹出“页面设置”对话框。

（2）设定打印区域：在“工作表”选项卡中，单击“打印区域”文本框右侧的单元格区域选择按钮，选择打印区域。

（3）设定顶端标题行：选择“打印标题”，单击“顶端标题行”右侧的单元格区域选择按钮，选择标题区域，返回“页面设置”对话框，单击“确定”按钮。

（五）打印工作表

在“文件”选项卡下单击“打印”按钮，调出“打印”操作界面，最右侧即为打印预览效果，如图4-17所示。单击最下面的“页面设置”链接，也可调出“页面设置”对话框；单击“打印”按钮即可将电子表格打印出来。

图4-17　“打印”界面

1. 页眉页脚的概念　页眉是打印页顶部出现的文字，页脚是打印页底部出现的文字。页眉和页脚通常在编辑状态下是不可见的，如要查看，则可以通过打印预览功能来查看。

2. “打印标题”的作用　一个工作表要多页才能完全打印时，就要对工作表的标题或表中的列标题进行设置。在Excel2010中，可以使用“页面设置”组中的“打印标题”或“页面设置”对话框中的“工作表”选项卡来完成。利用“打印区域”右侧的切换按钮选定打印区域；利用“打印标题”右侧的切换按钮选定行标题或列标题区域，为每页设置打印行或列标题。

实训一　制作患者基本信息登记表

【实训目的】

1. 掌握创建工作簿方法。
2. 熟练工作表的编辑。
3. 熟练输入数据并能够编辑文本。
4. 熟练掌握数据填充。

5. 掌握改变数据类型及转换文本、数字格式。

6. 掌握更改表格外观。

7. 熟练完成页面设置及表格的操作。

【实训内容】

图片：患者基本信息登记表

1. 创建一个工作簿，文件名为“患者基本信息登记表”。

2. 插入两个新工作表“sheet4”和“sheet5”。

3. 将“sheet4”工作表移到所有工作表后，将“sheet5”工作表删除。

4. 将“sheet1”工作表命名为：“患者登记表”。修改该工作表标签颜色为“绿色”。

5. 编辑文本，选择“患者登记表”工作表，合并A1：J1单元格，并输入标题为“××院患者基本信息登记表”。居中、宋体、加粗、14号。

6. A2：J2单元格分别输入字段名：“登记号”“姓名”“性别”“年龄”“出生年月”“挂号科室”“药物过敏史”“联系电话”“家庭住址”“身份证号”。此行字段名底纹为：背景色为“红色”；图案颜色为“红色、强调文字颜色2、浅色40%”；图案样式为灰色50%。

7. A3单元格填写数字“1”，用自动填充方式为其他患者填写登记号，到A15结束。

8. 从B3：B15开始输入患者姓名，D3：D15开始输入患者年龄，E3：E15输入患者出生年份，F3：F15输入患者挂号具体科室，G3：G15输入有无过敏史，H3：H15输入联系电话，I3：I15输入患者家庭住址，J3：J15的数字格式设置为文本格式后，输入患者身份证号码。

9. 设置表格边框。将数据表格选中，边框为：外边框 - 红色、强调文字颜色2、深色25%，双实线。内边框为：深蓝、文字2，加粗单实线。

10. 页面设置。设置打印区域为A1：J15并预览，纸张方向为横向，保存该文件。

【实训步骤】

1. 双击桌面Excel图标，单击Excel界面的“文件”选项卡下的“保存”命令，将文件名修改为：“患者基本信息登记表”，并保存在相应文件夹中。

2. 右键单击“sheet1”工作表标签，选择“插入”命令，产生“sheet4”后重复以上步骤，产生“sheet5”工作表。

3. 拖动“sheet4”工作表到“sheet5”工作表后，释放鼠标。右键单击“sheet5”工作表标签，选择“删除”命令。

4. 右键单击“sheet1”工作表标签，选择“重命名”命令，并输入文字“患者登记表”。右键单击此工作表标签，选择“工作表标签颜色”，设置为“绿色”。

5. 鼠标选择A1单元格到J1单元格的区域，单击“开始”选项卡下的“对齐方式”选项组中的“合并后居中”命令；合并单元格后，单击此单元格并输入标题文字为“××院患者基本信息登记表”。在“开始”选项卡下的“字体”选项组中将文字设置为居中、宋体、加粗、14号。

6. 分别选择A2到J2的单元格，依次输入文字，字段名为：“登记号”“姓名”“性别”“年龄”“出生年月”“挂号科室”“药物过敏史”“联系电话”“家庭住址”“身份证号”。选择A2到J2单元格，单击“开始”选项卡下的“字体”选项组中的“设置单元格格式”按钮，在“设置单元格格式”对话框中，单击“填充”选项卡，选择背景色为“红色”；单击“图案颜色”下拉按钮，设置图案为：红色、强调文字颜色2、浅色40%；单击“图案样式”下拉按钮，选择为灰色50%。

视频：使用函数求学生名次

7. 单击A3单元格，在此单元格内填写数字“1”，在A4单元格填写数字“2”，选择A1到A2单元格后拖动填充柄，用自动填充方式为其他患者填写登记号，拖动到A15单元格后释放鼠标。

8. 分别选择B3至B15单元格，依次分别输入患者姓名（依照数字资源Er0404的数据）；分别选择D3至D15单元格，依次分别输入患者年龄（依照左侧数字资源的数据）；分别选择E3至E15单元格，依次分别输入患者出生年份（依照左侧数字资源的数据）；分别选择F3至F15单元格，依次分别输入患者挂号具体科室（依照左侧数字资源的数据）；分别选择G3至G15单元格，依次分别输入有无过敏史（依照数字资源Er0404的数据）；分别选择H3至H15单元格，依次分别输入联系电话（依照数字资源Er0404的数据）；分别选择I3至I15单元格，依次分别输入患者家庭住址（依照数字资源Er0404的数据）；选择J3单元格，在单元格内输入符号“ ' ”，将数据类型转换为文本格式后，再输入身份证号码；

如图 4-18 所示。用以上方法将 J4 至 J15 单元格内的数据填写完整。

9. 选择 A1 到 J15 的所有数据单元格，单击“开始”选项卡下的“字体”选项组中的“设置单元格格式”按钮，在“设置单元格格式”对话框中，单击“边框”选项卡，选择线条的“样式”为：双实线，线条的“颜色”为：红色、强调文字颜色 2、深色 25%，单击预置“外边框”。选择线条的“样式”为：加粗单实线，线条的“颜色”为：深蓝、文字 2，单击预置“内部”后“确定”即可。

身份证号
'230158498724586288
230106987481591552
230158498724535698
235485234815915523
352365849872458628
230106587166529020
230158498568731588
230106987498798854
302263498724586281
358942695220066003
302263498658786281
358942695220066206
302263498723658401

图 4-18　设置“身份证号码”的文本格式

10. 选择 A1 到 J15 的所有数据单元格，单击“页面布局”选项卡下的“页面设置”选项组中的“打印区域”按钮，选择“设置打印区域”命令。单击“文件”选项卡下的“打印”命令，在打印预览中，选择“页面设置”命令，将页面“方向”设置为“横向”，单击“确定”。单击“保存”命令，即保存该文件。

第二节　Excel 数据处理

护理学院组织全院的护理技能比赛。比赛结束后，成绩已经录入 Excel 工作表，如图 4-19 所示。

请问：

问题 1：如何利用 Excel 电子表格计算每位选手的总分、名次。

问题 2：将工作表导出到 WORD 文件中，形成计算机技能比赛总结。我们该如何完成呢？

护理技能比赛成绩表

序号	姓名	性别	所在班级名称	题目1	题目2	题目3	总分	名次	备注
1	吴佩佩	女	17级护理1班	15	20	15			
2	王涛	男	17级护理2班	22	33	9			
3	李倩倩	女	17级护理3班	19	12	10			
4	尹平平	女	17级护理4班	21	7	16			
5	杨玉玉	女	17级护理5班	4	10	10			
6	汴梁玉	女	17级护理6班	29	24	11			
7	成剑	男	17级护理7班	26	23	5			
8	刘海川	男	17级护理8班	16	35	28			
9	张开	男	17级护理9班	4	11	5			
10	王嫒	女	16级护理1班	29	3	10			
11	姜玉鹏	男	16级护理2班	10	19	19			
12	王娟娟	女	16级护理3班	12	0	26			
13	杨玉新	男	16级护理4班	18	25	11			
14	王玉峰	男	16级护理5班	2	29	10			
15	李丽	女	16级护理6班	23	25	20			
16	杨玉莲	女	16级护理7班	20	23	25			
17	李红	女	16级护理8班	23	33	28			
18	李楠	女	16级护理9班	26	31	28			
19	张琦	女	16级护理10班	28	24	20			
20	张宇	女	16级护理11班	20	28	29			
21	李晓霞	女	16级护理12班	30	20	10			

图 4-19　比赛成绩单

一、公式与函数

（一）公式及其应用

Excel 2010 具有强大的计算功能。对于那些需要填写计算结果的表格非常有用。公式是电子表格的灵魂和核心内容。每当用户输入或者修改数据之后，公式便会自动地或者在用户操作之后重新将有关数据计算一遍，并将最新结果显示在屏幕上。

Excel 2010 中公式包括三个部分：

（1）“=”符号：表示用户输入的内容是公式不是数据（注意输入公式必须以“=”开头）。

（2）运算符：用以指明公式中元素进行计算的类型。

（3）参与计算的元素（运算数）：每个运算数可以是不改变的数值（常量数值）、单元格或单元格区域引用、标志、名称或函数。

1. 公式中的运算符类型

（1）算术运算符：+（加号）、-（减号或负号）、*（星号或乘号）、/（除号）、%（百分号）、^（乘方）。完成基本的数学运算，返回值为数值。例如：在图 4-19 H3 中输入“=15+25+15”后按【Enter】键后确认，结果是 55。

（2）比较运算符：=（等）、>（大于）、<（小于）、>=（大于等于）、<=（小于等于）、<>（不等于）。用以比较两个值，符号两边应为同类数据才能比较，结果是一个逻辑值，不是 TRUE 就是 FALSE。例如：在单元格中输入“=5<6”后按【Enter】键后确认，结果是 TRUE。

（3）文本运算符：&，使用“&”，两边均为文字型数据才能连接，连接的结果仍是文字型数据。例如：在单元格中输入“= " 三级 "& " 甲等医院 "”（注意文本输入时，需加英文半角引号）后按【Enter】键，结果是“三级甲等医院”。

（4）括号：( )用于表示优先运算。

（5）引用运算符：:（冒号）、,（逗号）和空格。

单元格引用运算符：冒号（:）是区域运算符，表示一个单元格区域，是对两个引用以及两个引用之间的所有单元格进行引用。B2: E2 表示引用 B2 到 E2 之间的所有单元格。如图 4-19 求“吴佩佩”的“总分”，可在 H3 中输入公式：“=SUM（E3: G3）”来计算。

逗号（,）是并集运算符，将多个引用合并为一个引用。如图 4-19，在 E24 中输入“=SUM（E3: E12，E6: E23）”，注意：其中的 E6: E12 区域数据计算了两次。

空格：是交集运算符，只处理各单元格区域中共有的单元格中的数据。例如，在上例中若输入“=SUM（E3: E12，E6: E23）”，和输入“=SUM（E6: E12）”的结果一样。

2. 公式中的运算次序　运算符的优先级，按运算类别，以比较运算符、文本运算符、算术运算符、引用预算符和括号为序，越来越高。

（1）:（冒号），（逗号）（空格）引用运算符。

（2）-（负号）（如 -1）。

（3）%（百分比）。

（4）^（乘幂）。

（5）*（乘）/（除）。

（6）+（加）-（减）。

（7）&（连接符）。

（8）=、<、>、<=、>=、<>（比较运算符）。

对于优先级相同的运算符，则从左到右进行计算。

如果要修改计算的顺序，则应把公式中需要首先计算的部分括在圆括号内。

3. 输入和编辑公式

（1）选定需要输入公式的单元格。

（2）输入公式：输入公式时应以等号（=）开头，然后输入公式或表达式。输入运算符时，注意优先级别和前后数据类型，公式中不能有多余的空格。

（3）按【Enter】键或单击“输入”按钮，即完成输入，单击“取消”按钮则取消输入。

4. 求和公式的使用　求和计算是一种最常用的公式计算，例如，在图 4-19 H3 单元格中输入“=E3+F3+G3”按【Enter】键，得到结果为 55。

注意：①运算符必须是在英文半角状态下输入；②公式的运算量要用单元格地址，以便于复制引用公式。公式中单元格地址的输入既可以直接敲出（如 E3）；也可以用单击相应的单元格的方法来得到相应的公式单元格地址（如单击 E3 单元格便可在公式中出现 E3）。如果需要继续求其他人的总分，相应单元格的公式不必一一输入，可使用“自动填充”的方法实现，如图 4-20 所示。

H3　=E3+F3+G3

护理技能比赛成绩表

序号	姓名	性别	所在班级名称	题目1	题目2	题目3	总分	名次	备注
1	吴佩佩	女	17级护理1班	15	25	15	55		
2	王涛	男	17级护理2班	22	33	9	64		
3	李倩倩	女	17级护理3班	19	12	10	41		
4	尹平平	女	17级护理4班	21	7	16	44		
5	杨玉玉	女	17级护理5班	4	10	10	24		
6	汴梁玉	女	17级护理6班	29	24	11	64		
7	成剑	男	17级护理7班	26	23	5	54		
8	刘海川	男	17级护理8班	16	35	28	79		
9	张开	男	17级护理9班	4	11	5	20		
10	王嫒	女	16级护理1班	29	3	10	42		
11	姜玉鹏	男	16级护理2班	10	19	19	48		
12	王娟娟	女	16级护理3班	12	0	26	38		
13	杨玉新	男	16级护理4班	18	25	11	54		
14	王玉峰	男	16级护理5班	2	29	10	41		
15	李丽	女	16级护理6班	23	25	20	68		
16	杨玉莲	女	16级护理7班	20	23	25	68		
17	李红	女	16级护理8班	23	33	28	84		
18	李楠	女	16级护理9班	26	31	28	85		
19	张琦	女	16级护理10班	28	24	20	72		
20	张宇	女	16级护理11班	20	28	29	77		
21	李晓霞	女	16级护理12班	30	20	10	60		

图 4-20　使用“自动填充”功能复制公式

（二）函数及其应用

1. 函数概念　函数是 Excel 2010 预设好的公式，可以在公式中直接调用。

其格式为：函数名（参数 1，参数 2，...）。

Excel 提供了几百种函数，包括了财务、日期与时间、数学与三角、统计、查找与引用、数据库、文本逻辑信息等方面。

日期与时间函数，如 TODAY（当前日期函数）、NOW（当前日期和时间函数）等；

数学与三角函数，如 SUM（求和函数）；

统计函数，如 AVERAGE（算数平均值函数）、MIN（求最小值函数）；

逻辑函数，如 AND（逻辑与函数）、NOT（逻辑非函数）、OR（逻辑或函数）等。

2. 常用函数简介

（1）SUM（）：求和。

语法格式：SUM（number1，number2，...）参数：number1，number2，... 为 1 到 30 个需要求和的参数。说明：number1，number2，...，也可以是引用区域；30 个是参数，而不是 30 个数。

（2）AVERAGE（）：求平均。

语法格式：AVERAGE（number1，number2，...）

参数的用法请参考 SUM（）。

（3）COUNT（）：统计数据值的数量。

语法格式：COUNT（value1，value2，...）

参数：Value1，value2，... 是包含或引用各种类型数据的参数（1～30 个），但只有数字类型的数据才被计数。

（4）RANK（）：统计函数，数据排位。

语法格式：RANK（Number，ref，order）

说明：Number 代表需要排序的数值；ref 代表排序值所处的单元格区域；order 代表排序方式（0 或忽略，按降序；非 0，按升序），RANK 函数对重复数的排位相同，但重复数的存在将影响后续数值排位。

（5）IF（）：条件检测函数。

语法格式：IF（logical_test，[value_if_true]，[value_if_false]）

说明：执行真假判断，根据逻辑测试的真假值，返回不同的结果，可以用函数 IF 对数值和公式进行条件检测。

（6）VLOOKUP（）：查询函数。

语法格式：VLOOKUP（lookup_value，table_array，col_index_num，[range_lookup]）

第一参数是要查询的值。

第二参数是需要查询的单元格区域，这个区域中的首列必须要包含查询值，否则公式将返回错误值。

第三参数用于指定返回查询区域中第几列的值。

第四参数决定函数的查找方式，如果为 0 或 FASLE，用精确匹配方式；如果为 TRUE 或被省略，则使用近似匹配方式，同时要求查询区域的首列按升序排序。

注意：VLOOKUP 函数第三参数中的列号，不能理解为工作表中的实际的列号，而是指定要返回查询区域中第几列的值。如果有多条满足条件的记录时，VLOOKUP 函数默认只能返回第一个查找到的记录。

（7）LOOKUP（）：查询函数，主要用于在查找范围中查询指定的查找值，并返回另一个范围中对应位置的值。

语法格式：LOOKUP（lookup_value，lookup_vector，[result_vecor]

第一参数是要查询的内容，第二参数为要返回的结果范围。LOOKUP 函数常用于在由单行或单列构成的第二参数中查找指定的值，并返回第三参数中对应位置的值。

3. 函数输入方法

（1）从键盘上直接输入函数。选中单元格，输入“=”，然后按照函数的语法直接键入。如图 4-19 所示，求“吴佩佩”“总分”。操作步骤为选中 H3，输入“ =SUM（E3：G3）”即可。

（2）使用“常用工具栏”中的“粘贴函数”按钮“fx”。如图 4-19，求“吴佩佩”“总分”。操作步骤为选中 H3，在名称框右侧的工具栏中选择“fx”，在粘贴函数对话框中选中相应的函数输 SUM；可用鼠标将需要求和的单元格 E3：G3 选中，单击“确定”按钮即可。

（3）使用“公式选项卡”下的“插入函数”按钮。如图 4-19，求“吴佩佩”“总分”。操作步骤为选中 H3，单击“公式选项卡”下的“插入函数”按钮，打开“插入函数对话框”，其余步骤同（2）。

函数嵌套

在某些情况下，我们需要将某个公式或函数的返回值作为另一个函数的参数来使用，这种方式就称为函数的嵌套使用。这里我们举一个 IF 函数二层嵌套的例子。举例，如果成绩<60，等级为不及格；如果成绩≥60 且成绩小于 90，等级为合格；如果成绩≥90，等级为优秀。我们就可以在图 4-21B2 中填入：=IF（A2<60，" 不及格 "，IF（A2<90，" 合格 "，" 优秀 "）。意思是：第一个 if 条件（如果 A2 单元格的值小于 60 时），显示为“不及格”，否则证明 A2 已经大于等于 60，在 A2 大于等于 60 的前提下，第二个 if 条件（如果 A2 单元格的值小于 90），就代表 A2 的值大于等于 60 且小于 90，显示为“合格”，当第 2 个 if 不成立时，证明不小于 90，意思是大于等于 90，则显示“优秀”（注意公式中的逗号和引号都是英文半角状态下的）。

	A	B
1	成绩	等级
2	59	
3	60	
4	80	
5	90	

图 4-21　函数嵌套示例

扫描二维码可查看使用函数求前面图 4-19 所示的学生名次。

二、单元格引用

单元格可以使用名字来“引用”，在 Excel 中引用是计算过程中必须用到的。单元格的引用是把单元格的数据和公式联系起来，标识工作表中单元格或单元格区域，指明公式中使用数据的位置。单元格引用主要包括相对引用、绝对引用和混合引用。它们的区别在于一个符号“$”的使用。我们先来认

识一下“$”符号，它表示“锁定”。谁加了“$”就表示被锁定，不能改变了。

（一）相对引用

相对地址是以某一特定单元格为基准来对其他单元格进行定位。相对地址的表示方法只用列标行号表示，Excel 中默认的单元格引用为相对引用。例如第 2 列第 9 行的单元格的相对地址为 B9，第 2 列第 9 行到第 4 列第 20 行的单元格区域的相对地址为 B9: D20。

相对引用是指公式中参数以单元格的相对地址表示，如复制或移动含公式的单元格时，公式中的单元格或单元格区域地址随着改变，公式的值将会依据更改后的单元格或单元格区域地址的值重新计算。如图 4-19，H3 单元格中输入“=E3+F3+G3”就运用了相对引用，即对 E3 至 G3 求和，将公式复制到 H4，则 H4 单元格的公式就变为“=E4+F4+G4”。

视频：相对引用实例

扫描二维码可查看使用相对引用求前面图 4-19 所示的学生总分。

（二）绝对引用

绝对地址则为 Excel 某些单元格在工作表格中的确切位置。绝对地址的表示方法为“$A$5、$E$9”，即列标行号均被“$”锁定。例如第 2 列第 9 行的单元格的绝对地址为 $B$9，第 2 列第 9 行到第 4 列第 20 行的单元格区域的绝对地址为 $B$9: $D$20。

绝对引用是指公式中参数以单元格的绝对地址表示，如复制或移动含公式的单元格时，公式中的所引用的单元格或单元格区域地址不会发生变化，都是其在工作表中的确切位置。如图 4-22 中，I3 单元格中输入“=RANK（H3，$H$3: $H$23）”，将公式复制到 I4，则 I4 单元格的公式变为“=RANK（H4，$H$3: $H$23）”，相对引用 H3 变为 H4，绝对引用 $H$3: $H$23 不发生变化。

I4 =RANK(H4,$H$3:$H$23)

	A	B	C	D	E	F	G	H	I	J	K
1	护理技能比赛成绩表										
2	序号	姓名	性别	所在班级名称	题目1	题目2	题目3	总分	名次	备注	
3	1	吴佩佩	女	17级护理1班	15	25	15	55	11		
4	2	王涛	男	17级护理2班	22	33	9	64	8		
5	3	李倩倩	女	17级护理3班	19	12	10	41			
6	4	尹平平	女	17级护理4班	21	7	16	44			
7	5	杨玉玉	女	17级护理5班	4	10	10	24			
8	6	汴梁玉	女	17级护理6班	29	24	11	64			
9	7	成剑	男	17级护理7班	26	23	5	54			
10	8	刘海川	男	17级护理8班	16	35	28	79			
11	9	张开	男	17级护理9班	4	11	5	20			
12	10	王媛	女	16级护理1班	29	3	10	42			
13	11	姜玉鹏	男	16级护理2班	10	19	19	48			
14	12	王娟娟	女	16级护理3班	12	0	26	38			
15	13	杨玉新	男	16级护理4班	18	25	11	54			
16	14	王玉峰	男	16级护理5班	2	29	10	41			
17	15	李丽	女	16级护理6班	23	25	20	68			
18	16	杨玉莲	女	16级护理7班	20	23	25	68			
19	17	李红	女	16级护理8班	23	33	28	84			
20	18	李楠	女	16级护理9班	26	31	28	85			
21	19	张琦	女	16级护理10班	28	24	20	72			
22	20	张宇	女	16级护理11班	20	28	29	77			
23	21	李晓霞	女	16级护理12班	30	20	10	60			
24											
25											

图 4-22 复制“绝对引用”及“相对引用”

视频：绝对引用实例

扫描二维码可查看使用绝对引用求前面图 4-19 所示的学生名次。

（三）混合引用

混合引用是指单元格或单元格区域的地址部分是相对引用，部分是绝对引用。是指列标或者行号仅被“$”锁定一个的引用。例如，$A5、$A5: $C10 等，均为混合引用。混合引用兼具上面的相对引用和绝对引用的某些特点。被锁定的行号或者列标，和绝对引用一样不会随公式的系统位置发生改变，而未被锁定的行号或者列标，和相对引用一样会随着公式的位置变化发生相对的变化。

（四）相对引用与绝对引用之间的切换

如果创建了一个公式并希望将相对引用更改为绝对引用（反之亦然），则先选定包含该公式的单元格，然后在编辑栏中选择要更改的引用并按 F4 键。每次按 F4 键时，Excel 2010 会在以下组合间切

换：绝对列与绝对行（例如，$C$1）、相对列与绝对行（C$1）、绝对列与相对行（$C1）以及相对列与相对行（C1）。例如，在公式中选择地址 $A$1 并按 F4 键，引用将变为 A$1。再一次按 F4 键，引用将变为 $A1，以此类推。

三、数据的导入与导出

（一）数据的导入

在 Excel2010 中，可将 Access、文本文件、网页文件、SQL Server 等多种数据格式转换到 Excel 工作表中，这样就可以利用 Excel 的功能对数据进行整理和分析。这个时候只需要导入而不需要录入，具体操作如下：

1. 从文本文件导入数据

（1）启动 excel2010：打开需要导入外部数据的工作簿。

（2）单击“数据”选项卡：通过“获取外部数据”命令组中单击“自文本”命令，即可将文本文件导入 Excel 工作表中。

（3）如图 4-23 所示，为文本文件“护理专业学生名单 .txt”，各数据项以“，”间隔。单击 Excel 工作表中“获取外部数据”组中的“自文本”命令，弹出对话框。

（4）找到文件，单击“导入”，会弹出“文本导入向导 - 第 1 步”对话框，如图 4-24 所示。这里的原始数据类型选择“分隔符号”一项，在这个对话框的下面有一个预览框，从这里可以看到要导入的数据，这里的“导入起始行”输入框中的数值默认为 1，单击“下一步”，弹出“文本导入向导 - 第 2 步”对话框，选择文本文件的数据字段分隔符，根据示例文件的特点，我们选择“逗号”。

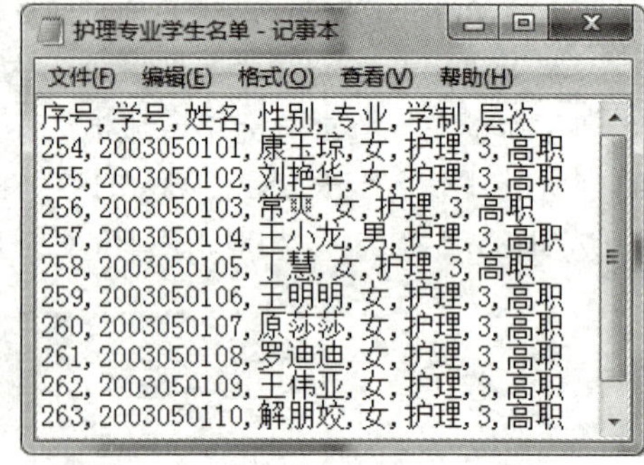

图 4-23　文本文件“护理专业学生名单 .txt”

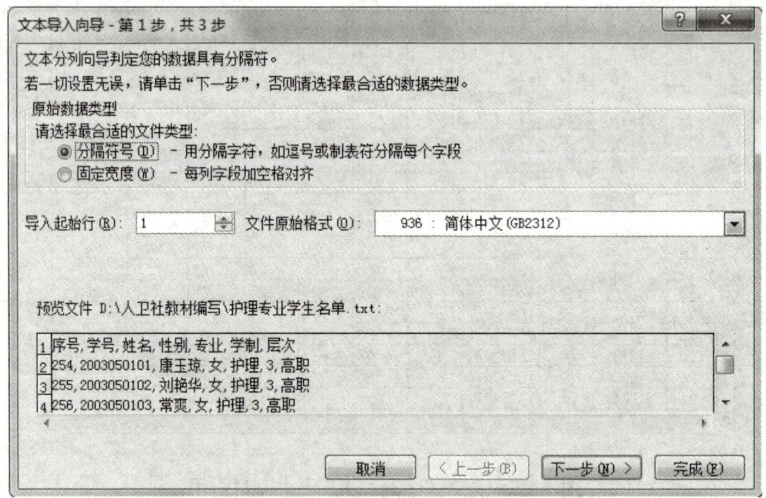

图 4-24　文本导入第 1 步

（5）单击“下一步”按钮，弹出“导入向导 - 第 3 步”对话框，选中第一列，将“列数据格式”设置成“文本”，单击“完成”按钮，弹出“导入数据”对话框。

（6）设置好导入数据的存放位置后，单击“确定”按钮，数据导入成功。如图 4-25 所示。

2. 自网站获取数据　Excel 不仅可以从外部数据中获取数据，还可以从 Web 网页中获取数据。操作步骤如下：

（1）启动 excel2010，打开需要导入外部数据的工作簿。

（2）单击“数据”选项卡，通过“获取外部数据”命令组中单击“自网站”命令，弹出“新建 Web 查询”对话框。

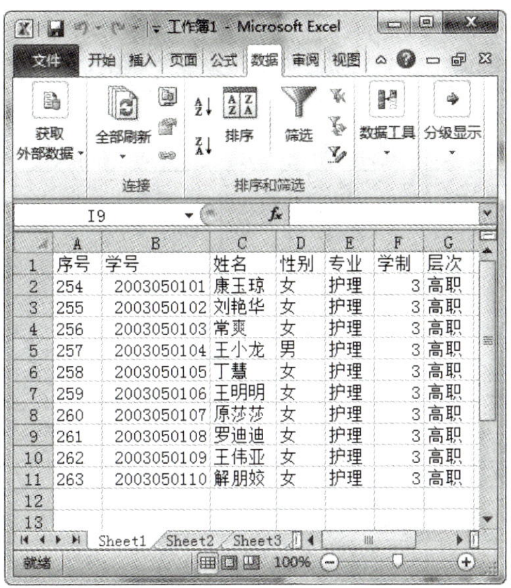

	A	B	C	D	E	F	G
1	序号	学号	姓名	性别	专业	学制	层次
2	254	2003050101	康玉琼	女	护理	3	高职
3	255	2003050102	刘艳华	女	护理	3	高职
4	256	2003050103	常爽	女	护理	3	高职
5	257	2003050104	王小龙	男	护理	3	高职
6	258	2003050105	丁慧	女	护理	3	高职
7	259	2003050106	王明明	女	护理	3	高职
8	260	2003050107	原莎莎	女	护理	3	高职
9	261	2003050108	罗迪迪	女	护理	3	高职
10	262	2003050109	王伟亚	女	护理	3	高职
11	263	2003050110	解朋姣	女	护理	3	高职
12							
13							

图 4-25　文本文件导入 Excel 工作表中

（3）在“新建 Web 查询”的地址栏中输入目标网址，如：“http://www.163.com”，单击“转到”按钮，出现网页内容：单击要查询数据表左上角的图标，选中要查询的数据表，单击“导入”按钮。

（4）在弹出的“导入数据”对话框中，单击“属性”按钮，打开“外部数据区域属性”对话框。在“刷新控件”区域，勾选“允许后台刷新”和“打开文件时刷新数据”复选框，依次单击“确定”按钮，关闭对话框即可。

3. 从 Access 数据库文件导入数据　从 Access 数据库文件中导入数据，用户可以方便地使用自己熟悉的软件执行数据分析汇总操作。操作步骤如下：

（1）启动 excel2010，打开需要导入外部数据的工作簿。

（2）单击“数据”选项卡下“获取外部数据”命令组中“自 Access”命令，在弹出“选取数据源”对话框中，选择数据库文件所在路径，选中文件后，单击“打开”按钮。可支持的数据库文件类型包括 .mdb、.mde、.accdb 和 .accde 四种格式。

（3）在弹出的“选择表格”对话框中，选中需要导入的表格，单击“确定”按钮。

（4）在弹出的“导入数据”对话框中，可以选择该数据在工作簿中的显示方式，包括“表”、数据透视表以及数据透视图等。

（5）单击“属性”按钮，在弹出的“连接属性”对话框中，勾选“允许后台刷新”和“打开文件时刷新数据”复选框，设置刷新频率，依次单击“确定”按钮，关闭对话框。

导入完成后，要获取最新的数据，除了可以单击“数据”、“全部刷新”命令和在右键快捷菜单中单击“刷新”命令外，还可以单击数据区域中的任意单元格，在表格工具的“设计”选项卡下，单击“刷新”按钮。

当用户首次打开已经导入外部数据的工作簿时，会出现“安全警告”提示栏，单击“启用内容”按钮，即可正常打开文件。

（二）数据的导出

在 Excel2010 中，不仅可将 Access、文本文件、网页文件、SQL Server 等多种数据导入 Excel 工作表中，也可将 Excel 工作表中的数据格式转换为其他格式。比如我们在日常工作中有时需要在 Word 中载入 Excel 工作表中的数据，如前面图 4-19 比赛成绩单要将它导入 word 中，我们应按照如下操作：

1. 在 Excel 工作表中打开比赛成绩单。

2. 在 Word2010 中新建一个文件。

3. 选择 Excel 工作表中的数据，单击鼠标右键，在弹出的对话框中选择“复制”。

4. 在 Word 中，单击鼠标右键，在弹出的对话框中选择“保留源格式粘贴”得到如图 4-26 所示的数据导出。

护理技能比赛成绩表

序号	姓名	性别	所在班级名称	题目1	题目2	题目3	总分	名次	备注
1	吴佩佩	女	17级护理1班	15	25	15			
2	王涛	男	17级护理2班	22	33	9			
3	李倩倩	女	17级护理3班	19	12	10			
4	尹平平	女	17级护理4班	21	7	16			
5	杨玉玉	女	17级护理5班	4	10	10			
6	汴梁玉	女	17级护理6班	29	24	11			
7	成剑	男	17级护理7班	26	23	5			
8	刘海川	男	17级护理8班	16	35	28			
9	张开	男	17级护理9班	4	11	5			
10	王媛	女	16级护理1班	29	3	10			
11	姜玉鹏	男	16级护理2班	10	19	19			
12	王娟娟	女	16级护理3班	12	0	26			
13	杨玉新	男	16级护理4班	18	25	11			
14	王玉峰	男	16级护理5班	2	29	10			
15	李丽	女	16级护理6班	23	25	20			
16	杨玉莲	女	16级护理7班	20	23	25			
17	李红	女	16级护理8班	23	33	28			
18	李楠	女	16级护理9班	26	31	28			
19	张琦	女	16级护理10班	28	24	20			
20	张宇	女	16级护理11班	20	28	29			
21	李晓霞	女	16级护理12班	30	20	10			

图4-26 “保留源表”格式的“导出”

5. 在Word中，单击鼠标右键，在弹出的对话框中选择“只保留文本粘贴”得到如图4-27所示的数据导出。

护理技能比赛成绩表
序号 姓名 性别 所在班级名称 题目1 题目2 题目3 总分 名 次
备注
1 吴佩佩 女 17级护理1班 15 25 15
2 王涛 男 17级护理2班 22 33 9
3 李倩倩 女 17级护理3班 19 12 10
4 尹平平 女 17级护理4班 21 7 16
5 杨玉玉 女 17级护理5班 4 10 10
6 汴梁玉 女 17级护理6班 29 24 11
7 成剑 男 17级护理7班 26 23 5
8 刘海川 男 17级护理8班 16 35 28
9 张开 男 17级护理9班 4 11 5
10 王媛 女 16级护理1班 29 3 10
11 姜玉鹏 男 16级护理2班 10 19 19
12 王娟娟 女 16级护理3班 12 0 26
13 杨玉新 男 16级护理4班 18 25 11
14 王玉峰 男 16级护理5班 2 29 10
15 李丽 女 16级护理6班 23 25 20
16 杨玉莲 女 16级护理7班 20 23 25
17 李红 女 16级护理8班 23 33 28
18 李楠 女 16级护理9班 26 31 28
19 张琦 女 16级护理10班 28 24 20
20 张宇 女 16级护理11班 20 28 29
21 李晓霞 女 16级护理12班 30 20 10

图4-27 “只保留文本”格式的导出

实训二 制作病人费用统计表

【实训目的】

1. 学会使用Excel工作表中公式的使用方法。
2. 学会使用Excel工作表中函数的使用方法，特别是常用函数的使用方法。
3. 学会使用Excel工作表中单元格的引用方法。

4. 培养学生用 Excel 工作表解决未来工作岗位上实际问题的能力。

【实训内容】

小梅是内二科护士，工作之余协助护士长统计病人每天的支出费用，病人每天费用支出包含床位费、治疗费、各项检查费及药费等，下图 4-28 为某天的病人支出费用情况，请你完成如下任务：

内二科病人日费用统计表

日期	床号	住院号	姓名	治疗费	床位费	CT	B超	胃镜	外检	药费	合计	药占比
2017. 05. 02	4	00549077	吴国桥	11	30	200			60	284		
2017. 05. 02	6	00547963	马先虎	32	30			160	60	598		
2017. 05. 02	12	00547672	常春生	17	30		300		60	1022		
2017. 05. 02	18	00549080	刘世伟	20	30	200			60	316		
2017. 05. 02	10	00548765	李昌华	20	30		300		60	469		
2017. 05. 03	4	00549077	吴国桥	11	30			160	60	348		
2017. 05. 03	6	00547963	马先虎	45	30	200			60	690		
2017. 05. 03	12	00547672	常春生	30	30				60	2076		
2017. 05. 03	18	00549080	刘世伟	43	30		300		60	450		
2017. 05. 03	10	00548765	李昌华	20	30			160	60	532		

图 4-28　内二科病人日费用统计表

1. 根据图示，自己建立一个“内二科病人日费用统计表 .xlsx”。
2. 利用公式及公式的复制完成每个病人每天的总费用及药费占总费用的比例。
3. 利用公式完成每天病人的总费用。
4. 利用 SUM 函数完成每个病人每天的总费用。
5. 利用 AVERAGE 函数求出每天病人的平均总费用及平均药费。
6. 利用 RANK 函数分别求 5 月 2 日、5 月 3 日两天中病人总费用情况排名。
7. 利用 RANK 函数分别求 5 月 2 日、5 月 3 日两天中病人药费情况排名。
8. 利用 RANK 函数分别求 5 月 2 日、5 月 3 日两天中病人药占比情况排名。
9. 利用 IF 函数，对药占比等于或高于 40% 的显示超标，对药占比低于 40% 的显示不超标。

【实训步骤】

1. 建立“内二科病人日费用统计表 .xlsx”工作表。

执行“开始”→“所有程序”→“Microsoft Office”→“Microsoft Excel 2010”命令启动 Excel2010。启动后会自动创建一个默认文件名为“工作簿”的空白工作簿。录入有关信息，保存为“内二科病人日费用统计表 .xlsx”。

2. 利用公式及公式的复制完成每个病人每天的总费用及药费占总费用的比例。

(1) 在 M2 单元格中输入“总费用”，在 N2 单元格中输入“药占比”。

(2) 选中 M3 单元格，输入公式“=F3+G3+H3+I3+J3+K3+L3”，回车后，拖动单元格 M3 填充柄至目的单元格 M12，完成每个病人每天的总费用的计算。

(3) 选中 N3 单元格，输入公式“=L3/M3”，回车后，拖动单元格 N3 填充柄至目的单元格 N12。选

中N3到N12单元格，右键单击鼠标，在快捷菜单中选择“设置单元格格式”，打开数字选项卡，然后选择百分比，并把右侧小数位数改为零，完成药费占总费用的比例。

3. 利用公式完成每天病人的总费用。

(1) 选择第8行。右键单击鼠标，在快捷菜单中选择“插入”。

(2) 选中M8单元格，输入公式“=M3+M4+M5+M6+M7”，回车后，即为5月2日这天的病人总费用。

(3) 选择“M9:M13”，单击自动求和工具“Σ”，则M14单元格中所显示的数字即为5月3日这天的病人总费用

4. 利用SUM函数完成每个病人每天的总费用。

(1) 在图4-28所显示的内二科病人日费用统计表中，选中M3单元格，单击编辑栏左侧的“插入函数”按钮，系统打开“插入函数”对话框，选择函数“SUM”，单击“确定 ”按钮，在弹出的“函数参数”对话框中，单击“Number1”右侧的“拾取”按钮，选中“F3:L3”单元格，再次单击“拾取”按钮返回到“函数参数”对话框，单击“确定”按钮完成M3计算。

(2) 拖动单元格M3填充柄至目的单元格M12，完成每个病人每天的总费用的计算。

5. 利用求平均函数求出每天病人的平均总费用及平均药费。

(1) 选中M13单元格，单击编辑栏左侧的“插入函数”按钮，系统打开“插入函数”对话框，选择函数“AVERAGE”，单击“确定 ”按钮，在弹出的“函数参数”对话框中，再单击“Number1”右侧的“拾取”按钮选中“M3:M12”单元格，再次单击“拾取”按钮返回到“函数参数”对话框，单击“确定”按钮完成计算。

视频：使用RANK函数求5月3日病人总费用情况排名

(2) 选中L13单元格，单击编辑栏左侧的“插入函数”按钮，系统打开“插入函数”对话框，选择函数“AVERAGE”，单击“确定 ”按钮，在弹出的“函数参数”对话框中，再单击“Number1”右侧的“拾取”按钮选中“L3:L12”单元格，再次单击“拾取”按钮返回到“函数参数”对话框，单击“确定”按钮完成计算。

6. 利用RANK函数分别求5月2日、5月3日两天中病人总费用情况排名。

(1) 选中O3单元格，单击编辑栏左侧的“插入函数”按钮，系统打开“插入函数”对话框，在“选择类别”列表框中，选择函数“RANK.AVG”，单击确定。

视频：利用RANK函数求5月2日、5月3日两天中病人药费情况排名

(2) 在弹出的“函数参数”对话框中，单击“Number1”右侧的“拾取”按钮选中“M3”单元格，再次单击“拾取”按钮返回到“函数参数”对话框。再单击“Ref”右侧的“拾取”按钮选中“M3:M7”单元格，再次单击“拾取”按钮返回到“函数参数”对话框，把“M3:M7”改为绝对引用“$M$3:$M$7”。再次单击“拾取”按钮，返回函数参数对话框，单击“确定”按钮完成计算，完成5月2日病人总费用情况排名。

(3) 扫描二维码可查看使用RANK函数求5月3日病人总费用情况排名。

7. 利用RANK函数分别求5月2日、5月3日两天中病人药费情况排名。

扫描二维码可查看使用RANK函数分别求5月2日、5月3日两天中病人药费情况排名。

8. 利用RANK函数分别求5月2日、5月3日两天中病人药占比情况排名。

扫描二维码可查看使用RANK函数分别求5月2日、5月3日两天中病人药占比情况排名。

视频：利用RANK函数求5月2日、5月3日两天中病人药占比情况排名

9. 利用IF函数，对药占比等于或高于40%的显示超标，对药占比低于40%的显示不超标。

(1) 选中P3单元格，单击编辑栏左侧的“插入函数”按钮，系统打开“插入函数”对话框，在“选择类别”列表框中，选择“逻辑函数”，在“选择函数”列表中选择函数“IF”，单击“确定 ”按钮。在弹出的“函数参数”对话框中，“Logical_test”右侧的文本框中输入“N3>0.40”，在“Value_if_true”右侧的文本框中输入“超标”，在“Value_if_false”右侧的文本框中输入“不超标”，单击“确定”按钮，完成P3的计算。

(2) 拖动单元格P3填充柄至目的单元格P12，完成每个病人每天的药占比是否超标。

实训三　制作护理工作量统计表

【实训目的】

1. 学会使用Excel工作表中公式的使用方法。

2. 学会使用 Excel 工作表中函数的使用方法，特别是常用函数的使用方法。

3. 学会使用 Excel 工作表中单元格的引用方法。

4. 培养学生用 Excel 工作表解决未来工作岗位上实际问题的能力。

【实训内容】

计算护士的月工作量是医院的一项常规工作，下图为某医院某科室的一张护士月工作量统计表，护士工作有各种值班类型，每种类型工作量系数不同，下表给出了各类型的系数及每人的值班班次，请完成以下任务：

1. 创建工作表。

2. 根据总工作量 = 班次数 × 工作量系数，利用公式及混合引用计算每名护士的工作量。

3. 利用 SUM 函数求出本科室本月护士总的工作量。

4. 利用 AVERAGE 函数求出本科室本月护士的平均工作量。

5. 利用 RANK 函数求出本科室本月护士的工作量排名情况。

6. 利用 IF 函数，对本科室本月护士总工作量大于 22 天的标记为“正常”，小于或等于 22 天的为“不正常”。

7. 利用嵌套函数，对本科室本月护士总工作量小于 22 天的标记为“不正常”，大于或等于 22 天，小于 26 天的标记为“正常”，大于或等于 26 天的标记为“加班”(图 4-29)。

护士工作量统计表

工作量系数 / 班次 / 姓名	主 班 (1)	副 班 (0.5)	小夜班 (1)	大夜班 (1)	责任班 (1)	帮 班 (0.5)	护理班 (0.5)	总务班 (1)	工作量
李　红	10	2	5	2	1	2	2	1	
尹丽芳	7	4	8	5	1	1	1	1	
李　梅	4	1	3	7	5	1	2	2	
孙丽丽	7	1	2	1	6	2	2	3	
刘之美	2	2	9	3	1	1	4	4	
王志红	9	1	1	3	6	3	4	2	
刘　杰	9	1	3	6	5	1	2	2	
李　娜	7	2	2	1	6	2	2	3	
张云球	6	1	5	2	3	2	3	4	
刘　颖	6	1	2	1	6	2	2	3	
王贝贝	5	3	8	3	1	1	4	4	
李　华	5	3	1	3	6	3	4	2	
李立伟	3	1	3	6	5	1	2	2	
张晓娜	3	1	2	1	6	2	2	3	
杨蕾蕾	3	1	8	5	2	4	3	3	
王丽娜	4	1	3	7	5	1	2	2	

备注：班次数×工作量系数=工作量总数

图 4-29 护士工作量统计表

【实训步骤】

1. 建立“护士工作量统计表 .xlsx”。

执行“开始”→“所有程序”→“Microsoft Office”→“Microsoft Excel 2010”命令，启动 Excel2010。启动后会自动创建一个默认文件名为“工作簿”的空白工作簿。按照图示录入相关数据，保存为工作表“护士工作量统计表”。

2. 利用公式及公式复制计算每名护士的工作量。

(1) 在 K3 中输入公式“=C3*1+D3*0.5+E3*1+F3*1+G3*1+H3*0.5+I3*0.5+J3*1”，按回车键，即可在 K3 单元格中显示计算结果，如图 4-30 所示。

K3 =C3*1+D3*0.5+E3*1+F3*1+G3*1+H3*0.5+I3*0.5+J3*1

护士月工作量统计表

姓名 \ 工作量（系数）	主班（1）	副班（0.5）	小夜班（1）	大夜班（1）	责任班（1）	帮班（0.5）	护理班（0.5）	总务班（1）	总工作量
李红	10	2	5	2	1	2	2	1	22
尹丽芳	7	4	8	5	1	1	1	1	
李梅	4	1	3	7	5	1	2	2	
孙丽丽	7	1	2	1	6	2	2	3	
刘之美	2	2	9	3	1	1	4	4	
王志红	9	1	1	3	6	3	4	2	
刘杰	9	1	3	6	5	1	2	2	
李娜	7	2	2	1	6	2	2	3	
张云球	6	1	5	2	3	2	3	4	
刘颖	6	1	2	1	6	2	2	3	
王贝贝	5	3	8	3	1	1	4	4	
李华	5	3	1	3	6	3	4	2	
李立伟	3	1	3	6	5	1	2	2	
张晓娜	3	1	2	1	6	2	2	3	
杨蕾蕾	3	1	8	5	2	4	3	3	
王丽娜	4	1	3	7	5	1	2	2	

备注：班次数×工作量系数=工作量总数

图4-30 利用公式计算每名护士的工作量

（2）鼠标指针指向K3单元格右下角，当鼠标指针变为黑色十字时，按住鼠标左键，向下拖动到目的单元格K18，释放鼠标后，即可在所选单元格中填充公式，计算出每名护士的工作量。

3．利用公式及混合引用计算每名护士的工作量。

（1）在L2单元格中输入“工作量”，并分别在C21、D21输入“1”、“0.5”。

（2）在L3中输入公式“=（C3+E3+F3+G3+J3）*$C$21+（D3+H3+I3）*$D$21”，按回车键，即可在L3单元格中显示计算结果，如图4-31所示。

SUM =(C3+E3+F3+G3+J3)*$C$21+(D3+H3+I3)*$D$21

护士月工作量统计表

姓名 \ 工作量（系数）	主班（1）	副班（0.5）	小夜班（1）	大夜班（1）	责任班（1）	帮班（0.5）	护理班（0.5）	总务班（1）	工作量	工作量
李红	10	2	5	2	1	2	2	1	22.0	=(C3+E3+F3+G3+J3)*$C$21+(D3+H3+I3)*$D$21
尹丽芳	7	4	8	5	1	1	1	1	25	
李梅	4	1	3	7	5	1	2	2	23	
孙丽丽	7	1	2	1	6	2	2	3	21.5	
刘之美	2	2	9	3	1	1	4	4	22.5	
王志红	9	1	1	3	6	3	4	2	25	
刘杰	9	1	3	6	5	1	2	2	27	
李娜	7	2	2	1	6	2	2	3	22	
张云球	6	1	5	2	3	2	3	4	23	
刘颖	6	1	2	1	6	2	2	3	20.5	
王贝贝	5	3	8	3	1	1	4	4	25	
李华	5	3	1	3	6	3	4	2	22	
李立伟	3	1	3	6	5	1	2	2	21	
张晓娜	3	1	2	1	6	2	2	3	17.5	
杨蕾蕾	3	1	8	5	2	4	3	3	25	
王丽娜	4	1	3	7	5	1	2	2	23	
	1	0.5								

图4-31 利用混合引用计算每名护士的工作量

（3）鼠标指针指向L3单元格右下角，当鼠标指针变为黑色十字时，按住鼠标左键，向下拖动到目的单元格L18，释放鼠标后，即可在所选单元格中填充公式，计算出了每名护士的工作量。

4. 利用 SUM 函数计算本科室护士的总工作量。

（1）在表的最末行下插入一行。

（2）在单元格 B19 中输入“本科室本月护士总工作量”，选择区域“B19：J19”，然后在工具栏单击“合并后居中”。

（3）在 K19 单元格中输入“=SUM（K3：K18）”，按回车键，即可在 K19 单元格中显示本科室护士的总工作量。如图 4-32 所示。

护士月工作量统计表

姓名 / 工作量（系数）	主班（1）	副班（0.5）	小夜班（1）	大夜班（1）	责任班（1）	帮班（0.5）	护理班（0.5）	总务班（1）	工作量	工作量
李　红	10	2	5	2	1	2	2	1	22.00	22
尹丽芳	7	4	8	5	1	1	1	1	25	25
李　梅	4	1	3	7	5	1	2	2	23	23
孙丽丽	7	1	2	1	6	2	2	3	21.5	21.5
刘之美	2	2	9	3	1	1	4	4	22.5	22.5
王志红	9	1	1	3	6	3	4	2	25	25
刘　杰	9	1	3	6	5	1	2	2	27	27
李　娜	7	2	2	1	6	2	2	3	22	22
张云球	6	1	5	2	3	2	3	4	23	23
刘　颖	6	1	2	1	6	2	2	3	20.5	20.5
王贝贝	5	3	8	3	1	1	4	4	25	25
李　华	5	3	1	3	6	3	4	2	22	22
李立伟	3	1	3	6	5	1	2	2	21	21
张晓娜	3	1	2	1	6	2	2	3	17.5	17.5
杨蕾蕾	3	1	8	5	2	4	3	3	25	25
王丽娜	4	1	3	7	5	1	2	2	23	23
本科室本月护士总工作量									365.00	
	1	0.5								

图 4-32　本科室护士的总工作量

5. 利用 AVERAGE 函数计算本科室护士的平均工作量。

（1）选择区域“B20：J20”，然后在工具栏单击“合并后居中”，并在合并单元格内输入“本科室护士的平均工作量”。

（2）在 K20 中输入“ =AVERAGE（K3：K18）”，按回车键，即可在 K20 单元格中显示本科室护士的平均工作量。如图 4-33 所示。

6. 利用 RANK 函数计算本科室本月护士的工作量排名情况。

（1）选择 M3 单元格，在 M3 单元格中输入“=RANK（L3，$L$3：$L$18）”，按回车键，即可显示护士李红的工作量在本科室的排位为“10”。

（2）鼠标指针指向 M3 单元格右下角，当鼠标指针变为黑色十字时，按住鼠标左键，向下拖动到 M18 单元格，释放鼠标后，即可在所选单元格中填充公式，计算出了每名护士的工作量在本科室的排位。如图 4-34 所示。

7. 利用 IF 函数，对本科室本月护士总工作量大于 22 天的标记为“正常”，小于或等于 22 天的为“不正常”。

（1）选择 N3 单元格，在 N3 中输入：“=IF（K3>22，" 正常 "，" 不正常 "）”，按回车键，完成 N3 单元格的计算。

K20　=AVERAGE(K3:K18)

A	B	C	D	E	F	G	H	I	J	K	L
	护士月工作量统计表										
	工作量（系数）/姓 名	主 班（1）	副 班（0.5）	小夜班（1）	大夜班（1）	责任班（1）	帮 班（0.5）	护理班（0.5）	总务班（1）	工作量	工作量
	李 红	10	2	5	2	1	2	2	1	22.00	22
	尹丽芳	7	4	8	5	1	1	1	1	25	25
	李 梅	4	1	3	7	5	1	2	2	23	23
	孙丽丽	7	1	2	1	6	2	2	3	21.5	21.5
	刘之美	2	2	9	3	1	1	4	4	22.5	22.5
	王志红	9	1	1	3	6	3	4	2	25	25
	刘 杰	9	1	3	6	5	1	2	2	27	27
	李 娜	7	2	2	1	6	2	2	3	22	22
	张云球	6	1	5	2	3	2	3	4	23	23
	刘 颖	6	1	2	1	6	2	2	3	20.5	20.5
	王贝贝	5	3	8	3	1	1	4	4	25	25
	李 华	5	3	1	3	6	3	4	2	22	22
	李立伟	3	1	3	6	5	1	2	2	21	21
	张晓娜	3	1	2	1	6	2	2	3	17.5	17.5
	杨蕾蕾	3	1	8	5	2	4	3	3	25	25
	王丽娜	4	1	3	7	5	1	2	2	23	23
	本科室本月护士总工作量									365.00	
	本科室护士的平均工作量									22.81	

图4-33　本科室护士的平均工作量

M3　=RANK(L3,$L$3:$L$18)

	B	C	D	E	F	G	H	I	J	K	L	M
1	护士月工作量统计表											
2	工作量（系数）/姓 名	主 班（1）	副 班（0.5）	小夜班（1）	大夜班（1）	责任班（1）	帮 班（0.5）	护理班（0.5）	总务班（1）	工作量	工作量	工作量排位
3	李 红	10	2	5	2	1	2	2	1	22.00	22	10
4	尹丽芳	7	4	8	5	1	1	1	1	25	25	2
5	李 梅	4	1	3	7	5	1	2	2	23	23	6
6	孙丽丽	7	1	2	1	6	2	2	3	21.5	21.5	13
7	刘之美	2	2	9	3	1	1	4	4	22.5	22.5	9
8	王志红	9	1	1	3	6	3	4	2	25	25	2
9	刘 杰	9	1	3	6	5	1	2	2	27	27	1
10	李 娜	7	2	2	1	6	2	2	3	22	22	10
11	张云球	6	1	5	2	3	2	3	4	23	23	6
12	刘 颖	6	1	2	1	6	2	2	3	20.5	20.5	15
13	王贝贝	5	3	8	3	1	1	4	4	25	25	2
14	李 华	5	3	1	3	6	3	4	2	22	22	10
15	李立伟	3	1	3	6	5	1	2	2	21	21	14
16	张晓娜	3	1	2	1	6	2	2	3	17.5	17.5	16
17	杨蕾蕾	3	1	8	5	2	4	3	3	25	25	2
18	王丽娜	4	1	3	7	5	1	2	2	23	23	6
19	本科室本月护士总工作量									365.00		
20	本科室护士的平均工作量									22.81		

图4-34　每名护士的工作量在本科室的排位

（2）鼠标指针指向N3单元格右下角，当鼠标指针变为黑色十字时，按住鼠标左键，向下拖动到N18单元格，释放鼠标后，即可在所选单元格中填充公式完成计算。

8. 利用嵌套函数，对本科室本月护士总工作量进行标记。

（1）选择O3单元格，在O3中输入“=IF(K3<22,"不正常",IF(K3<26,"正常","加班"))”。

（2）鼠标指针指向O3单元格右下角，当鼠标指针变为黑色十字时，按住鼠标左键，向下拖动到O18单元格，释放鼠标后，即可在所选单元格中填充公式完成计算。

第三节　Excel 数据管理与分析

大一第一学期考试结束了，学生成绩如图 4-35 所示，护理学院的周英同学要协助老师做好学期末成绩的综合评定、评出奖学金等级并做好数据的统计汇总。

请问：

问题 1：根据“综合评定”成绩，从高到低，确定一等、二等、三等奖学金各 1 名，但要求获得奖学金的学生所有课程没有不及格现象。如何计算出获得一等、二等、三等奖“奖学金”同学？

问题 2：成绩表包含几个系的同学，如何按系分类汇总人数？

学生第一学期考试成绩表

第一学期考试成绩表

学号	姓名	性别	系部	体育	解剖	英语	大学语文	生理学	综合评定	奖学金
99010101	王小燕	女	护理系	优秀	89	78	良好	76		
99010102	马晓红	女	医疗系	良好	78	97	及格	88		
99010103	王红	女	助产系	良好	89	83	良好	63		
99010104	刘大明	男	医疗系	良好	82	93	良好	90		
99010195	张明	女	助产系	及格	67	75	及格	84		
99010106	周楠楠	女	护理系	优秀	69	62	优秀	45		
99010107	周英	女	医疗系	不及格	92	90	及格	90		
99010108	马明	男	医疗系	及格	77	87	及格	75		
99010109	王丽	女	医疗系	及格	56	60	优秀	96		
99010110	孙梅	女	护理系	良好	83	88	优秀	66		

图 4-35　第一学期考试成绩表

一、数据列表操作

（一）创建数据列表

Excel 数据列表是由多行多列数据组成的有组织的信息集合。它还通常有位于顶部的一行字段标题，以及多行数值或文本作为数据行。

数据列表中列通常称为字段，行称为记录。为了保证数据列表能够有效地工作，它必须具备以下特点：

（1）每列必须包含同类的信息，即每一列的数据类型相同。

（2）列表的第一行应该包含文字字段，每个标题用于描述下面所对应的列的内容。

（3）列表中不能存在重复的标题。

（4）数据列表的列不能超过 16 384 列，行不能超过 1048 576 行。

如果一个工作表中包含多个数据列表，列表间应至少空一行或空一列将数据信息分隔。

1. 数据列表的使用　Excel 最常用的任务之一就是管理一系列的数据列表，如电话号码清单、消费者名单、供应商名称等。这些数据列表都是根据用户需要而命名的。用户对数据列表进行如下的操作。

（1）在数据列表中输入和编辑数据。

（2）根据特定的条件对数据列表进行排序和筛选。

（3）对数据列表进行分类汇总。

（4）在数据列表中使用函数和公式达到特定的目的。

(5) 在数据列表中创建数据透视表。

2. 创建数据列表

(1) 创建字段名：创建字段名的步骤：选定某行的第1个单元格并在其中输入文本；在与单元格相邻的右侧单元格中输入其他作为字段名的文字。建字段名后，即可在各字段名下直接输入数据。

(2) 输入数据记录：在输入数据时，除了可以直接在数据列表中输入数据外，还可以使用“记录单”命令来输入或追加数据。使用记录单功能可以减少在行与列之间的不断切换，从而提高输入的速度和准确性。

打开Excel2010，单击“文件”菜单，在下拉菜单中单击“选项”，打开“Excel选项”对话框。在“Excel选项”对话框中单击“快速访问工具栏”，然后在右侧“从下列位置选择命令”下拉框中选择“不在功能区的命令”。下拉移动条，找到“记录单”功能，然后单击“添加”，添加到“快速访问工具栏”。单击“确定”按钮，这时，我们看到快速访问工具栏上添加了“记录单”按钮。单击“记录单”按钮，打开“记录单”窗口，在每个字段后的文本框中输入数据。按“Tab”键可以在各个字段间切换。输入完一条记录内容后，单击“新建”按钮后，可以继续添加新的记录。

输入所有记录后，单击“关闭”按钮返回工作表中，新加入的记录将列在清单的底部。

(3) 设置数据的有效性：要为数据的有效性设置数值和参数，操作步骤如下。

1) 选定应用数据的字段所在的列。

2) 选择“数据”选项卡下“数据工具”分组里的“数据有效性”命令，弹出一个级联菜单，选择“数据有效性”命令。

3) 在“数据有效性”对话框中有4个选项卡：设置、输入信息、出错警告和输入法模式。如果没有选定“设置”选项卡，则单击选定它。

4) 从“允许”下拉列表中选择一个数值。

5) 从“数据”下拉列表中选择一个选项。

6) 显示的参数依赖于在“允许”和“数据”中的选项。输入限制参数，很多情况下，仅仅是最小值和最大值，比如最小数字和最大数字，或者是允许的最早日期和最晚日期。

7) 单击“确定”按钮完成操作。

3. 删除或编辑记录　删除记录的步骤是：选择数据列表中的任意一个单元格，选择“快速访问工具栏”中“记录单”按钮，在打开的对话框中，单击“上一条”或“下一条”按钮来查找所要删除的记录，也可以用对话框中间的滚动条移到要删除的记录，然后单击“删除”按钮将其删除。

视频：数据列表的创建

编辑记录通常指的是对数据进行修改。在记录单中编辑记录具体操作步骤与删除记录基本一致，只是在找到所要修改的记录后，直接在相应的文本框中进行编辑修改即可。

扫描二维码可查看数据列表的创建。

（二）数据的排序与筛选

1. 排序　在工作表中输入的数据往往是没有规律的，但在日常工作中为了便于查找，往往需要数据按某种规律排列。排序是将数字或文字按一定要求将一组“无序”的数据调整为“有序”的序列。Excel可以对一列或多列中的数据按文本、数字以及日期和时间进行升序或者降序排序；还可以按自定义序列或格式（包括单元格颜色、字体颜色或图标集）进行排序。其中，数字是按照数字本身大小进行排序，文字是按照拼音字母的先后顺序进行排序，无论升序还是降序排序，空格总是在最后。

排序过程中可以使用一列数据作为关键字段进行排序，也可以使用多列数据作为关键字段进行排序。单列关键字的情况比较简单。多列关键字段时，可分为主要关键字、次要关键字、第三关键字，其作用不同。关键字的主要区别在作用的优先级。主要关键字值优先级最高，先按照主要关键字排序，若主要关键字相同才按次要关键字值排序。同理当次要关键字的值相同时，才轮到按第三关键字排序。换言之，若主要关键字不存在重复值，则次要关键字将不会发生作用，第三关键字更发挥不了作用。

(1) 一个关键字排序。

1) 单击需要排序列中的任一有数据的单元格。

2) 在“数据”选项卡的“排序和筛选”组中，单击“升序”按钮A↓或“降序”按钮Z↓。此方法只是可

以实现按照列排序，若要按照行排序可以使用“排序”对话框。

3）单击需要排序行中的任一有数据的单元格，在“数据”选项卡的“排序和筛选”组中，单击“排序”对话框，在出现的对话框中单击“选项”，在新的对话框中选择“按行排序”，单击“确定”按钮，在新的对话框中，主要关键字选择要排序的行，单击“确定”即可。

（2）多个关键字排序。

1）在需要排序的区域中单击任一单元格。

2）在“数据”选项卡的“排序和筛选”组中，单击“排序”按钮。

3）在“排序”对话框中，使用“选项”按钮设置排序方向、方法等，在“主要关键字”下拉列表中选择排序关键字，再设置“排序依据”和排序“次序”。

4）单击“添加条件”按钮，添加“次要关键字”，设置方法同设置“主要关键字”。

5）设置完成，单击“确定”按钮。

在 Excel 2010 中，排序条件最多支持 64 个关键字。若删除排序条件，则在“排序”对话框中，选中需要删除的条件，单击“删除条件”按钮即可。排序时，一般不用选择数据范围，但是活动单元格一定要在数据列表内。通常，单击待排序数据的一个单元格即可，系统会自动扩展选择数据列表。

如果要排序的列中包含的数字既有作为数字存储的，又有作为文本存储的，则需要将所有数字均设置为文本格式。如果不应用此格式，则作为数字存储的数字将排在作为文本存储的数字之前。若要将选定的所有数据均设置为文本格式，可以在“开始”选项卡上的“字体”组中，单击右下角“对话框启动器”按钮，单击“数字”选项卡，然后在“类别”下单击“文本”。

按单元格颜色、字体颜色或图标进行排序

在 Excel2010 中，如果您按单元格颜色或字体颜色手动或有条件地设置了单元格区域或表列的格式，那么，也可以按这些颜色进行排序。您也可以按通过应用条件格式创建的图标集进行排序。

选择单元格区域中的一列数据，或者确保活动单元格在表列中。

1）在【数据】→【排序和筛选】组中，单击【排序】，调出【排序】对话框。

2）在【列】下的【排序依据】框中，选择要排序的列。

3）在“排序依据”下，选择排序类型。执行下列操作之一：

若要按单元格颜色排序选择【单元格颜色】。

若要按字体颜色排序选择【字体颜色】。

若要按图标集排序选择【单元格图标】。

4）在【次序】下，单击该按钮旁边的箭头，然后根据格式的类型，选择单元格颜色、字体颜色或单元格图标，选择排序方式。

5）若增加作为排序依据的单元格颜色、字体颜色或图标，请单击【添加条件】，然后重复步骤三到步骤五。确保在【然后依据】框中选择同一列，并且在【次序】下进行同样的选择。对要包括在排序中的每个其他单元格颜色、字体颜色或图标，重复上述步骤。

系统没有默认的单元格颜色、字体颜色或图标排序次序。我们必须为每个排序操作定义需要的顺序。

2．筛选　筛选是根据给定的条件从数据列表中找出并显示满足条件的记录，不满足条件的记录将被隐藏。Excel 提供了自动筛选和高级筛选两种筛选方法。自动筛选是最简单的一种筛选方法。

（1）自动筛选

1）设置自动筛选：单击数据列表中任一单元格，在“数据”选项卡的“排序和筛选”组中，单击“筛选”按钮，每个列标题的右侧都增加了一个向下的筛选箭头，单击筛选箭头，在下拉列表中选择相应的选项，即可实现数据筛选。

若多个列都设置了筛选条件，则多个筛选条件之间是“与”的关系。

2）取消某列筛选结果：单击该列的筛选箭头，在下拉列表中选择“清除筛选”命令。

3）取消自动筛选：再次单击“数据”选项卡“排序和筛选”组的“筛选”按钮，可取消自动筛选。

（2）高级筛选：高级筛选同自动筛选一样，也是根据条件查询数据的功能。自动筛选一般用于条件简单的筛选操作，符合条件的记录显示在原来的数据表格中，操作起来比较简单。如果要筛选的多个条件比较复杂，或要将筛选的结果在新的位置显示出来，那就只有使用“高级筛选”来实现。操作步骤：

1）建立条件区域：条件区域在工作表空白处建立，要求该区域的第一行是列标题，第二行开始是筛选的具体条件。“与”关系的条件写在同一行，“或”关系的条件写在不同行中。

2）选中数据区中任意一个单元格。

3）在“数据”选项卡的“排序和筛选”组中，单击“高级”按钮，在“高级筛选”对话框中进一步设置。

现在我们来看一下前面的案例。利用上一节我们学习的公式与函数，我们很容易完成“综合评定成绩”的计算，接下来我们根据要求完成奖学金的评定。

1．首先，我们要筛选出5门都及格的学生。

（1）选中数据列表任意单元格。

（2）在“数据”选项卡的“排序和筛选”组中，单击“筛选”按钮。每个列标题的右侧都增加了一个向下的筛选箭头（图4-36）。

K3　　=(G3+H3+J3)/3

学生第一学期考试成绩表

第一学期考试成绩表

学号	姓名	性别	系部	体育	解剖	英语	大学语	生理学	综合评	奖学金
99010101	王小燕	女	护理系	优秀	89	78	良好	76	81.00	
99010102	马晓红	女	医疗系	良好	78	97	及格	88	87.67	
99010103	王红	女	助产系	良好	89	83	良好	63	78.33	
99010104	刘大明	男	医疗系	良好	82	93	良好	90	88.33	
99010195	张明	女	助产系	及格	67	75	及格	84	75.33	
99010106	周楠楠	女	护理系	优秀	69	62	优秀	45	58.67	
99010107	周英	女	医疗系	不及格	92	90	及格	90	90.67	
99010108	马明	男	医疗系	及格	77	87	及格	75	79.67	
99010109	王丽	女	医疗系	及格	56	60	优秀	96	70.67	
99010110	孙梅	女	护理系	良好	83	88	优秀	66	79.00	

图4-36　“列标题的右侧增加向下的筛选箭头”

（3）筛选“解剖”大于等于60分的记录：单击“解剖”的筛选按钮，选择“数字筛选”命令，在级联菜单中选择“大于或等于”60的数字，单击“确定”按钮。

（4）同理，筛选出“英语”“生理”大于等于60分的记录。

（5）单击“体育”的筛选按钮，在下拉菜单中去掉“不及格”前的对勾。

（6）同理，筛选“大学语文”成绩，产生5门都及格的学生成绩名单。

2．排序：按照“综合评定”降序排序。

（1）单击数据列表任意单元格。

（2）在“数据”选项卡的“排序和筛选”组中，单击“排序”按钮。

（3）在“排序”对话框中首先设置“主要关键字”为“综合评定”；“次序”为“降序”，单击“确定”按钮。

3．根据排序结果，录入“一等奖、二等奖、三等奖”（图4-37）。

4．恢复记录次序　显示全部数据，并按照“学号”升序排序。

（1）在“数据”选项卡“排序和筛选”组中，单击“筛选”按钮，即可取消了筛选。

第一学期考试成绩表										
学号	姓名	性别	系部	体育	解剖	英语	大学语	生理学	综合评	奖学金
99010104	刘大明	男	医疗系	良好	82	93	良好	90	88.33	一等奖
99010102	马晓红	女	医疗系	良好	78	97	及格	88	87.67	二等奖
99010101	王小燕	女	护理系	优秀	89	78	良好	76	81.00	三等奖
99010108	马明	男	医疗系	及格	77	87	及格	75	79.67	
99010110	孙梅	女	护理系	良好	83	88	优秀	66	79.00	
99010103	王红	女	助产系	良好	89	83	良好	63	78.33	
99010195	张明	女	助产系	及格	67	75	及格	84	75.33	

图 4-37　“录入一、二、三等奖”

（2）单击“学号”列任意一个数据单元格，在“数据”选项卡“排序和筛选”组中，单击“升序”按钮。

（三）数据分类汇总

Excel 中分类汇总是对数据列表的分门别类的统计处理。它不需要用户自己编写公式，Excel 会自动对各类数据进行求和、计数等运算，并把结果以“分类汇总”和“总计”显示出来。

在进行分类汇总之前，必须先按分类字段进行排序。进行分类汇总的数据列表必须带有列标题。

1. 建立分类汇总　对分类字段进行排序。单击数据列表中的任一单元格，或选中需要汇总的数据列表（一定要包含列标题）。在“数据”选项卡的“分级显示”组中，单击“分类汇总”按钮；在“分类汇总”对话框中，设置“分类字段”、“汇总方式”、“选定汇总项”等选项，单击“确定”按钮。

2. 删除分类汇总　对数据列表进行了分类汇总后，如果对结果不满意，可以删除分类汇总，回到数据列表的初始状态，其具体操作步骤如下：

（1）单击数据列表中的任一单元格。

（2）单击“分类汇总”按钮，在“分类汇总”对话框中，单击“全部删除”按钮。

另外，也可以直接单击“撤销”按钮，或选择“编辑”菜单中的“撤销”命令来删除分类汇总。但是这两种办法都要求汇总后没有进行过其他操作。

现在我们再看一下前面的案例，统计“第一学期考试成绩表”中每个系部共有多少人。

1. 复制“第一学期成绩表”工作表，重命名为“分类汇总”。

2. 在“分类汇总”工作表中，按系部排序（升序、降序均可）。

3. 在“数据”选项卡的“分级显示”组中，单击“分类汇总”按钮，在“分类汇总”对话框中设置“分类字段”为“系部”，“汇总方式”为“计数”，“选定汇总项”为“性别”，单击“确定”按钮，效果如图 4-38 所示。

	第一学期考试成绩表										
2	学号	姓名	性别	系部	体育	解剖	英语	大学语文	生理学	综合评定	奖学金
3	99010103	王红	女	助产系	良好	89	83	良好	63	78.33	
4	99010195	张明	女	助产系	及格	67	75	及格	84	75.33	
5			2	助产系 计数							
6	99010102	马晓红	女	医疗系	良好	78	97	及格	88	87.67	二等奖
7	99010104	刘大明	男	医疗系	良好	82	93	良好	90	88.33	一等奖
8	99010107	周英	女	医疗系	不及格	92	90	及格	90	90.67	
9	99010108	马明	男	医疗系	及格	77	87	及格	75	79.67	
10	99010109	王丽	女	医疗系	及格	56	60	优秀	96	70.67	
11			5	医疗系 计数							
12	99010101	王小燕	女	护理系	优秀	89	78	良好	76	81.00	三等奖
13	99010106	周楠楠	女	护理系	优秀	69	62	优秀	45	58.67	
14	99010110	孙梅	女	护理系	良好	83	88	优秀	66	79.00	
15			3	护理系 计数							
16			10	总计数							

图 4-38　按系部分类汇总人数

二、迷你图与图表

（一）图表

1. 认识图表　数据图表就是将单元格中的数据以各种统计图表的形式显示，使得数据更直观。

（1）图表类型：Excel2010 有 14 种标准图表类型，每一种类型又有 2～7 个子类型。同时，还有 20 种自定义图表类型，它们可以是标准类型的变异，也可以是标准类型的组合，每种类型主要是在颜色和外观上有所区别。下面对每一个标准图表类型作一介绍。

1）面积图：面积图表示了数据在一段时间内或者一个类型中的相对关系。一个值所占的面积越大，那么它在整体关系中所占的比重就越大。

2）条形图：条形图使用水平条的长度表示它所代表的值的大小。

3）气泡图：气泡图是对 3 个系列的数据进行比较。它与 XY 图标很相似，X 轴和 Y 轴共同表示两个值，但是气泡的大小是由第 3 个值确定。

4）柱形图：柱形图是条形图的变体。在 Excel 2010 中，柱形图是默认图表类型。

5）圆锥图：圆锥图是条形图或柱形图的变体。唯一不同之处是它使用的圆锥体表示数据。

6）圆柱图：圆柱图是条形图或柱形图的变体。唯一不同之处是它使用的圆柱体表示数据。

7）圆环图：圆环图大体上和饼状图相似，只是不局限于单一的数据系列。每一系列实用圆环中的一个环表示数据，而不是饼状图中的片。

8）折线图：在折线图中，对于每一个 x 的值，都有一个 y 值与其对应，像一个数学函数一样，折线图常用于表示一段时期内的变化。

9）饼图：饼图的绘制局限于一个单一的数据系列，并且不能显示更复杂的数据系列。但是，饼图通常非常生动，容易理解。

10）棱锥图：棱锥图是条形图或柱形图的变体。唯一不同之处是它使用棱锥表示数据。

11）雷达图：雷达图是有一个中心点向外辐射的数据。中心为零，各种轴线由中心扩展出来。

12）股价图：股价图常用于绘制股票价值。

13）曲面图：曲面图可以用二维空间的连续曲线表示数据的走向。

14）xy 散点图：xy 散点图通常把数据描述成一系列的 xy 坐标值来对比一系列数据。散点图可以用来表示一个实验中的多个实验值。

（2）图表分类：图表分两类，一种是嵌入式图表，图表和创建图表的数据源放置在同一个工作表中，打印的时候也同时打印；另一种是独立图表，它是一个独立的图表工作表，默认位置是在源数据工作表的左侧，默认名称为“Chart1”。

（3）图表组成：一个完整的图表通常包括图表区、绘图区、图表标题和图例。

2. 创建图表　创建图表的过程很简单，步骤如下：

（1）选择要用图表表示的数据范围。

（2）在“插入”选项卡的“图表”组中选择图表类型，或单击“图表”组右下角的“对话框启动器”按钮，在“插入图表”对话框中进行设置。

3. 编辑图表　图表创建完成后，可根据需要对其进行修改，如更改图表类型、修改图表中文字的字体和对齐方式、图表位置、图表的源数据、绘图区背景等。

（1）更改图表类型：选中需要修改的图表，在“图表工具”→“设计”选项卡的“类型”组中选择“更改图表类型”按钮（或在右键菜单中选择“更改图表类型”命令），在“更改图表类型”对话框中进行修改。

视频：更改图表大小

（2）更改图表存放位置：选中需要修改的图表，在“图表工具”→“设计”选项卡的“位置”组中选择“移动图表”按钮（或在右键菜单中选择“移动图表”命令），在“移动图表”对话框中进行设置。

（3）更改图表大小。

扫描二维码可查看如何更改图表大小。

（4）更改图表数据源：选中需要修改的图表，在“图表工具”→“设计”选项卡的“数据”组中选择“选择数据”按钮（或在右键菜单中选择“选择数据”命令），在“选择数据源”对话框中添加数据、删除

数据、切换行 / 列数据等操作。

（5）设置图表标题、坐标轴标题和图例。

选中需要修改的图表，在“图表工具”→“布局”选项卡的“标签”组中，单击“图表标题”和“坐标轴标题”按钮的下拉箭头，在下拉菜单中选择相应命令进行设置。

（6）美化图表：选中需要修改的图表，在“图表工具”→“设计”选项卡中，通过“形状样式”、“艺术字样式”等组中的按钮进行设置，或通过右键菜单的“设置图表区域格式”命令，在对话框中进行设置。

4．删除图表　选中需要删除的图表，单击【Delete】键即可。

（二）迷你图

迷你图是简化的图表，使图表可以显示在一个单元格中。迷你图可以一目了然地反映一系列数据变化的趋势。迷你图的图形比较简洁，没有坐标轴、图标标题、图例、网格线等图标元素，主要体现数据的变化趋势或对比。在 Excel 2010 中有三种迷你图样式：折线图、柱形图和盈亏图。创建一个迷你图之后，可以通过填充功能快速创建一组图表。

1．创建迷你图　操作步骤：选择创建迷你图的单元格，在“插入”选项卡的“迷你图”组中，根据需要选择“折线图”、“柱形图”、“盈亏图”按钮，在“创建迷你图”对话框中设置迷你图的数据源和存放位置，单击“确定”按钮。

2．更改迷你图类型　如果改变迷你图的图表类型，可以选中迷你图中的任意一个单元格，单击“设计”选项卡下的“柱形图”按钮，即可将一组迷你图全部更改为柱形迷你图。

3．突出显示数据点　用户可以根据需要为折线迷你图添加标记，或是突出显示迷你图的高点、低点、负点、首点和尾点，并且可以设置各个数据点的显示颜色。

选中迷你图中的任意一个单元格，在“设计”选项卡下，勾选“高点”“低点”和“标记”复选框，单击“标记颜色”下拉按钮，为各数据点设置自定义颜色。

4．设置迷你图样式　Excel2010 提供了 36 种迷你图颜色样式组合供用户选择。选中迷你图中的任意一个单元格，单击“设计”选项卡中的“样式”下拉按钮，打开迷你图样式库，单击样式图标，即可将相应样式应用到一组迷你图中。

5．清除迷你图　清除迷你图有以下几种方法：

方法 1：选中迷你图所在单元格区域，单击鼠标右键，在弹出的快捷菜单上依次单击“迷你图”→“清除所选的迷你图”命令。

方法 2：选中迷你图所在单元格区域，单击“设计”选项卡中的“清除”命令。

下面我们再看前面的案例，在图 4-35“第一学期考试成绩表”工作表中，给“姓名”和“综合成绩”字段添加簇状柱形图表。

1．选中 C2：C12 区域后，使用【Ctrl】键再选中 K2：K12 区域。

2．在“插入”选项卡的“图表”组中，单击“柱形图”按钮，在下拉菜单中的“二维柱形图”中选择“簇状柱形图”，效果如图 4-39 所示。

3．设置横轴坐标标题为“姓名”，纵轴坐标标题为“成绩”。

（1）选中图表：在“图表工具”→“布局”选项卡的“标签”组中，单击“坐标轴标题”按钮的下拉箭头，在下拉菜单中选择“主要横坐标轴标题—坐标轴下方标题”命令，在图表横轴下方出现文本框“坐标轴标题”，将其修改为“姓名”，在空白处单击即可。

（2）选中图表：在“坐标轴标题”的下拉菜单中选择“主要纵坐标轴标题—竖排标题”命令，将标题设置为“成绩”，在空白处单击即可。

三、数据透视表和数据透视图

数据透视表是一种可以快速汇总大量数据的交互式方法。使用数据透视表可以快捷地汇总、分析、浏览和呈现汇总数据；可以深入分析数值数据；可以直观地比较和查看趋势。能够实现下面的用途：

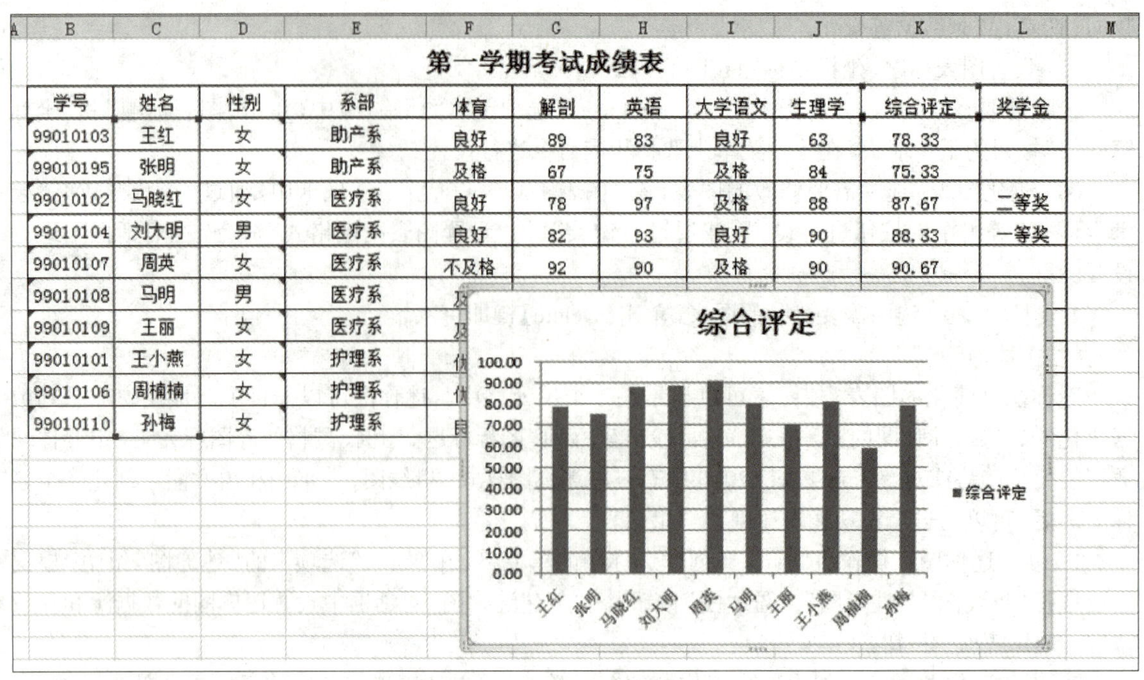

第一学期考试成绩表

学号	姓名	性别	系部	体育	解剖	英语	大学语文	生理学	综合评定	奖学金
99010103	王红	女	助产系	良好	89	83	良好	63	78.33	
99010195	张明	女	助产系	及格	67	75	及格	84	75.33	
99010102	马晓红	女	医疗系	良好	78	97	及格	88	87.67	二等奖
99010104	刘大明	男	医疗系	良好	82	93	良好	90	88.33	一等奖
99010107	周英	女	医疗系	不及格	92	90	及格	90	90.67	
99010108	马明	男	医疗系							
99010109	王丽	女	医疗系							
99010101	王小燕	女	护理系							
99010106	周楠楠	女	护理系							
99010110	孙梅	女	护理系							

图 4-39　创建簇状柱形图表

1. 提供多种用户友好方式查询大量数据。

2. 对数值数据进行分类汇总和聚合，按分类和子分类对数据进行汇总，创建自定义计算和公式。

3. 查看不同级别数据，如汇总数据的明细。

4. 将行移动到列或将列移动到行，以查看源数据的不同汇总。

5. 对最有用和最关注的数据子集进行筛选、排序、分组和有条件的设置格式，使用户能够关注所需的信息。

6. 提供简明带有批注的联机报表或打印报表。

数据透视图是数据透视表的图形展示，数据透视图与相关联的数据透视表合作，以图形形式表示数据透视表中的数据，相关联的数据透视表为数据透视图提供源数据。在新建数据透视图时，将自动创建数据透视表。如果更改其中一个报表的布局，另外一个报表也随之更改。数据透视图是交互式的，可以对其进行排序或筛选显示数据透视表数据的子集。在相关联的数据透视表中对字段布局和数据所做的更改，会立即显示在数据透视图中。

数据透视图及其相关联的数据透视表必须始终位于同一个工作簿中。

数据透视表可以动态地改变版面布置，以便按照不同方式组织、分析数据；也可以重新安排行号、列标和页字段。每一次改变版面布置时，数据透视表会立即按照新的布置重新计算数据。

（一）建立数据透视表

1. 在“插入”选项卡的“表格”组中，单击“数据透视表”按钮。

2. 在“创建数据透视表”对话框中，选择建立数据透视表的数据源和新建立的数据透视表的显示位置，单击“确定”按钮，如图 4-40 所示。

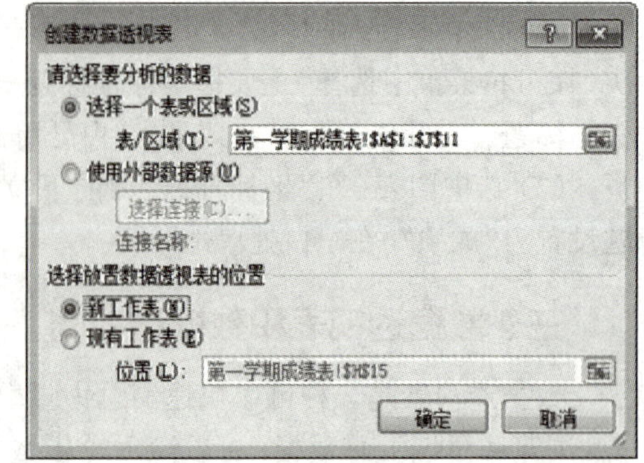

图 4-40　“创建数据透视表”对话框

值得注意的是，选择的数据源中必须包含标题行。为了保证数据源表的完整性，尽量将建立的数据透视表的显示位置放在“新工作表”中。

3. 在工作表的右侧出现“数据透视表字段列表”窗格，将需要显示的字段前打上对勾，再将字段依次拖动到相应区域。

报表筛选：可以理解为数据透视表的总表头。举例，当报表筛选设置为“系部”时（图 4-41），数据透视表中显示为某个系部的数据分类汇总情况。

列标签：数据透视表中显示在不同列上的字段，即表上面的汇总字段。

行标签：数据透视表中显示在不同行上的字段，即表左边的汇总字段。

数值：待汇总的字段。

（二）删除数据透视表

1. 单击要删除的数据透视表的任意位置以显示“数据透视表工具”，找到对应的“选项”和“设计”选项卡。

2. 单击切换到“选项”选项卡，找到“操作”组中，单击“选择”下方的箭头，然后单击“整个数据透视表”以选择整个数据透视表。

3. 按【Delete】完成删除任务。

注意：删除与数据透视图相关联的数据透视表会将该数据透视图变为标准图表，我们将无法再透视或者更新该标准图表。

（三）改变数据透视表布局

数据透视表创建完成后，通过对数据透视表布局的调整，可以得到新的报表，实现不同角度的数据分析需求。在“数据透视表字段列表”中拖动字段按钮，就可以重新安排数据透视表的布局。如图 4-42 为某医院护士工作量统计表，形成的按季度筛选人数透视表，如图 4-43 所示。如果希望调整“季度”和“科室”字段的结构次序，可以选中数据透视表区域中的任意单元格，单击“数据透视表字段列表”的“科室”字段，在弹出的扩展菜单上选择“上移”命令，形成按科室筛选人数透视表，如图 4-44 所示。

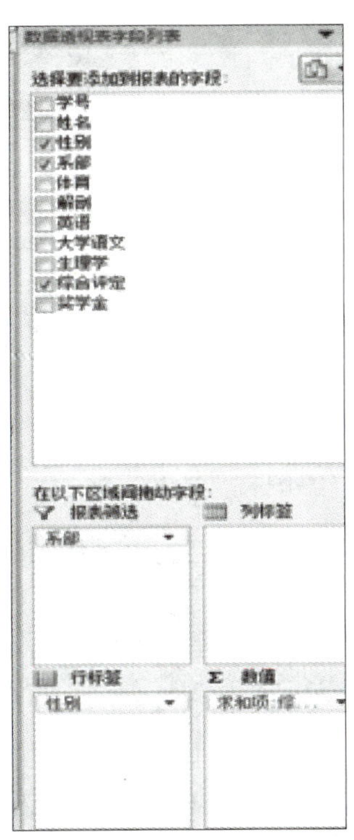

图 4-41　数据透视表字段列表

2016年护理工作量统计表

科室	项目	人数	季度
急诊科	静推人数	561	1季度
急诊科	静推人数	497	2季度
急诊科	静推人数	650	3季度
急诊科	静推人数	642	4季度
急诊科	雾化吸入	433	1季度
急诊科	雾化吸入	321	2季度
急诊科	雾化吸入	467	3季度
急诊科	雾化吸入	512	4季度
急诊科	给氧人数	213	1季度
急诊科	给氧人数	561	2季度
急诊科	给氧人数	472	3季度
急诊科	给氧人数	486	4季度
产科	喂养	962	1季度
产科	喂养	1087	2季度
产科	喂养	1065	3季度
产科	喂养	1148	4季度
产科	暖箱护理	52	1季度
产科	暖箱护理	36	2季度
产科	暖箱护理	62	3季度
产科	暖箱护理	81	4季度

图 4-42　护理工作量表

除此之外，还可以在“数据透视表字段列表”中的各个区域间拖动字段，也可以实现对数据透视表的重新布局。

现在我们使用数据透视表完成统计“第一学期考试成绩表”中每个系部男、女学生“综合评定”平均分（保留两位小数）的操作（图 4-45）：

1. 在“插入”选项卡的“表格”组中，单击“数据透视表”按钮。

2. 在“创建数据透视表”对话框中，设置建立数据透视表的数据源为 B2：L12，数据透视表的显示位置为“新工作表”，单击“确定”按钮。

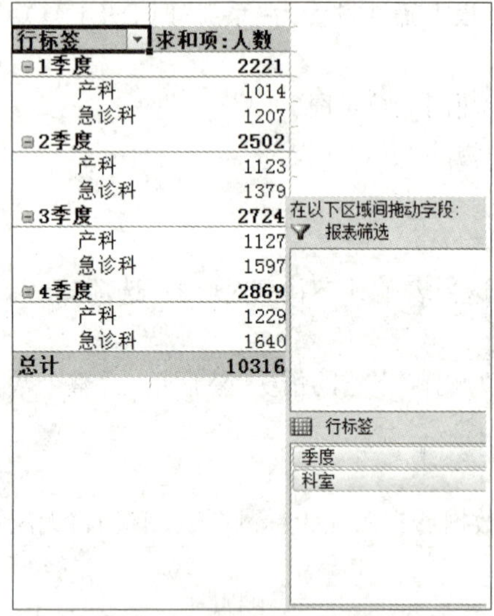

图4-43　按季度筛选人数透视表

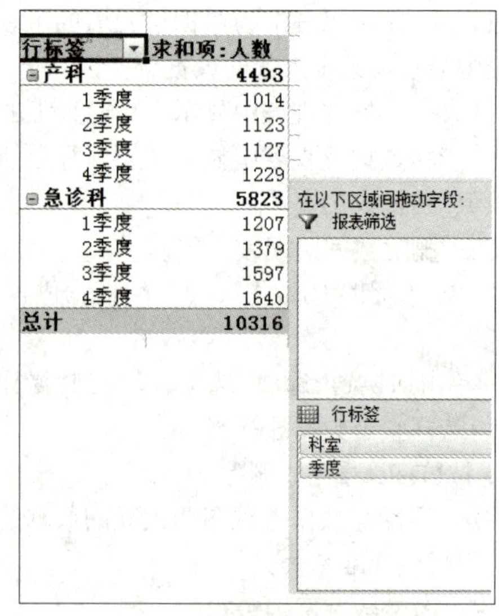

图4-44　按科室筛选人数透视表

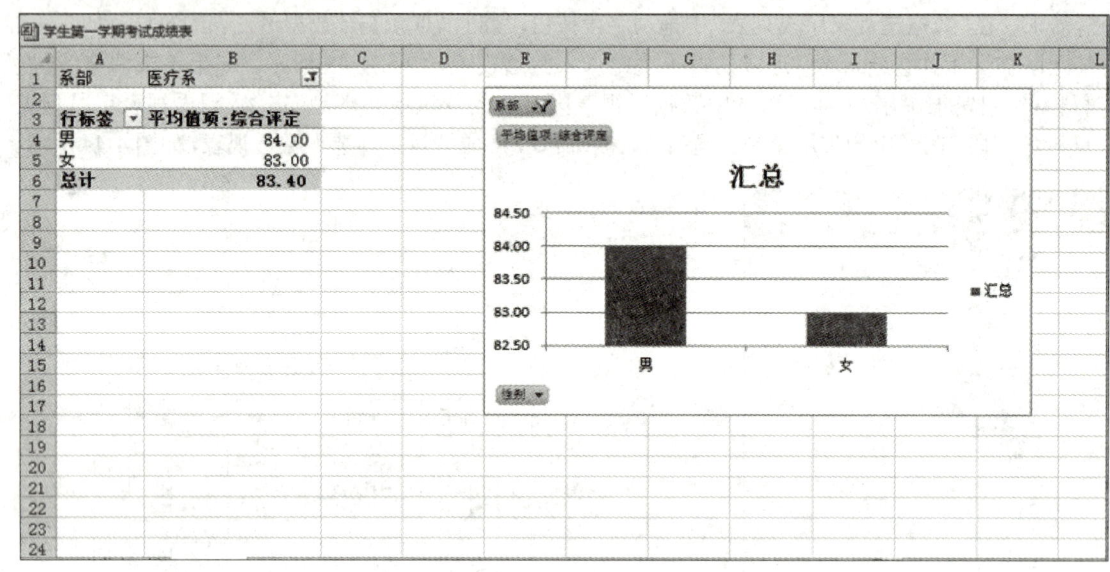

图4-45　“第一学期考试成绩表”中每个系部男、女学生“综合评定”平均分

3. 在“数据透视表字段列表”窗格中，在“选择要添加到报表的字段”列表中选择“系部”“性别”“综合评定”字段，再将字段依次拖动相应区域，图4-46所示。

4. 将数值列表框中的计算方式修改为平均值：单击右侧下拉三角，在菜单中选择“值字段设置”命令，在“值汇总方式”选项卡的“计算类型”列表中选择“平均值”，单击“数字格式”按钮，设置保留2位小数，效果如图4-47所示。

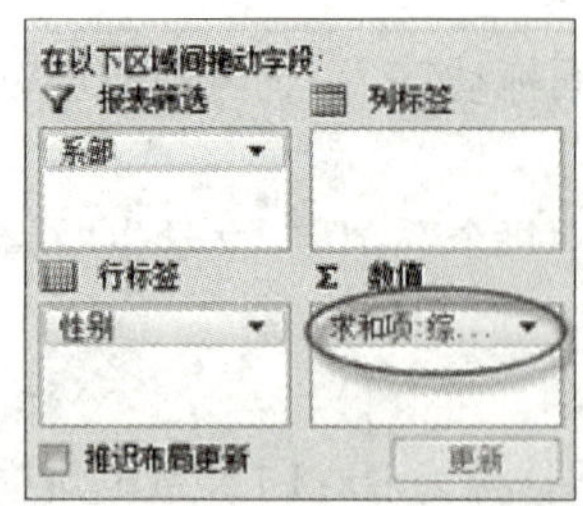

图4-46　设置数据透视表的相应字段选项

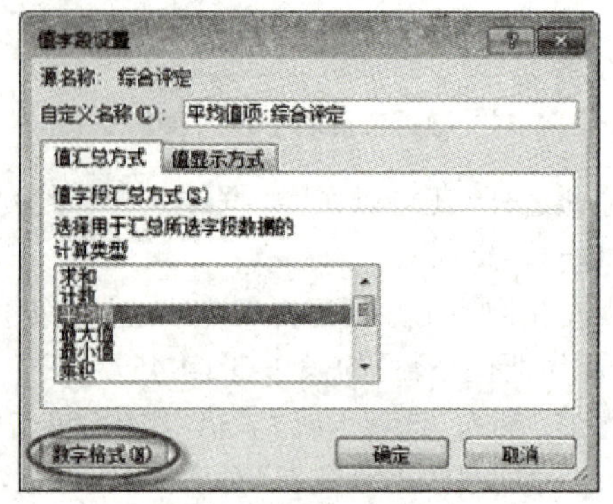

图4-47　“值字段设置”对话框

实训四　病人信息管理与分析

【实训目的】

1. 学会 Excel 工作表中数据排序的操作。
2. 学会 Excel 工作表中数据筛选的操作。
3. 学会在 Excel 工作表中对数据列表的分类操作。
4. 学会在 Excel 工作表中图表的建立与编辑方法。
5. 学会用图形的方式显示工作表中的数据的方法。
6. 学会在 Excel 工作表中建立数据透视表，并利用透视表进行数据管理和分析。
7. 培养学生用 Excel 工作表解决未来工作岗位上实际问题的能力。

【实训内容】

图 4-48 为某医院住院病人信息管理与分析表，其中药占比 = 药品费用 / 总费用，余额 = 已交费用 - 总费用。根据数据分析可以及时了解医院住院病人的入住时间、性别、收费情况、药品使用情况、病人费用欠交情况等，及时掌握病人情况及做好规范化医疗的预警。请完成以下任务。

病人信息管理与分析表											
床号	住院号	科室	姓名	性别	年龄	住院天数	药品费用	总费用	已交费用	药占比%	余额
8	00541631	外科	郭泽良	男	48	8	8176.92	18170.94	20000		
17	00549642	外科	姜宁宁	女	62	15	3749.30	9866.57	10000		
13	00546434	内一科	李衍超	男	66	26	34158.40	65689.23	70000		
14	00546845	外科	刘恩来	男	73	38	55879.17	136290.67	135000		
7	00547631	内二科	刘杰	男	67	12	13954.62	21468.64	20000		
11	00545742	神经内科	刘李敏	女	32	3	686.96	2289.85	3000		
1	00547632	消化内科	倪晓荣	女	55	3	1952.82	4762.97	5000		
3	00548638	内一科	孙广芳	女	65	3	1609.43	3831.97	4000		
15	00541644	内分泌	孙小韵	女	34	12	2023.60	6745.32	7000		
2	00545637	神经内科	王玉艳	女	58	11	4013.97	10563.09	10000		
9	00546640	内一科	王卓群	男	71	6	1747.95	3361.44	3000		
4	00545783	内二科	徐林辉	男	43	2	1297.02	2401.88	3000		
12	00542649	外科	鄢凤英	女	69	24	24511.25	84521.55	100000		
5	00546634	消化内科	姚亮	男	40	10	1010.12	7001.5	7000		
6	00543225	消化内科	叶向东	男	32	5	1880.04	5697.08	6000		
10	00547641	神经内科	张宏丽	女	66	11	4762.01	14430.34	20000		
16	00542141	内分泌	赵聪慧	女	38	2	1452.99	3927	4000		

图 4-48　病人信息管理分析表

1. 按照公式计算每位病人的药占比及余额。
2. 请按照病人药占比排序。
3. 筛选出外科病人，并对外科病人的姓名及住院天数创建图表。
4. 筛选出内一科病人，并对内一科病人的药品费用及总费用创建图表。
5. 按照科室对药品费用、总费用进行分类汇总。
6. 使用数据透视表完成统计每个科室每个病人的余额。
7. 使用数据透视表完成统计每个科室每个病人的总费用及药品费用。
8. 使用数据透视表完成统计每个科室每个病人的住院天数。

【实训步骤】

1. 使用公式计算每位病人的药占比及余额。

（1）打开“病人信息管理与分析表 .xlsx”。

（2）选择 K3 单元格，在 K3 中输入公式“=H3/I3”，按回车键，即可在 K3 单元格中显示“郭泽良”的药占比情况。

（3）鼠标指针指向 K3 单元格右下角，当鼠标指针变为黑色十字时，按住鼠标左键，向下拖动到目的单元格 K19，释放鼠标后，即可在所选单元格中填充公式。

（4）单击“开始选项”卡中“数字”分组的%按钮，将数据以百分比形式显示，即可显示每位病人的药占比情况。

（5）选择 L3 单元格，在 L3 中输入公式“=J3-I3”，按回车键，即可在 L3 单元格中显示“郭泽良”的余额情况。鼠标指针指向 L3 单元格右下角，当鼠标指针变为黑色十字时，按住鼠标左键，向下拖动到目的单元格 L19，释放鼠标后，即可在所选单元格中填充公式。即可得出所有病人的余额情况。

2. 使用排序工具对药占比进行排序。

（1）选择 K3-K19 任一单元格，然后单击“数据”选项卡的“排序和筛选”分组的 Z↓A，则病人的药占比数据从大到小排序。排序后的数据表如图 4-49 所示。

病人信息管理与分析表

床号	住院号	科室	姓名	性别	年龄	住院天数	药品费用	总费用	已交费用	药占比%	余额
7	00547631	内二科	刘杰	男	67	12	13954.62	21468.64	20000	65%	-1469
4	00545783	内二科	徐林辉	男	43	2	1297.02	2401.88	3000	54%	598.12
13	00546434	内一科	李衍超	男	66	26	34158.40	65689.23	70000	52%	4310.8
9	00546640	内一科	王卓群	男	71	6	1747.95	3361.44	3000	52%	-361.4
8	00541631	外科	郭泽良	男	48	8	8176.92	18170.94	20000	45%	1829.1
3	00548638	内一科	孙广芳	女	65	3	1609.43	3831.97	4000	42%	168.03
14	00546845	外科	刘恩来	男	73	38	55879.17	136290.67	135000	41%	-1291
1	00547632	消化内科	倪晓荣	女	55	3	1952.82	4762.97	5000	41%	237.03
17	00549642	外科	姜宁宁	女	62	15	3749.30	9866.57	10000	38%	133.43
2	00545637	神经内科	王玉艳	女	58	11	4013.97	10563.09	10000	38%	-563.1
16	00542141	内分泌	赵聪慧	女	38	2	1452.99	3927	4000	37%	73
6	00543225	消化内科	叶向东	男	32	5	1880.04	5697.08	6000	33%	302.92
10	00547641	神经内科	张宏丽	女	66	11	4762.01	14430.34	20000	33%	5569.7
11	00545742	神经内科	刘李敏	女	32	3	686.96	2289.85	3000	30%	710.15
15	00541644	内分泌	孙小韵	女	34	12	2023.60	6745.32	7000	30%	254.68
12	00542649	外科	鄢凤英	女	69	24	24511.25	84521.55	100000	29%	15478
5	00546634	消化内科	姚亮	男	46	16	1613.12	7681.5	7000	21%	-681.5

图 4-49　病人药占比排序表

（2）单击“数据”选项卡的“排序和筛选”分组的 A↓Z，则病人的药占比数据从小到大排序。

3. 使用筛选工具，筛选出“外科”病人。

（1）在 sheet2 中复制 sheet1 工作表，将复制后的工作表改名为“外科病人”。

（2）选择表格区域中的任意单元格，单击“数据”选项卡的“排序与筛选”分组的筛选按钮，在出现的“筛选指示框”中单击“科室”列表，单击列表中的“全选”前面的☑，然后在列表中选择“外科”，即筛选出“外科”病人。

4. 建立外科病人的姓名及住院天数图表。

（1）使用【Ctrl】键，同时选中“姓名”和“住院天数”两列。

（2）单击“插入”选项卡的“图表”分组，选择“柱形图”，在下一级列表中，选择一种柱状图，此时会出现一个图表，即为外科病人姓名及住院天数图表。

5. 使用筛选工具，筛选出“内一科”病人。

（1）在 sheet3 中复制 sheet1 工作表，将复制后的工作表改名为“内一科病人”。

（2）选择表格区域中的任意单元格，单击“数据”选项卡的“排序与筛选”分组的筛选按钮，在出现的“筛选指示框”中单击“科室”列表，单击列表中的“全选”前面的☑，然后在列表中选择“内一科”，即筛选出“内一科”病人。

6. 建立内一科病人的药品费用和总费用图表。

（1）使用【Ctrl】键，同时选中“药品费用”和“总费用”两列。

（2）单击“插入”选项卡的“图表”分组，选择“柱形图”，在下一级列表中，选择一种柱状图，此时会出现一个图表，即为内一科病人药品费用及总费用图表。如图 4-50 所示。

7. 按照科室对药品费用、总费用进行分类汇总。插入新的工作表，在新的工作表中复制 sheet1 工作表，将复制后的工作表改名为“费用汇总”。

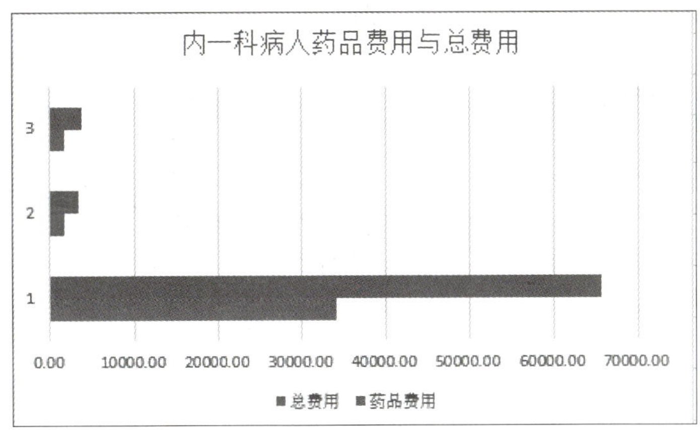

图 4-50　内一科病人药品费用及总费用图表

（1）将数据按照“科室”进行排序。选择 C3～C19 任一单元格，然后单击“数据”选项卡的“排序和筛选”分组的 ，则对科室进行了排序。

（2）对药品费用、总费用进行分类汇总。然后单击“数据”选项卡的“分级显示”分组的“分类汇总”，在弹出的“分类汇总”对话框中，“分类字段”选择“科室”，“汇总方式”选择“求和”，“汇总项”选择“药品费用”和“总费用”，单击“确定”按钮。完成按照科室对药品费用、总费用进行分类汇总。如图 4-51 所示。

病人信息管理与分析表											
床号	住院号	科室	姓名	性别	年龄	住院天数	药品费用	总费用	已交费用	药占比%	余额
1	00547632	消化内科	倪晓荣	女	55	3	1952.82	4762.97	5000	41%	237.03
6	00543225	消化内科	叶向东	男	32	5	1880.04	5697.08	6000	33%	302.92
5	00546634	消化内科	姚亮	男	46	16	1613.12	7681.5	7000	21%	-681.5
	消化内科 汇总						5445.97	18141.55			
8	00541631	外科	郭泽良	男	48	8	8176.92	18170.94	20000	45%	1829.1
14	00546845	外科	刘恩来	男	73	38	55879.17	136290.67	135000	41%	-1291
17	00549642	外科	姜宁宁	女	62	15	3749.30	9866.57	10000	38%	133.43
12	00542649	外科	鄢凤英	女	69	24	24511.25	84521.55	100000	29%	15478
		外科 汇总					92316.64	248849.73			
2	00545637	神经内科	王玉艳	女	58	11	4013.97	10563.09	10000	38%	-563.1
10	00547641	神经内科	张宏丽	女	66	11	4762.01	14430.34	20000	33%	5569.7
11	00545742	神经内科	刘李敏	女	32	3	686.96	2289.85	3000	30%	710.15
	神经内科 汇总						9462.94	27283.28			
13	00546434	内一科	李衍超	男	66	26	34158.40	65689.23	70000	52%	4310.8
9	00546640	内一科	王卓群	男	71	6	1747.95	3361.44	3000	52%	-361.4
3	00548638	内一科	孙广芳	女	65	3	1609.43	3831.97	4000	42%	168.03
	内一科 汇总						37515.78	72882.64			
16	00542141	内分泌	赵聪慧	女	38	2	1452.99	3927	4000	37%	73
15	00541644	内分泌	孙小韵	女	34	12	2023.60	6745.32	7000	30%	254.68

图 4-51　按照科室对药品费用、总费用进行分类汇总

8．使用数据透视表完成统计每个科室每个病人的余额。

（1）选择 sheet1 工作表数据区域的任意单元格，然后单击“插入”选项卡“表格”分组的“数据透视表”按钮，在弹出的“创建数据透视表”对话框中，选择默认的数据区域，数据透视表的位置为“新工作表”，单击“确定”。

（2）在出现的“数据透视表”窗口中，在右侧的“数据透视表字段”窗格中，首先选中“科室”和“姓名”两个字段，作为行数据；然后选中“余额”字段，作为列的汇总值，在生成的数据表中，将“求和项：余额”修改为“汇总余额”，生成的数据表即为每个科室每个病人的余额统计表。将刚刚生成的数据透视表改名为“余额汇总”。

9. 使用数据透视表完成统计每个科室每个病人的总费用及药品费用。

(1) 选择 sheet1 工作表数据区域的任意单元格，然后单击“插入”选项卡“表格”分组的“数据透视表”按钮，在弹出的“创建数据透视表”对话框中，选择默认的数据区域，数据透视表的位置为“新工作表”，单击“确定”。

(2) 在出现的“数据透视表”窗口中，在右侧的“数据透视表字段”窗格中，首先选中“科室”和“姓名”两个字段，作为行数据；然后选中“总费用”及“药品费用”字段，作为列的汇总值，在生成的数据表中，将“求和项：总费用、求和项：药品费用”修改为“汇总总费用和汇总药品费用”，生成的数据表即为每个科室每个病人总费用及药品费用统计表。将刚刚生成的数据透视表改名为“总费用汇总及药品费用汇总”。如图 4-52 所示。

		数据	
科室	姓名	汇总药品费用	汇总总费用
⊟内二科	刘杰	13954.616	21468.64
	徐林辉	1297.0152	2401.88
内二科 汇总		15251.6312	23870.52
⊟内分泌	孙小韵	2023.596	6745.32
	赵聪慧	1452.99	3927
内分泌 汇总		3476.586	10672.32
⊟内一科	李衍超	34158.3996	65689.23
	孙广芳	1609.4274	3831.97
	王卓群	1747.9488	3361.44
内一科 汇总		37515.7758	72882.64
⊟神经内科	刘李敏	686.955	2289.85
	王玉艳	4013.9742	10563.09
	张宏丽	4762.0122	14430.34
神经内科 汇总		9462.9414	27283.28
⊟外科	郭泽良	8176.923	18170.94
	姜宁宁	3749.2966	9866.57
	刘恩来	55879.1747	136290.67
	鄢凤英	24511.2495	84521.55
外科 汇总		92316.6438	248849.73
⊟消化内科	倪晓荣	1952.8177	4762.97
	姚亮	1613.115	7681.5
	叶向东	1880.0364	5697.08
消化内科 汇总		5445.9691	18141.55
总计		163469.5473	401700.04

图 4-52　总费用及药品费用数据透视表

10. 使用数据透视表完成统计每个科室每个病人的住院天数。

(1) 选择 sheet1 工作表数据区域的任意单元格，然后单击“插入”选项卡“表格”分组的“数据透视表”按钮，在弹出的“创建数据透视表”对话框，选择默认的数据区域，数据透视表的位置为“新工作表”，单击“确定”。

(2) 在出现的“数据透视表”窗口中，在右侧的“数据透视表字段”窗格中，首先选中“科室”和“姓名”两个字段，作为行数据；然后选中“住院天数”字段，作为列的汇总值，在生成的数据表中，将“求和项：住院天数”修改为“住院天数汇总”，生成的数据表即为每个科室每个病人的住院天数统计表。将刚刚生成的数据透视表改名为“住院天数汇总”。

（李　新　潘　攀）

思考题

1. 在 Excel 表中进行数值填充时，直接拖动鼠标用填充柄下拉就可以，但是如果要直充数据很大的情况下(如填充到 100)，用填充柄下拉很麻烦，那么如何让 Excel 表数据自动填充呢？

2. RANK 函数是统计函数，如何利用 RANK 函数对数据进行排位？

思路解析

扫一扫，测一测

第五章 PowerPoint演示文稿制作

学习目标

1. 熟悉 PowerPoint 2010 的功能和演示文稿的制作流程，了解幻灯片的视图模式，学会制作演示文稿的能力。
2. 掌握 PowerPoint 2010 的基本操作、幻灯片版式的调整方法和主题设计、背景设计的方法。
3. 熟练掌握幻灯片的动画、切换、音频、视频、超级链接等对象编辑方法。
4. 掌握幻灯片的页面设置和放映设置操作。
5. 具有高效的幻灯片处理和信息展示能力。

PowerPoint 2010 是微软公司开发的 Microsoft Office 2010 办公系统的一个重要组件，是一款非常著名的演示文稿制作和播放软件。该软件允许以可视化的操作将文本、图像、动画、音频、视频集成到一个可重复编辑和播放的文档中。通过各种数码播放产品展示出来，是表达观点、演示成果、交流信息的强有力的工具。

在当今的信息社会中，人们有更多的需求或机会进行信息的交流，如：产品介绍、学术讨论、项目论证、论文答辩、个人或公司介绍等。PowerPoint 2010 可以制作图文并茂、层次分明、主题突出、绘声绘色的幻灯片，使演讲者的演讲更能突出观点、吸引观众，加深印象，提高报告的效果。

第一节　演示文稿制作软件

学生：老师，我快毕业了，要去医院应聘护理岗位，怎么能让我的自我介绍更精彩呢？

老师：你可以利用 PowerPoint 软件制作一个演示文稿，把你主要的经历都写在上面，选用适当的主题，插入相应的动画，这样会使你的介绍更加精彩。

问题 1：PowerPoint 软件的制作流程是什么样的？

问题 2：PowerPoint 软件的工作界面是怎样的？

一、演示文稿制作的流程

1. 启动 PowerPoint 软件　启动 PowerPoint 2010 的方法主要有以下几种：

（1）利用“开始”按钮启动 PowerPoint 2010：单击开始按钮，然后执行“所有程序”→“Microsoft Office”→“Microsoft PowerPoint 2010”命令，见图 5-1 所示，即可启动 PowerPoint 2010 软件。

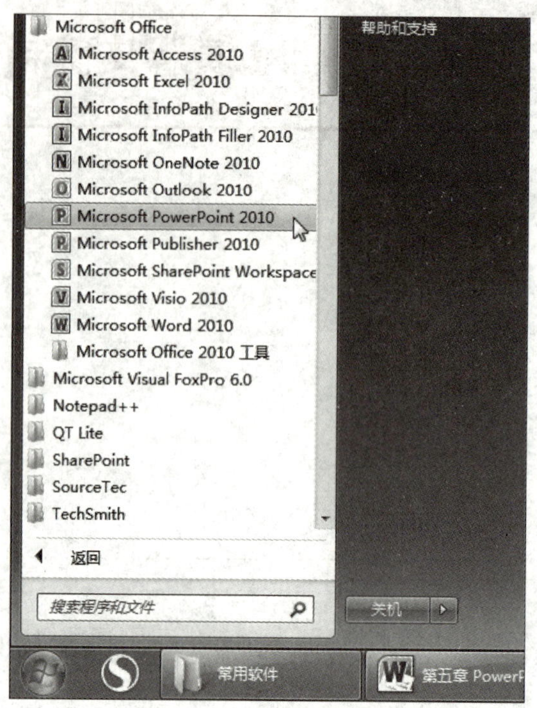

图 5-1　启动 PowerPoint 2010 程序

（2）利用 Windows 桌面上的快捷方式启动 PowerPoint 2010：双击桌面上的 Microsoft PowerPoint 2010 橙色快捷方式图标，即可启动 PowerPoint 2010。

（3）利用已有的 PowerPoint 2010 演示文稿启动 PowerPoint 2010：双击已有的中文 PowerPoint 演示文稿，即可打开 PowerPoint 2010 文件。

2. 新建幻灯片　在打开的演示文稿中，根据构思设计，增加一定数量的幻灯片个数。

3. 选用主题和版式　主题是 PowerPoint 2010 中一种特殊的模板形式，是设置好的文本样式和填充样式的集合。选择恰当的主题，会让演示文稿更凸显特色。幻灯片版式是幻灯片的布局格式，通过幻灯片版式的应用，使幻灯片的制作更加整齐、简洁。

4. 输入文本内容及插入相关资源　幻灯片中输入相应的文本内容，要求内容简练，能清晰表达意图即可。为了配合主要的文字内容，还可以通过插入选项卡插入图形、图像、音频、视频、艺术字、超链接等多种元素来丰富幻灯片的内容。

5. 格式编辑　对于插入到幻灯片的元素，要进行统一格式的设置，进行格式编辑，诸如对字体使用不同字体、字号、颜色等；对图像规格使用同样大小；对表格采用三线格等形式。

6. 演示文稿修饰　虽然已经设置好主题格式，但是有些突出显示的幻灯片页也需进一步调整。可以更改幻灯片页的背景颜色、设置幻灯片的方向、设计幻灯片的效果等。

7. 动画设计　动画是 PowerPoint 中的一种重要技术，通过这一技术，可以将幻灯片的内容以动态的方式展示出来，增强幻灯片的互动性。

8. 切换效果　幻灯片的切换效果是指在幻灯片切换时添加动画效果，更能增强两幻灯片页之间的连贯性效果、增强整体感。

9. 幻灯片播放设置和播放　制作完演示文稿后，为了按规律播放演示文稿，也为了适应播放环境，还需要设置放映幻灯片的方式和范围，以及设置幻灯片的排练计时与录制旁白等。然后按要求播放即可，观看效果。

10. 保存并退出 PowerPoint 软件　设计好的演示文稿要进行保存，使用“文件”选项卡中的“保存”命令，或者“另存为”命令来保存演示文稿，或者使用“快速访问工具栏”上的“保存”按钮来保存

演示文稿。演示文稿的扩展名为“.pptx”。

软件使用完毕，要正常退出，保持良好习惯。退出 PowerPoint 2010 的方法主要有以下几种：

（1）利用“文件”选项卡退出 PowerPoint 2010：选择“文件”选项卡，单击“退出”命令，即可退出 PowerPoint 2010。

（2）利用“关闭”按钮退出 PowerPoint 2010：单击窗口标题栏右端的“关闭”按钮，即可退出 PowerPoint 2010。

（3）通过控制图标退出 PowerPoint 2010：双击窗口标题栏的控制图标可以退出 PowerPoint 2010，也可以单击窗口标题栏的控制图标，选择“关闭”命令来退出 PowerPoint 2010。

二、PowerPoint 的工作界面与视图模式

1. 界面介绍　见图 5-2 所示。

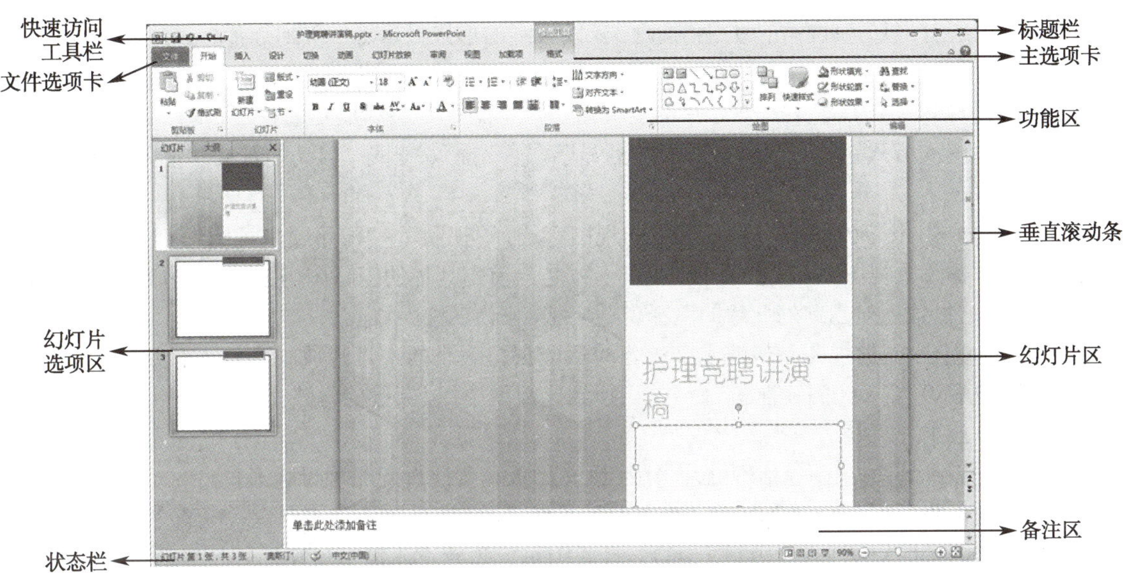

图 5-2　PowerPoint 2010 的窗口界面图

PowerPoint 2010 的窗口由快速访问工具栏、标题栏、文件选项卡、主选项卡、功能区、幻灯片选项区、幻灯片区、备注区和状态栏等部分构成。

（1）快速访问工具栏：快速访问工具栏可以自定义工具，它包含了一组独立于当前显示的功能区上选项卡的命令，可以进行快速访问，并且可以向该工具栏中添加代表命令的按钮。

（2）标题栏：位于窗口顶端，用来表明当前应用程序名称和正在编辑的演示文稿名称。

（3）文件选项卡：“文件”选项卡，包含“打开”、“保存”和“打印”等一些基本命令。

（4）主选项卡和功能区：主选项卡主要是 PowerPoint 2010 演示文稿软件的具体功能选项，每个选项卡上是具体的功能区，功能区是选项卡的具体实施区域，旨在帮助快速找到完成某任务所需的命令。选项卡包含有若干个“组”，每个组又包含有若干个“命令”。组中的命令以图标的形式排列在一起。单击某个按钮就可执行相应的操作命令。可以通过右击任意选项卡，来自定义功能区。

如果有些命令后面有一个省略符（……），就是说明该命令需要在所弹出的对话框中提供更多的信息，以便它有足够的依据来执行命令。某些组的右下角有一个小箭头，这个小箭头称为“对话框启动器”，单击它可看到一个带有更多命令的对话框。

（5）幻灯片选项区：在此区域显示幻灯片的缩略图，主要对幻灯片进行选定、新建、插入、删除等基本操作。

（6）幻灯片区：编辑幻灯片的工作区域，主要是美化和增强幻灯片的演示效果。

（7）备注区：用来编辑幻灯片的相关注释信息及其他备注信息。

（8）状态栏：状态栏位于窗口的最底端，用于显示当前窗口的状态、操作信息。可以在设计过程

中观察状态栏中所显示信息的变化以调整操作方法和步骤。状态栏右侧显示视图快捷方式和显示比例按钮等。

视频：幻灯片视图模式

2. PowerPoint 2010的视图模式 PowerPoint 2010中有普通视图、幻灯片浏览视图、备注页视图、阅读视图、母版视图和幻灯片放映视图等视图方式。每种视图都提供不同的功能并帮助完成不同的工作，在编辑演示文稿过程中，可以在“视图”选项卡中进行切换视图方式。

（1）普通视图：普通视图是最常用的一种视图，也是PowerPoint 2010默认的视图方式。打开或新建一个演示文稿，窗口会自动地显示为普通视图方式。也可以通过选择“视图”→“演示文稿视图”→“普通视图”命令，将显示方式切换到普通视图方式。

在普通视图中，显示了幻灯片中的所有内容及其格式，视图中包括幻灯片选项区、幻灯片区、备注区，在分割条上按下鼠标左键进行拖动，就可以改变相应区域的大小，从而使屏幕显示的工作环境更能符合个人的工作习惯。

在幻灯片选项区有“幻灯片”和“大纲”两个选项卡。单击“幻灯片”选项卡，以缩略图的方式显示演示文稿中的所有幻灯片。单击“大纲”选项卡，以大纲的形式显示每一页幻灯片。

（2）幻灯片浏览视图：选择“视图”→“演示文稿视图”→“幻灯片浏览”命令，将演示文稿的显示方式切换到幻灯片浏览视图上。幻灯片浏览视图是一个幻灯片整体展示的视图，演示文稿中的所有幻灯片以缩略图的方式在幻灯片区按顺序排列显示，便于插入、删除、移动幻灯片和插入切换效果等操作。

（3）备注页视图：备注页也有自己独立的视图。选择“视图”→“演示文稿视图”→“备注页”命令就可以切换到备注页视图。在备注页视图中，上方是当前幻灯片的缩略图，在视图下方有一个文本输入框，可以在这里输入对当前幻灯片的注释说明文字，作为备注。

（4）阅读视图：阅读视图是将演示文稿作为适应窗口大小的幻灯片放映查看，可以通过选择“视图”→“演示文稿视图”→“阅读视图”命令，切换到该视图中，以阅读的方式查看幻灯片会呈现幻灯片放映时的所有效果。

（5）母版视图：母版视图包括幻灯片母版、讲义母版和备注母版三种母版形式。

幻灯片的母版是用来自定义演示文稿中幻灯片格式的模板。执行“视图”→“母版视图”→“幻灯片母版”命令可以进入幻灯片母版（图5-3）。母版中可以设置文本域对象在幻灯片中的位置、文本主题、字体、颜色、背景、效果等内容，设置后所有幻灯片的格式也同时被更改。母版设置好后，选择“关闭母版视图”来关闭母版模式，回到幻灯片普通视图。

讲义母版通常应用于教学备课工作中，通过执行“视图”→“母版视图”→“讲义母版”命令即可进入。讲义母版可以显示多个幻灯片的内容，便于对幻灯片进行打印和快速浏览，通常由页眉占位符、页脚占位符、页码占位符、日期占位符以及若干幻灯片组成。在“讲义母版”选项卡中可以设置母版的页面设置、占位符情况、编辑主题、背景设计等内容。

备注母版的作用是演示文稿中各幻灯片的备注和参考信息，通过执行“视图”→“母版视图”→“备注母版”命令即可进入。备注母版由幻灯片缩略图和页眉、页脚、日期、正文、页码等占位符组成。

（6）幻灯片放映视图：选择“幻灯片放映”→“开始放映幻灯片”→“从头开始”|“从当前幻灯片开始”命令，将演示文稿的显示方式切换到了“幻灯片放映”视图。放映视图下，将演示文稿中的幻灯片全屏幕展示，并可以观察到幻灯片所设置的各种放映效果。可以按下键盘上的【Esc】键退出放映。

幻灯片视图的页面视图、幻灯片浏览视图、阅读视图和幻灯片放映视图等四种视图方式也可以通过状态栏上的视图切换按钮来进行选择切换。

另外，在“视图”选项卡中还可以进行窗口的重排操作。

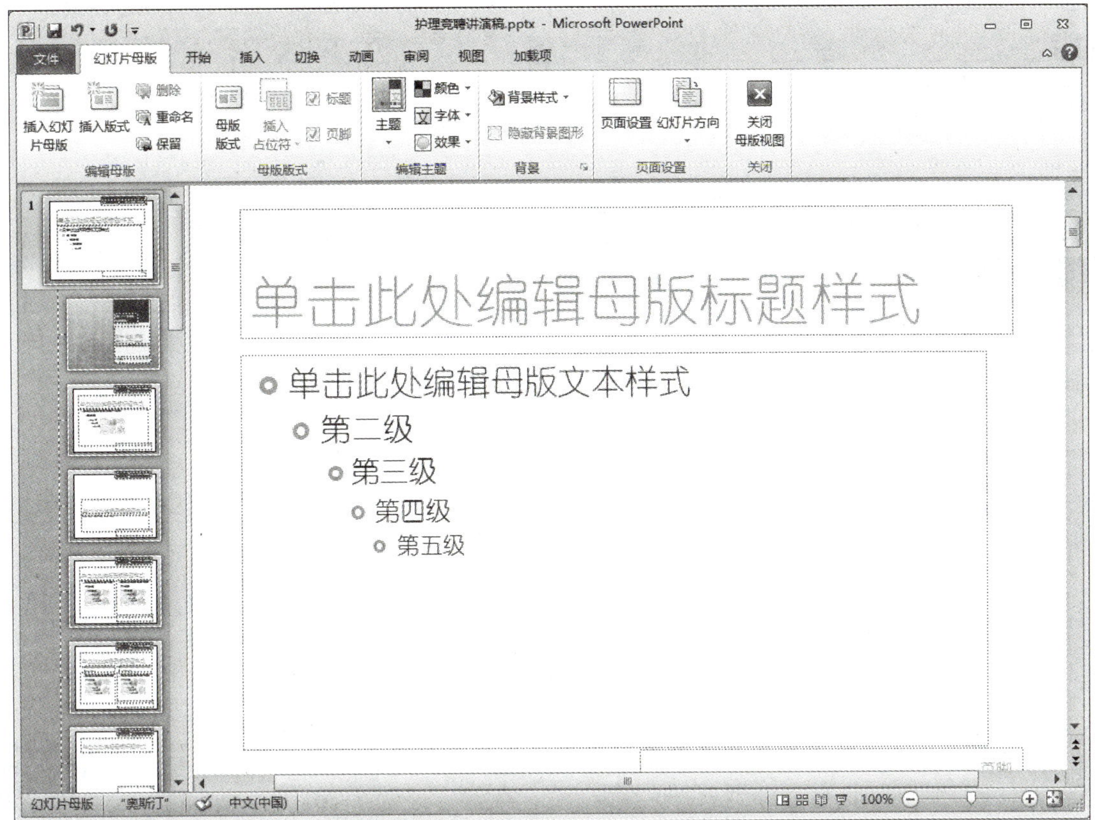

图 5-3　幻灯片母版视图

第二节　PowerPoint 的基本操作

学生：老师，PowerPoint 软件工作界面简单明了，便于使用。那是不是基本操作也跟 Word、Excel 软件一样简单呢？

老师：PowerPoint 软件的基本操作跟 Word、Excel 软件一样的简单，而且幻灯片的外观设计和插入的元素会使演示文稿呈现出更精美的效果。

问题 1：演示文稿的基本操作都有什么？

问题 2：演示文稿的外观设计如何操作？

问题 3：幻灯片对象如何编辑操作？

一、演示文稿的创建

1. 演示文稿的创建方法　PowerPoint 2010 软件提供了多种创建演示文稿的方法。

（1）系统默认生成演示文稿：PowerPoint 2010 软件启动后，系统会自动生成一个默认文件名为“演示文稿 1”的空白演示文稿，可以直接对该演示文稿进行相关的编辑操作。

（2）创建空白演示文稿：可以通过“文件”选项卡，选择“新建”命令，在窗口中选择“空白演示文稿”选项（图 5-4）。单击窗口右侧的“创建”按钮，将创建一个空白的演示文稿，供编辑使用。

（3）通过样本模板创建演示文稿：样本模板是 PowerPoint 2010 提供的已经设置好的模板，可以通过样本模板创建精美的演示文稿。通过“文件”选项卡，选择“新建”命令，在窗口中选择“样本模板”选项，在更新的窗口中会展示 PowerPoint 2010 提供的模板样式（图 5-5），选择相应的模板，会在右侧的预览窗口中呈现演示文稿首页，单击“创建”按钮，将创建一个该样本的演示文稿，供使用（图 5-6）。

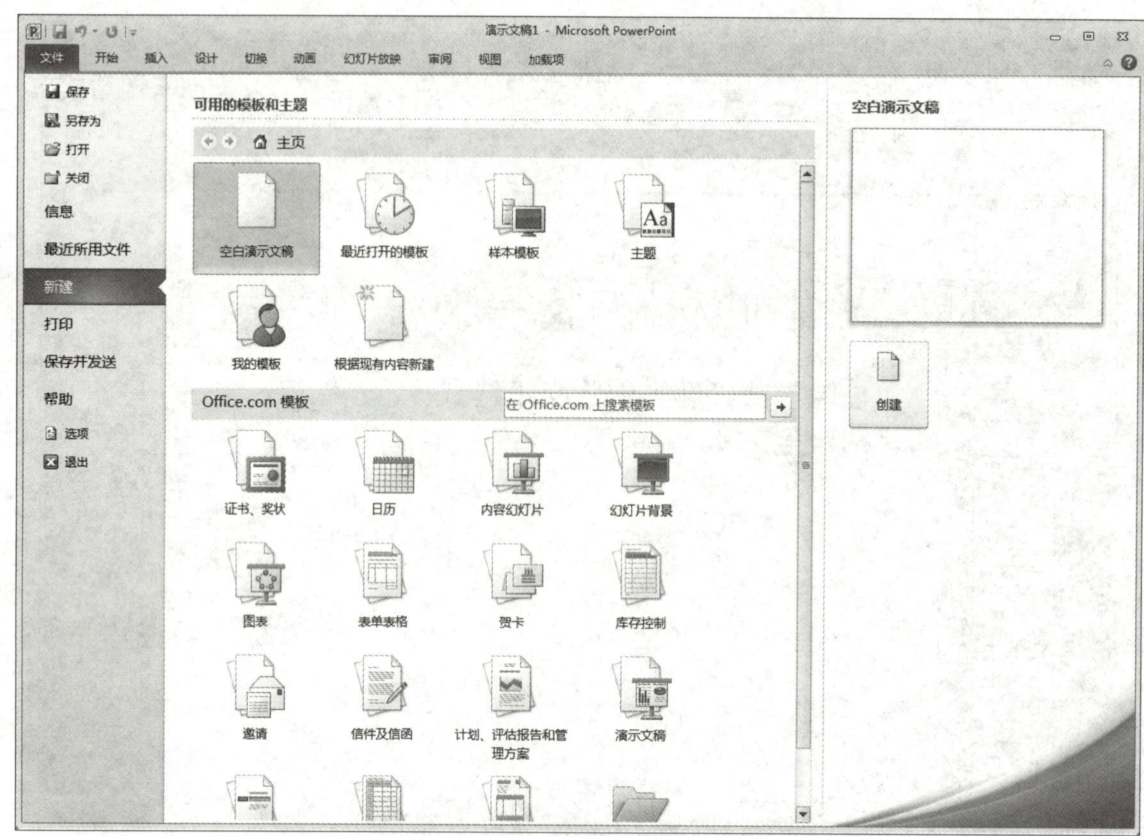

图 5-4 新建空白演示文稿

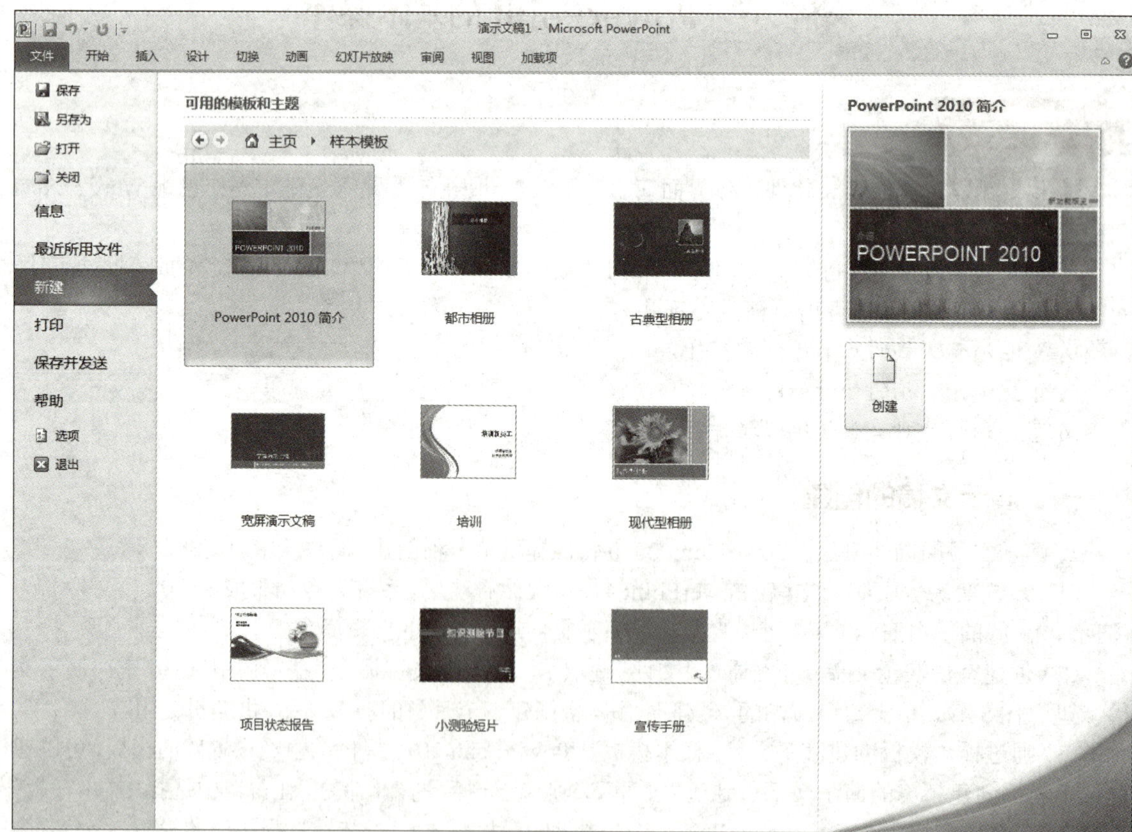

图 5-5 通过样本模板创建演示文稿

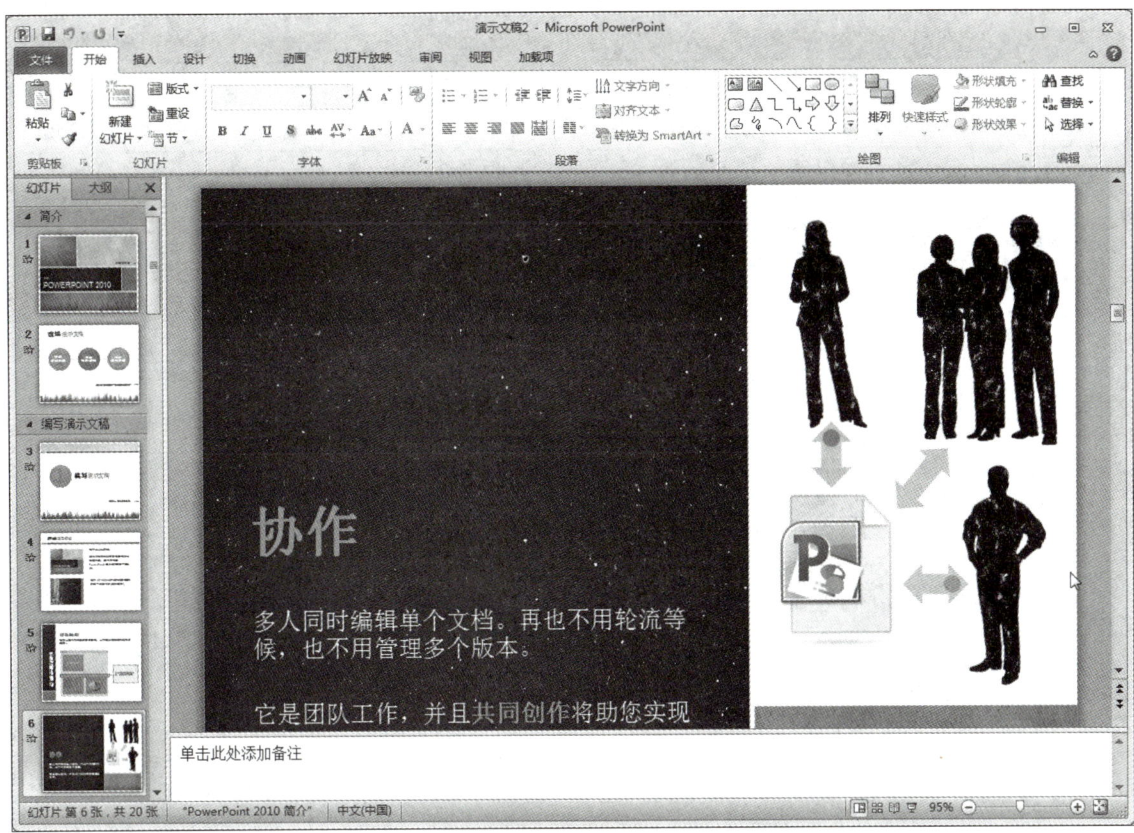

图 5-6　样本模板创建的演示文稿

（4）通过主题创建演示文稿：主题是 PowerPoint 2010 中一种特殊的模板形式，是已经设置好的文本样式和填充样式的集合。通过主题创建演示文稿，首先单击“文件”选项卡，选择“新建”命令，在打开的窗口中选择“主题”选项，窗口中会呈现出 PowerPoint 2010 提供的多种主题样式。选择相应的主题，在右侧的预览窗口中会呈现主题样式，单击“创建”按钮，即可创建该主题样式的演示文稿，供学生编辑使用。此时选择的主题样式与在设计选项卡中主题选项组中选择的主题是一致的。

2. 打开演示文稿　PowerPoint 2010 对已经存在的演示文稿可以打开，对其进行编辑修改，PowerPoint 2010 提供了 4 种打开演示文稿的方式。

（1）通过“文件”选项卡打开演示文稿：在 PowerPoint 2010 中，可以执行“文件”→“打开”命令。在“打开”对话框中选择演示文稿所在的磁盘、路径，选择将要打开的文件名，单击“打开”按钮，即可打开演示文稿（图 5-7）。在“打开”按钮的右侧有个下拉箭头，单击后会弹出下拉菜单，包括“打开”、“以只读方式打开”、“以副本方式打开”、“在浏览器中打开”、“在受保护的视图中打开”、“打开并修复”等选项，按需要进行选择即可实现相应的功能。

（2）通过“最近所用文件”命令打开演示文稿：选择“文件”选项卡中的“最近所用文件”命令，在弹开的窗口中会显示最近使用过的多个演示文稿，用鼠标单击所需文件即可打开。最近使用的演示文稿数量多少，可以通过“选项”→“高级”→“显示”→显示此数目的“最近使用文档”选项进行设置。

（3）通过双击文件打开演示文稿：安装好 PowerPoint 2010 以后，Windows 操作系统会自动为所有 .ppt、.pptx 等格式的演示文稿、演示模板文档建立关联。在“计算机”或“资源管理器”中可以直接选中要打开的演示文稿，双击该文件，即可打开。

（4）通过快速访问工具栏打开按钮打开演示文稿：可以在 PowerPoint 2010 的“快速访问工具栏”栏中，选择“自定义快速访问工具栏”下拉按钮执行“打开”命令，打开演示文稿。

3. 保存演示文稿　演示文稿制作完成后需要保存，以备将来使用。

（1）通过“文件”选项卡保存演示文稿：在 PowerPoint 2010 中，可以选择“文件”→“保存”命令，打开“另存为”对话框，在“保存位置”所对应的列表框中选择保存路径；在文件名所对应的文本

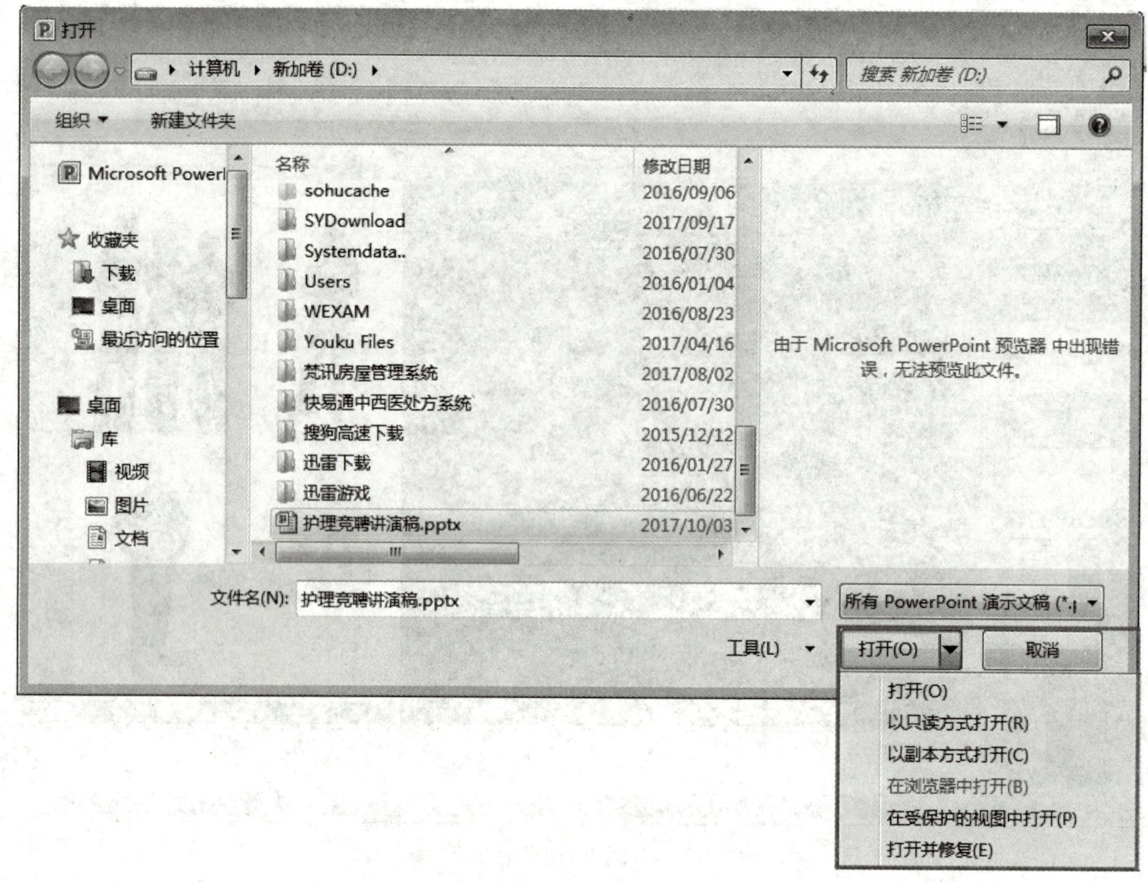

图 5-7　打开演示文稿窗口

框中输入演示文稿的文件名后，选择相应的保存类型，单击“保存”按钮即可。还可以通过执行“文件”→“另存为”命令对演示文稿进行加密。在“另存为”对话框中，单击“工具”下拉按钮，选择“常规选项”，然后在弹出的对话框中输入权限密码，单击“确定”按钮后返回“另存为”对话框，然后单击“保存”按钮即可为演示文稿设置密码。还可以通过“标记为最终状态”、“按人员限制权限”、“添加数字签名”等操作来保护演示文稿。

（2）通过“快速访问工具栏”保存演示文稿：可以选择“快速访问工具栏”上的“保存”图标按钮，演示文稿将保存在已有的路径下。如果第一次保存，则会打开“另存为”对话框，设置好路径和文件名保存即可。

4．编辑演示文稿　编辑演示文稿主要是对演示文稿中的幻灯片进行基础操作，包括选定、移动、复制、删除等操作。

（1）选定幻灯片：选定操作是进行编辑操作的前提，对谁操作就要选定谁。确定选择对象非常重要，选定幻灯片操作在“幻灯片选项区”进行。

1）选定一张幻灯片：在将要选定的幻灯片上单击鼠标左键确认即可。

2）选定多张连续的幻灯片：先用鼠标单击将要选择的第一张幻灯片，按住键盘上的【Shift】键，再单击最后一张将要选择的幻灯片，松开键盘即可选择多张连续的幻灯片。

3）选定多张不连续的幻灯片：先用鼠标单击将选择的第一张幻灯片，按住键盘上的【Ctrl】键，再分别单击将要选择的幻灯片，松开键盘即可选择多张不连续的幻灯片。

4）选定所有幻灯片：可以按照选定多张连续的幻灯片的方法进行选择，也可以选择任意一张幻灯片后，按键盘上的【Ctrl】+【A】组合键进行全部选择。

（2）新建幻灯片：当演示文稿中的幻灯片页数不够时，需要新建幻灯片。

1）使用选项卡新建幻灯片：通过选择“开始”选项卡，在“幻灯片”选项组中单击“新建幻灯片”按钮，在弹出的幻灯片布局中选择版式，即可新建一张幻灯片。

2）使用快捷菜单新建幻灯片：在“幻灯片选项区”中，单击鼠标右键，在弹出的快捷菜单中选择“新建幻灯片”命令，创建一张与当前幻灯片版式相同的空白幻灯片。

3）使用键盘上的【Enter】新建幻灯片：在“幻灯片选项区”中，将鼠标置于要新建幻灯片的位置，按【Enter】键即可创建一张与当前幻灯片版式相同的空白幻灯片，这是建立幻灯片最常用、最简便的方法。

（3）移动幻灯片：移动幻灯片可以按照需求调整一张或多张幻灯片的顺序。

1）使用鼠标拖动快速移动幻灯片：可以在“幻灯片选项区”中的“幻灯片”选项卡上选择一张或多张幻灯片，然后拖动到目标位置即可进行移动。

2）使用选项卡移动幻灯片：可以先选定要操作的幻灯片，然后选择“开始”选项卡在“剪贴板”选项组中单击“剪切”命令按钮，到目标位置，单击“粘贴”命令按钮，即可实现移动操作。

3）使用快捷菜单来移动幻灯片：选定幻灯片，单击鼠标右键，在弹出的快捷菜单中选择“剪切”命令，到目标位置，单击“粘贴”命令，即可移动选定的幻灯片。

（4）复制幻灯片：复制幻灯片是为了使演示文稿增加相同风格的幻灯片页数，或者复制相同的幻灯片内容。

1）使用选项卡复制幻灯片：先选定将要操作的幻灯片，然后选择“开始”选项卡在“剪贴板”选项组中单击“复制”命令按钮，到目标位置，单击“粘贴”命令按钮，即可实现复制操作。“复制”按钮中有两个选项，可以将幻灯片复制到剪贴板多次使用，也可以将幻灯片直接复制到演示文稿中。

2）使用快捷菜单来移动幻灯片：选定幻灯片，单击鼠标右键，在弹出的快捷菜单中选择“复制”命令或者“复制幻灯片”命令，在目标位置，单击“粘贴”命令，即可实现复制操作。

（5）删除幻灯片：对于无用的幻灯片，要进行及时的删除，使演示文稿简单明了。

1）使用快捷菜单来删除幻灯片：在PowerPoint 2010“幻灯片选项区”中，选定要删除的幻灯片，单击鼠标右键，在弹出的快捷菜单中选择“删除幻灯片”命令，即可删除选中的幻灯片。

2）使用键盘上的快捷键来删除幻灯片：选定要删除的幻灯片，按键盘上的【Delete】键或【Backspace】键，即可删除选中的幻灯片。

二、演示文稿外观设计

1. 幻灯片主题设计　幻灯片主题设计是PowerPoint 2010将颜色、字体和效果三部分做好预置方案的模板，只需要选择相应的主题，就可以将主题效果应用于整个演示文稿或幻灯片上，同时还可以对颜色、字体和效果三个选项进行自定义设置来更改主题的效果。

通过执行“设计”→“主题”→“其他”按钮命令，在弹出的列表框中选择预置主题，整个演示文稿都将随之改变。也可以在该主题上单击鼠标右键，在弹出的菜单中选择“应用于所有幻灯片”、“应用于选定幻灯片”、“设置为默认主题”等命令，来进行设置。PowerPoint 2010提供了44种可用的主题（图5-8）。PowerPoint 2010还提供了从网络浏览主题、将主题保存为本地主题的功能。通过执行“设计”→“主题”→“颜色”命令，在下拉菜单中选择已经预置的颜色方案即可更改主题颜色。也可以通过“字体”命令，在打开的下拉列表中选择所需字体，通过“效果”命令，在打开的下拉列表中选择所需的效果即可。

视频：演示文稿的主题设计

2. 幻灯片背景　PowerPoint 2010根据所选择的主题会提供12种背景样式，它是内置的背景和颜色的组合。通过执行“设计”→“背景”→“背景样式”命令，在弹出的下拉列表中选择需要的样式即可设定。

还可以执行“设计”→“背景”→“背景样式”→“设置背景格式”命令（图5-9）。通过“纯色填充”、“渐变填充”、“图片或纹理填充”和“图案填充”四种方式进行背景设置。

3. 幻灯片版式　幻灯片的布局格式称为幻灯片版式。创建演示文稿之后，为了丰富幻灯片内容，体现幻灯片的实用性，可以通过执行“开始”→“幻灯片”→“版式”命令，在弹出的窗口中按需要选择合适的版式即可（图5-10）。执行“开始”→“幻灯片”→“重设”命令，可以将幻灯片占位符的大小、位置、格式等还原为默认状态。如果版式无法满足对布局的需求，还可以手动调整版式的布局，选择目标占位符或其他对象，用鼠标拖动到合适位置即可。

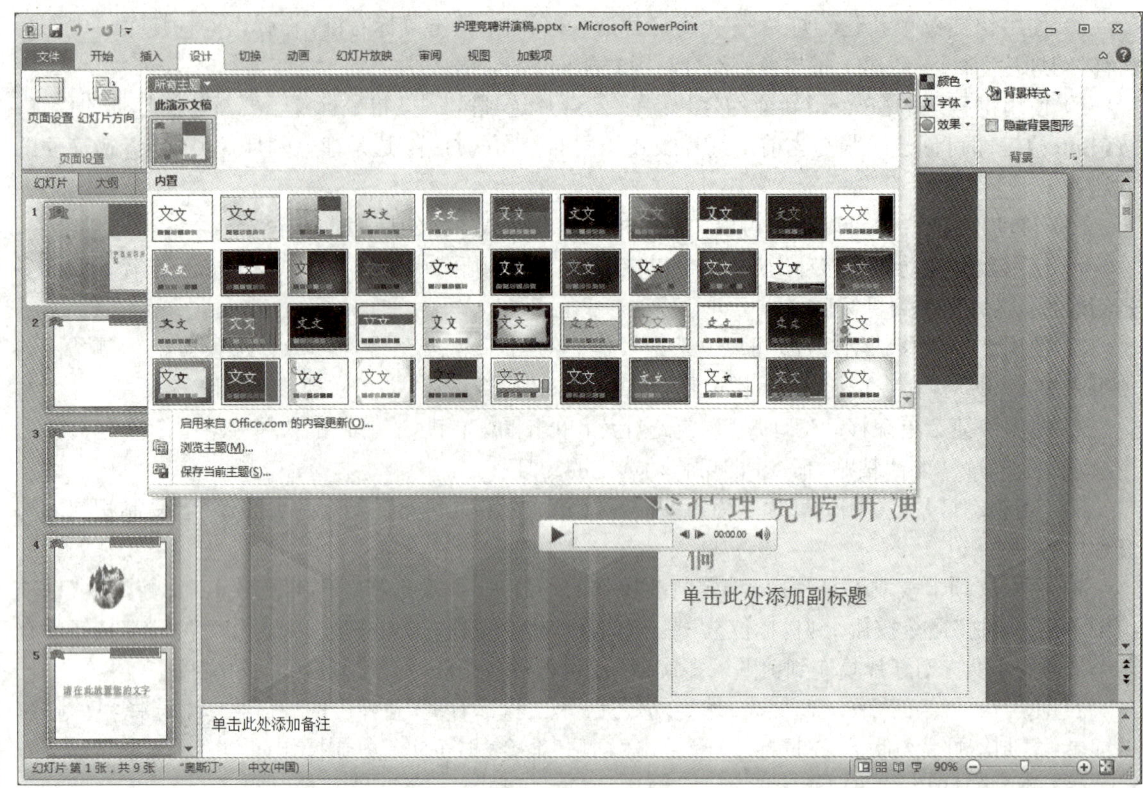

图 5-8　主题操作窗口

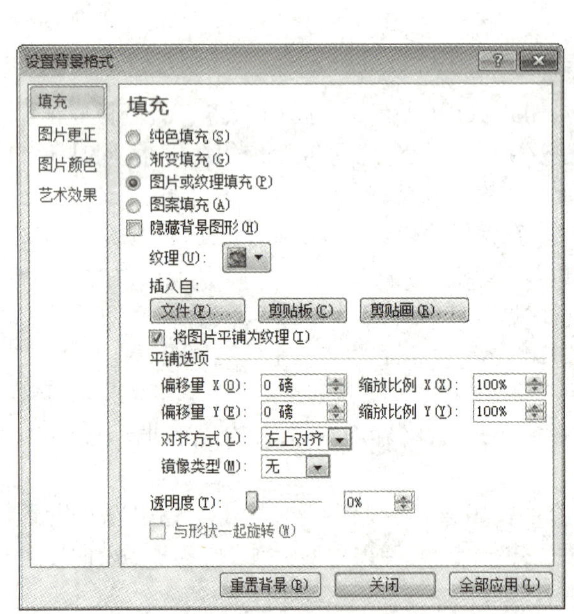

图 5-9　背景格式设置

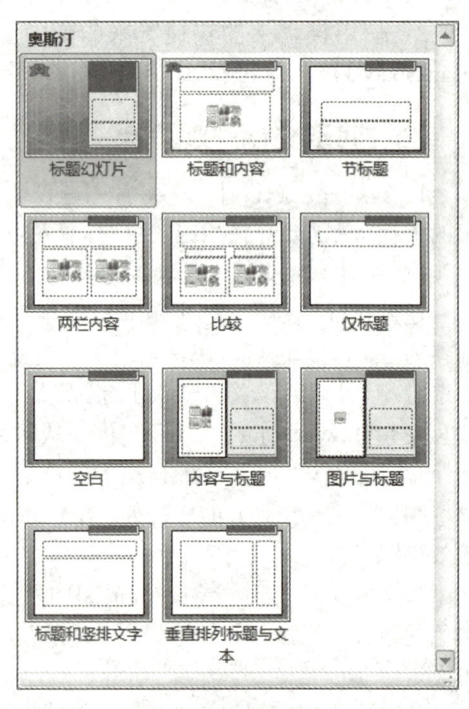

图 5-10　幻灯片版式

三、幻灯片对象编辑

1. 输入文本　文本是幻灯片的最基本和最主要内容，可以通过占位符或文本框输入文本内容。

占位符：占位符是一种带有虚线边缘的框，在该框内可以输入标题和正文，也可以是图像、图表、表格和媒体等对象。

1）选择占位符：将鼠标移动到占位符的虚线框上，当光标变成“四向箭头”形状时，单击鼠标左键即可选中占位符。直接单击占位符中的文字部分也可选中占位符，占位符被选中之后，虚线框变为实线框。单击占位符内部，即可在占位符中输入与编辑文本（图 5-11）。

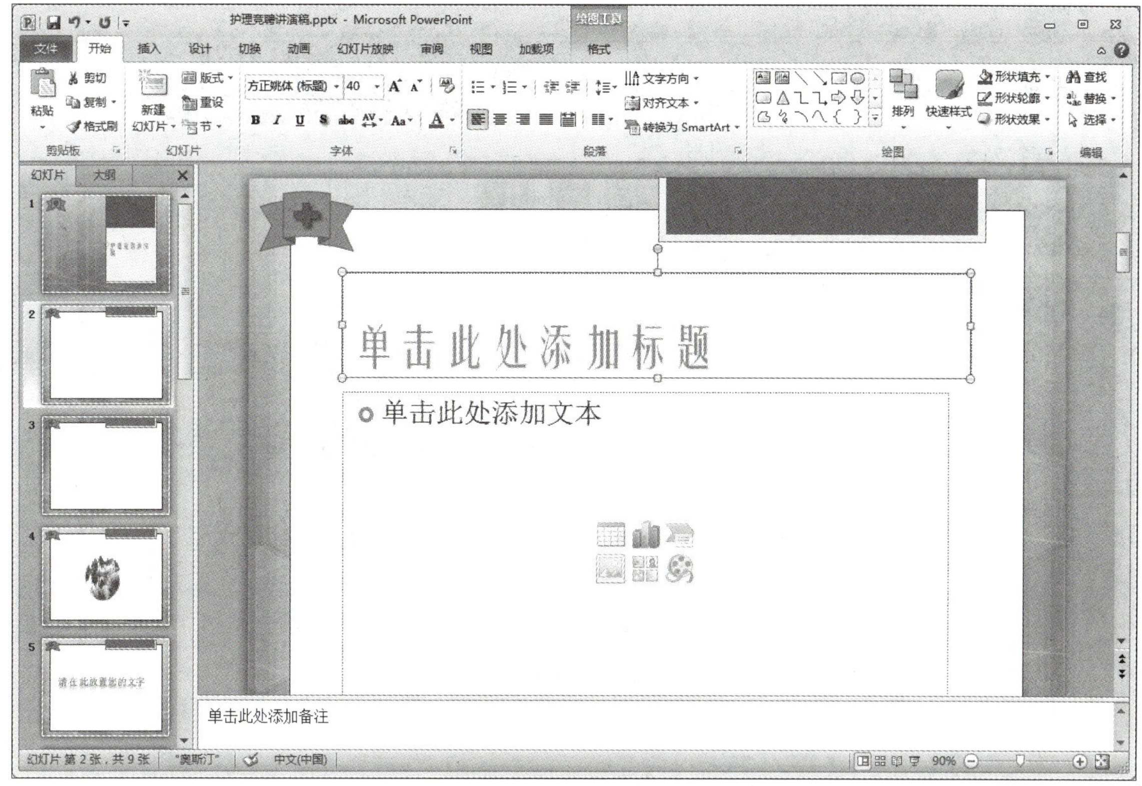

图 5-11 选择占位符

另外，也可以通过执行“开始”→“编辑”→“选择”命令，在其下拉列表中选中“选择窗格”选项，在右侧弹出的“选择和可见性”窗格中选择相应的占位符。

2）调整占位符大小：可以根据输入的内容或者幻灯片布局，调整占位符的大小。选中要调整的占位符，将光标移至控制点上，当光标变为“双向箭头”时，拖动鼠标调整占位符边框的大小即可。

还可以通过执行“绘图工具”选项卡中的“格式 | 大小 | 形状高度或形状宽度”命令，在弹出的文本框中输入相应的数值，来调整占位符的大小。

视频：占位符的操作

3）设置样式：无论是对于占位符还是形状，都可以通过“绘图工具”选项卡中的“格式 | 形状样式”命令来进行填充格式和样式的相应设置。形状样式是将设计好的颜色搭配样式填充到占位符或者形状当中，PowerPoint 2010 提供了 42 种形状样式，选中需要的样式单击即可实现（图 5-12），还可以通过“其他主题填充”命令进行自定义的主题设计。

形状填充：主要是对占位符或者文本框内部进行填充，可以采用提供的颜色填充，也可以采用图片、渐变、纹理填充。

形状轮廓：主要是对占位符或者文本框边框进行设置，可以设置边框线条的颜色、线型、粗细等选项。

形状效果：主要是对占位符或者文本框的效果进行设计，PowerPoint2010 提供了预设、阴影、映像、发光等多种特殊效果。

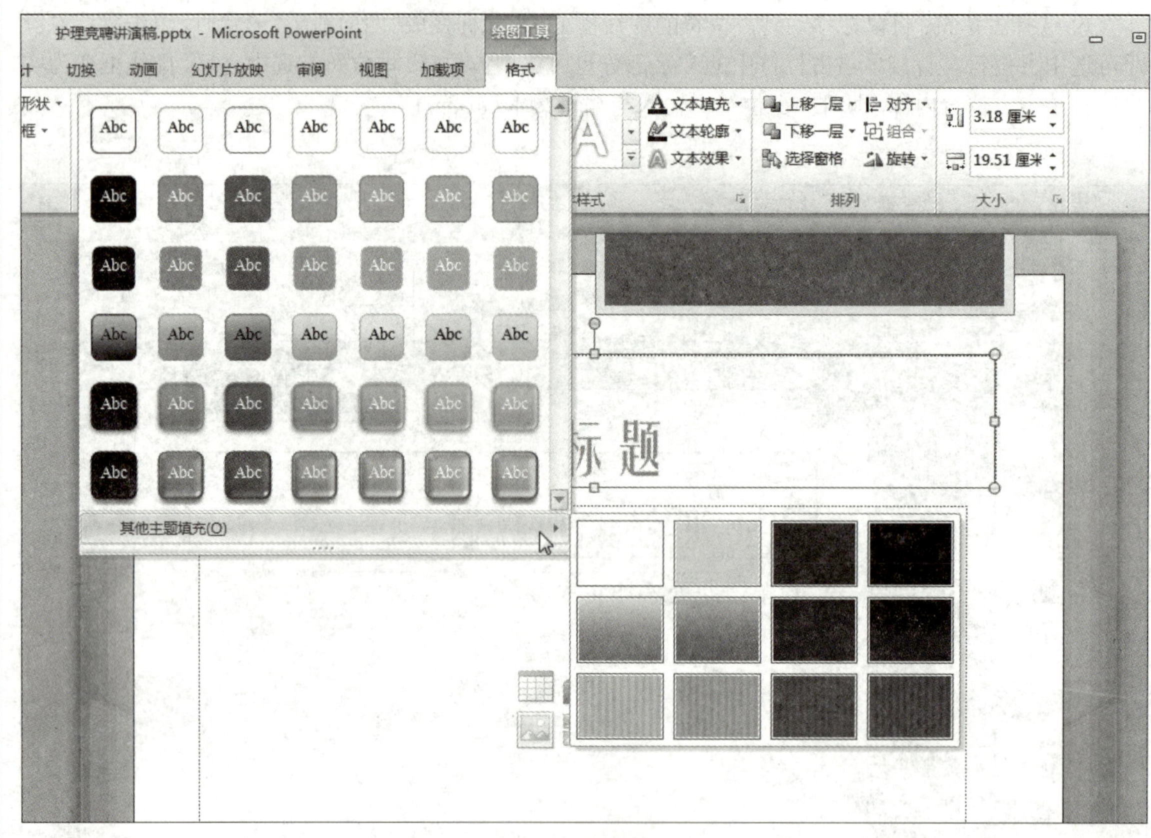

图 5-12　形状样式

2. 编辑文本

1）选择和修改文本：单击占位符或者文本框边框即是选择了占位符或文本框中的所有文本，此时进行各种设置均作用于其中所有文本。如果只想选择部分文本，在占位符中，可以用鼠标拖动选择即可。选中文本后，即可进行常规修改。

2）设置文本格式：文本是演示文稿的主要组成部分，是演示文稿最直观的表达方式，文本的外观是否得体尤为重要，设置文本的格式包括字体格式和段落格式。

文本的字体格式就是设置字体的字形、字号、字体样式等效果。选择所需设置的文字部分，通过执行“开始”→“字体”选项组中相应的按钮命令来完成设置，也可以单击该组中右下角的“显示对话框”图标按钮，打开字体对话框来进行设置（图 5-13）。

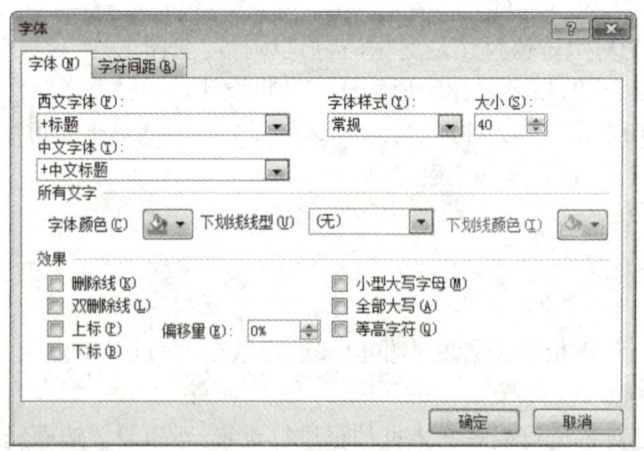

图 5-13　设置字体格式

文本的段落格式就是设置段落的行距、缩进方式、文本对齐方式、文字方向、分栏、设置项目符号和编号等格式，也可以单击该组中右下角的“显示对话框”图标按钮，打开段落对话框来进行设置（图 5-14）。

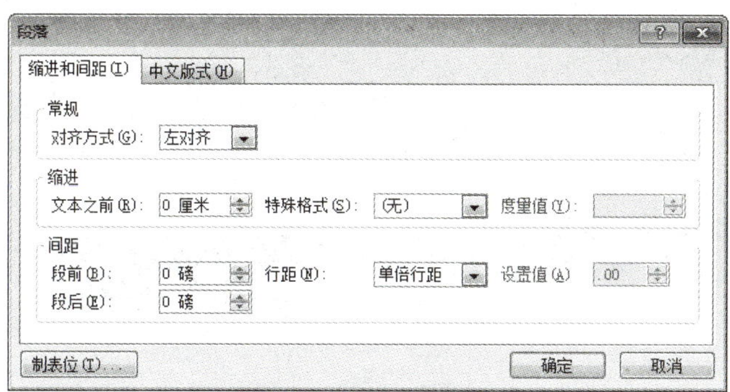

图 5-14　设置段落格式

3）设置标题级别：设置标题级别就是将幻灯片标题升到上一级别或者降到下一级别。在“幻灯片选项区”中选择“大纲”选项卡，选中需要调整标题级别的文本中，单击鼠标右键，在弹出的快捷菜单中选择“升级”或“降级”命令来调整标题级别即可（图 5-15）。

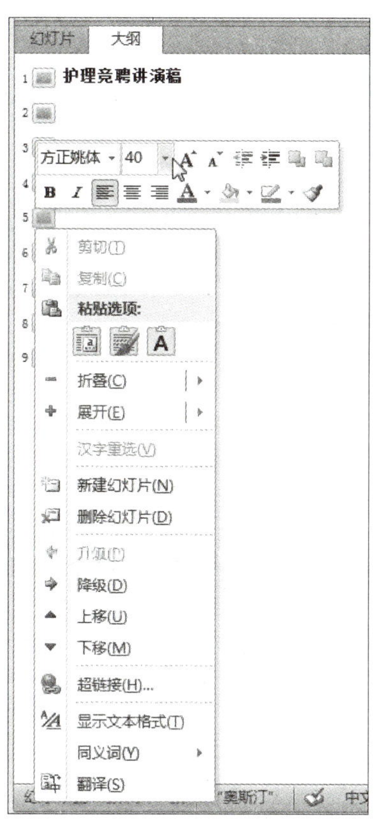

图 5-15　设置标题级别

3. 插入文本框　执行“插入”→“文本”→“文本框”→“横排文本框”|“垂直文本框”命令，当光标变成垂直箭头或者水平箭头时候，在目标区域绘制所需大小的文本框即可。

绘制好文本框后，可以通过调整按钮来调整文本框的大小，也可以通过执行“设置形状格式”命令来调整文本框的版式、边距等内容。

4. 插入艺术字　使用艺术字，会使演示文稿更具特色，更具艺术效果，PowerPoint 2010 提供了 30 种艺术字样式。通过执行“插入”→“文本”→“艺术字”命令，在“艺术字样式”列表中选择相应的艺术字格式，并在弹出的文本框中输入文本即可插入艺术字。也可以将文本转换为艺术字，选择要转换的文本，选择“格式 | 艺术字样式”选项组，选择需要的样式即可将文字转换为艺术字格式。

插入艺术字后，可以通过“艺术字样式”来再次对艺术字进行效果设置。“文本填充”改变艺术字的颜色填充效果；通过“文本轮廓”改变艺术字的边框效果；通过“文本效果”来改变艺术字的整体形状效果（图 5-16）。

图 5-16　设置艺术字效果

5. 插入对象　通过执行"插入"→"文本"→"对象"命令，不但可以插入选项卡中存在的文件类型，还可以插入选项卡以外的多种类型文件，解决了幻灯片中插入多种类型文件的问题，充分体现了 PowerPoint 强大的兼容性（图 5-17）。在弹出的"插入对象"对话框中选择文件类型，单击"确定"后选择已经存在的磁盘文件或新建文件，确认插入即可。

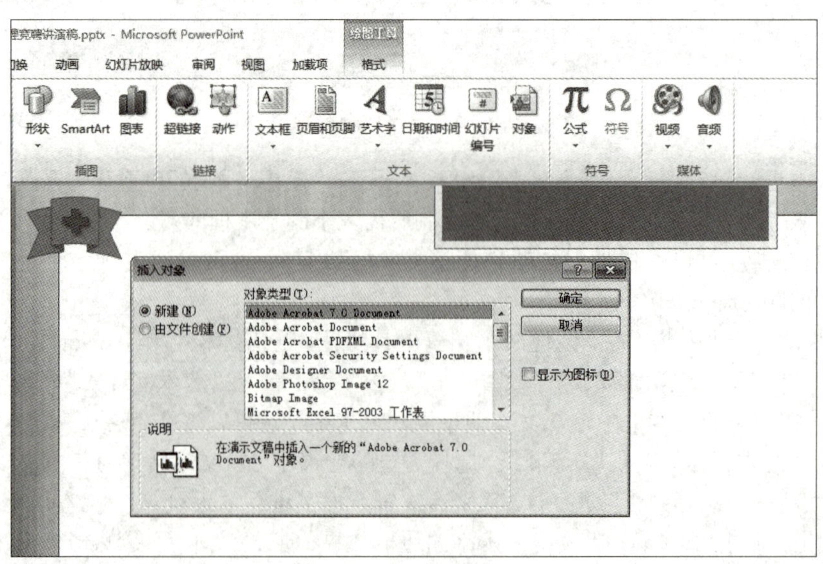

图 5-17　插入对象

6. 插入图像　图像在制作演示文稿时给人以赏心悦目的感觉，PowerPoint2010 提供了 4 种插入图像的方式：

（1）插入图片：通过执行“插入”→“图像”→“图片”命令，在弹出的“插入图片”对话框中，选择需要的图片文件，单击“插入”按钮即可插入图片。

如果幻灯片中有包含图像的占位符，单击该占位符中的“插入来自文件的图片”图标，在弹出的“插入图片”对话框中，选择需要的图片文件，单击“插入”按钮即可插入图片（图 5-18）。

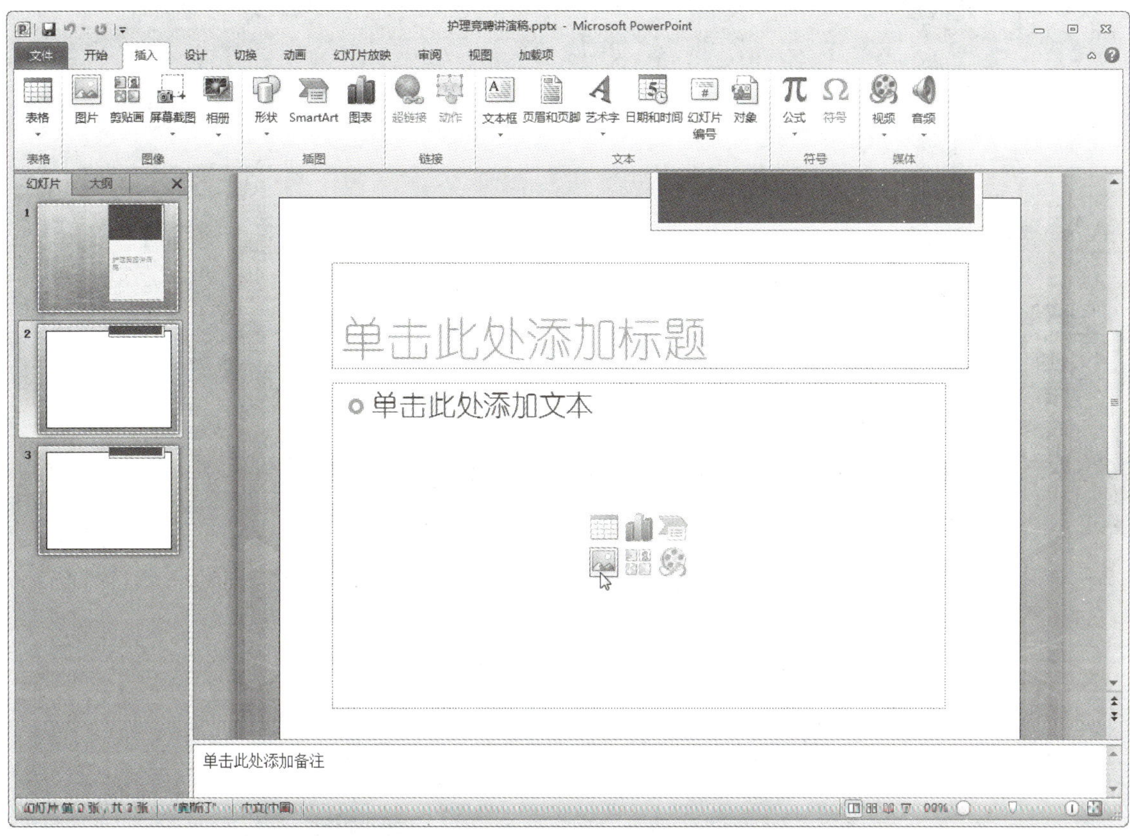

图 5-18　插入图片

（2）插入剪贴画：剪贴画是 Office 软件内置和 Office.com 网站提供的各种图像的总称。在剪贴画中包含了大量的插图、照片、视频和音频素材。在 PowerPoint 2010 中，可以执行“插入”→“图像”→“剪贴画”命令，然后在弹出的“剪贴画”画板中，输入相应的主题词，单击“搜索”按钮，系统会将包含的剪贴画显示出来（图 5-19），选择需要的剪贴画，单击插入或者在下拉菜单中选择“插入”该图片即可。

（3）屏幕截图：屏幕截图可以截取当前系统打开的窗口，将其转换为图像，插入到演示文稿中。也可以通过执行“插入”→“图像”→“屏幕截图”命令，在弹出的菜单“可用视窗”中选择要截取的窗口，将截取的窗口图像插入到幻灯片中（图 5-20）。

除了插入某个窗口的截图外，还可以选择“屏幕剪辑”命令，任意截取屏幕的某一个部分图像，将其插入到演示文稿中。

（4）插入相册：通过执行“插入”→“图像”→“相册”命令，选择“新建相册”或“编辑相册”命令，来创建以相册内容为主的演示文稿。在编辑相册窗口中，可以对相册中的图片进行编辑、设置相框的形状、主题等操作。

7. 图像编辑

（1）图片调整

1）图片的更正：图片的更正主要包括对图片的锐化度、柔化度、亮度、对比度、着色度进行调整，可以使图片更符合配色需求，更加美观。

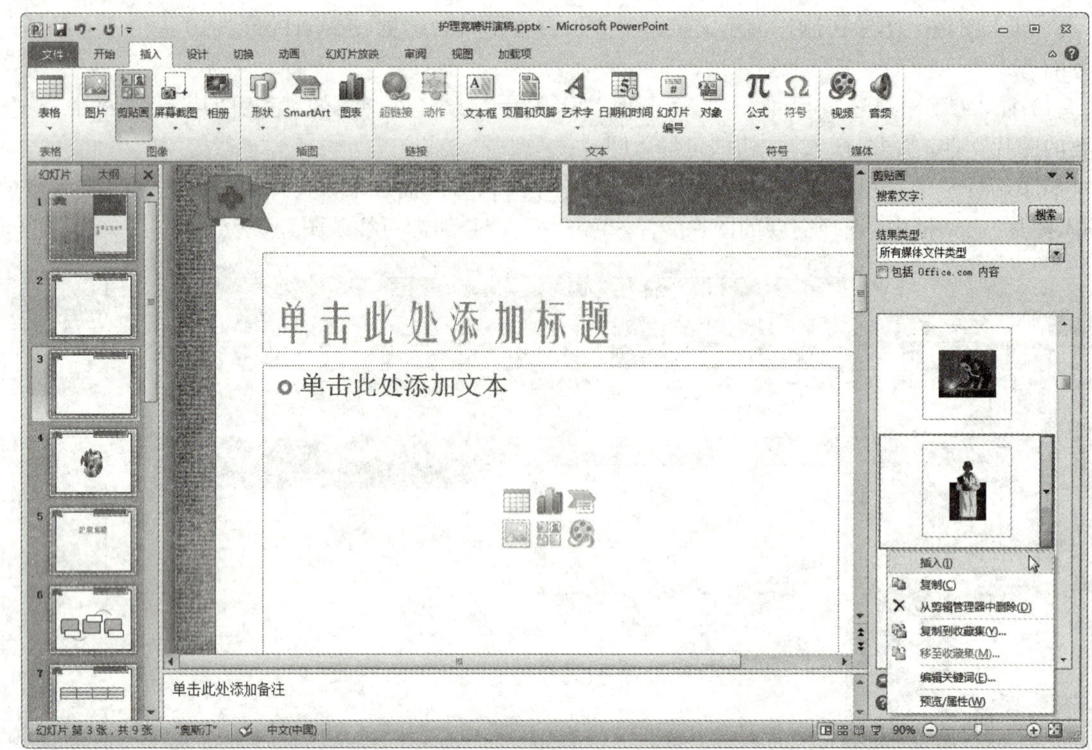

图 5-19 插入剪贴画

图 5-20 屏幕截图

选定要调整的图片，在“图片工具”选项卡下执行“格式 | 调整 | 更正”命令，在下拉列表框中选择相应的选项，来根据锐化与柔和、对比度和亮度的值来更正图像。还可以通过“图片更正选项”命令，在打开的对话框中精确设置对比度和亮度的值。

2）图片的颜色：图片颜色的调整主要包括颜色的饱和度、色调与重新着色三个选项。选定图片，在“图片工具”选项卡下执行“格式 | 调整 | 颜色”命令，在下拉列表框中根据三个选项的不同值来进行选择相应的图像，以调整图片的颜色。也可以通过执行“图片颜色选项”命令，在打开的对话框中精确设置图片颜色的饱和度、色调与重新着色等选项。

3）图片的艺术效果：图片的艺术效果是 PowerPoint 提供的图片固定滤镜效果。选定图片，在“图片工具”选项卡下执行“格式 | 调整 | 艺术效果”命令，在下拉列表框中选择相应的滤镜选项，即可设置图片的艺术效果（图 5-21）。也可以通过执行“艺术效果选项”命令，对图片进行设置。

（2）图片样式：图片样式是 PowerPoint 所提供的对图片的摆放形式的默认效果。选定图片，通过执行“图片工具”选项卡中的“格式 | 图片样式 | 样式”命令，在下拉列表框中选择相应的样式，来设置图片即可。PowerPoint 2010 提供了 28 种样式（图 5-22）。

图 5-21　图片的艺术效果

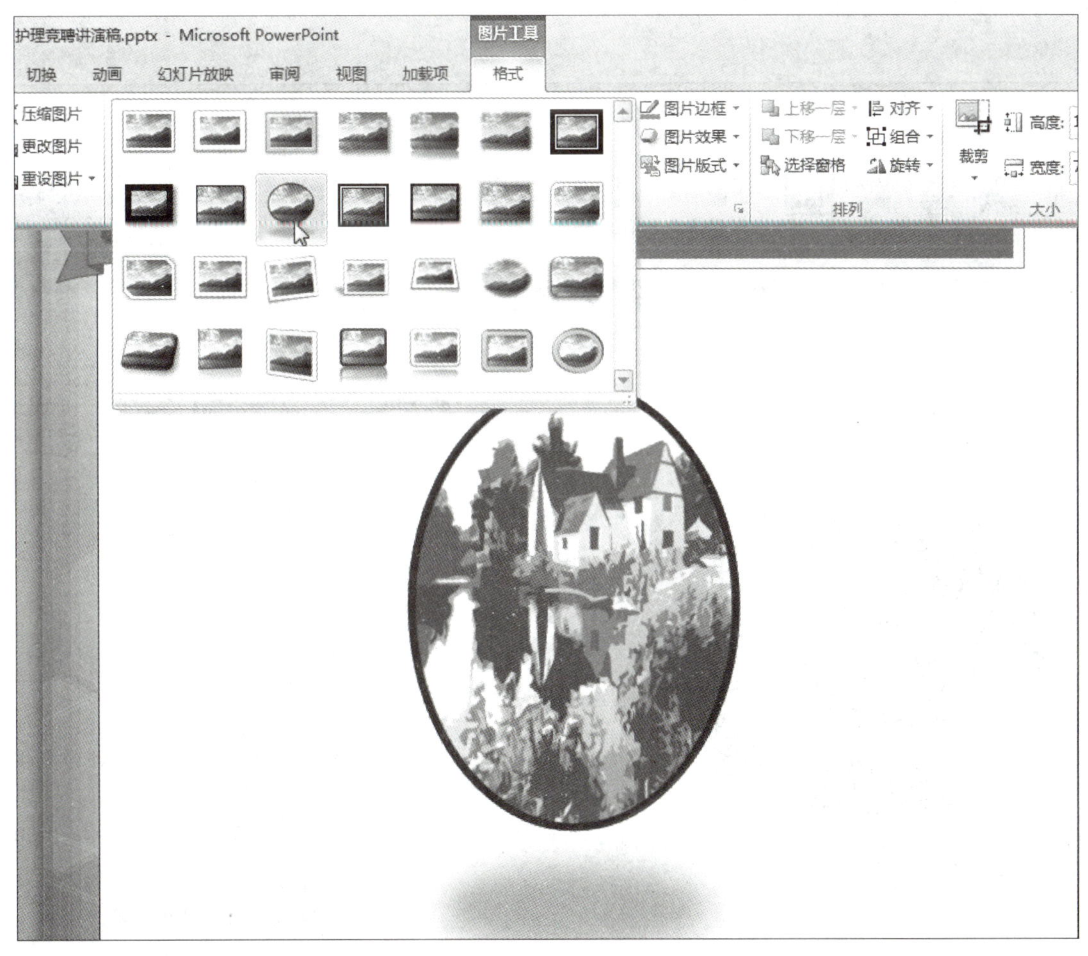

图 5-22　图片样式

(3) 图片排列：当在幻灯片中放置多个图片时，为充分体现图片的层次感，需要设置图片的排列层次。选择目标图片，执行“图片工具”选项卡中的“格式 | 排列 | 上移一层或下移一层”命令，来设置图片的显示层次。

PowerPoint 2010 还可以将两个以上的图片编为一组，便于进行操作。选择一张要进行操作的图片，再按住【Shift】键，点击选择多张图片，然后执行“格式 | 排列 | 组合”命令，即可将多张图片组合为一个整体。也可以选择“取消组合”命令，将图片恢复到原来的状态。

通过执行“图片工具”选项卡中的“格式 | 排列 | 旋转”命令，可以按任意角度进行旋转图片。

(4) 图片大小

1) 调整图片大小：选定要调整的图片，当图片四周会出现 8 个控制点时，将鼠标移至控制点上；当光标变成“双向箭头”时，拖动鼠标调整大小即可。

也可以通过执行“图片工具”选项卡中的“格式 | 大小 | 形状高度或形状宽度”命令，在文本框中输入相应的数值来改变图片的大小。还可以通过右击该图片，在弹出的快捷菜单中执行“大小与位置”命令，在弹出的“设置图片格式”对话框中选择“大小”选项卡，输入数值来改变图片的宽度和高度。

2) 调整图片位置：选中要移动的图片，此时光标变成“四向箭头”，拖动鼠标移动到目标位置即可。

通过执行“图片工具”选项卡中的“格式 | 大小”选项组中“对话框启动器”按钮，在弹出的“设置图片格式”对话框中选择“位置”选项卡，通过设置图片在幻灯片上的“水平”和“垂直”位置值来调整位置。

3) 裁剪图片：选定目标图片，通过执行“图片工具”选项卡中的“格式 | 大小 | 裁剪”命令，然后拖动图像边框的 4 条短粗线或粗折线，来修正裁剪区域，保留局部图像。裁剪时也可以选择形状来进行裁剪(图 5-23)，将原有图片变成心形图片。

图 5-23 按形状裁剪图片

8. 插入插图

（1）插入形状：形状是一类特殊的图像对象，用形状来突出显示演示文稿的内容。通过执行“插入”→“插图”→“形状”命令，在下拉菜单中选择“线条”、“矩形”、“基本形状”、“箭头总汇”、“公式形状”、“流程图”、“星与旗帜”、“标注”、“动作按钮”9 类形状中的任意一种形状，然后在目标位置上，拖拽鼠标，即可产生相应的形状。然后选中该形状，打开“格式”选项卡，对该形状进行编辑、设置形状的大小、颜色、轮廓和效果等操作。

（2）插入 SmartArt 图形：SmartArt 图形本质上是 Office 系列软件内置的一些形状图形的集合，它比文本更加有利于人们的理解和记忆。

通过执行“插入”→“插图”→“SmartArt 图形”命令，在弹出的“插入 SmartArt 图形”对话框中选择要插入的 SmartArt 图形即可。PowerPoint 2010 提供了“列表”、“流程”、“循环”、“层次结构”、“关系”、“矩阵”、“棱锥图”、“图片”等 9 类 SmartArt 图形，每类图形中又包含了多种形式。

幻灯片添加完 SmartArt 图形后，还需要为其添加文本和形状，单击“文本”或者右击形状执行“编辑文字”命令，即可输入文字。也可以执行“SmartArt 工具”选项卡下的“设计 | 创建图形 | 文本窗格”命令，在弹出的“文本”窗格中输入相应的文字。添加形状时，执行“SmartArt 工具”选项卡下的“设计 | 创建图形 | 添加形状”命令，选择相应的形状命令即可添加。在“设计”选项卡中还可以为 SmartArt 图形设置级别、布局、样式和进行转换操作等。

9. 插入图表　插入图表是将幻灯片中的数据以图表的方式进行表达，从而可以更形象直观地显示和分析数据，突出重点。PowerPoint 2010 中的图表引入的是 Excel 2010 的图表，使用时，通过执行“插入”→“插图”→“图表”命令，在弹出的“插入图表”对话框中选择相应的图表类型，“确定”即可。

图表插入后，选中图表，会在窗口上出现“图表工具”选项卡，包括“设计”、“布局”、“格式”三个选项卡，在这三个选项卡中，可以进行设置图表的类型、编辑数据、设置布局、更改图表样式、设置坐标轴、背景、以及更改大小等操作。

10. 插入表格和符号

（1）插入表格：在 PowerPoint 2010 中，可以借助“表格”工具来“插入表格”或“绘制表格”。还可以直接插入“Excel 电子表格”。选中表格后，可以通过表格的“设计”选项卡，来设置表格的框线、颜色、底纹、样式等内容。

（2）插入符号：一些在键盘上找不到的特殊符号，可以通过执行“插入”→“符号”→“符号”命令来插入，在弹出的“符号”对话框中选择所需的符号，单击即可插入。

（3）插入公式：可以通过“插入”→“符号”→“公式”命令，选择下拉菜单中相应的公式即可。若下拉菜单中没有合适的公式，可以执行“插入新公式”命令，窗口中立即弹出“公式工具”。在“设计”选项卡中包含了各种组成工具的符号和结构（图 5-24），也可以自己编写公式来满足计算需求。

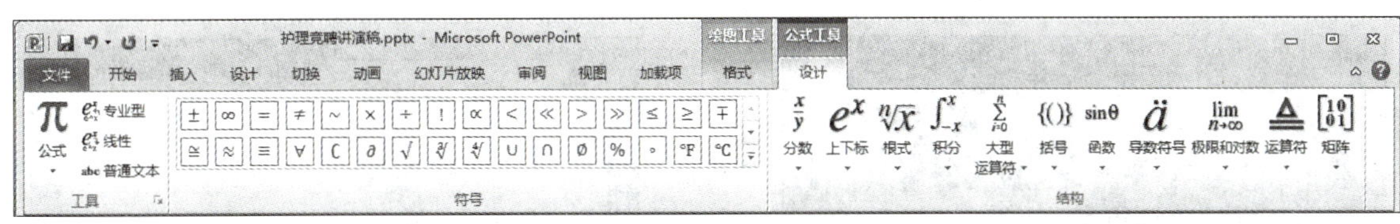

图 5-24　公式工具栏

11. 插入媒体　在制作演示文稿时，加入声音和视频文件，会给观看者带来与众不同的享受。

（1）音频：通过执行“插入”→“媒体”→“音频”命令，选择“文件中的音频”|“剪贴画音频”|“录制音频”命令，可以插入相应的音频文件。

插入音频后，单击生成的音频图标，会显示该音频的播放控制条。此时可以选择“播放”选项卡，在此选项卡中设置音频的播放、剪辑音频、音量控制等选项（图 5-25）。

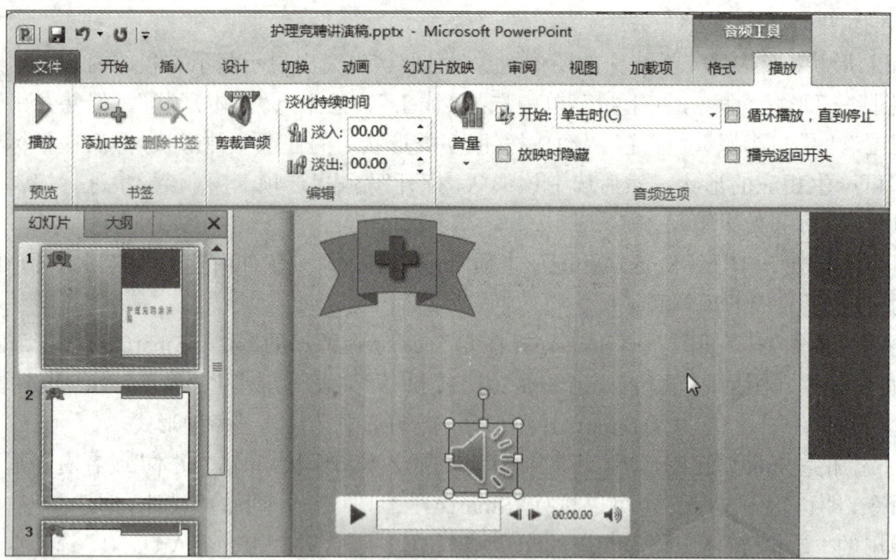

图 5-25 音频设置

视频：插入媒体操作

(2) 视频：通过执行“插入”→“媒体”→“视频”命令，选择“文件中的视频”|“来自网站的视频”|“剪贴画视频”命令，可以插入相应的视频文件。

插入视频后，单击视频窗口，会显示该视频的播放控制条。此时可以选择“播放”选项卡，在此选项卡中设置视频的播放、剪辑视频、音量控制等选项。

实训一 制作护理竞聘电子讲演稿

【实训目的】

1. 掌握演示文稿的主题设置。
2. 掌握幻灯片母版设置。
3. 掌握幻灯片版式设置。
4. 掌握幻灯片的对象操作。

【实训内容】

竞聘讲演稿是演示文稿最常用的应用之一，主要是通过幻灯片的形式，来介绍个人的自然情况、特长、与竞聘工作适应情况、以及未来目标等的描述。本次实训任务使用 PowerPoint2010 软件制作一份护理竞聘讲演稿，幻灯片见图 5-26、图 5-27 所示。

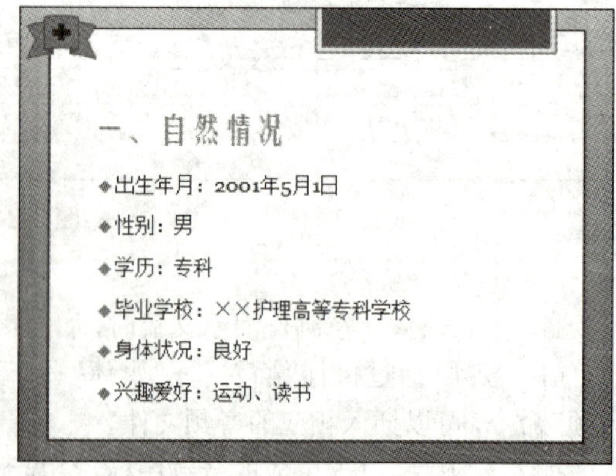

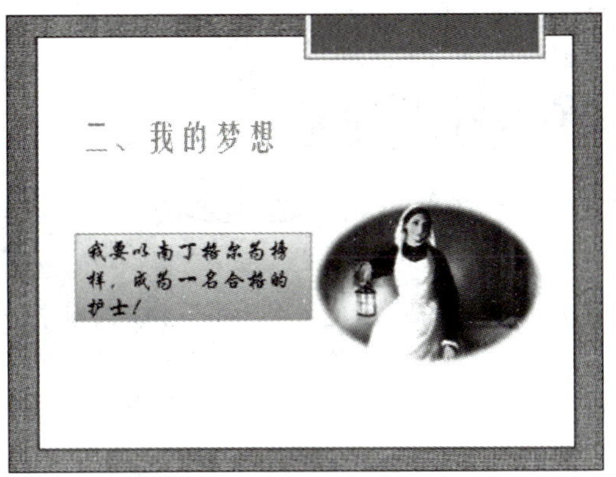

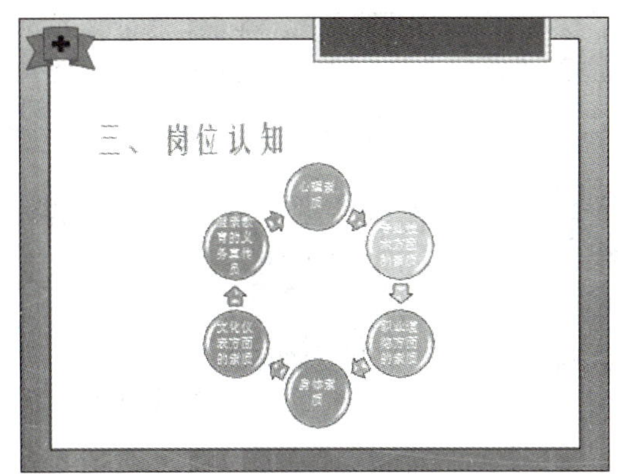

图 5-26　样张一

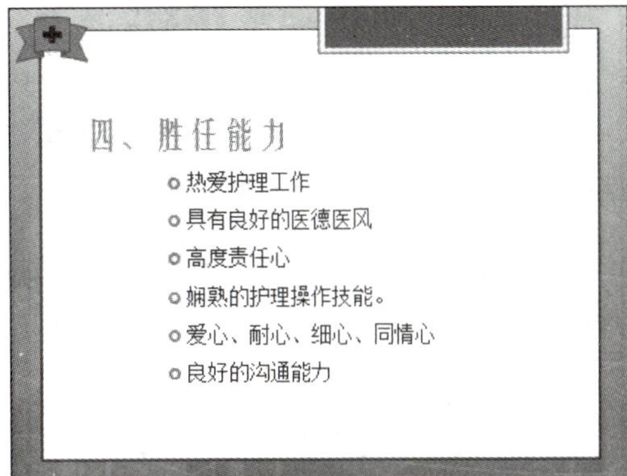

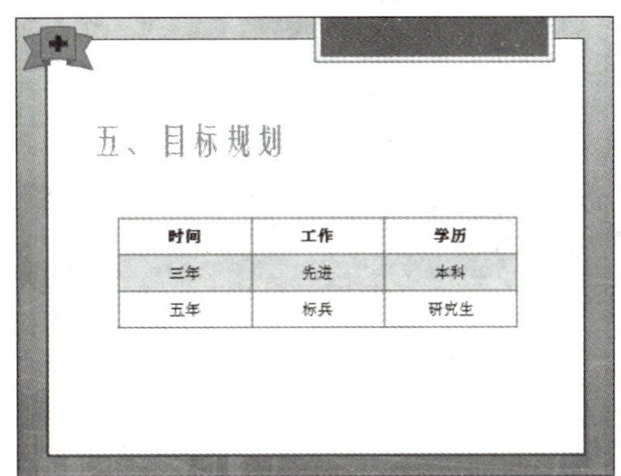

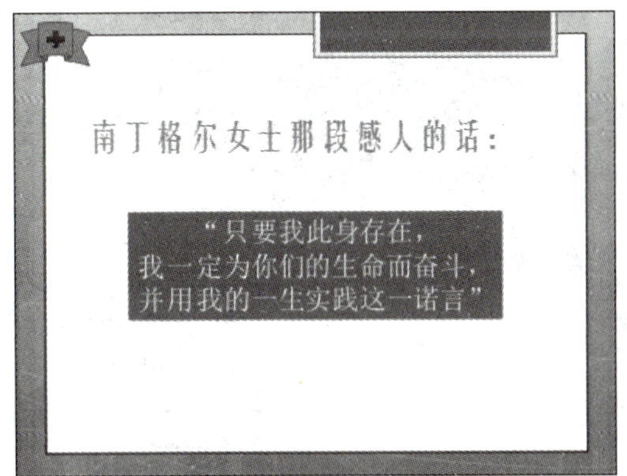

图 5-27　样张二

【实训步骤】

1. 打开 PowerPoint2010　文件默认建立了一个“演示文稿 1”，单击“文件”选项卡，选择“保存”命令，打开“另存为”对话框，在对话框中输入文件的保存位置和文件名“护理竞聘讲演稿”，保存类型选择“PowerPoint 演示文稿”，单击“保存”按钮。

在“幻灯片选项区”的“幻灯片”选项卡中，将鼠标定位在幻灯片首页之后，按 6 次键盘上的【Enter】键，会新建立 6 张版式为“标题与内容”的幻灯片，见图 5-28 所示。

2. 执行“设计”→“主题”→“其他”命令　在下拉列表中选择“奥斯汀”主题，颜色选择“波形”，字体选择“都市，方正姚体”，即可设置当前主题，见图 5-29 所示。

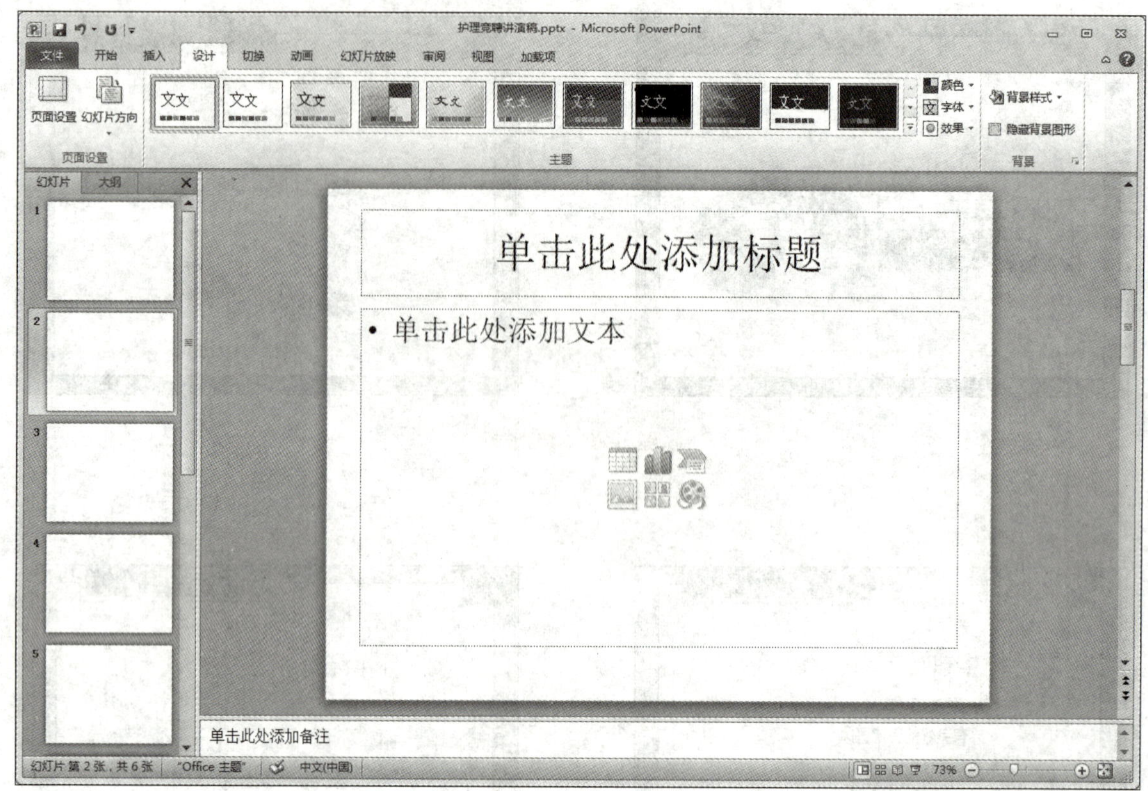

图 5-28 增加幻灯片

图 5-29 设置主题

3. 选定第 6 张幻灯片 执行“设计”→“背景”→“背景样式”→“设置背景格式”命令，在弹出的“设置背景格式”对话框中选择填充标签中的“图片或纹理填充”，单击“纹理”后面的按钮，在下拉列表框中选择“斜纹布”(第 1 行第 3 个)选项，见图 5-30 所示，即可设置背景。

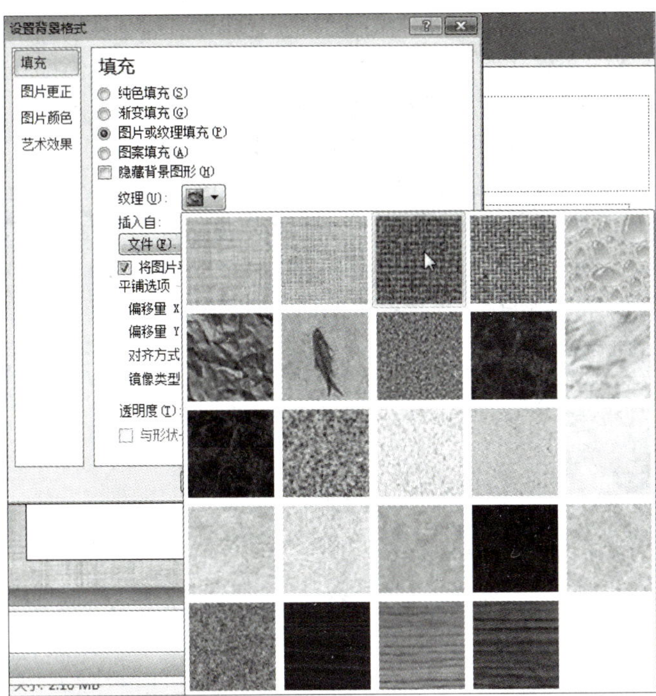

图 5-30　设置背景格式

4. 执行“视图”→“母版视图”→“幻灯片母版”命令　打开幻灯片母版，选择标题幻灯片版式，执行“插入”→“插图”→“形状”→“星与旗帜”→“上凸带形”命令，在该幻灯片的左上角适当位置拖动鼠标画出图形，大小为 2.4cm×3.9cm，执行“插入”→“插图”→“形状”→“公式形状”→“加号”命令，在带形图形中央拖动鼠标画图形，大小为 1.4cm×1.4cm，形状填充为标准色红色，形状轮廓为无轮廓，形状效果为右下斜偏移。选择“上凸带形”和“红十字”两个形状，执行“格式”→“排列”→“组合”→“组合”命令，将两个图形进行组合。

选中组合的图形，进行复制，在“标题和内容”版式左上角处进行粘贴，并调整大小为 1.8cm×2.9cm（图 5-31）。关闭幻灯片母版视图，幻灯片都会有“红十字”信息标志。

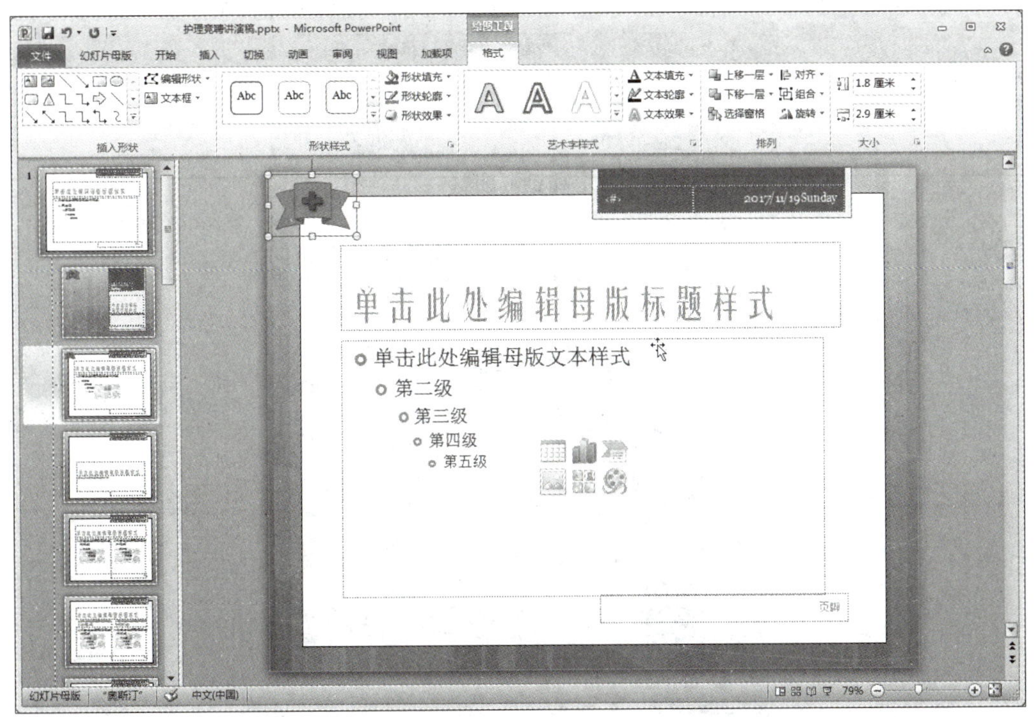

图 5-31　设置母版图形

5. 选择第一张幻灯片 在标题位置输入文本“护理竞聘讲演稿”，设置字号大小为 32 磅字，加粗，字体颜色为标准色“深蓝”；在副标题位置输入“学生本人姓名”，选中占位符，设置 24 号字，加粗，字体颜色为蓝色（RGB 0，83，146）。选择“字体颜色”→“其他颜色”→“自定义”，设置红色为 0，绿色为 83，蓝色为 146，确定。选中占位符向下适当调整位置（图 5-32）。

6. 选择第 2 张幻灯片 在标题占位符处输入“一、自然情况”，在内容占位符处，输入文本“出生年月：2001 年 5 月 1 日；性别：男；学历：专科；毕业学校：×× 护理高等专科学校；身体状况：良好；兴趣爱好：运动、读书”，选择内容占位符，将字体设置为宋体字，字号为 24 磅字；打开段落设置对话框，各行间行距设置为 1.5 倍；选择项目符号，选择带填充效果的钻石型项目符号选项（图 5-33）。

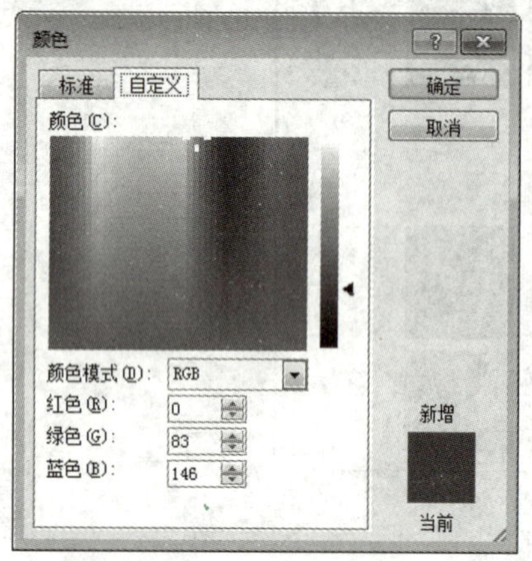

图 5-32 设置颜色模式

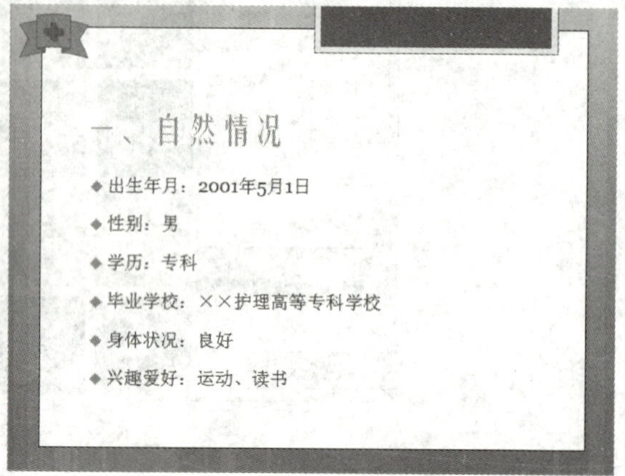

图 5-33 设置自然情况

7. 选择第 3 张幻灯片 改变版式为“两栏内容”，在标题占位符处输入“二、我的梦想”。在左侧内容占位符处，输入文本“我要以南丁格尔为榜样，成为一名合格的护士！”。选中占位符，字体设置为“华文行楷”，28 号字，将占位符调整至合适大小，打开“格式”→“形状样式”，样式设置为“细微效果 - 绿色，强调颜色 3”。在右侧内容占位符处，点击插入图片按钮，插入图片“南丁格尔”，选中该图片，在“格式”→“调整”→“更正”更正为“亮度：+20% 对比度：0%（正常）”（图 5-34）；图片样式设置为柔化边缘椭圆（图 5-35）；设置图片大小为 10cm×7cm，此时要将图片大小对话框打开（图 5-36）；去掉“锁定纵横比”，再设置图片的宽度和高度。按住【Shift】键，同时选中左右两部分，设置左右两部分为“上下居中”对齐（图 5-37）。

图片：南丁格尔

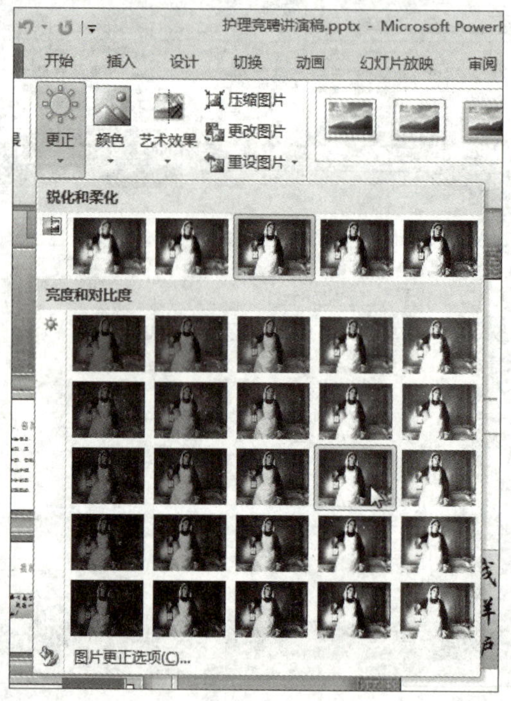

图 5-34 设置图片更正

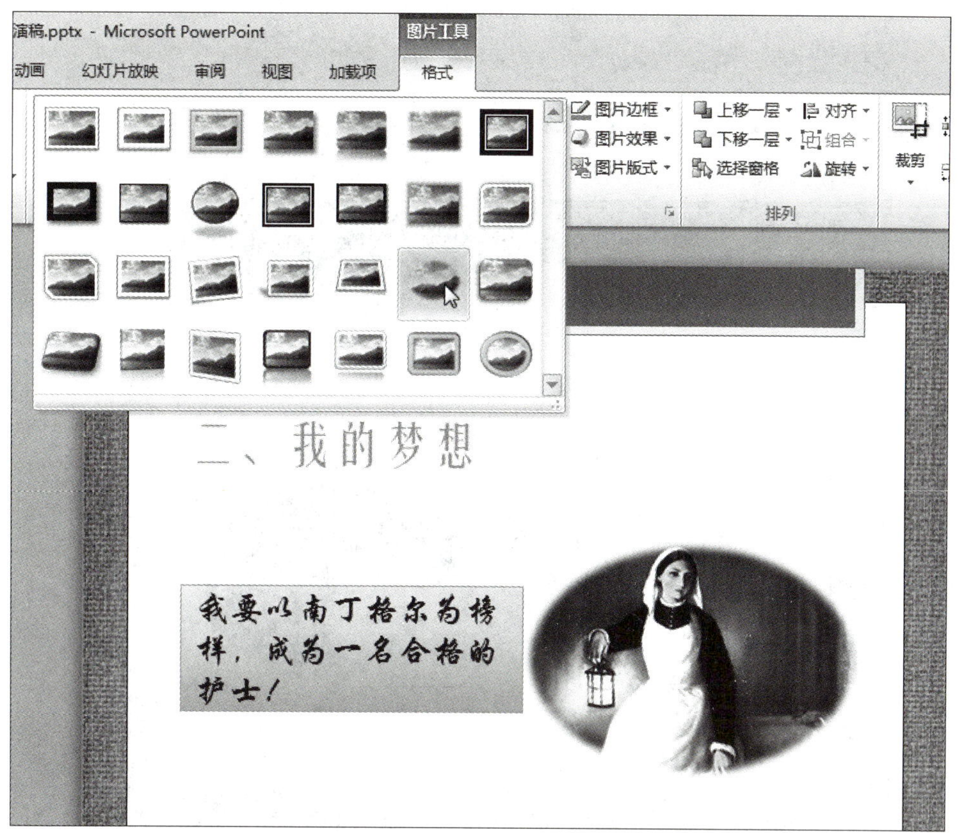

图 5-35 设置图片样式

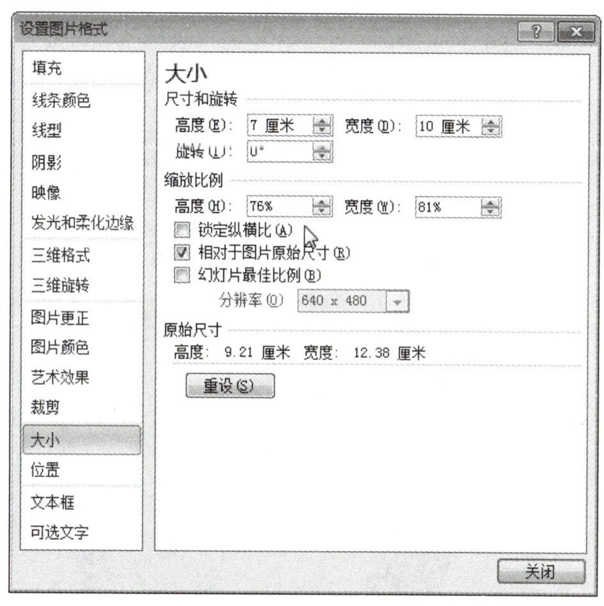

图 5-36 设置图片大小

8. 选择第 4 张幻灯片 在标题占位符处输入“三、岗位认知”。在内容占位符处，输入文本“心理素质、专业技术方面的素质、职业道德方面的素质、身体素质、文化仪表方面的素质、健康教育的义务宣传员”，设置字号为 16 号字。选中文本，单击鼠标右键，在弹出的快捷菜单中，选择“转换为 SmartArt”→“基本循环”将文字内容转换为 SmartArt 图形。选中该图形，在“SmartArt 工具”选项卡中执行“设计 |SmartArt 样式 | 更改颜色 | 彩色 | 彩色，彩色范围 - 强调文字颜色 5 至 6”命令，再选择“三维 | 卡通”(图 5-38)。

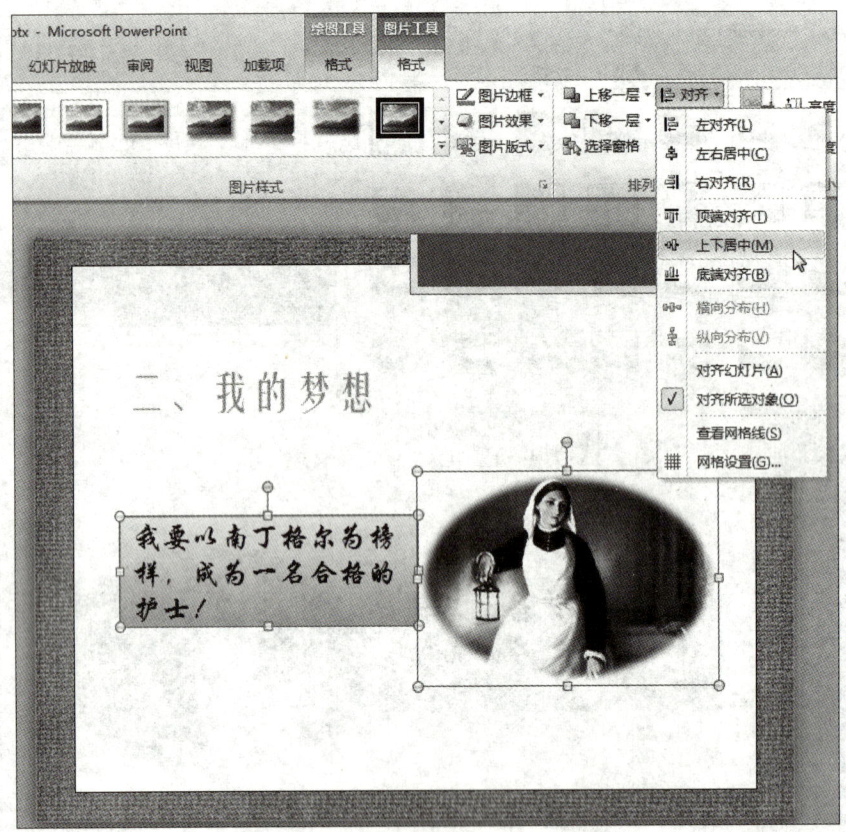

图 5-37　设置对齐方式

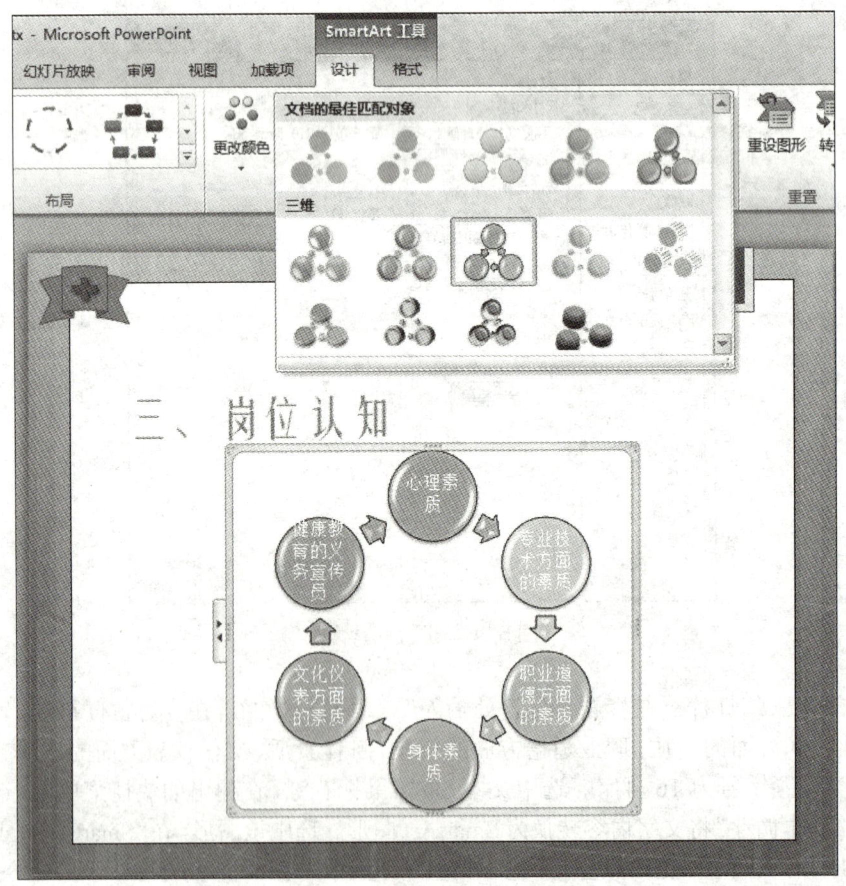

图 5-38　设置 SmartArt 图形

9. 选择第 5 张幻灯片　在标题占位符处输入“四、胜任能力”。在内容占位符处，输入文本“热爱护理工作；具有良好的医德医风；高度责任心；娴熟的护理操作技能；爱心、耐心、细心、同情心；良好的沟通能力”设置文字大小为 24 号字，1.5 倍行距，段前、段后 0 行。位置为水平自左上角 6cm，垂直自左上角 6cm（图 5-39）。

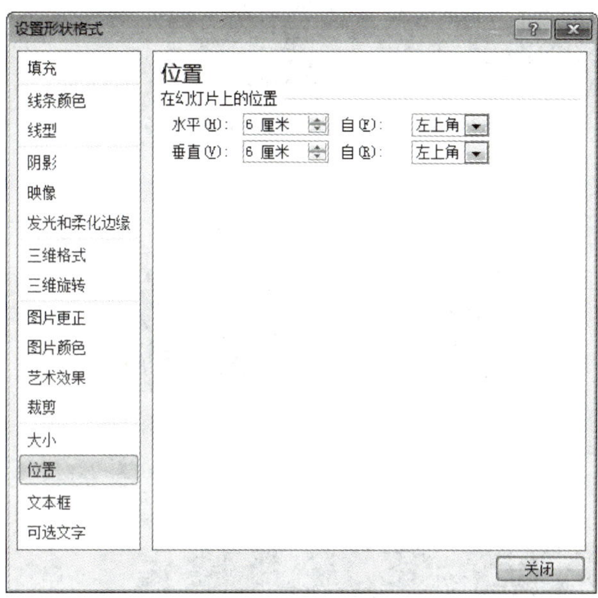

图 5-39　设置位置

10. 选择第 6 张幻灯片　在标题幻灯片中输入“目标规划”。插入一个 3 行 3 列的表格，样式为浅色样式 3- 强调 2，表格的宽度为 17cm，高度为 4.5cm，表格中输入“第一行：时间、工作、学历；第二行：三年、先进、本科；第三行：五年、标兵、研究生”，表格中文字进行水平居中垂直居中，表格居中（图 5-40）。

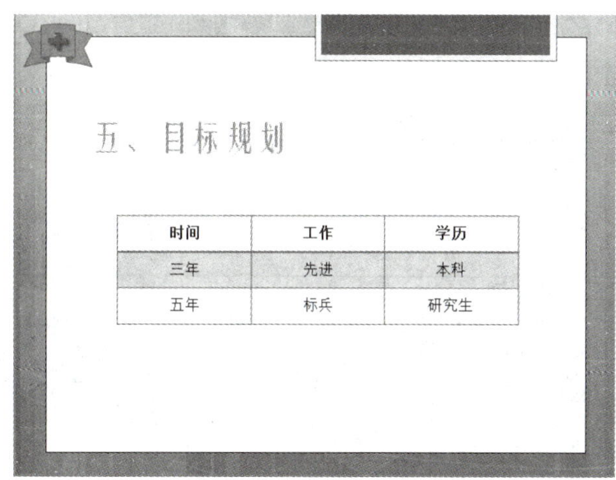

图 5-40　表格设置

11. 选择第 7 张幻灯片　在标题幻灯片中输入“南丁格尔女士那段感人的话：”。选择内容占位符进行删除，插入艺术字“填充 - 酸橙色，强调文字颜色 4，外部阴影 - 强调文字颜色 4，软边缘楞台”效果（位置为倒数第 2 个），输入文字“只要我此身存在，我一定为你们的生命而奋斗，并用我的一生实践这一诺言”。从标点符号为界分三行，字体设置为 32 号字，形状填充选择“蓝色，强调文字颜色 2”，形状效果选择“阴影，透视，靠下”（图 5-41）。

音频：爱的协奏曲

12. 选择第 1 张幻灯片　“插入”→“媒体”→“音频”→“文件中的音频”，打开对话框后，找到素材文件中实训一文件夹下的声音文件“爱的协奏曲 .mp3”，插入；选择小喇叭图标，在“音频工具”选项卡中，执行“播放 | 音频选项 | 跨幻灯片播放”，并勾选“循环播放，直到为止”前的对号即可（图 5-42）。

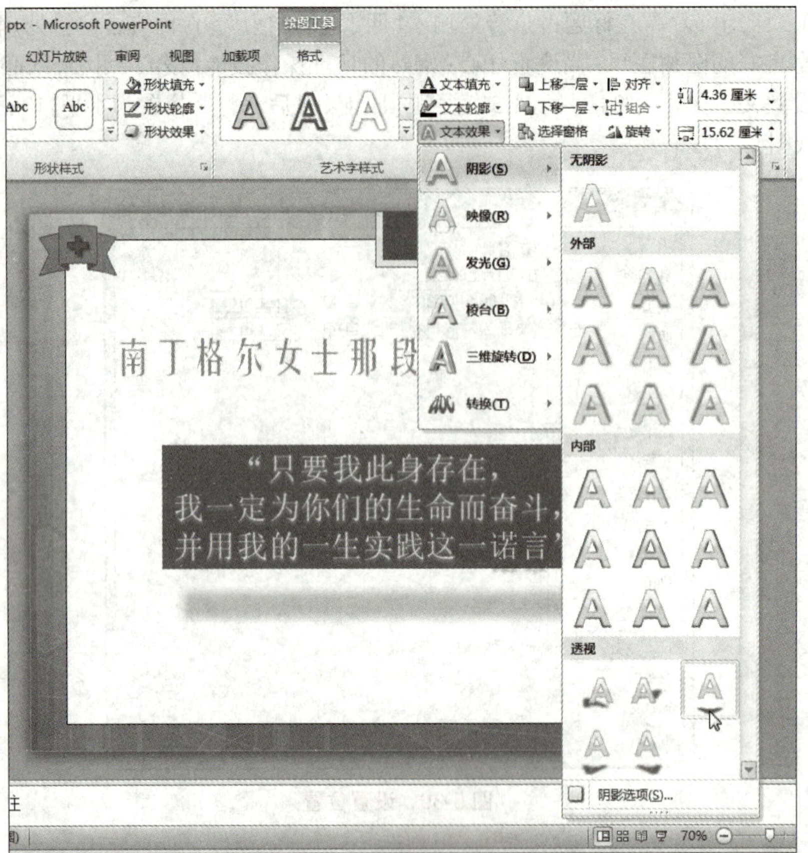

图 5-41　设置艺术字效果

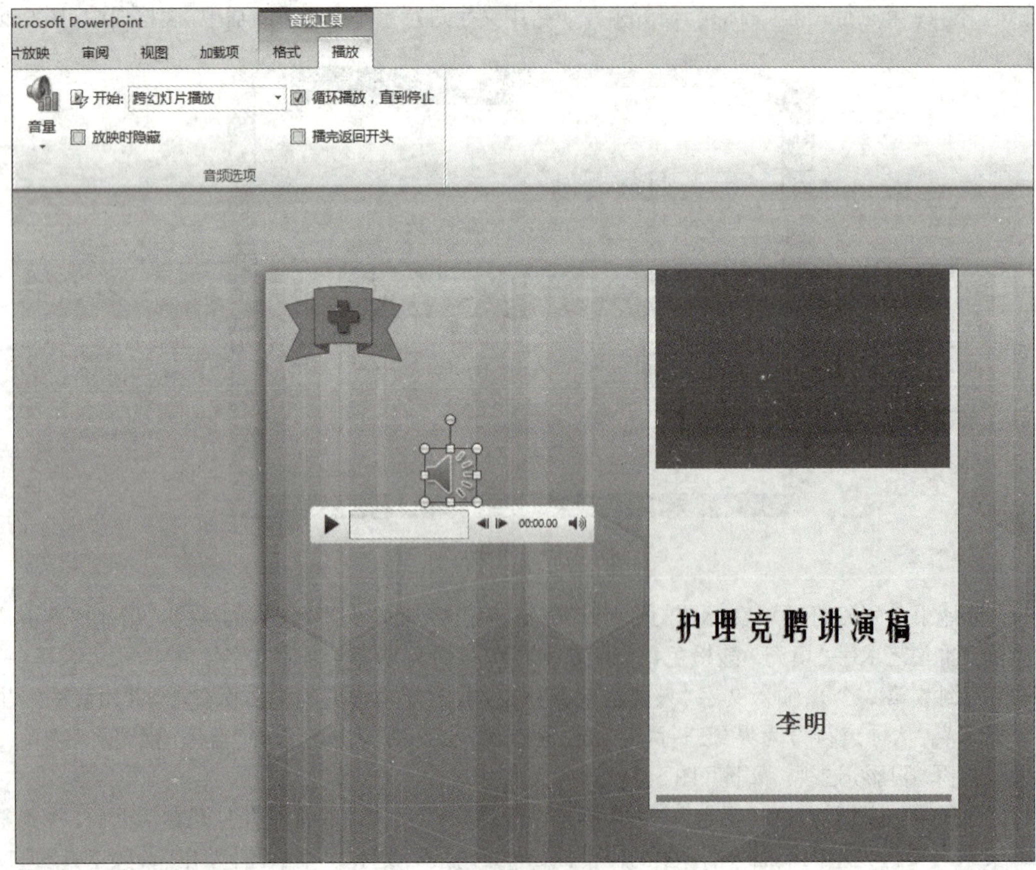

图 5-42　设置音频效果

13. 单击“快速工具栏”上的保存文件按钮　保存该文件，按键盘上的【F5】键开始放映幻灯片。

第三节　演示文稿的交互效果和动画设置

学生：老师，我们现在的演示文稿是静态的，怎么能让它动起来呢？

老师：我们可以插入动画和切换效果，生动活泼的动画可以增强演示文稿的互动性。下面我们来讲解一下动画的知识。

问题 1：如何设置动画和高级动画选项？

问题 2：如何设置幻灯片的切换效果？

一、对象动画设置

1. 动画样式应用　选择要进行动画设置的对象，通过执行“动画”→“动画”→“动画样式”命令，在下拉列表框中选择动画模式（图 5-43），单击即可设定动画，被选中对象的动画会自动进行预览。PowerPoint 提供了“进入式”、“退出式”、“强调式”和“路径动画”四种模式。如果觉得提供的动画效果不能满足需求，还可以单击下方的“更多”按钮，进入到相应的效果窗口（图 5-44）。

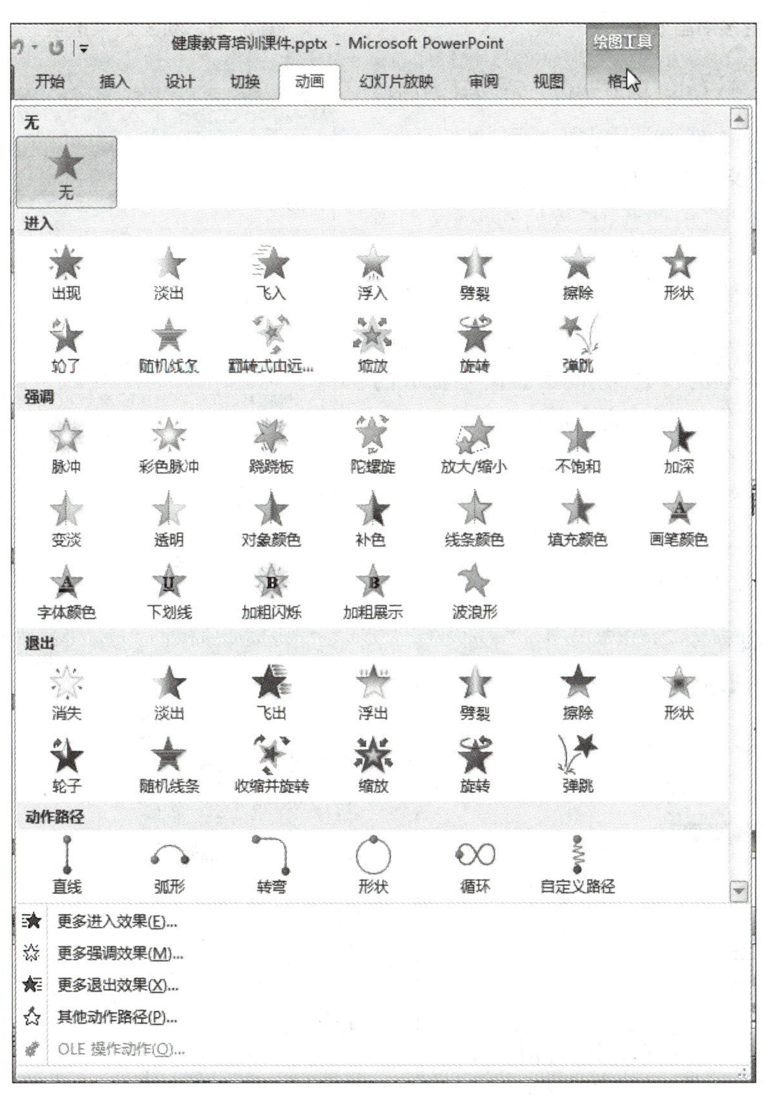

图 5-43　动画模式

2. 动画效果设置　对于选定的动画模式，可以进一步设置。选定已经设置了动画效果的对象，在“效果选项”上单击，会打开该动画的效果选项（图 5-45），进行方向或序列等的设置。

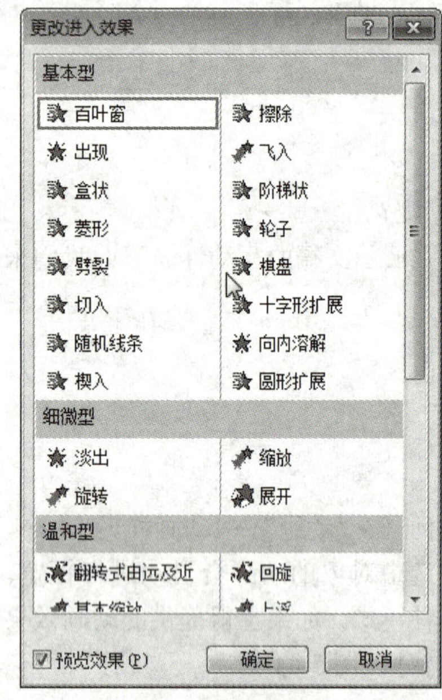

图 5-44　更多动画效果

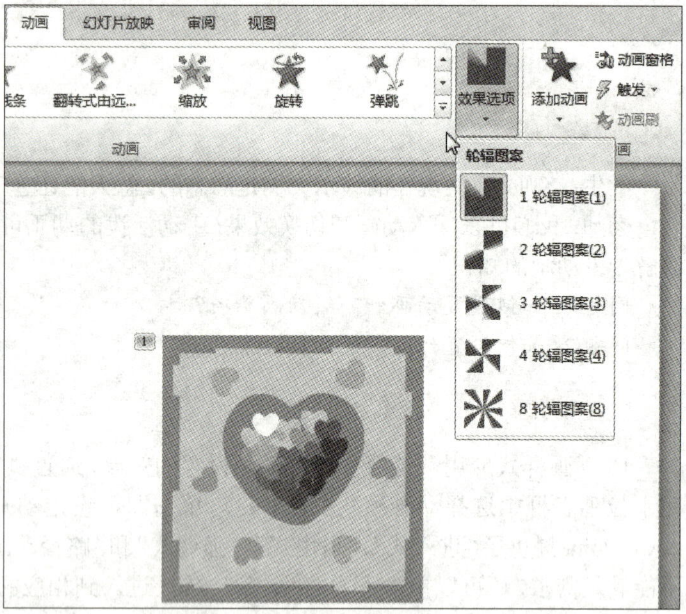

图 5-45　动画效果选项

还可以单击“窗口启动器”，可以打开该动画的设计窗口，通过更改各个选项卡对对象进行详细的设计：

（1）效果：效果选项卡中可以设置对象动画的水平、垂直方向；增强的声音、播放后的声音、动画文本的发送形式等效果（图 5-46）。

（2）计时：计时选项卡可以设置动画的开始方式是单击时开始、与上一动画同时开始、上一动画之后开始选项；延迟的秒数；期间设置动画播放的速度；动画重复的次数；播放完快退选项；还可以打开触发器，设置部分单击序列动画、单击下列对象启动效果选项（图 5-47）。

（3）正文文本动画：正文文本动画选项，设置组合文本的出现形式（图 5-48）。

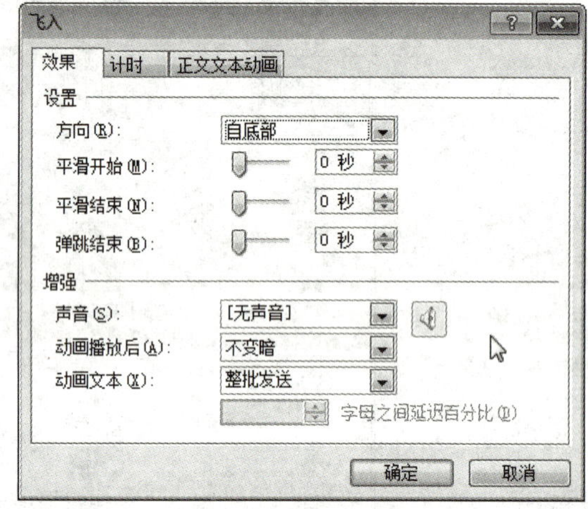

图 5-46　效果选项卡

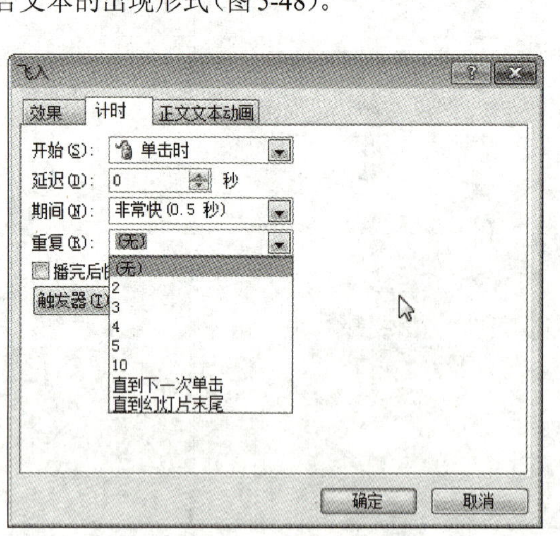

图 5-47　计时选项卡

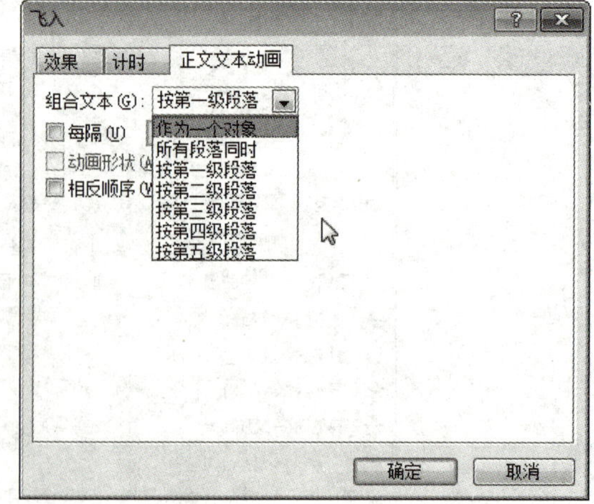

图 5-48　正文文本动画选项卡

3. 高级动画设置　对于动画还可以进行更加详细的设计，要通过“高级动画”选项组来完成。

（1）添加动画：可以对对象再添加一个动画效果，无论这个对象以前是否具有动画效果。选择“动画”→“高级动画”→“添加动画”命令即可再为此对象添加一个动画效果。打开“添加动画”按钮的下拉菜单和“动画样式”的菜单内容是相同的。

（2）动画窗格：动画窗格是将当前幻灯片中所有的动画都以列表的形式进行呈现的窗体，在此窗体中可以清晰显示每个对象设置的动画状态（图 5-49）。在此窗格中还可以详细设置动画的各个选项以及调整动画的先后顺序。

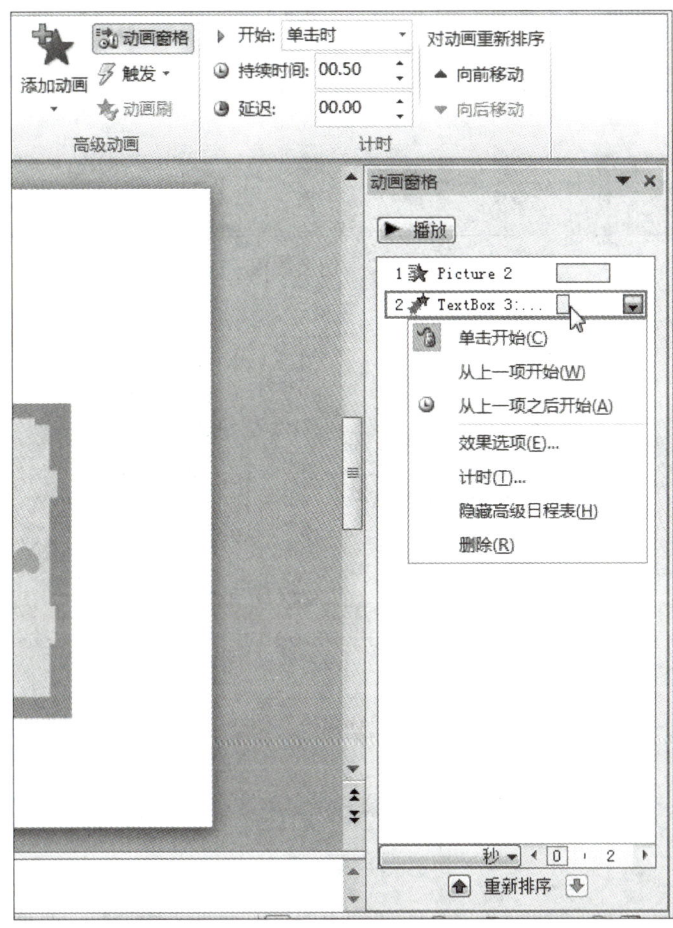

图 5-49　动画窗格

（3）触发：通过执行“动画”→“高级动画”→“触发”命令，可以设置动画的特殊开始条件。PowerPoint 提供了“鼠标单击时”播放动画和媒体播放到某个“书签”时播放动画两种触发模式。

（4）动画刷：动画刷是 PowerPoint 2010 中新增的一个功能，是把一个对象的动画效果复制到另一个对象上生成动画，操作非常的简洁方便。

二、幻灯片切换效果

视频：动画及切换

PowerPoint 2010 提供了三类 35 种切换效果（图 5-50）。而对于每种切换效果又设计了多种效果选项可供选择（图 5-51）。

设置幻灯片切换时，首先将幻灯片的视图更改为“幻灯片浏览视图”这样看起来更直观，更方便设置。然后选中要添加切换效果的幻灯片，执行“切换”→“切换到此幻灯片”命令，在下拉列表框中选择切换方式，设置好切换方式后，在幻灯片上会出现一个带尾巴的小星星图标（图 5-52）。这时还可以在“切换”选项卡中为幻灯片设置切换声音、应用、计时等内容。

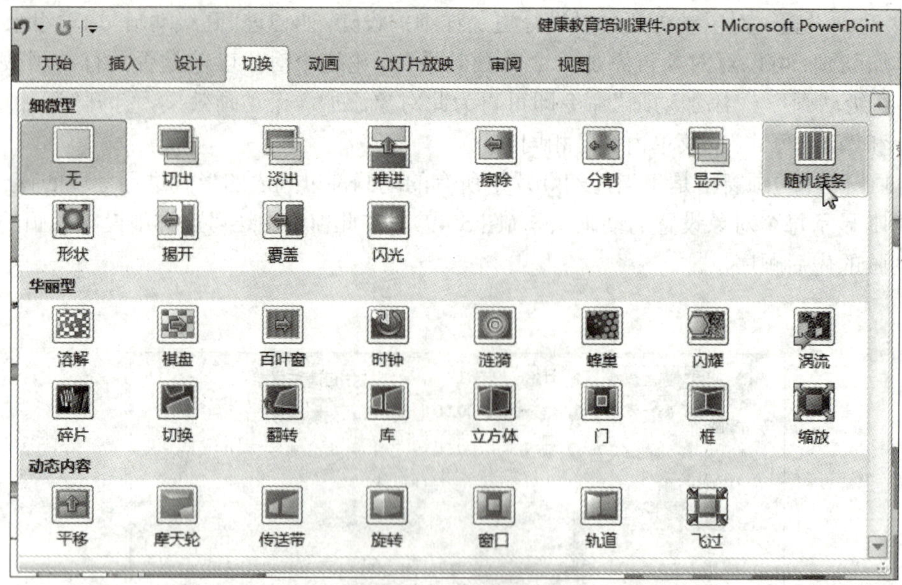

图 5-50　切换效果

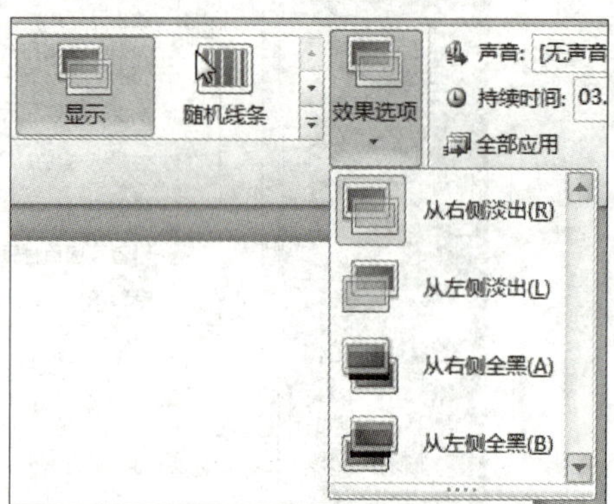

图 5-51　切换效果选项

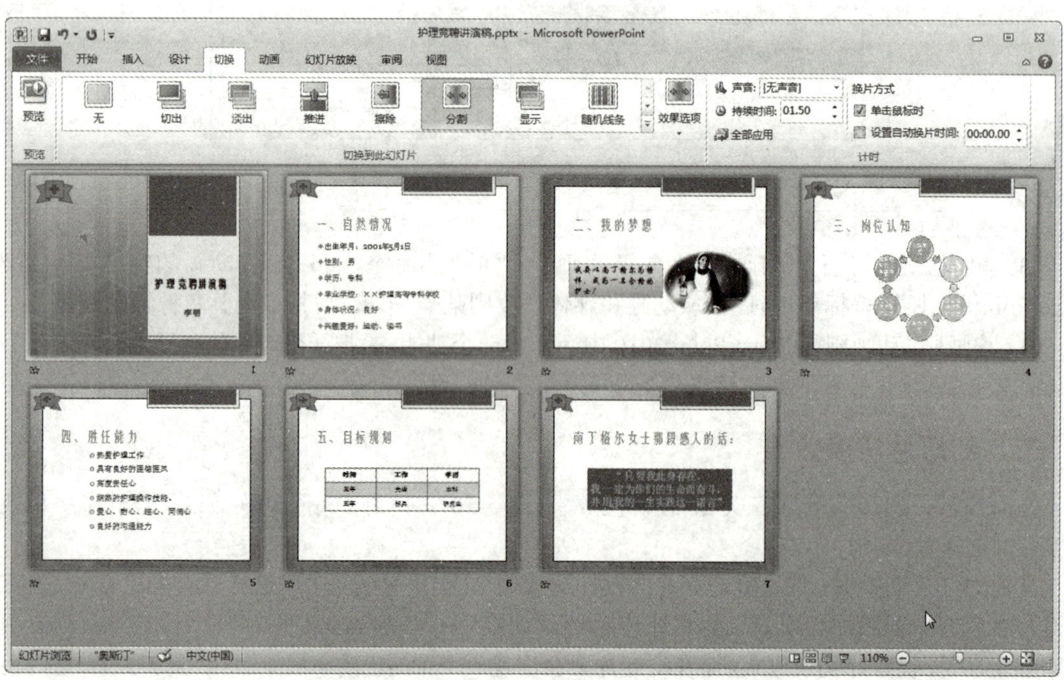

图 5-52　切换设置

三、幻灯片链接操作

1. 创建超链接　超链接是一种基本的超文本标记，在 PowerPoint 2010 中，可以为文本、图形、图像等各种对象创建超链接。

选择要进行超链接的对象，执行“插入”→“链接”→“超链接”命令，在弹出的“插入超链接”对话框中进行设置超链接（图 5-53）。还可以在“链接到：”快速引导窗格中进行快速设置；也可以在“请选择文档中的位置”中设置超链接和屏幕提示信息等。

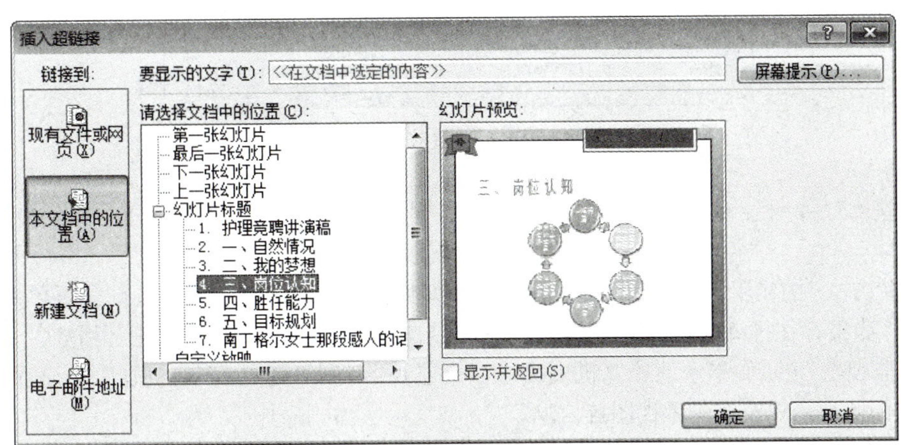

图 5-53　插入超链接

2. 编辑超链接　人们可以在已经设置了超链接的对象上单击鼠标右键，在弹出的快捷菜单中选择“编辑超链接”命令，在打开的对话框中编辑超链接。

3. 删除超链接　在超链接上单击鼠标右键，在弹出的快捷菜单中选择“编辑超链接”命令，在打开的对话框中单击“删除链接”按钮，即可删除超链接。也可以通过快捷菜单上的“取消超链接”命令，完成删除操作。

4. 动作设置　通过执行“插入”→“链接”→“动作”命令，在“动作设置”对话框中对选中的对象进行动作设置，包括对象的超链接、是否链接到其他程序、增加对象动作，为对象播放声音等选项（图 5-54），并给出了“单击鼠标”和“鼠标移动”两种触发方式。

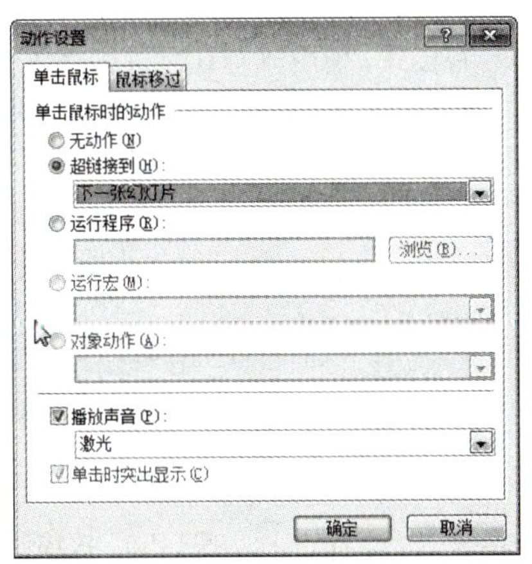

图 5-54　动作设置

第四节　演示文稿的放映与输出

一、演示文稿的放映设置

1. 放映设置　设置演示文稿的播放环境，主要包括放映类型、放映方式、换片方式、旁白、监视器等内容。

(1) 设置幻灯片放映：通过执行“幻灯片放映”→“设置”→“设置幻灯片放映”按钮命令，打开“设置放映方式”对话框（图 5-55）。

1)“放映类型”的作用：是根据放映演示文稿的意图，确定演示文稿的显示方式。PowerPoint 提供了演讲者放映、观众自行浏览、在展台浏览 3 种方式。

2)“放映选项”的作用：是人们在设置放映时的一些附加选项，包括是否进行循环放映、放映时是否加旁白和动画、绘图笔颜色、激光笔颜色等。

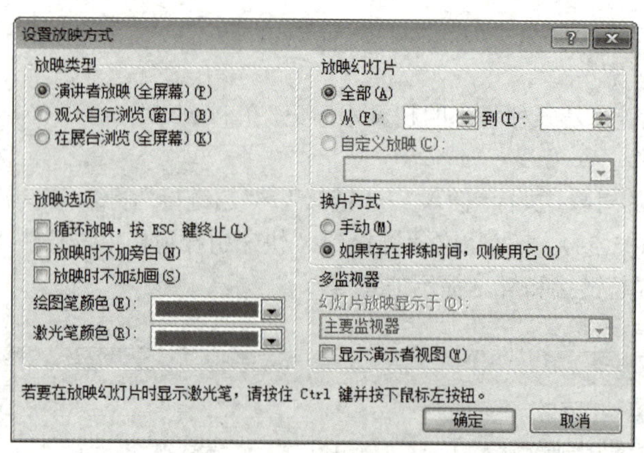

图 5-55 设置放映方式

3）“放映幻灯片”栏：是设置幻灯片播放的范围，是否“全部”播放，还是选择一部分播放，还是按自定义播放。

4）“换片方式”的作用：是定义幻灯片播放时的切换触发方式，选择“手动”，则需要单击鼠标进行播放。选择“如果存在排练时间，则使用它”选项，将自动根据设置的排练时间进行播放。

5）“多监视器”栏：如果本地计算机安装了多个监视器，则可通过“多监视器”栏，设置演示文稿放映所使用的监视器以及演讲者视图等信息。

（2）隐藏幻灯片：“隐藏幻灯片”就是将选中的幻灯片进行隐藏，在播放时不纳入播放范围。

（3）排练计时：通过执行“幻灯片放映”→“设置”→“排练计时”命令，结束放映时单击“录制”工具栏中的“关闭”按钮，系统将自动弹出对话框（图 5-56），单击“是”按钮保存排练计时。在“幻灯片放映”视图中，使用排练计时进行播放时，将按照排练好的时间进行播放。

（4）录制幻灯片演示：“录制幻灯片演示”主要是为幻灯片增加旁白。通过执行“幻灯片放映”→“设置”→“录制幻灯片演示”→“从头开始录制”命令，在弹出的“录制幻灯片演示”对话框中，选中“幻灯片和动画计时”复选框，单击“开始录制”按钮（图 5-57），即可在放映视图中录制旁白。当播放时加上旁白，即可得到边播放边解说的效果。

视频：幻灯片放映设置

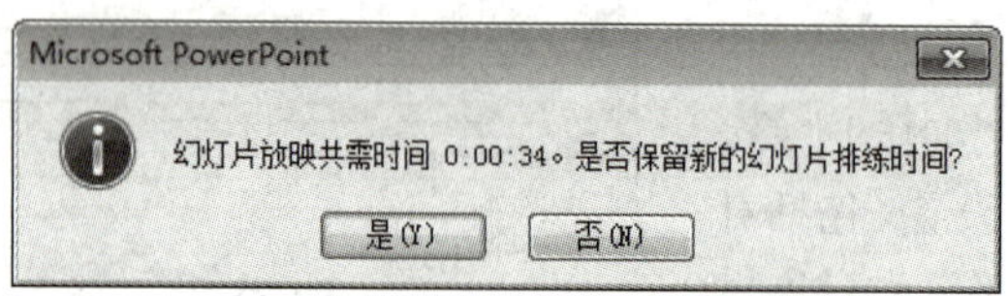

图 5-56 排练计时

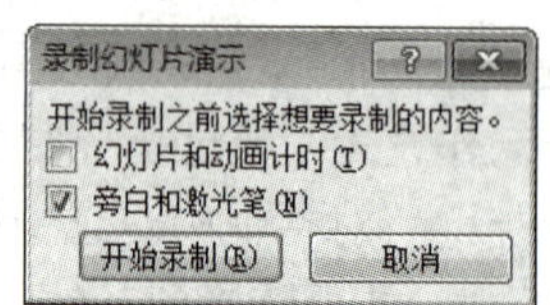

图 5-57 录制旁白

2. 放映幻灯片　演示文稿制作完成后，可以根据需要进行设置，通过放映才能体现出最终的效果。

（1）从头开始：“从头开始”播放方式，是从第一幅幻灯片开始播放演示文稿。通过执行“幻灯片放映”→“开始放映幻灯片”→“从头开始”按钮命令（图 5-58），即可从第一幅幻灯片开始播放演示文稿。

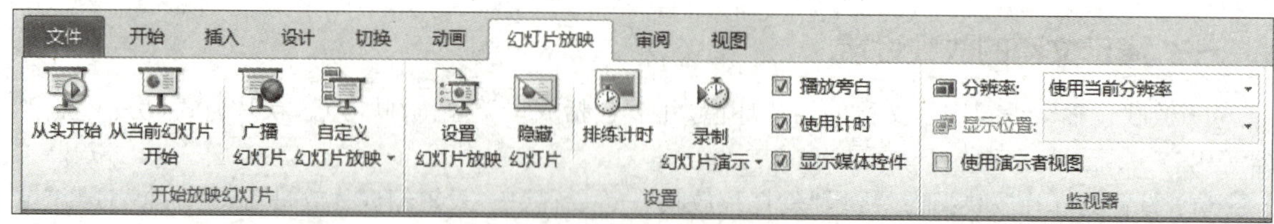

图 5-58 幻灯片放映选项卡

（2）从当前幻灯片开始：如果需要从指定的某幅幻灯片开始播放，则可以使用“从当前幻灯片开始”功能。在使用该功能时，可以先选择指定的幻灯片，然后执行“幻灯片放映”→“开始放映幻灯片”→“从当前幻灯片开始”按钮命令，即可从当前幻灯片开始播放。或者单击状态栏上的“幻灯片放

映”按钮，也可以从当前幻灯片开始播放。

(3) 广播幻灯片：广播幻灯片是将演示文稿通过 Windows Live 账户发布到互联网中，让人们通过浏览器进行观看的形式。执行“幻灯片放映”→“开始放映幻灯片”→“广播幻灯片”按钮命令，在打开“广播幻灯片”对话框单击“启动广播”按钮，之后即可在更新的对话框中复制演示文稿的网址，进行播放。

(4) 自定义幻灯片放映：根据播放需要，还可以通过“自定义幻灯片放映”功能，指定从哪一幅幻灯片开始播放、播放幻灯片的范围等。

通过执行“幻灯片放映”→“开始放映幻灯片”→“自定义幻灯片放映”→“自定义放映”命令，在弹出的“自定义放映”对话框中，通过“新建”按钮，打开“定义自定义放映”对话框，将需要进行播放的幻灯片“添加”加入到列表中(图 5-59)，“确定”之后，即可确定播放范围，单击“放映”按钮即可进行播放。

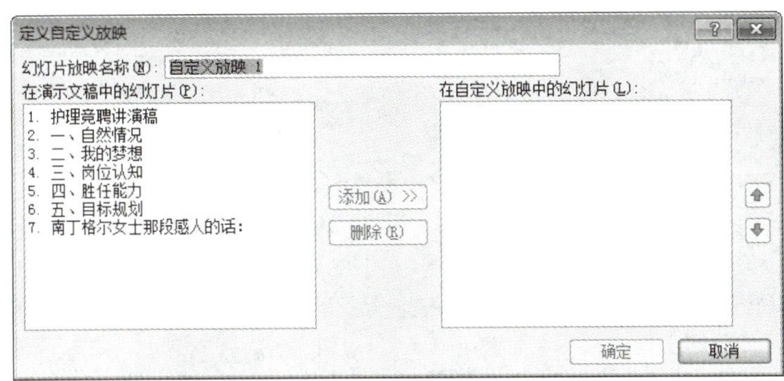

图 5-59 自定义放映对话框

二、演示文稿的输出与打印

1. 设置幻灯片 在输出幻灯片前，为了达到主题匹配内容，突出显示重点风格的目的，往往需要根据幻灯片的内容要求来设置幻灯片页面的大小、方向、页眉和页脚等操作。

1) 页面设置：通过执行“设计”→“页面设置”→“页面设置”命令，在弹出的“页面设置”对话框中进行设置幻灯片的大小、宽度、高度、幻灯片编号起始值、幻灯片方向等内容(图 5-60)。

2) 设置页眉和页脚：通过执行“插入”→“文本”→“页眉和页脚”命令，在“页眉和页脚”对话框中，可以设置幻灯片的日期和时间、是否自动更新时间、语言、幻灯片编号、页脚内容等(图 5-61)。

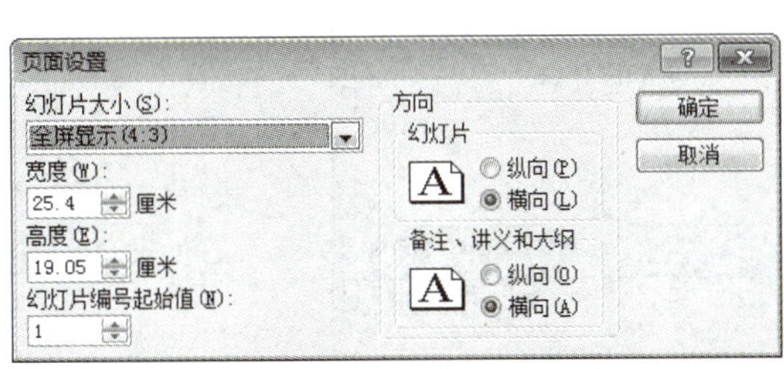

图 5-60 页面设置

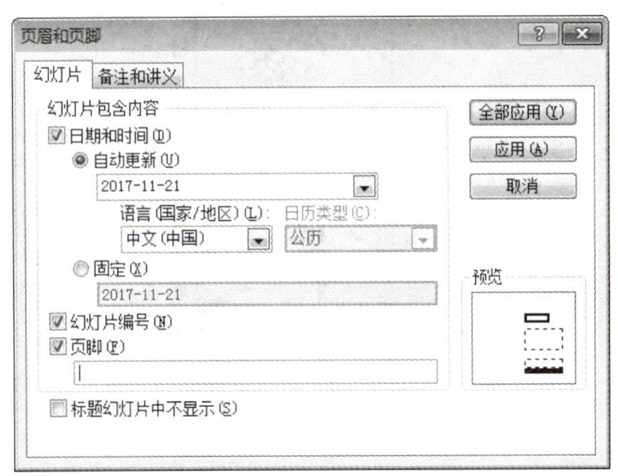

图 5-61 设置页眉和页脚

2. 输出演示文稿 可以将 PowerPoint 2010 制作完成的演示文稿以多种形式进行输出。

(1) 打印演示文稿：通过执行“文件”→“打印”命令，在更新的“打印”窗口中设置好打印机型号、打印范围、打印形式、颜色等，进行打印操作。该窗口还提供了预览功能，以便查看。

(2) 保存并发送：PowerPoint 2010 制作完成的演示文稿，还可以以下列多种形式进行输出或发送。

1) 使用电子邮件发送：PowerPoint 2010 与 Microsoft Outlook 软件相结合，可以通过电子邮件发

送演示文稿。还可以通过执行“文件”→“保存并发送”→“使用电子邮件发送”命令，在右侧的小窗口中选择以某种形式进行发送（图 5-62），即可进入到 Outlook 软件或者网页中进行发送。

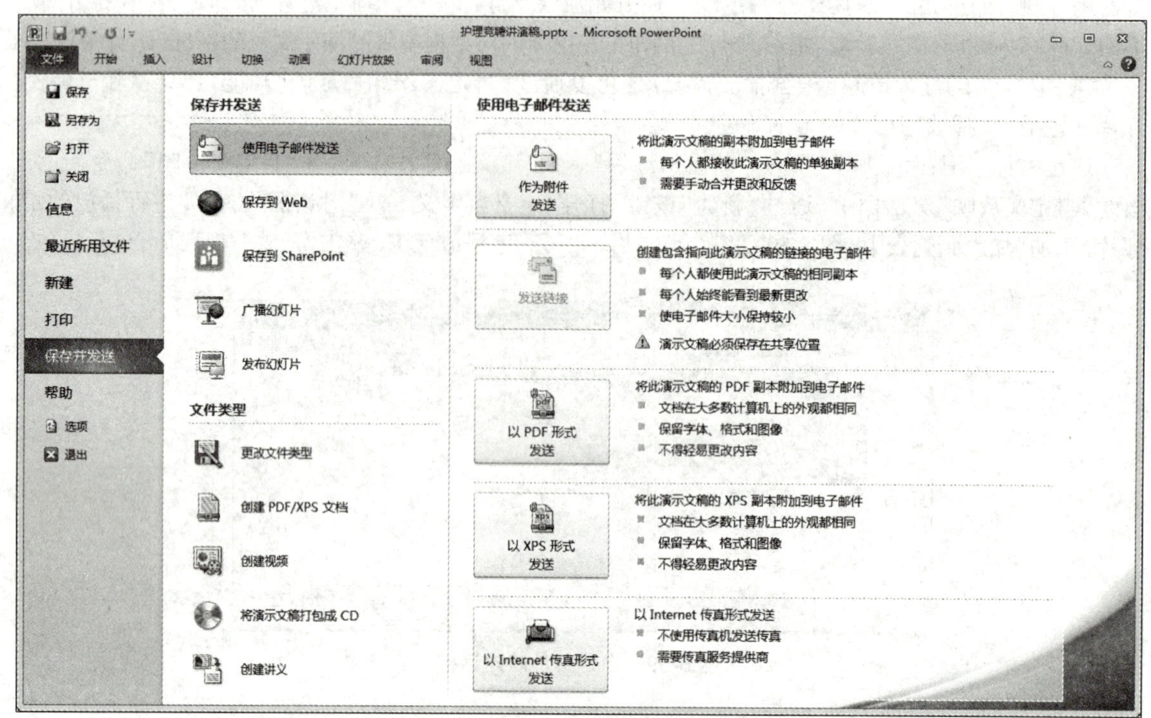

图 5-62 使用电子邮件发送演示文稿

2）发布幻灯片：通过执行“文件”→“保存并发送”→“发布幻灯片”命令，单击右侧小窗口中的“发布幻灯片”按钮，在弹出的“发布幻灯片”对话框中，点选要发布的幻灯片和发布到的位置，单击“发布”按钮即可发布（图 5-63）。

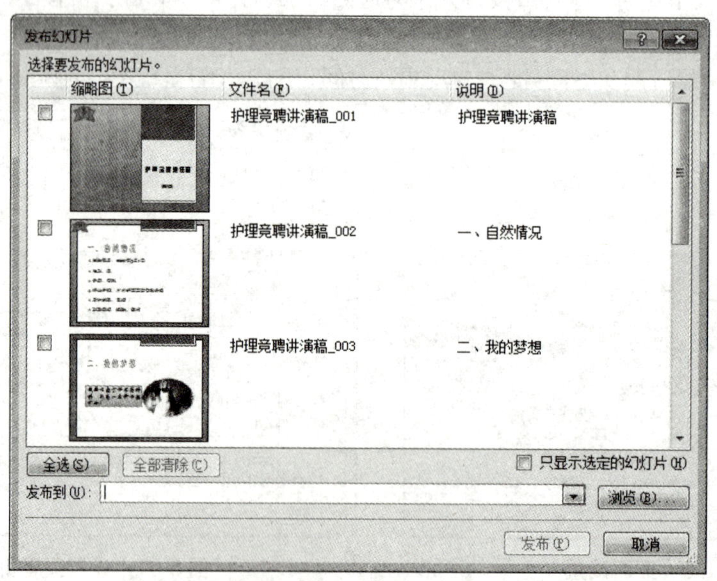

图 5-63 发布幻灯片

3）创建 PDF/XPS 文档：通过执行“文件”→“保存并发送”→“创建 PDF/XPS 文档”命令，单击右侧小窗口中的“创建 PDF/XPS”按钮，在弹出的“发布为 PDF 或 XPS”对话框中，填写相应的文件位置、文件名、保存类型，以及选项内容，单击“发布”按钮即可完成发布。

4）创建视频：可通过执行“文件”→“保存并发送”→“创建视频”命令，设置好放映每张幻灯片的

秒数，单击右侧小窗口中的“创建视频”按钮即可生成 Windows Media 视频。

5）将演示文稿打包成 CD：可以将 PowerPoint 2010 制作完成的演示文稿打包成光盘内容，并存放到本地磁盘或光盘中。可以通过执行“文件”→“保存并发送”→“将演示文稿打包成 CD”命令，在右侧小窗口中单击“打包成 CD”按钮，在弹出的“打包成 CD”对话框中，可以进行添加或删除幻灯片、设置选项等操作。单击“复制到文件夹”|“复制到 CD”按钮，将打包后的光盘存放到计算机磁盘或刻录到光盘中（图 5-64）。打包之后，即使机器上没有安装 PowerPoint 软件，也可以播放该演示文稿。

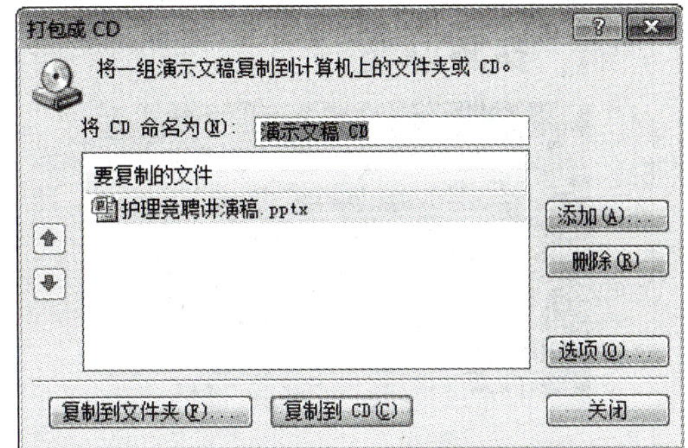

图 5-64　打包成 CD

实训二　制作健康教育培训课件

【实训目的】

1. 掌握动画效果设置。
2. 掌握幻灯片切换效果设置。
3. 掌握表格设置。
4. 掌握幻灯片放映设置。
5. 掌握演示文稿创建视频的方法。

【实训内容】

课件主要由演示文稿制作完成，本次任务是用 PowerPoint2010 软件制作一份名为“健康教育培训”的课件，并创建“健康教育培训.wmv”视频文件，幻灯片见图 5-65、图 5-66 所示。

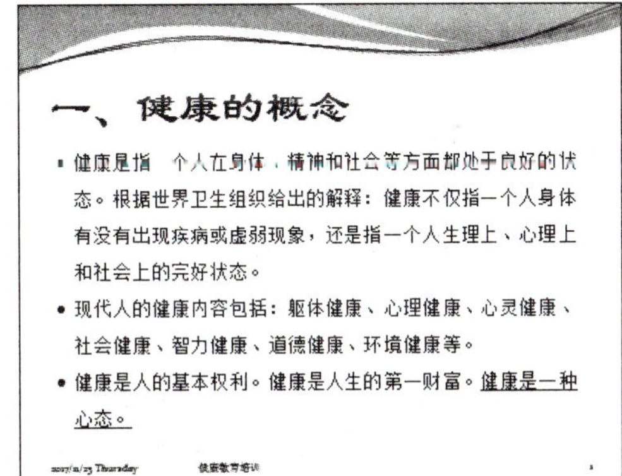

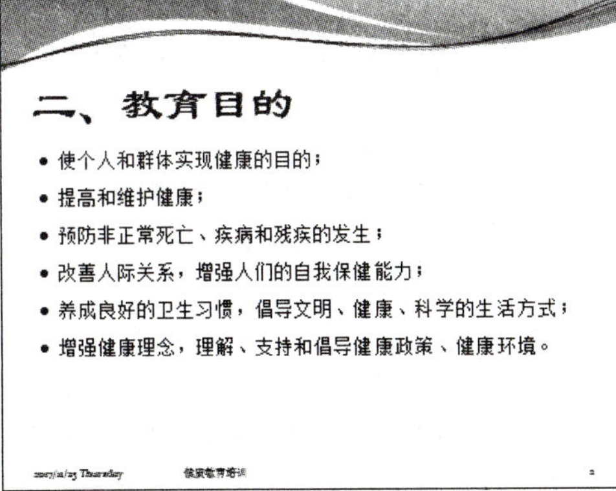

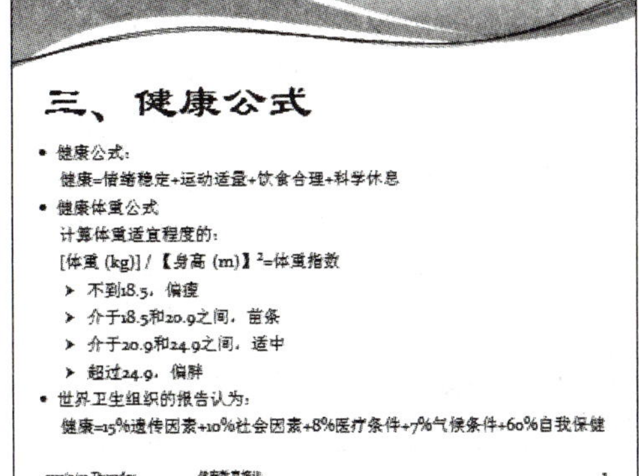

图 5-65　样张一

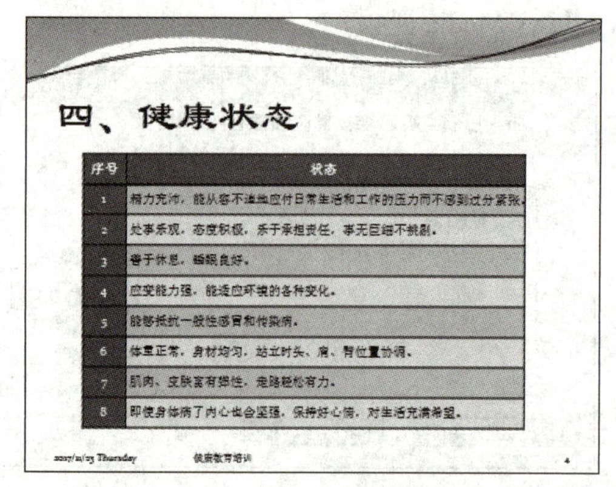

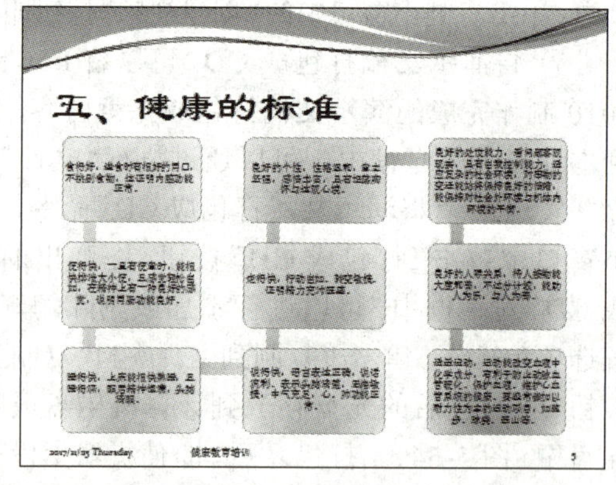

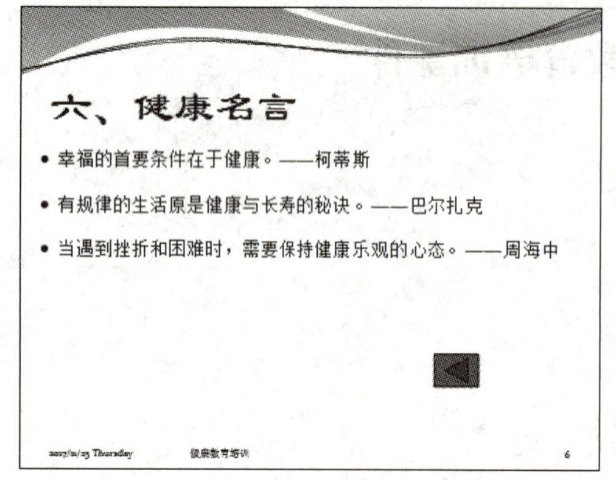

图 5-66　样张二

【实训步骤】

1. 打开 PowerPoint2010 文件　默认建立了一个“演示文稿 1”，单击“文件”选项卡，选择“保存”命令，打开“另存为”对话框，在对话框中输入文件的保存位置和文件名“健康教育培训课件”，保存类型选择“PowerPoint 演示文稿”，单击“保存”按钮。

在“幻灯片选项区”的“幻灯片”选项卡中，将鼠标定位在幻灯片首页之后，按 7 次键盘上的【Enter】键，会新建立 7 张版式为“标题与内容”的幻灯片。

2. 执行“设计”→“主题”→“其他”命令　在下拉列表中选择“流畅”主题，颜色选择“凤舞九天”，执行“背景”→“背景样式”→“样式 9”即可设置当前主题（图 5-67）。

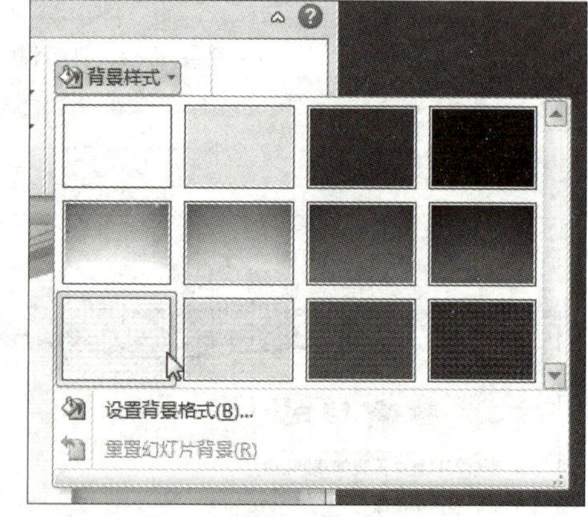

图 5-67　背景样式

3. 选中第 1 张幻灯片　在标题占位符处输入“健康教育培训”，单击占位符边框，选中占位符，设置居中对齐，并按占位符周围控制按钮，调节占位符大小。在副标题处输入“——中国人群健康教育计划”。选中第 2 张幻灯片，在标题占位符处输入“一、健康的概念”，在内容占位符中输入“健康是指～～心态。”打开素材文件“健康培训文档”，相关的文字内容都在素材文件中，可以使用复制、粘贴命令，依次将文字、表格填充第 3、4、5、6、7 张幻灯片中。

文档：健康培训文档

4. 选择第 2 张幻灯片文字占位符　设置字号大小为 24 号字，打开段落对话框，设置行距为 1.5 倍行间距，适当调整占位符大小即可；第 3、7 张幻灯片设置相同，或者使用格式刷设置亦可；选择第 4 张幻灯片文字占位符，设置字号大小为 20 号字，打开段落对话框，设置行距为 1.5 倍行间距，适当调整占位符大小即可；选中第 5 张幻灯片，选中表格，设置文字为 16 号字，执行“表格工具”选项卡中执行“布局 | 表格尺寸”命令，设置表格高度为 12cm，宽度为 20cm，在表格“对齐方式”中设置表格中文字垂直居中（图 5-68）。

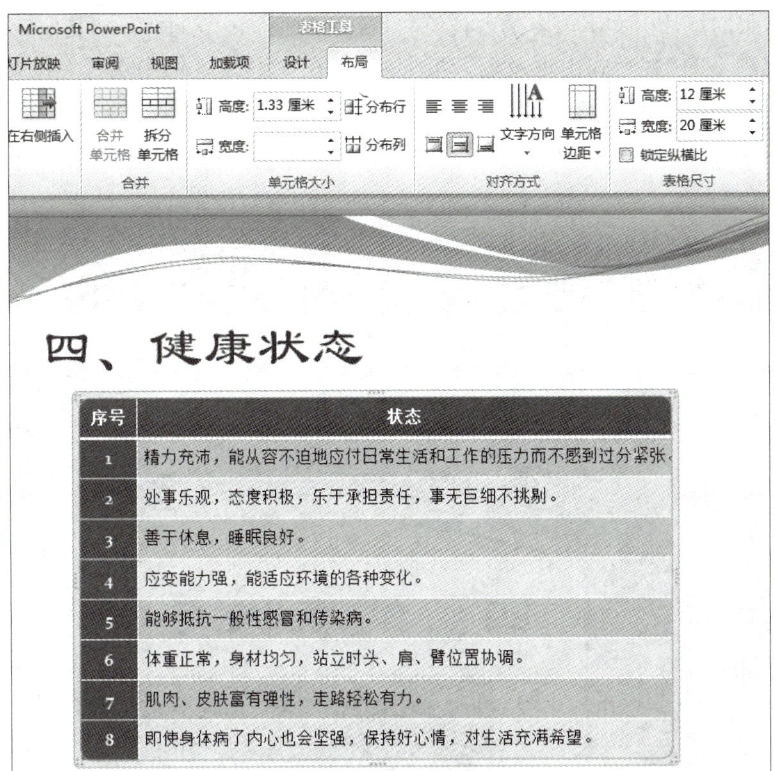

序号	状态
1	精力充沛，能从容不迫地应付日常生活和工作的压力而不感到过分紧张。
2	处事乐观，态度积极，乐于承担责任，事无巨细不挑剔。
3	善于休息，睡眠良好。
4	应变能力强，能适应环境的各种变化。
5	能够抵抗一般性感冒和传染病。
6	体重正常，身材均匀，站立时头、肩、臂位置协调。
7	肌肉、皮肤富有弹性，走路轻松有力。
8	即使身体病了内心也会坚强，保持好心情，对生活充满希望。

图 5-68　表格设置

5. 选中第 6 张幻灯片　点击占位符，设置为 12 号字。选中占位符，执行“开始”→“段落”→“转换为 SmartArt”→“其他 SmartArt 图形”→“流程”→“垂直蛇形流程”命令，即可将文字转换为 SmartArt 图形，执行“SmartArt 工具”选项卡中执行“设计 |SmartArt| 更改颜色 | 彩色 - 强调文字颜色 4 至 5”命令，在文档的最佳匹配对象中选择“细微效果”即可（图 5-69）。

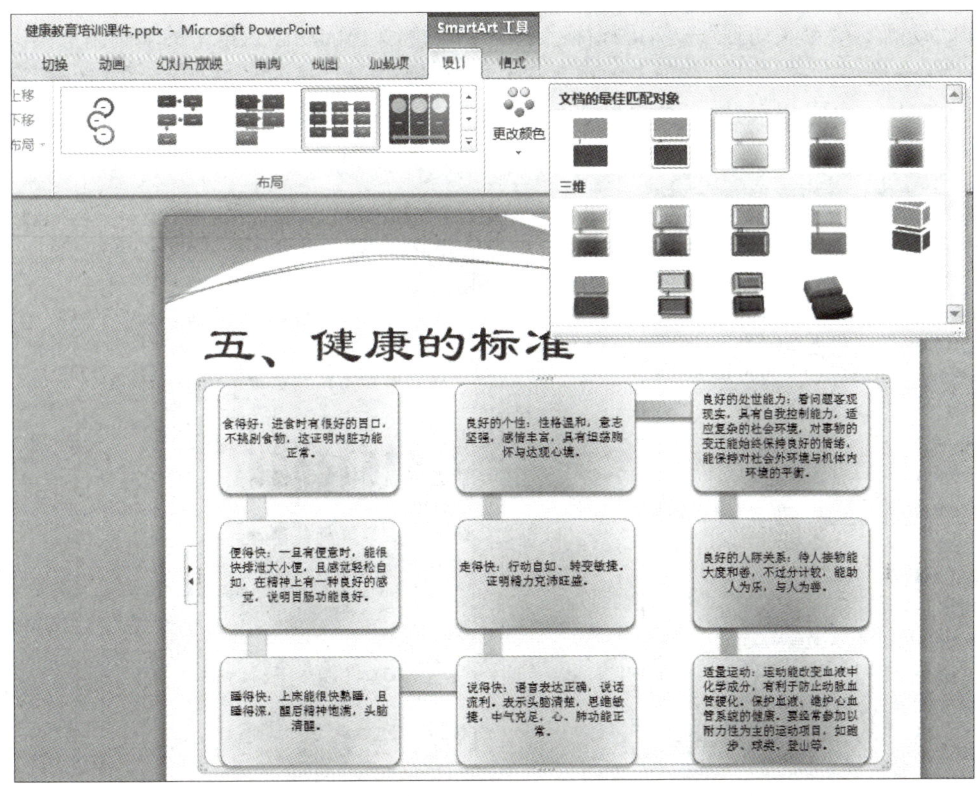

图 5-69　转换为 SmartArt

6. 选定第 3 张幻灯片中文字内容的占位符　执行“动画”→“动画”→“其他”命令，在下拉列表中选择“进入”选项下的“翻转式由远及近”动画效果。在“效果选项”中选择“作为一个对象”选项。选定第 5 张幻灯片中的表格，执行“动画”→“动画”→“其他”命令，在下拉列表中选择“进入”选项下的“轮子”动画效果，并打开动画“效果选项”，选择“4 轮幅图案”选项（图 5-70）。

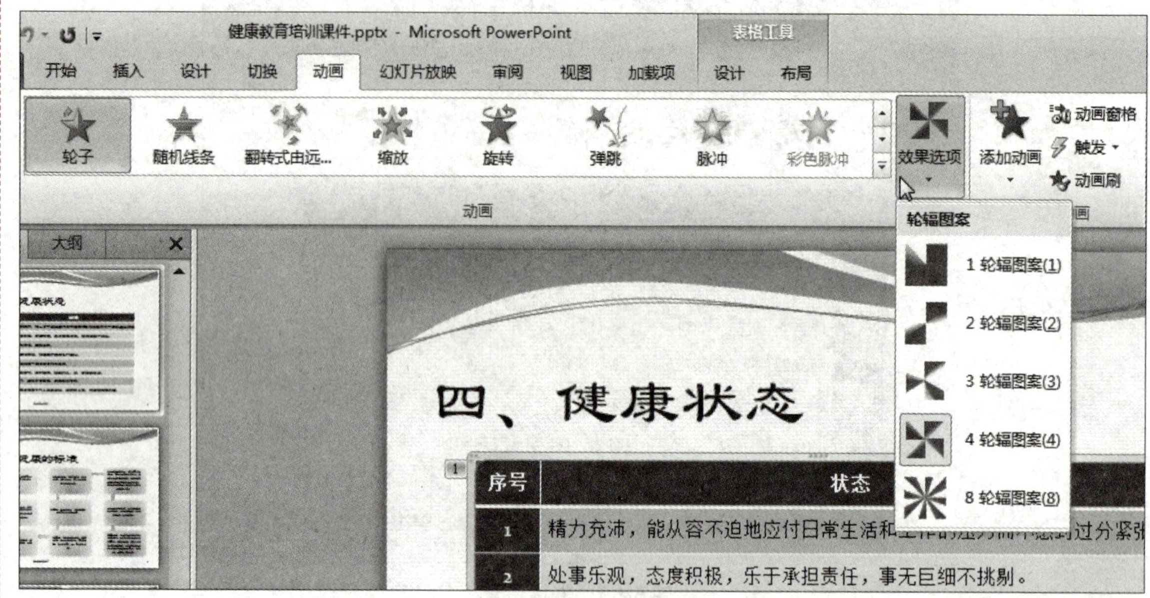

图 5-70　轮子动画效果

7. 选择第 4 张幻灯片　“动画”→“动画”→“其他”→“更多强调效果”命令，在弹出的对话框中选择“细微型”→“画笔颜色”动画效果，见图 5-71 所示，然后执行“动画”→“动画”→“效果选项”，将画笔颜色设为标准色“红色”，将序列设置为“作为一个对象”，开始为“与上一动画同时”，见图 5-72 所示。打开“动画”→“高级动画”→“动画窗格”选项，在右侧弹出的动画窗格中的动画条上单击鼠标右键，选择“效果选项”，在“效果”选项卡的声音中设置“风铃”声音，见图 5-73 所示，在“计时”选项卡中设置计时期间为“中速（2 秒）”（图 5-74）。

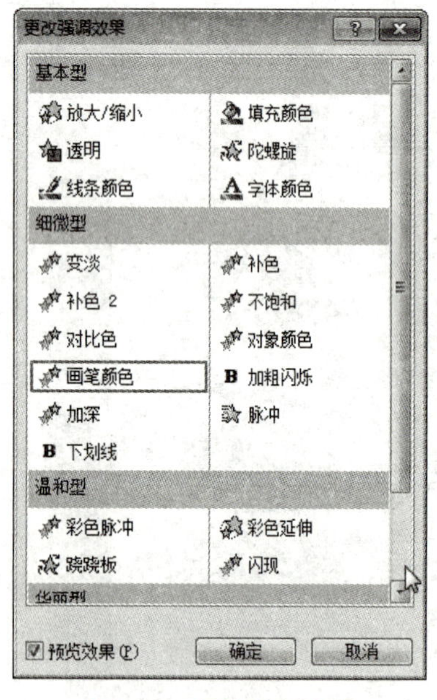

图 5-71　更多强调效果

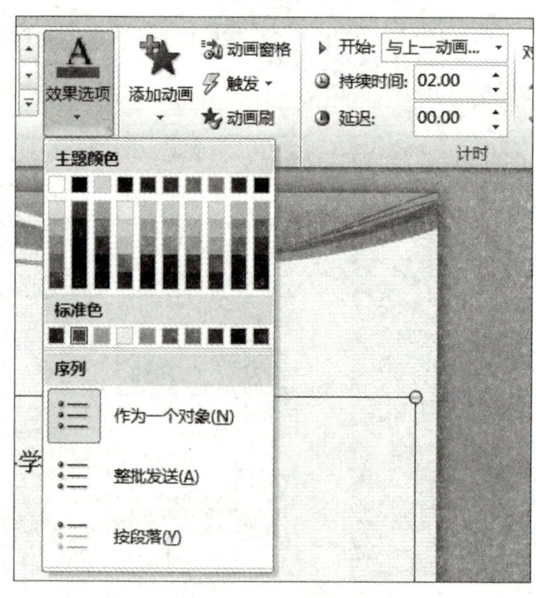

图 5-72　效果选项

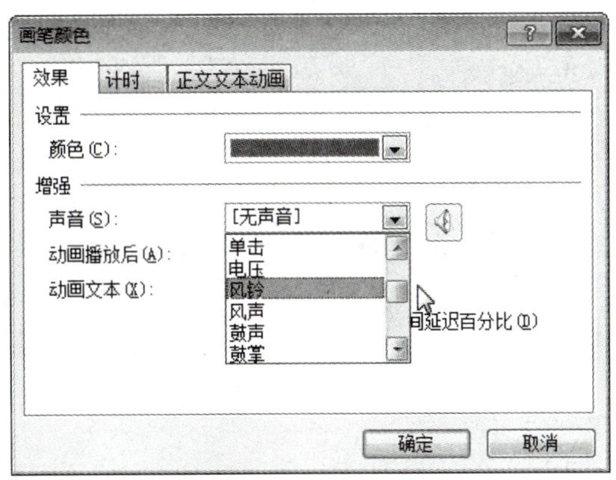

图 5-73　声音效果设置

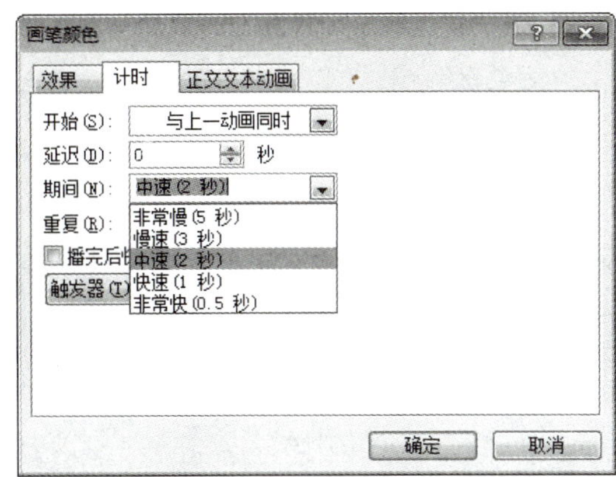

图 5-74　计时效果设置

8. 选中第 7 张幻灯片　执行“切换”→“切换到此幻灯片”→“华丽型”→“百叶窗”命令，并执行“切换”→“切换到此幻灯片”→“效果选项”，选择“垂直”切换效果。选择第 8 张幻灯片，执行“切换”→“切换到此幻灯片”→“华丽型”→“涟漪”命令，并执行“切换”→“切换到此幻灯片”→“效果选项”，选择“从右下部”切换效果（图 5-75）。

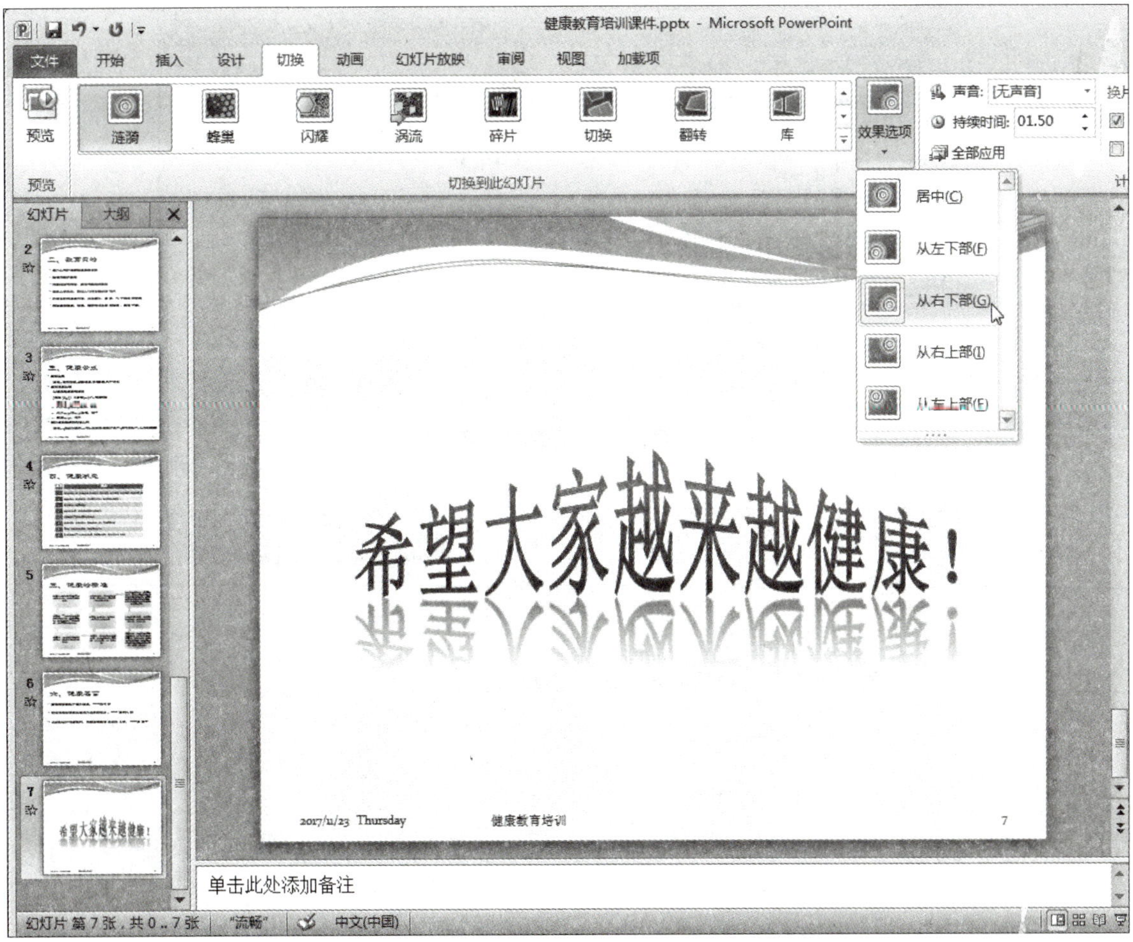

图 5-75　切换效果设置

9. 执行“设计”→“页面设置”→“页面设置”命令　在打开的对话框中设置幻灯片的宽为 26cm，高为 20cm，幻灯片起始编号为 0，单击确定即可（图 5-76）。执行“插入”→“文本”→“页眉和页脚”命令，在对话框中设置显示日期和时间，显示幻灯片编号，页脚为“健康教育培训”，在标题幻灯片中不显示，选择“全部应用”（图 5-77）。

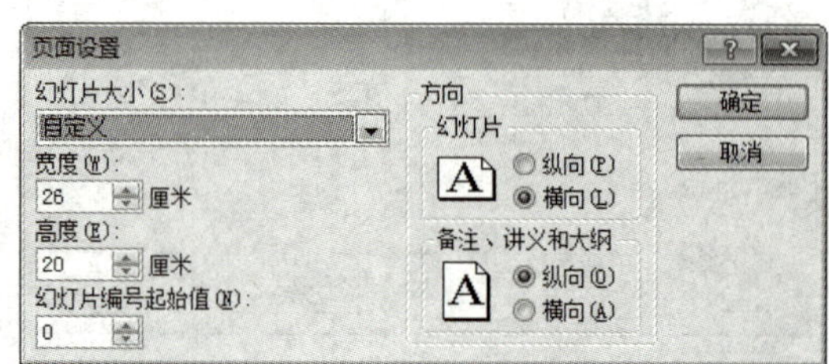

图 5-76　页面设置

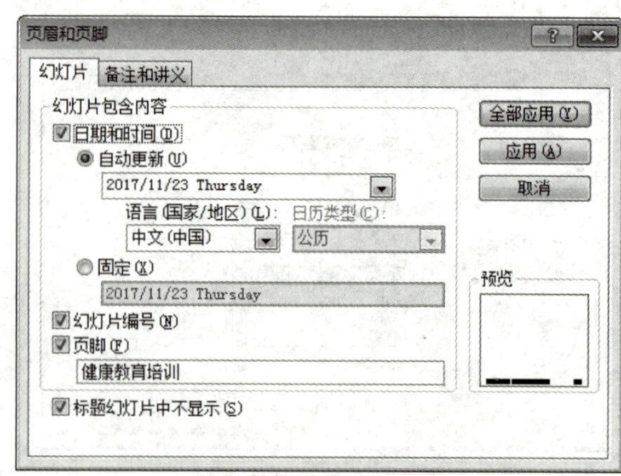

图 5-77　页眉和页脚设置

10. 选定第 1 张幻灯片中的文字“健康是一种心态”　执行“插入”→“链接”→“超链接”命令，在对话框中“本文档中的位置”，在小窗口中选择“六、健康名言”这张幻灯片即可设置超链接(图 5-78)。选择第 7 张幻灯片，执行“插入”→“插图”→“形状”命令，在“动作按钮”中选择一个“前一项”按钮插入，在弹出的“动作设置”对话框中设置链接到第 1 张幻灯片(图 5-79)。

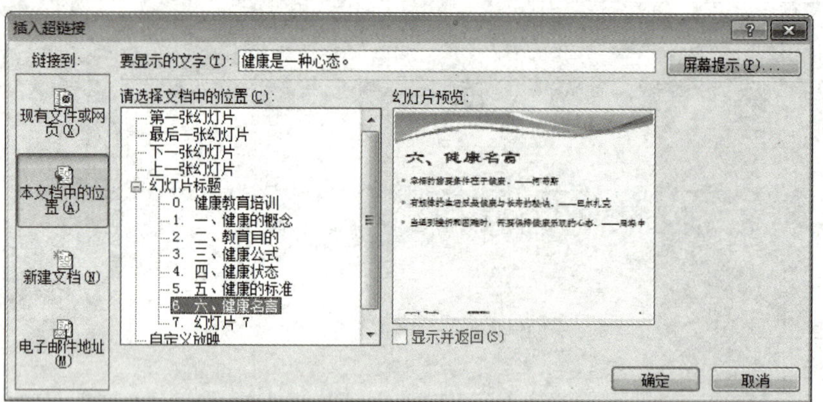

图 5-78　设置超链接

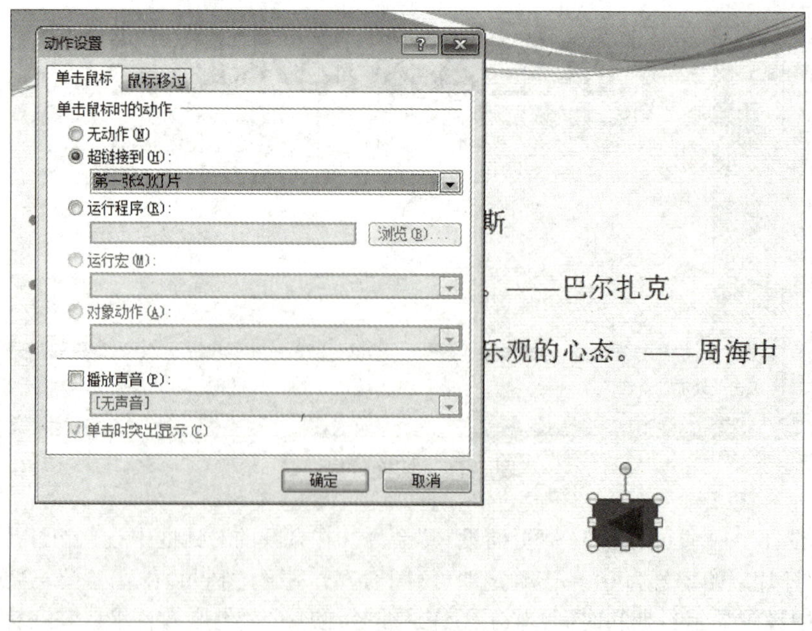

图 5-79　设置动作按钮

11. 执行“幻灯片放映”→“开始放映幻灯片”→“自定义幻灯片放映”命令 打开“自定义放映”对话框，选择“新建”命令，打开“定义自定义放映”对话框，将名称设置为“自定义放映 1”，将幻灯片1、2、3、4、5号添加到右侧窗格，单击确认（图5-80）。

执行“幻灯片放映”→“设置”→“设置幻灯片放映”命令，在打开“设置放映方式”对话框中设置放映类型为“观众自行浏览（窗口）”，循环放映，自定义放映1，使用排练时间（图5-81）。

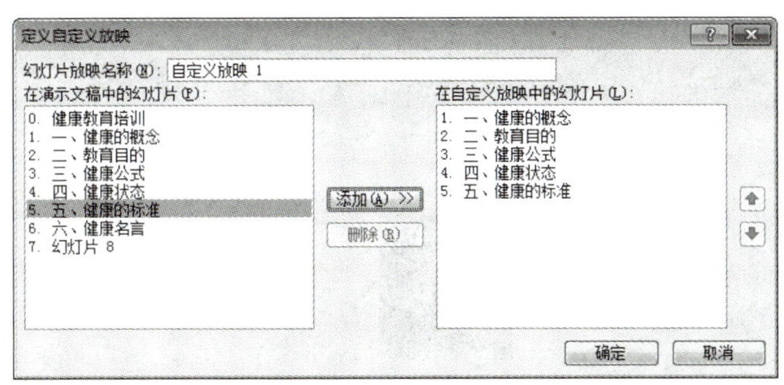

图5-80 自定义放映

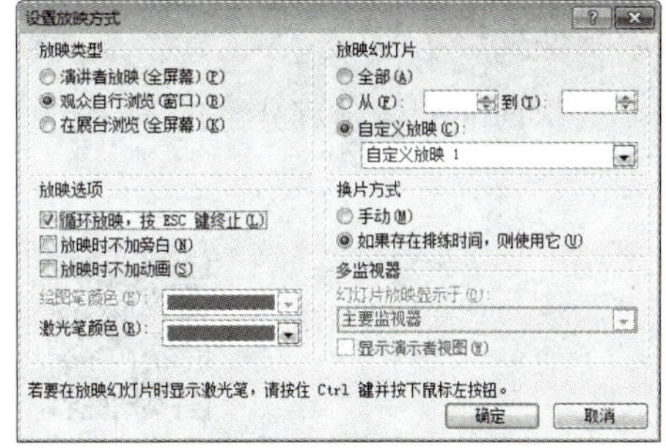

图5-81 设置放映方式

执行“幻灯片放映”→“开始放映幻灯片”→“从头开始”播放命令，开始按设置要求放映幻灯片。

12. 选择第7张幻灯片 选中占位符，按键盘上的【Delete】键进行删除。执行“插入”→“文本”→“插入艺术字”→“填充 - 深绿，强调文字颜色1，金属棱台，映像”命令，在文本中输入“希望大家越来越健康！”，选中艺术字设置为24号字，执行“绘图工具”选项卡下的“格式 | 艺术字样式 | 文本效果 | 转换 | 弯曲 | 正三角”命令即可。选中艺术字，执行“绘图工具”选项卡下的“格式 | 大小”命令，调整高度为5cm（图5-82）。

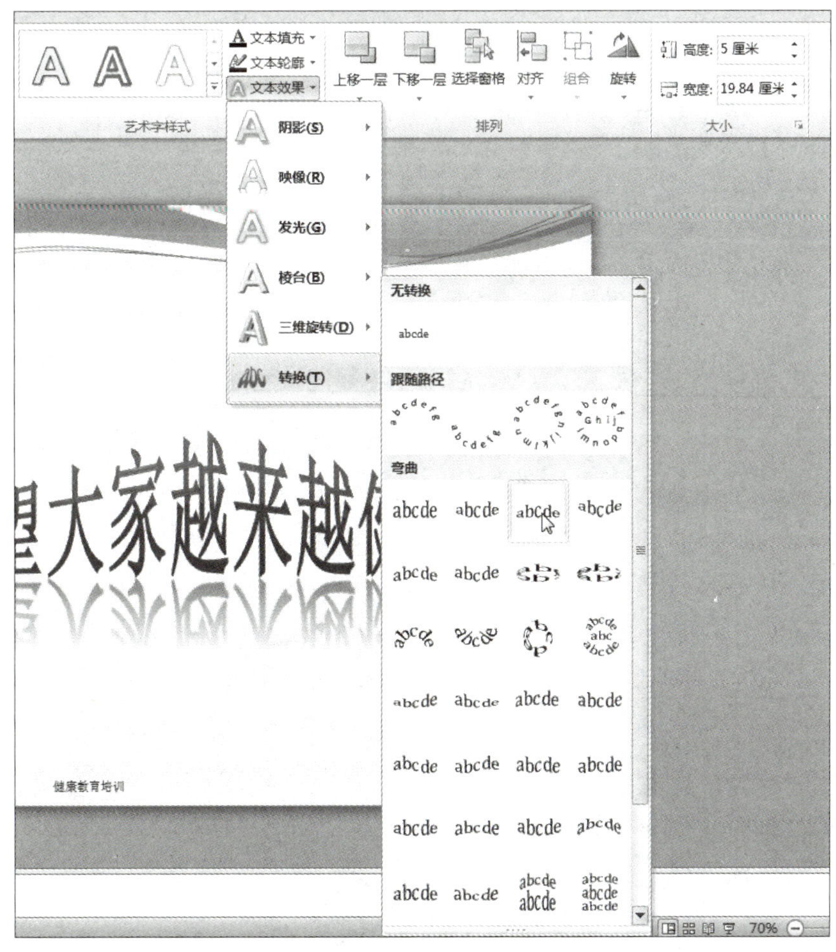

图5-82 设置艺术字文本效果

13. 单击“快速工具栏”上的保存文件按钮保存该文件　执行“文件”→“保存并发送”→“创建视频”命令，单击“创建视频”按钮，输入文件名“健康教育培训 .wmv”创建视频，找到该视频文件双击即可播放。

（胡树煜）

思考题

动画的设置流程分为几个步骤？

思路解析

扫一扫，测一测

第六章 医学文献检索基础知识

学习目标

1. 掌握信息、文献及文献检索的基本概念，熟悉文献及文献检索的类型，了解文献检索的意义与作用。

2. 掌握文献检索的方法，熟悉文献检索的各种途径。

3. 具有获取、分析和加工文献信息的能力。

第一节 概 述

小张今年就要从护理高职学校毕业了，对于找工作，她有点不知所措，没有目标，不知到哪里去应聘？是留在家乡，离家近些，还是到外省找工作？ 一片茫然。通过本节课的学习，让学生具备搜集、获取知识与信息的能力。

请问：

1. 如何获取就职信息资源？

2. 如何选择所需要的信息？

一、基本概念

1. 信息 信息一词源于拉丁词(informatio)，是通知、报道或消息的意思。据史料记载，“信息”最早见于南唐诗人李中的七律诗《碧云集•暮春怀古人》中“梦断美人沉信息，目穿长路依楼台”，原意是指消息。1948年，数学家香农在题为“通讯的数学理论”的论文中指出：“信息是用来消除随机不定性的东西”。

信息是事物现象及其属性标识的集合。不同的事物、不同的运动状态和特征，会出现不同的信息反映，信息普遍存在于自然界、人类社会和人们的思维中。科技信息是信息范畴中的一部分，医学信息又是科技信息的组成部分。医学信息是指通过观察、实验或借助于其他工具，对健康或疾病状态下人体生理或病理状态特征的认识及其反映。例如，人体脉搏、呼吸、温度以及疾病状态下的各种体征与症状、细胞变化的各种检测数据等都是医学信息。

信息是无形的，但又是客观存在的。它可通过文字、语言、符号、声频、视频等表达出来。因此，

文字、符号等是信息的表现手段，书刊、资料、文献是记录信息的物质载体。我们阅读文献的最终目的在于获取文献上所载的信息。

我国国家标准《情报与文献工作词汇基本术语》(GB4894-85)中将信息定义为："信息是物质存在的一种方式、形态或运动状态，是事物的一种普遍属性，一般指数据、信息中包含的意义，可以使消息中所描述事件的不定性减少。"

《中国大百科全书：图书馆学情报学档案学》对信息的定义是："一般来说，信息是关于事物运动的状态和规律的表征，也是关于事物运动的知识。它用符号、信号或消息所包含的内容，来消除对客观事物认识的不确定性。"

信息本身不是实体，必须借助某种介质才能表现或传播。我们通常说的信息指的是狭义信息，它是指具有新内容、新知识的消息，即对接收者来说预先不知道的报道。借助信息人类才能获得知识，才能有效地组织各种社会活动。因此，信息是人类维持正常活动不可缺少的资源，与能源、材料并列，构成现代社会的三大支柱。

信息是客观事物的一种属性，具有以下的特征：

(1) 可识别性：信息是可以识别的，它分为直接识别和间接识别。直接识别是指人类可以通过自己的感觉器官和视觉器官直接认识和识别某些信息；间接识别是指通过各种测试手段的识别，如使用温度计来识别温度、使用试纸来识别酸碱度等。不同的信息源有不同的识别方法。

(2) 载体性：信息既不是物质，也不是能量，是一些抽象的符号。它存在于客观事物中，其传递必须借助一定的载体或媒介才能实现，如果不借助于媒介载体，人们对于信息是看不见、摸不着的。一方面，信息的传递必须借助于语言、文字、声音、图像、胶片、磁盘、声波、电波、光波等物质形式的媒介才能表现出来，被人们所接受，并按照既定目标进行处理和存储；另一方面，信息借助媒介的传递不受时间和空间的限制，这说明人们能够突破时间和空间的界限，对不同地域、不同时间的信息加以选择，增加利用信息的可能性。

(3) 不确定性：不确定性是信息最特殊的一点，即信息并不会因为被使用而消失。信息是可以被广泛使用、多重使用的，这也导致其传播的广泛性。当然信息的载体可能在使用中被磨损而逐渐失效，但信息本身并不因此而消失，它可以被大量复制、长期保存、重复使用。

(4) 共享性：共享性是由客观性决定的。信息共享性的特点，能使信息资源发挥最大的效用。信息作为一种资源，不同个体或群体在同一时间或不同时间可以共同享用，这是信息与物质的显著区别。信息交流与实物交流是有本质区别的，即实物交流，一方有所得，必使另一方有所失；而信息交流不会因一方拥有而使另一方失去，也不会因使用次数的累加而损耗信息的内容。信息通过传递和扩散，能够反复被不同的人使用、共享，信息量不会因传播或者与他人分享而减少。共享是信息不同于物质和能量的最重要特征。

(5) 时效性：时效性是信息的重要特征，是指从发出信息、接收信息到利用信息的时间间隔及效率。信息如果不能反映事物的最新变化状态，它的效用就会降低。即信息一经生成，其反映的内容越新，它的价值越大；时间延长，价值随之减小，一旦信息的内容被人们了解，价值就消失了。信息使用价值还取决于使用者的需求及其对信息的理解、认识和利用的能力。任何有价值的信息都是在特定的条件下起作用的，离开这些条件，信息将会失去其价值。

(6) 能动性：信息的产生、存储和流通，依赖于物质和能量，没有物质和能量就没有信息。但信息在与物质、能量的关系中并非是消极、被动的，它具有巨大的能动作用，可以控制或支配物质和能量的流动，并对改变其价值产生影响。

信息是宽的，比南美的亚马孙河还宽广

世界上最宽的河是南美的亚马孙河，在河流的入海处，其宽度达 320km，但是信息比亚马孙河还要宽。一条信息从和我们的另一边美国再传到国内，仅仅几分钟而已，如果是在上个 500 年里，这是无法想象的事情。

信息作为时代前进的先导，引领人们去不断探索未来，获取知识、情报，知识情报、文献信息已经成为现代文明的重要标志，成为经济社会的核心要素，成为时代财富的主要来源。

2. 知识　知识是人类认识的成果，是人们在认识世界和改造客观世界的实践中所获得的认识和经验的总和，是人的大脑通过思维重新组合了的系统化的信息集合。

人类在实践中会产生一定的认识，这些认识若是正确反映客观事物的现象、本质和规律的，就是知识。因此，知识是人类实践经验的总结，是关于自然界、人类社会、思维现象、本质、规律的认识和描述。即信息是大脑思维的原料，而知识是大脑对大量信息进行加工后形成的产品。

知识经过逐步积累、发展提高、系统化，就构成了科学。医学知识是人们在实践中对信息（反映人体功能和形态变化的各种检测数据、各种症状和体征等）的获取、积累、提炼、优化、系统化的结果，是关于人体生命、健康以及疾病现象、本质和规律的认识。因此，知识来源于实践，来源于信息，是系统化了的信息，是信息的一部分。

知识借助于一定的语言形式，物化成为某种劳动产品的形式，交流和传递给下一代，成为人类共同的精神财富。知识随社会实践、科学技术的发展而发展。知识一般可以分成三大类：自然科学知识、社会科学知识和思维科学知识。哲学知识则是关于自然、社会和思维知识的概括和总结。

知识作为一种特殊的信息，具有以下几项特征：

（1）意识性：知识是一种观念形态的表征，只有人的大脑才能产生它、识别它、利用它。知识通常以概念、判断、推理、假说、预见等思维形式和范畴体系表现自身的存在。

（2）信息性：信息是产生知识的原料，知识是被人们理解和认识并经大脑重新组织和系列化了的信息，信息提炼为知识的过程是思维。具有新颖性、独创性的成果，是知识的客观表现形式。

（3）实践性：知识是可以为人们所使用的，社会实践是一切知识产生的基础和检验知识的标准，科学知识对实践有重大指导作用。

（4）继承性：新知识的产生离不开原有知识的深化与发展，知识被记录或被物化为劳动产品，具有可继承性。

（5）渗透性：随着知识门类的增多，各种知识可以相互渗透，形成许多新的知识门类，形成科学知识的网状结构体系。

知识在人类社会的发展中起着巨大的作用。知识是文明程度的标志，衡量一个国家、一个民族、一个人文明程度的高低主要看其创造、吸收、掌握和应用知识的能力。知识可以转化为巨大的生产力，人口素质的提高、科学技术的进步、经济的发展，都是知识推动的结果。知识是建设精神文明的动力，是科学教育的内容，能促进人类智慧的提高。

3. 情报　情报与信息在英文中为同一个词“Information”，但信息的外延比情报广，信息包括情报。

情报是人们为一定的目的而搜集的有使用价值的知识或信息。情报是被传递的知识或事实，是知识的再激活。是运用一定的媒体（载体），越过空间和时间传递给特定用户，解决科研，生产中的具体问题所需要的特定知识和信息。

情报的属性是情报本身固有的性质，主要表现在以下几方面：

（1）知识性：知识是人的主观世界对于客观世界的概括和反映。随着人类社会的发展，每日每时都有新的知识产生。人们通过读书、看报、听广播、看电视、参加会议、参观访问等活动，都可以吸收到有用知识。这些经过传递的有用知识，按广义的说法，就是人们所需要的情报。因此，情报的本质是知识，没有一定的知识内容，就不能成为情报。知识性是情报最主要的属性。情报必须具有实质内容，凡人们需要的各种知识或信息，如事实、数据、图像、信息、消息等，都可以是情报的内容。没有内容的情报是不可能存在的。

（2）传递性：知识成为情报，必须经过传递，知识若不进行传递交流、供人们利用，就不能构成情报，传递性是情报的重要基本属性。

（3）效用性：情报效用性是指人们创造情报、交流传递情报，其目的在于充分利用，不断提高效用性。情报的效用性表现为启迪思想、开阔眼界、增进知识，改变人们的知识结构，提高人们的认识能力，帮助人们去认识和改造世界。效用性是衡量情报服务工作好坏的重要标志。此外，情报还具有社

会性、积累性、与载体的不可分割性以及老化等特性。

信息化时代情报已渗透到了各行各业各领域，成为经济、政治、军事、文化、科学技术向前发展的支撑条件。一些发达国家，比如日本，依靠情报作为富国强民的向导，使其经济得到了高速发展，成为世界经济大国。一些发展中国家依靠情报作为发展本国经济的催化剂。各个部门的领导依靠情报来作出正确的决策，广大科技工作者不断猎取情报，大大加快了科学技术的发展。今天，情报的概念有了更广泛的含义，情报的作用也显得越来越突出。

4. 文献　文献一词古来有之，它最早见于《论语·八佾》。在朱熹《论语集注》中将文献解释为“文，典籍也；献，贤也”。通常人们将知识或信息用一定的符号、文字、图文、声频、视频等记录在一定的物质载体(骨、石、竹片、锦帛、纸张、胶片、磁带、磁盘、光盘等)上，就形成了所谓的文献。文献是人类物质文明不断发展的产物，是人类精神财富的重要组成部分。

文献的四种属性：

(1) 记录的知识和信息：即文献的内容。

(2) 记录知识和信息的符号：文献中的知识和信息是借助于文字、图表、声音、图像等记录下来并为人们所感知的。

(3) 记录方式：记录方式是指将文献符号系统所代表的信息内容通过特定的记录手段和方法将其附着于一定的文献载体材料上。文献记录方式具体包括刻画、书写、印刷、拍摄、录制、复印和计算机录入等。

(4) 载体：载体是指承载记录信息符号的物质，是全部信息载体中一个重要的子系统。文献载体反映了文献物质产品的性能，具有保存和流通价值。文献载体大体经历了泥板、纸草、羊皮、蜡版、龟背、石头、竹板、皮革、缣帛等早期载体，到造纸术发明后纸张的出现，再到现代各种新兴文献的发展过程。

《中华人民共和国国家标准 GB3792.1-83 文献著录总则》认为，文献是记录有知识的一切载体。由此可知，文献是由四种要素构成的，即知识、载体、符号和记录方式。其中知识是文献的实质内容；载体是文献的外部形态；符号、文字、声音是人体感觉信息的媒介；记录是二者的联系物，只有将这四者结合起来才能构成文献。文献是固化在一定载体上的知识，是各图书情报机构收藏的主要信息资源之一。狭义的文献定义，通常理解为图书、期刊等各种出版物的总和。

文献具有存贮知识、传递和交流信息的功能，是人们认识客观事物、启发思维、开阔眼界的重要来源。专门记载医学知识的文献称为医学文献。医学文献古已有之。现知世界最古老的医学文献之一为古埃及写在纸草上的埃伯斯纸草文稿。医学文献记载着前人和当代人有关医学的大量实践经验和理论。查阅医学文献对促进教学、医疗、科研起着十分重要的作用，有助于推动医学科学不断向前发展。

二、信息与知识、情报、文献之间的联系与区别

信息是一种十分广泛的概念，它包含了知识、情报，也包含了文献。信息在自然界、人类社会以及人类思维活动中普遍存在；知识是人的大脑通过思维加工、重新组合的系统化信息的集合。人类不仅要通过信息感知世界，认识和改造世界，而且要将所获得的部分信息升华为知识，可见知识是信息的一部分。情报是对用户有用的知识信息，具有知识性、传递性和效用性的属性。信息可以成为情报，但是一般要经过选择、综合、研究、分析、加工过程，也就是要经过去粗取精，去伪存真，由此及彼，由表及里的提炼过程。在信息的海洋里，变化、流动最活跃的那一部分，被激活了的那一部分就是情报。知识、情报、信息的主要部分被包含在文献之中，文献是用文字、图形、符号、声频、视频等技术手段记录人类知识的一种载体，也是信息和情报的载体。

由上述可见，知识是系统化的信息；文献是记录的知识；情报是传递的知识。它们在一定条件下是可以相互转化的(图 6-1)。

文献检索是根据学习和工作的需要获取文献的过程，是开展科学研究工作的有力武器。事实证明，任何一项知识创新、科学发明或学术成果的诞生，都需要查阅大量文献信息，借鉴和继承前人经验。因此，学会查找并阅读文献，对大学生特别重要，尤其是在当今互联网高速发展的时代。

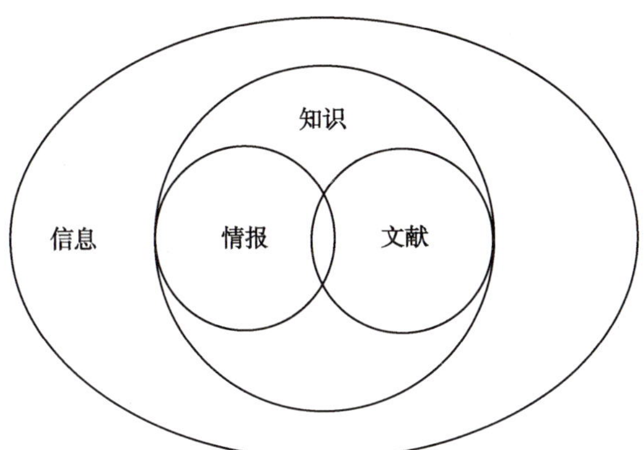

图 6-1　信息、知识、情报及文献四者关系

三、文献检索的意义与作用

随着人类社会的不断进步和科学技术的持续发展，特别是进入信息时代，科学技术以前所未有的速度驶向信息高速公路。一方面，学科专业化日益明显，传统的学科界限不断被打破，使学科越分越细，新兴学科不断涌现，研究领域越来越专、越来越窄；另一方面，学科综合化日益突出，交叉学科、边缘学科、综合性学科层出不穷，不同学科之间交叉渗透、互相配合、共同发展，构成现代科学技术发展的新模式。这种趋势给人类获取知识和信息带来了极大的困难，面对浩如烟海的文献信息量，人们急需掌握文献检索工具的使用方法，因此，了解文献检索的意义十分必要。

1. 文献检索有助于知识更新　随着科学技术的飞速发展，知识老化现象不断加重。联合国教科文组织曾经做过一项研究，结论是：信息通信技术带来了人类知识更新速度的加速。在 18 世纪时，知识更新周期为 80～90 年，19 世纪到 20 世纪初，缩短为 30 年，20 世纪 60～70 年代，一般学科的知识更新周期为 5～10 年，而到了 20 世纪 80～90 年代，许多学科的知识更新周期缩短为 5 年，而进入新世纪时，许多学科的知识更新周期已缩短至 2～3 年。这就是说，现在毕业的大学生，如果不能继续学习和掌握新的知识，那么，再过 3～5 年，他的知识存储量和知识价值就只有 50%。因此，只有终身学习，不断地获取、更新知识，才能不被社会所淘汰，快速、准确地获取和利用最新信息，适应迅速发展变化的信息时代的要求。

2. 文献检索有助于科学研究　由于科学技术的发展具有连续性和继承性，科技文献中记载着前人的劳动成果，后人可以借鉴，减少重复研究和劳动，提高科研的速度和效率。古今中外一切有成就的科学家，都是在广泛吸收前人和同代人知识的基础上，受到启发而取得成功的。正如牛顿所说："如果我比笛卡尔看的远些，那是因为我站在巨人们的肩上的缘故"。

文献检索是研究工作的基础和必要环节，成功的文献检索无疑会节省研究人员的大量时间，使其能用更多的时间和精力进行科学研究。据有关资料显示，科学工作者在从事科研活动中所花的时间为，试验研究占 32.1%，计划、思考占 7.7%，数据处理占 9.3%，收集情报资料占 50.9%。如果熟悉文献检索方法，开展有效的文献检索工作，就能大大节省查找文献资料的时间，从而加快科研速度，早出研究成果。

在当今世界各国综合国力的激烈竞争当中，科学研究水平的高低已经成为影响一个国家综合国力的重要砝码。提高科研效率，加快科研速度，可以使科研课题在国内外竞争中处于有利位置。我国专利法规定，对相同的发明成果，按先申请原则授予专利权。即只授予第一个申请人专利权，其后申请的发明作为已知技术处理。显然，如果忽视科研速度，即使科研成果获得了成功，但由于发明失去了时间的新颖性，也会变成无效劳动，给国家和个人带来不必要的损失。

因此，任何人从事某一特定领域的学术活动，或开始做一项新的科研工作，都需要花费大量的时间，对有关文献进行全面的调查研究。研究中我们必须了解国内国外是否有人作过或者正在做同样的工作，取得了什么成果，尚存在什么问题，以做到心中有数。只有充分掌握有关信息，掌握文献检

索，缩短研究周期，才能避免重复，少走弯路，保证科研的高起点、高水平，获得预期效果。有所创新、有所前进。

3. 文献检索有利于为决策提供科学依据　虽然科技信息本身不能确保决策正确无误，但它是执行决策的基础。一个国家、地区或组织要发展、要提高，需要有准确、可靠和及时的科技信息作依据，才能作出正确的决策。

事实证明，不仅科技人员需要科技信息，计划、管理、决策部门也同样需要科技信息。

4. 文献检索有助于开阔视野，扩大知识面，借鉴他人之法，指引治学门径，解决研究过程中的疑难问题。

通过文献检索，不仅能够较快地获得所必须了解和掌握的知识，获得大量的情报信息，而且还能够比较有关文献的异同优劣，明确学术源流，达到正确鉴别、准确选择所需文献资料的目的。

第二节　文献的类型

在传统意义上，图书馆是收藏书和各种出版物的地方。然而，现在信息保存已经不仅限于图书，许多图书馆把地图、印刷物，或者其他档案和艺术作品保存在各种载体上，如微缩胶片、磁带、录像带等，图书馆通过访问 CD-ROM、订购数据库和互联网来提供服务。

文献的类型有很多，并有着各种不同的划分方法。

一、按文献载体形式划分

1. 印刷型文献　印刷型文献是以手写、打印、印刷等为记录手段，将信息记载在纸张上形成的文献。它是传统的文献形式，是文献信息传递的主要载体。其特点是便于阅读和流传，但存贮密度小、体积大，不便于管理和长期保存。

2. 缩微型文献　又称缩微复制品。缩微型文献是利用光学技术以缩微照相为记录手段，将文字、图形、影像等信息符号记载在感光材料上形成的文献，如缩微胶卷、缩微平片。最显著特点是存贮密度高、容量大、体积小，便于保存和传递，且成本低，便于复制、携带、存储，但必须借助专门的设备才能阅读。世界上许多文献信息服务机构都将欲长期收藏的文献制成缩微品加以保存。如，美国国会图书馆有 1330 万件缩微品，它保存各类收藏近 1 亿 2100 万项，超过三分之二的书籍是以多媒体形式存放的。

3. 视听型文献　视听型文献也称为声像型文献。它是以磁性材料或者感光材料为存贮载体，借助特定的机械设备直接记录声音信息和图像信息所形成的文献。如幻灯片、录像带、唱片、电影片等。这种文献可闻其声，见其形，读者容易理解，便于掌握，有很强的存储能力并能长期保存，还能反复播放和录制，是一种新型的文献类型。其特点是形象直观、逼真，但是使用时需要借助一定的设备。

4. 电子型文献　电子型文献是指以数字代码方式将图、文、声、像等信息存储到磁、光、电介质上，通过计算机或类似设备阅读使用的多类型电子文献，也称机读型文献。目前电子型文献种类多、数量大、内容丰富，如各种电子图书、电子期刊、联机数据库、网络数据库、网络新闻（如 Usenet，Mailing list，BBS）、光盘数据库等。电子文献的特点是信息存储量大，体积小，易更新，传递信息迅速，可以融文本、图像、声音等多媒体信息于一体，信息共享性好、易复制，具有很大的发展前景。

计算机技术和现代信息存储技术的应用，使文献信息的载体从传统的纸质媒介向光学、磁性媒介发展，文献信息的缩微化、电子化已成为主要发展趋势。

二、按文献出版形式划分

1. 图书　又称为书籍，是有完整定型的装帧形式的出版物。是现代出版物中最普遍的一种。其历史悠久、内容广泛、数量繁多。公开出版发行的图书，一般都标注有国际标准书号（ISBN）。从时间上讲，由于图书的编写时间、出版周期较长，因此所反映的文献信息的新颖性较差。但对于要获取某一专题较全面、系统的文献，参阅图书是行之有效的方法。联合国教科文组织规定：凡篇幅达到48页以上并构成一个书目单元的文献称为图书。图书一般可分为两大类，一类是供读者阅读的书籍，如教科书、专著、丛书、多卷书等；另一类是供读者检索参考用的工具书，如书目、索引、手册、辞典、年鉴、图谱、百科全书、指南等。图书是人类社会实践的产物，是一种特定的不断发展着的知识传播工具。

2. 期刊　期刊是指采用同一名称，定期或不定期出版的汇集多个著者论文的连续出版物。每期版式大致相同，每种期刊均有一个固定的刊名，有连续的年、卷、期号。中华人民共和国新闻出版署1988年11月24日颁布的"期刊管理暂行规定"第二条，本规定所称期刊，是指有固定名称，用卷、期或年、月顺序编号，成册的连续出版物。

与图书相比，期刊具有出版周期短、报道速度快、内容新颖、信息量大、种类多等特点，是人们进行科学研究、交流学术思想经常利用的文献信息资源。所以，期刊论文是科研人员特别是科技人员的主要信息源。它的唯一性是国际标准刊号(ISSN)。

3. 报纸　报纸是指每期版式相同的一种定期连续出版物。它的出版周期更短，信息传递更及时，因此，各种学科的最新情报信息常常首先在报纸上发表。

报纸通常散页印刷，不装订，没有封面，有固定的名称。多数每日出版，也有隔日或每周出版的。随着现代社会生活的发展和读者对信息需求的多样化，除了以传播新闻和评论为主的报纸外，还有以传播知识、提供娱乐或生活服务为内容的报纸。报纸索引是检索报纸所刊载的文献的主要检索工具。我国重要的报纸索引有《全国报刊索引》、《人民日报索引》等。

4. 特种文献　指图书、期刊以外的出版物。它是出版发行和获取途径都比较特殊的一类科技文献。特种文献一般包括会议文献、科技报告、专利文献、学位论文、标准文献、科技档案、政府出版物、产品样本、病案资料等。特种文献特色鲜明、内容广泛、数量庞大、参考价值高，是非常重要的信息源。

三、按文献级别形式划分

有零次文献、一次文献、二次文献和三次文献四种类型。

1. 零次文献　指未经正式公开发表的或未形成正规载体的一种文献形式。

如书信、手稿、个人通信、新闻稿、工程图样、考察记录、实验报告、调查稿、原始统计数字、技术档案等。此类文献与一次文献的主要区别在于其记载的方式、内容的价值以及加工深度有所不同。其主要特点是内容新颖，但不成熟，不公开交流，难以获得。

2. 一次文献　又称原始文献，它是首次公开发表的记载科研人员研究成果的信息资源，是获取文献信息的主要来源。如期刊论文、学术论文、学位论文、科技报告、会议论文、专利说明书、技术标准等。

一次文献是最基本的文献类型，也是产生二、三次文献的基础，是文献检索和利用的主要对象。其特点为：内容新颖丰富，叙述具体详尽，参考价值大，但数量庞大、分散。

3. 二次文献　是对一次文献进行收集、加工、整理、提炼和压缩之后，使之有序化所得到的产物，是为了便于管理和利用一次文献而编辑、出版和累积起来的工具性文献，是报道和查找一次文献线索的工具。它主要包括目录、索引、文摘和题录四种类型。二次文献以不同的深度揭示一次文献，其主要功能是检索、通报、控制一次文献，帮助人们在较短时间内获得较多的文献信息。它不会改变一次文献的原有内容。网上搜索引擎是典型的二次文献(图6-2)。

4. 三次文献　是指对有关的一次文献和二次文献进行广泛深入的分析研究综合概括而成的具有较高实用价值的综述性文献资源。其特点为：在内容上具有综合性，在功效上具有参考性。

三次文献主要包括三种类型：

(1) 综述研究类：如综述、专题述评、总结报告、信息预测、未来展望等。

(2) 参考工具类：如年鉴、手册、百科全书、词典、大全等。

(3) 文献指南类：如专科文献指南、索引与文献服务目录、书目之书目、工具书目录等。

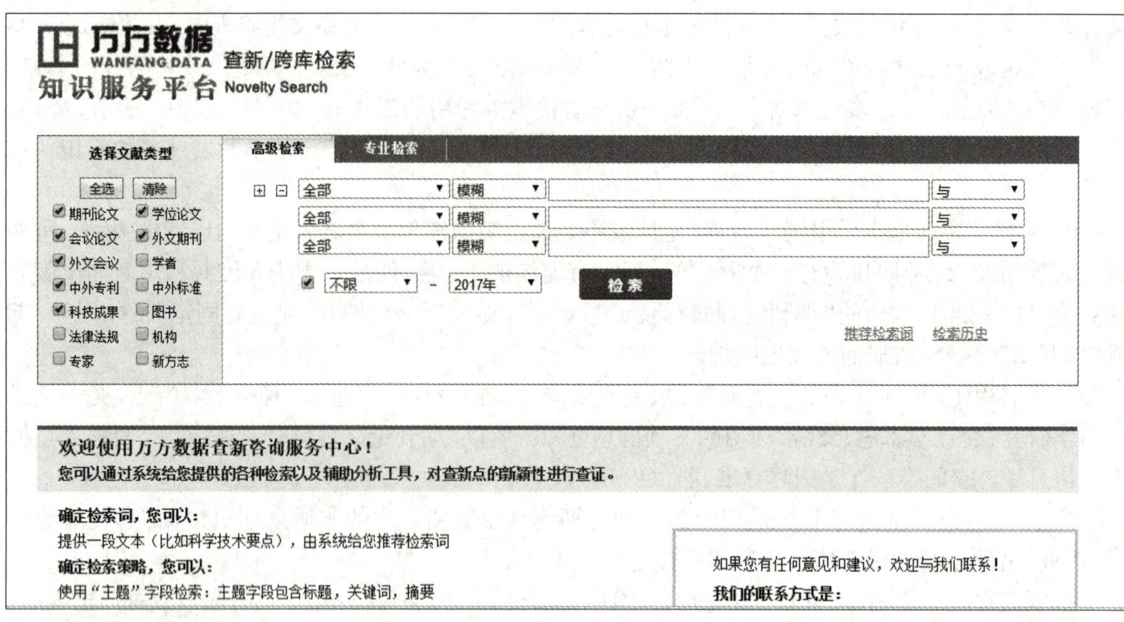

图 6-2 二次文献

第三节 文献检索的方法、途径和步骤

小张是高职院校毕业的护士，工作勤勉，在临床护理工作中有一个机会参与了护理科研，她既高兴又困惑，因为她从未接触过科研，感到科研是一件遥不可及的事，不知如何着手？

请问：

1. 如何检索文献？
2. 文献检索有几种渠道？

文献检索起源于图书馆的参考咨询和文摘工作，文献检索经历手工检索、计算机检索和网络化、智能化检索等多个发展阶段。21 世纪由于信息技术的快速发展，文献检索已实现了广泛性共享。

一、文献检索的概念

文献检索是以文献为对象的查找过程。狭义的文献检索是将文献按一定的方式组织和存贮起来，并通过一定的方法，从大量的文献集合中查寻出符合课题或主题需要的相关文献的过程。广义的文献检索包括存贮和检索两个过程。

1. 文献的存贮　主要是指工作人员将大量无序、分散的文献收集起来，对文献进行标引，形成文献的外表和内容特征标识。经过整理、分类、标引、浓缩、编排，使之有序化和系统化，而成为具有查寻功能的检索工具的过程。存储的目的是为了方便检索。

2. 文献的检索　是利用已编排好的检索工具，根据读者的需求，确定检索概念及范围，然后选择一定的检索语言，将检索概念转换成检索特征标识，到文献检索系统中查找到文献线索，最后通过逐篇筛选确定需要进一步阅读的文献。

存储和检索二者是相辅相成的，存储是为了检索，而检索又必须先进行存储。

为了保证存储与检索所依据的规则达到一致，文献存储与检索必须共同遵循文献检索语言，使工作人员和检索者用同一种检索语言来标引要存入的文献特征和要查找的检索提问，从而使文献的存储过程与检索过程具备了相符性。

二、文献检索的类型

文献检索的对象是查找某一课题、某一著者、某一事物的有关文献，以及这些文献的出处。文献检索主要是通过各种文献检索工具书来实现的。根据检索对象的不同，文献检索的类型包括：

1．文献检索　是以文献为检索对象，从已存贮的文献集合中查找出特定文献的过程。如检索“高血压病人的饮食护理”的文献。其特点是：相关性检索。

2．事实检索　以事实为检索对象，查找某一事物发生的时间、地点及过程。如我国医药卫生事业发展的状况、医学界知名人士的传记、各种医学术语等。其特点是：确定性检索。

3．数据检索　也称数值检索，是以数据为检索对象的一种检索。包括数值、公式、图表、化学结构式等。如查找科学技术参数、统计数字、财政信息数据、市场行情数据等。数据检索的对象是文献信息的高度浓缩物，它或来自于文献，或直接来自实验、观测和调查。其特点是：确定性检索。

事实检索和数据检索是从文献中提取出来的各种事实、数据为检索对象的一种确定性检索。既是指系统直接提供用户所需要的确切数据或事实，检索的结果要么是有，要么是无；要么是对，要么是错。数据检索与事实检索一般是通过参考工具书来实现的。文献检索、数据检索和事实检索虽检索对象不同，但其原理和方法并没有本质上的区别，它们之间是密切相关的。在实际工作中，文献检索是最基本和最重要的情报检索。

随着互联网的出现和发展，文献检索又细分出文本检索和声频与视频检索。文本检索与图像检索、声音检索、图片检索等都是文献信息检索的一部分，是指根据文本内容，如关键字、语意等对文本集合进行检索、分类、过滤等。而声频与视频检索是基于内容检索对描述媒体对象内容的各种特征进行检索，它能从数据库中查找到具有指定特征或含有特定内容的图像（包括视频片段）。它区别于传统的基于关键字的检索手段，融合了图像理解、模式识别等技术。声频与视频检索包括语音检索；音乐检索；其他音频检索。

三、文献检索方法

在德国柏林大学图书馆的大门上镌刻着这样一句话：“这里是人类的知识宝库，如果你掌握了它的钥匙，那么全部知识都是你的。”这把钥匙就是文献检索方法。

为实现信息检索计划或方案所提出的检索目的，依照一定的顺序，从不同的角度查找课题所需文献信息资料而采取的具体操作方法或手段总称为检索方法。在当今信息时代，文献信息量骤增，文献信息检索工具甚多，人们若要达到快、全、准的目的来查寻自己所需的信息资源，必须掌握一套文献信息检索方法。特别是医药学信息，具体选用什么样的方法，还要受客观情况和条件的限制。因此，在查找文献信息时，必须掌握特定的检索方法，以便迅速、准确、全面地查找所需的文献信息。归纳起来，文献检索方法主要有以下四种：

（一）直接法

直接法是指不利用二次信息资源（检索工具）或检索系统，直接通过浏览或查阅一次文献信息资源或三次文献信息资源来获取所需文献的方法。这种方法可以明确判定所查的文献信息是否具有针对性和实用性，因此，又称为“直查法”。但在如今的信息化时代，每天都有大量信息充斥生活，这种方法不能获得全面的信息资源，存在着很大的盲目性、分散性和偶然性，查全率无法保证。

（二）检索工具法

检索工具法是指必须借助于二次信息资源（检索工具）或检索系统来获取所需文献的一种检索方法。这种方法检出的文献信息比较全面、系统，但查准率受到一定影响。检索工具法是文献检索中最常用的方法，所以又称为“常用法”。根据检索要求的不同，常用法又可分为顺查法、倒查法和抽查法三种方法。

1．顺查法　这是一种按时间顺序查找文献信息的方法。顺查法是以检索课题起始年代为起点，选择适宜的信息检索系统，按时间顺序由远及近、从旧到新查找文献信息的方法。使用这种方法查找文献信息，首先要分析检索课题提出的时代背景及历史概况；其次确定查寻的起始年月；最后再从检索起始的时间点上逐年逐卷查寻，直到查到符合检索课题要求的文献线索为止。利用这种方法检全

率、检准率高，但费时间，劳动量大，检索效率低。这种方法适合于检索主题比较复杂、研究范围广、研究时间较久的科研课题。

2. 倒查法　倒查法与顺查法相反，是一种逆时间顺序查找文献信息的方法。倒查法是利用选定的二次信息资源（检索工具），根据课题需要由近及远、由现在到过去、从新到旧逐年逐卷地回溯查找文献信息的方法。它的检索目的是要更多地获得某学科或研究课题最新或近期一段时间内所发表的文献信息或研究进展状况。这种方法比较节省时间，效率高，但漏检率比顺查法高。这种方法是科研人员最常用的检索方法。

视频：文献检索方法

3. 抽查法　这是一种利用信息检索系统查找文献信息的方法。抽查法是针对某学科发展特点和发展阶段，抽出学科发展迅速、发表文献较多的一段时间，有重点地逐一进行检索的方法。它能节省较多的时间，获得一批具有代表性、反映学科发展水平的文献信息，检索信息效果好，检索效率高。但这种方法必须是在熟悉该学科发展的高峰期及历史背景的情况下才能使用，否则漏查率高，检索效率低。

（三）引文法

引文法又称追溯法，是一种跟踪查找文献信息的方法。引文法是指不利用二次信息资源（检索工具），而是利用已有文献后面所附的引用文献、参考文献、有关注释、辅助索引、附录等进行追溯查找原始文献信息的方法。然后再根据原始文献信息的有关指引，扩大并发现新线索，去进一步查找，如此反复跟踪扩展下去，直到检索到满意的文献信息，从而获得一批相关文献。追溯法的优点是，在没有检索工具或检索工具不全的情况下，或对课题不熟悉或不需做深入研究的情况下是可取的，借助于参考文献也能追查到一些相关文献。但这种方法检全率不高，容易造成漏查，而且查出的文献时效性差。同时，还要注意查阅权威性的标准参考源。这是传统的、扩大文献来源的一种简捷的方法。综述或述评所附的参考文献具有较佳的利用价值。

目前有专门利用引用和被引用的关系建立了引文检索系统，如美国著名的（science citation index）（科学引文检索，简称 SCI）、《中国科学引文索引》等。国内 CNKI 的知网节点文献、维普“文摘和引文索引型数据库”都是引文追溯法。

（四）分段法

又叫循环法，是常用法和追溯法的结合。就是先利用二次信息资源（检索工具）或检索系统查找一批有用的文献，然后再利用这些文献后所附的参考文献进行追溯查找，由此获得更多的相关文献，直到满足需要为止。这种方法是一种多向、立体的查找方法，充分发挥了常规法、引文追溯法两者的优势，具有很大的灵活性，能博采众法之长，获取文献信息量较多，检索效率较高，适用于历史跨度长、文献信息需求量较大的检索课题。可避免因检索工具缺乏、文献线索较少而造成漏检。

四、文献检索途径

文献检索途径就是指用记录的方式将文献信息中的某一特征作为检索切入点或检索标识而进行的检索。文献信息的特征可分为文献信息的外表特征和内容特征。文献信息的外表特征适宜查对文献；文献信息的内容特征适宜查寻文献。文献信息的内容特征是医药文献检索中的主要检索途径。

（一）依据文献外表特征的检索途径

按照文献外表特征检索的途径有：题名检索途径、著者姓名检索途径和文献序号检索途径。

1. 题名检索途径　题名检索途径是以书名、刊名或文章的题名（篇名）作为检索标识，通过书名目录、题名索引、刊名索引、篇名索引或数据库名称索引来查找文献信息的一种检索途径。这种检索途径一般是按照字顺排列的。某些题录、文摘刊物中的“来源索引”或“引用期刊一览表”也属于文献题名途径。在使用题名检索途径时必须掌握文献信息的具体名称或文献题名中的主要部分，才能准确地查找到所需要的特定文献信息。题名索引广泛应用于计算机检索系统中。

题名检索途径一般较多用于查找图书、期刊、单篇文献。检索工具中的书名索引、会议名称索引、书目索引、刊名索引等均提供此种检索途径。

2. 著者姓名检索途径　著者姓名检索途径是以文献信息上署名的著者、译者、编者的姓名或团体名称作为检索标识，利用著者索引或机构索引来查找文献信息的途径。它包括个人著者、团体著

者、专利发明人、专利权人和学术会议主办单位等。通过著者姓名检索途径，可以查找某一学科领域的知名学者、专家的论著，系统地掌握他们研究发展的脉络及成果；也可以查找到同一著者所著内容相同或相近的文献信息，便于发现和了解同行专家的研究进展。这是其他检索途径难以取代的独特功能。国外的各种检索工具大部分都有著者检索途径。使用著者检索途径检索文献，必须了解著者索引编制规则，熟悉著者姓名的一般知识。例如，在一般文献中，欧美国家的署名习惯是名在前、姓在后，在著者索引中则一律采用中国的习惯，按姓前名后的次序排列，姓为全称，名字可以缩写，姓名之间加逗号等。

检索工具中的个人作者索引、作者目录、团体作者索引、专利权人索引等，都提供此类检索途径。

3. 序号检索途径　序号检索途径是以文献的各种代码、数字为检索标识，利用各种序号索引查找文献信息的途径。如科技报告的报告号、专利说明书的专利号、技术标准的标准号、图书的国际标准书号（ISBN）、期刊的国际标准刊号（ISSN）等，它们都按代码字顺或数字的次序由小到大排列。序号索引具有明确、简短和唯一性的特点。

视频：文献检索的外部途径

以文献的外部特征进行检索的最大优点是它的排列与检索都以字顺或数字为依据，不易错检、漏检，可以直接判断该文献是否存在。

（二）依据文献内容特征的检索途径

1. 分类检索途径　是指根据文献信息的主题内容所属的学科分类体系，以学科分类号为检索入口，按照分类号和类目名称来检索文献信息的途径。它以检索工具或数据库所提供的分类目录、分类索引，按类来查找所需文献。

通过分类检索途径检索文献信息的前提是要了解二次信息资源（检索工具）或数据库所采用的分类体系。分类体系的主要优点是根据科学分类的逻辑规律并结合图书类别特点进行分类。分类检索途径的优点是从学科概念的上下、左右关系来反映事物的派生、隶属、平行关系，体现了学科的系统性和科学分类的逻辑规律，有利于从学科专业角度查找文献信息，满足族性检索的要求。从分类途径进行检索，能够把学科内容、性质相同的文献集中于同一类目下，但该法涉及相互交叉的学科或分化较快的学科时，其专指性不强，容易造成漏检。

分类途径检索文献的关键：分析课题，确定课题所属的类目与检索工具目次表中的类目相匹配，才能查准。适合从学科体系出发泛指性比较强的课题的检索；但不适合专指度高的课题以及新兴学科、交叉学科、边缘学科的课题检索。

2. 主题检索途径　是以文献涉及的主题概念词为检索入口，通过描述文献内容特征的主题索引来查找文献信息的检索途径。通过主题途径检索文献信息时，关键是要学会使用检索语言，即利用主题词表选准主题词，然后按主题词字顺在主题索引或主题系统中找到该主题词，组配相关联的副主题词，从而获得所需文献信息。目前国内最常用的主题词表是《医学主题词表》（medical subject headings，MeSH）、《中医药学主题词表》和《汉语主题词表》。

所谓主题词是指能够表征文献内容主题特征的、经过规范化处理的名词术语。副主题词则是对主题词起定性、修饰或限定的作用。如查找有关“肾损伤的护理”方面的文献，该课题的主题词和副主题词是“肾损伤”和“护理”。

主题词表是标引人员和检索人员的共同依据，各种检索工具都有各自的主题词表，并通过参照关系作规范化处理，使同义词、近义词的主题词与非主题词在主题词表中都一目了然。也可通过参照关系指引读者，查找作为主题词的词和与主题有关的主题词，扩大检索范围。主题词表中的主题词均按汉语拼音顺序排列。同音字按四声区别；同声字按笔画多少排列；第一字相同时，依次按第二、第三字拼音字母顺序排列；多音和多声字按使用习惯排列。

主题检索途径的最大优点是概念准确，直接性、适应性及通用性强，专指度高，能将分散在各学科领域里的有关某课题中同一主题词集中在一起，较好地满足特性检索的要求，突破了分类检索途径的严格框架限制，适合现代科学发展。

主题途径检索文献的关键：分析课题，选准主题词，并了解主题索引的结构和编排。适合比较具体专深的课题，以及新兴学科、交叉学科、边缘学科的课题的检索。

3. 关键词检索途径　以关键词作为检索标识，通过关键词索引查找文献信息的一种途径。所谓关键词就是直接从文献题名、摘要和正文中挑选出来的具有实质性意义的，并能表达文献主题内容的词。其主要特征是未经过规范化处理，也不受主题词表控制，因此，又称为自由词。检索时，只要根据课题要求选择关键词（包括同义词、近义词、同形异义词等），按字顺在关键词索引中找到该关键词。

4. 引文途径　一般来讲，文献多数附有参考资料或引用文献。利用引文编制的索引系统，称为引文索引系统。引文途径，即从被引文献检索引用文献的一种途径，如美国的《科学引文索引》（SCI），国内的典型实例如南京大学社会科学评价中心编制的《中文社会科学引文索引》（CSSCI）。重庆维普资讯“引文引证追踪”是目前国内规模最大的文摘和引文索引型数据库，中国知网的“知网节”都提供了引文途径。

视频：文献检索的内部途径

5. 其他检索途径　是指如药品名称索引、化学物质索引、化学分子式索引、时序途径、地区途径及专业名词等起辅助作用的检索途径。这些索引对于某些专业性的文献信息具有特殊的作用。

五、文献检索步骤与策略

由于科研人员的检索要求不一样，所以人们采用的检索方法、检索途径和检索步骤也不一样。文献检索的步骤就是通过一定的检索手段查找文献信息的程序。这个程序是由多个环节组成的，每个环节之间都存在着必然的内在联系。在文献检索的实践中，人们总结出了文献检索的基本程序，对于不同的检索课题，采取不同的方法和步骤，并因课题、检索人、馆藏情况而定。一般应采用如下的步骤：

（一）分析检索课题，明确检索要求

分析研究课题是检索工作开始的重要步骤。检索课题就是根据查找文献信息或查解疑难问题的需要所拟定的问题。在检索文献信息之前，首先要弄清楚检索课题的要求及检索目的，了解检索课题的意义和作用，弄清楚检索课题概念范围的内涵和外延等。其次，对检索课题进行认真分析后，确定检索的学科范围、文献类型、检索年限、语种，要求检出的文献的数量、输出方式等。它是检索成功的基础。能否正确分析检索课题，决定着检索效率的高低。

通常检索课题的目的有三种：

1. 科研攻关型　是要解决研究或生产中的一些技术难题，如某一理论、方法、设备、过程等的具体问题。这类检索要求检准率高，只要找到合适的文献即可。

2. 课题普查型　是要针对某一课题收集系统详尽的资料。这类检索要求查全率高，往往要检索若干年的文献，一般采用回溯检索的方式。

3. 研究探索型　是要密切跟踪、了解国内外某一方面的发展最新成果，掌握最新科研动态。这类检索要求信息的新颖、及时性强，多采用定题检索的方式。

主题分析的正确与否，直接影响到文献的查全率和查准率。主题分析应立足于文献检索，分析选定有实际意义的主题概念，尽可能保证全面性、专指性，最大限度地满足查全和查准的要求。如“用胰岛素治疗 2 型糖尿病”应分析为“糖尿病 / 药物疗法，胰岛素 / 治疗应用”；又如“出血性溃疡”含有“胃溃疡，消化性溃疡出血”等主题概念。通过对课题主题的一步步分析，得出并选定不同的主题概念，然后将其转换为词表中的主题词。因为有些医学文献的篇名不能或不完全能概括文献的主题内容，甚至有些课题中的主题概念含有隐含概念。如果不加分析地进行检索，便会造成漏检。由此我们得出，认真分析研究检索课题十分重要，所做的工作越细致、越充分，检索就越顺利，越能获得较佳的检索结果。

（二）选择检索工具或数据库

正确选择检索工具及与选题相关的数据库是保证检索成功的基础。着重要考虑所选数据库是否包含与文献需求相一致的较为丰富的文献，是否具备学科专业对口、覆盖文献面广、报道及时、揭示文献内容准确、有一定深度并检索功能完善等特点。其判断的准确性取决于对各种可供检索的文献资料的了解与掌握。

检索策略是在分析信息提问实质的基础上，确定主题词、检索工具或数据库，并明确各主题词之间的逻辑关系与查找步骤。检索工具或数据库选择的恰当与否直接影响检索策略。

因此，我们要了解检索工具 / 数据库的学科专业范围及各种性能参数，其内容主要包括：

1. 检索工具/数据库的类型是否满足检索需要。

2. 检索工具/数据库的学科专业范围是否与检索课题的学科专业相吻合。

3. 检索工具/数据库收录的文献类型、文献存贮年限、更新周期是否符合检索需求。

4. 检索工具/数据库描述文献的质量，包括对原文的表达程度、标引深度、专指度如何等，是否按标准化著录。

5. 检索工具/数据库提供的检索入口是否与检索课题的已知线索相对应。

一般情况下还应注意两点：①先选择专业性的检索工具，再利用综合型检索工具进行配合和补充；②在机检条件允许的情况下应以检索数据库为主，它具有多点检索、多属性检索、检索效率高等特点。

（三）选择检索途径，确定检索词

文献具有两种特征：一种是内容特征，如分类、主题；另一种是外表特征，如篇名、著者姓名、号码等。选好课题后，具体选用哪一条检索途径，需从课题对文献本身的特定要求和检索工具来确定。确定检索途径，选定检索词。检索词也称检索点，与检索途径相对应，是检索途径的具体化。确定检索词就是将检索课题中包含的各个要素——课题中具有检索意义的语词，它包括所属的学科、类型、主题词和关键词以及时间范围等及检索要求转换成检索工具或数据库中允许使用的检索标识。即用所选定的检索工具或数据库的词表（如主题词表、分类表）把检索提问的主题概念表达出来，形成主题词或分类号等，也可以是关键词、人物姓名、地名、文献名等。每一检索课题都包含一个或多个甚至一系列的检索词，在检索时应选择主要的、有检索意义的词进行检索。

当检索课题内容涉及面广，文献需求范围宽，泛指性较强时，宜选用分类检索途径；当课题内容较窄，文献需求专指性较强时，宜选用主题检索途径；当选的检索系统提供的检索途径较多时，应综合应用，互相补充，避免单一途径不足造成漏检。

（四）选择检索方法

选择方法的确定在于寻求一种快速、准确、全面地获得文献信息的检索效果。通常在没有二次信息资源（检索工具）的情况下，一般采用追溯法；若二次信息资源（检索工具）比较齐全的情况下，可采用常用法或循环法。如果检索课题要求全面普查，可采用常用法中的顺查法或抽查法；如果检索课题的目的是要解决某一课题有关的关键性技术问题，又要求既快又准地提供关键情报，解决急需的问题，宜采用倒查法，可迅速查得最新技术文献。

（五）查找文献线索

在明确检索要求，确定检索系统，选定检索方法后，就可以应用检索工具实施检索，所获得的检索结果为检索线索。在检索过程中应随时对检出的文献进行鉴别和评价，因此，对文献线索的整理、分析、识别是检索过程中极其重要的一个环节，需要做好以下两个方面工作：

1. 做好检索记录　做好检索记录的目的在于必要时进行有效核对。包括记录好使用的检索工具的名称、年、卷、期、文献号（索引号）、文献题名（书名）、著者及其工作单位、文献出处等。

2. 文献信息类型的识别　在检索工具中，文摘、题录所著录的文献来源（文献出处）是索取原始文献的关键部分。在检索工具中，文献出处对摘录的文献类型不加明显区分，需由检索者自己进行辨别。只有鉴别出文献类型，才能确定该文献可能收藏在何处，查何种馆藏目录，如何借阅和复制。识别文献类型的主要依据是各种类型文献在检索工具中的著者特征项。

（六）获取原始文献信息

索取原始文献是整个检索过程的最终目的。由于书目检索结果得到的只是文献的线索，检索结束后，还要根据所获得的文献线索，索取原文。在索取原文过程中，要注意以下问题：

1. 识别文献类型　不同类型的文献收藏地点不同，在索取原文时首先就要区别文献的类型。不同类型的文献，其外表特征不同，据此可以区别不同类型的文献。

2. 将缩写刊名恢复全称　检索工具中在文献来源的著录中，常常将期刊名称按一定的缩写规则进行缩写。例如把 journal of the aero/space science 缩写成 J.A.S.S.，因此索取原文时，首先要将刊名的缩写恢复成全称，然后才能根据刊名全称及年、卷、期借阅全文。缩写刊名还原方法主要有：

（1）利用检索工具所附的来源期刊表：大多数检索工具一般都在附录部分提供摘引刊物一览表，

利用它不但可以查找刊物的全称，还可以了解文献的来源情况。

(2) 根据刊名缩写规则或利用有关的工具书查找。

3. 利用各种收藏目录　在索取原始文献过程中，要根据不同类型的文献查找不同的联合目录、馆藏目录、联机公共目录等，查找原文的收藏单位，再进行借阅。例如要借中文期刊，可利用中文期刊馆藏目录；要借英文期刊，可利用西文期刊联合目录、馆藏目录等，查出所收录文献的入藏单位及其索取号，便可以借阅或复制原文。

4. 利用文献传递报务获取远程文章　许多大型检索系统提供文献传递服务，可以根据文献检索结果，在线提出索取原文的申请，通过 E-mail、传真等方式获得原文。

总之，利用检索工具查到的有关文献信息线索，参阅的文摘或题录，要逐条核对、整理与检索课题有关的文献信息。需要详细查阅原始文献的全文时，应准确无误地记下原文出处，力求做到准确无误。

(七) 建文献目录

这是查阅文献的最后一步。把阅读参考过的材料按照一定的顺序排列，叫做文献目录。文献目录一般是附在文章最后。包括：作者姓名、书刊(论文)名、出版社、出版时间、地点等。

(李希滨)

思考题

1. 简述文献检索的基本原理。
2. 简述信息、知识、情报和文献之间的关系。

思路解析

扫一扫，测一测

笔记

第七章　特种医学信息资源检索

学习目标

1. 掌握特种文献的概念及其主要形式。
2. 熟悉学位论文、会议文献的检索。
3. 了解专利、科技报告和电子病历的检索。
4. 具有开展特种文献检索的思维能力。

特种文献是指出版发行和获取途径都比较特殊的科技文献，一般包括会议文献、科技报告、专利文献、学位论文、标准文献、科技档案、政府出版物、档案资料等。特种文献特色鲜明、内容广泛、数量庞大、参考价值高，是非常重要的信息源，在医学文献检索中占有重要地位。本章主要介绍学位论文、会议文献、专利文献、科技报告、病历信息及其检索方法。

第一节　学位论文及其检索

一位护理专业的学生对乳腺癌患者的个案管理方法很有兴趣，她发现期刊论文对于如何开展个案管理报告较为简单，她希望检索相关的学位论文，详细了解个案管理的流程、内容、工具和方法。但是她不知道如何选择数据库，也不知道从哪里入手。

请问：

1. 常用的学位论文数据库有哪些？
2. 如何在数据库中检索学位论文？

学位论文是学生科研工作成果的集中体现，凝结着学生其导师的双重智慧与心血，既有解决实际问题的应用性研究，又有专业性较强的理论研究。学位论文反映了学生与科研人员学术动态，是掌握研究前沿、科技信息的重要文献资源，对科学研究具有重要参考价值。随着我国高等护理教育的发展，护理学学位论文的数量和质量都在迅速增长，是护理实践者和科研人员的重要文献信息来源。

一、学位论文概述

（一）学位论文及其特点

1. 学位论文　是学生为获得学位向高等院校或其他学术研究机构提交的学术研究论文，包括学士论文、硕士论文、博士论文等。

2. 学位论文的特点　具有科研论文的科学性、学术性、新颖性特点，且绝大多数学位论文不公开发表或出版。其中学术价值较高的硕士、博士学位论文还具有如下特点。

（1）具有一定的独创性：研究生学位论文是通过大量思维活动而提出的学术性见解与结论，其选题常是该学科急需解决的前沿问题，在选题上具有较高的新颖性和独创性。

（2）具有较高的质量：研究生学位论文在导师的全程指导下完成，并且经过了开题报告、中期报告、预答辩、答辩、匿名审查等环节，整体质量高于普通文献。

（3）内容翔实、系统：研究生学位论文一般需要用 3 年左右的时间完成，篇幅较长，且有固定格式。因此对问题的综述详实系统，对解决问题的方法交代清晰、具体。部分学位论文还附上详细的技术路线、研究工具、分析图表，对指导实践有着重要价值。

（4）参考文献全面、丰富：研究生在选题与撰写论文的过程中通常查阅大量的国内外相关文献资料，每篇学位论文均汇集了大量相关的专题文献，有利于进行文献追溯。

3. 学位论文的组成　一般由封面、版权声明、题目、中文摘要、英文摘要、目录、前言、正文、参考文献、附录、致谢、学位论文原创性声明和授权使用说明等部分组成。

我国护理学研究生教育与学位论文现状

中国的护理人才培养已经有百年历史，通过不懈努力，已经建设成从中专、大专、本科到硕士、博士研究生以及博士后多层次人才培养体系。2011 年，国务院学位委员会、教育部颁发的《学位授予和人才培养学科目录设置与管理办法》规定，将“护理学”定为国家一级学科（代码 1011），为护理学科的发展带来了机遇和挑战。

近年来护理学研究生教育发展迅速，根据国务院学位委员会的数据，截至 2014 年底，全国有护理学硕士一级学科授权点 33 个，护理学硕士专业学位授权点 86 个。护理学博士一级学科授权点 34 个。除一级学科授权点外，还有作为二级学科的护理研究生授权点培养护理硕士和博士研究生。

李明明等以中国知网所收录的 2006 年至 2010 年的 827 篇护理硕士学位论文为研究对象，采用内容分析法，从立题依据、知情同意书的签署、资金资助、质量控制、研究主题、研究对象、研究场所、实验设计类型、资料收集方法、统计分析方法等指标进行资料收集，根据统计结果进行描述和分析。结果显示近 5 年我国护理硕士学位论文发展非常迅速，研究领域不断拓宽，研究内容更加丰富，研究设计类型、资料收集方法等日趋复杂和多样化，但在立题依据、伦理问题、质量控制和样本量的确立方面还存在着问题。

（二）学位论文的收藏

1. 我国学位论文收藏　为了充分发挥我国博士和硕士学位论文的作用，做好学位论文的保管和交流，《中华人民共和国学位条例暂行实施办法》规定：已经通过的硕士学位和博士学位的论文，应当交存学位授予单位图书馆一份。已经通过的博士学位论文，还应当交存国家图书馆和有关的专业图书馆各一份。具体是：国家图书馆全面收藏所有博士学位论文；中国社科院文献中心负责收藏全国的文科及语言科硕士学位论文；中国科技信息研究所负责收藏全国的理工科的硕士学位论文。1999 年以前，国内只有几家图书馆收集电子版学位论文。收集的介质多是软盘，利用率很低，基本实现不了联机检索。1999 年以后由中国高等教育文献保障系统（China academic library & information system，CALIS）负责全国高校学位论文文摘库的建设，各图书馆开始普遍收集电子版学位论文并且用于检索，但很少提供全文服务。2001 年，北京大学、清华大学图书馆开始通过网络提交学位论文。2009 年

国家图书馆电子呈缴系统正式向社会开放。标志着国家图书馆开始正式收藏电子学位论文。

2. 国外学位论文的收藏　美国国会图书馆收有 20 世纪 40 年代以来大部分本国大学的学位论文。1978 年以来全部为缩微形式，共有 100 万件书本型、缩微胶卷和缩微平片形式的博士学位论文。英国从 1971 年起收藏博士论文，开始只有 2 所大学，后扩展到 83 所大学。这些论文进入数据库，可通过联机使用。俄罗斯除了医学和药学学位论文收集并保存在国立中央医学科学图书馆里，每年约 1.7 万篇副博士和 8000 篇博士学位论文进入俄罗斯国立图书馆。日本国会图书馆关西馆收藏自 1923 年以来日本国内所有博士论文。韩国国立中央图书馆设有专门的学位论文全文信息数据库。

二、学位论文检索

（一）国内学位论文检索

1. 万方数据知识服务平台《中国学位论文全文数据库》(China dissertation database，CDDB)　访问网址为：http://www.wanfangdata.com.cn。该数据库由万方数据股份有限公司研发，收录了 1980 年以后我国各高等院校、研究生院、研究所博硕士学位论文 405 万余篇，每年增加 30 万余篇，并逐年回溯。与国内 900 余所高校、科研院所合作，占研究生学位授予单位 85% 以上，涵盖理、工、农、医、人文社科、交通运输、航空航天、环境科学等各个学科。该数据库提供快速检索、高级检索和专业检索方式(图 7-1)。快速检索可从学科、专业、授予单位进行检索；高级检索入口包括主题、题名或关键词、题名、第一作者、作者单位、关键词、摘要、导师、专业、学位授予单位、学位等；专业检索可自行编制检索式和检索字段。

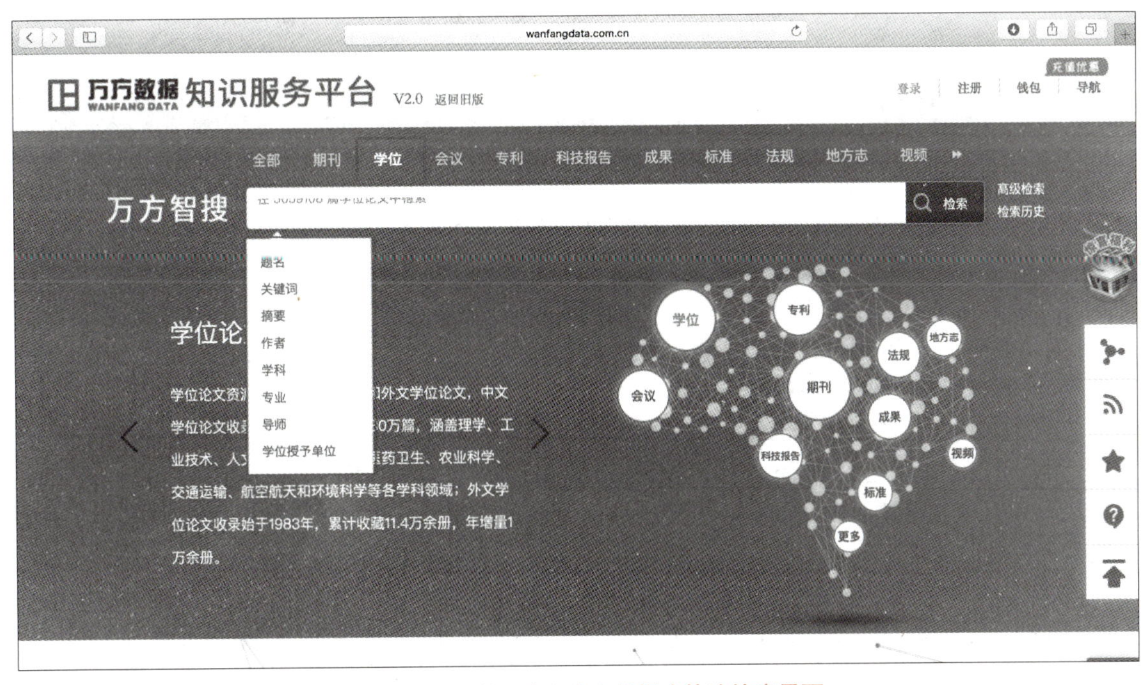

图 7-1　中国学位论文全文数据库快速检索界面

2. 中国知网《中国优秀博硕士学位论文全文数据库》(China doctoral dissertations/masters' theses full-text database，CDMD)　访问网址：http://kns.cnki.net。该库是目前国内相关资源最完备、收录质量最高、连续动态更新的中国优秀博硕士学位论文全文数据库。收录 1984 年以后的全国 446 家博士培养单位和 735 家硕士培养单位的优秀博硕士学位论文 300 万篇，覆盖基础科学、工程技术、农业、医学、哲学、人文、社会科学等各个领域。每年持续增加约 3 万篇，并已完成 2000～2003 年 80 000 本论文的数据加工与入库。该数据库提供高级检索、专业检索、句子检索和一框式检索方法，其中高级检

索是最常用的方式，包括题名、关键词、摘要、目录、全文、参考文献、中图分类号、学科专业名称、作者、导师、第一导师、学位年度、学位单位、支持基金等检索条件（图 7-2）。

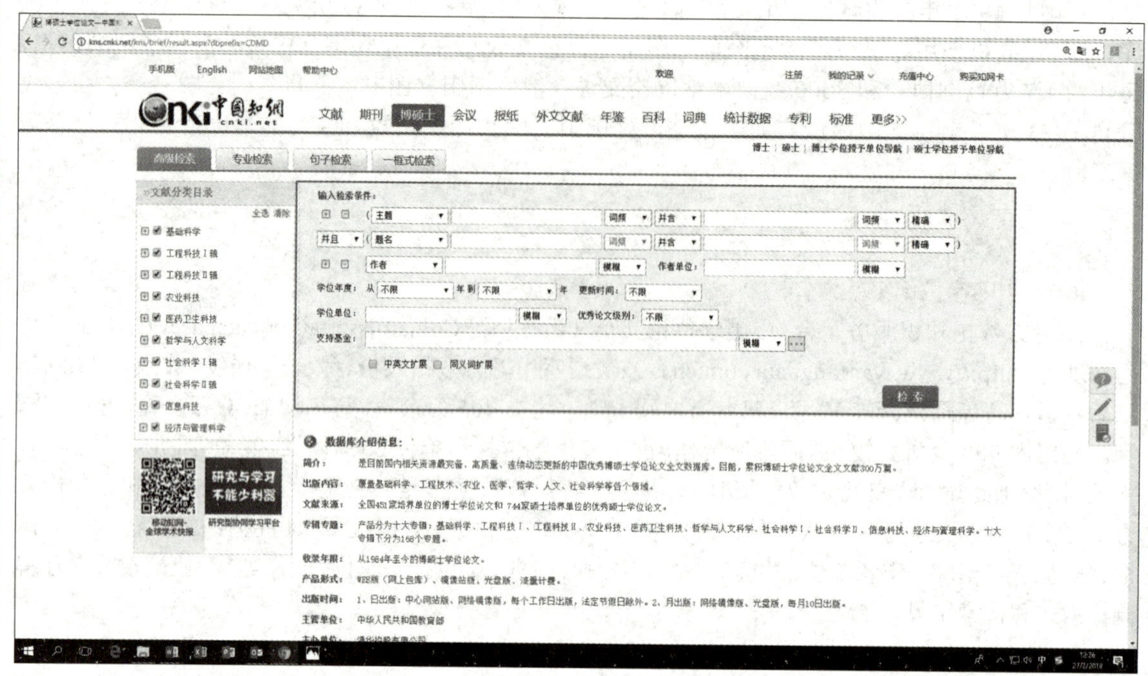

图 7-2　中国优秀博硕士学位论文全文数据库高级检索界面

3. CALIS 高校学位论文库（China academic library & information system，CALIS）　访问地址：http://etd.calis.edu.cn/。该库收录包括北京大学、清华大学等全国著名大学在内的 83 个 CALIS 成员馆的硕士、博士学位论文。至 2013 年 6 月，博硕士学位论文数据逾 384 万条，其中中文数据约 172 万条，外文数据约 212 万条，数据持续增长中。该库只收录题目和文摘，没有全文。全文可通过 CALIS 的馆际互借系统提供。内容涵盖自然科学、社会科学、医学等各个学科领域。该系统采用 e 读搜索引擎，检索功能便捷灵活，提供简单检索和高级检索功能，可进行多字段组配检索，也可从资源类型、检索范围、时间、语种、论文来源等多角度进行限定检索。

4. 其他国内学位论文库　国图博士论文库是国家图书馆自建的博士学位论文数据库，采用实名注册，用户可以在线使用。但无论在馆内还是馆外都只能在线看 24 页正文。到馆可阅读纸本全文，也可以复印。国家科技图书文献中心中文学位论文查询收藏了我国 1984 年以来的高等院校、研究生院及研究院所的博硕士论文和博士后报告，提供摘要。台湾新竹清华大学博硕士论文全文系统收录 1962 年以来的台湾学位论文，部分有全文，必须用繁体字检索。香港学位论文采集系统（HKLIS-dissertations and theses collections）收录香港七所大学及澳门大学的博硕士论文，部分有全文。

图片：ProQuest 学位论文高级检索界面

（二）国外学位论文检索

1. ProQuest 学位论文数据库　ProQuest 公司是世界上最早及最大的博硕士论文收藏和供应商，该公司的学位论文数据库（ProQuest Dissertations & Theses，PQDT）是目前世界上最大和最广泛使用的学位论文数据库。收录了欧美国家 2000 余所知名大学的 200 万篇学位论文，并有少量欧洲和亚洲的学位论文，涉及文、理、工、农、医等多个领域，是学术研究中十分重要的信息资源。数据库每周更新，每年新增论文 7 万篇。大多数论文可提供纸本或缩微胶片形式的全文副本。1997 年以后的论文，可以免费预览论文内容的前 24 页，部分高校购买了一定数量的全文并提供网络共享。ProQuest 学位论文全文系统在国内设立了 3 个镜像网站，分别是 CALIS 镜像站（http://pqdt.calis.edu.cn/）、上海交通大学镜像站（http://pqdt.lib.sjtu.edu.cn/）、中国科学技术信息研究所镜像站（http://pqdt.bjzhongke.com.

cn/)。用户可进行简单一框式检索，也可通过标题、摘要、学科、作者、学校、导师、来源、出版年度、学位、语种等限制进行高级检索。

2. NDLTD 学位论文库（Networked Digital Library of Theses and Dissertations，NDLTD）　是在美国国家自然科学基金支持下发展起来的全球学位论文共建、共享的开放联盟。其成员馆来自全球各地，全球有 170 多家图书馆、7 个图书馆联盟、20 多个专业研究所加入了 NDLTD。该库访问网址是：http://www.ndltd.org，可为用户提供免费的学位论文文摘和部分全文资源链接。

3. 其他国外论文数据库　美国博士论文档案数据库 1933～1955（American Doctoral Dissertations 1933-1955）收录约 100 000 篇论文文献。该数据库是唯一收录 1933～1955 年间被美国大学承认的博士论文最完整的档案数据库，并提供免费使用。加拿大论文（Theses Canada）提供加拿大学位论文检索，部分论文有全文。Trove 澳大利亚国家图书馆（National Library of Australia）可检索澳大利亚学位论文，部分论文有全文。英国图书馆学位论文在线（e-theses online service，EThOS）可检索超过 400 000 篇博士论文，部分论文有全文。

实训一　护理学位论文检索

【实训目的】

掌握应用中国知网《中国优秀博硕士学位论文全文数据库》检索护理学位论文的方法。

视频：中国知网《中国优秀博硕士学位论文全文数据库》检索实例

【实训任务】

一位护理专业的学生对乳腺癌患者的个案管理方法很有兴趣，她发现期刊论文对于如何开展个案管理报告较为简单，她希望检索相关的学位论文，详细了解个案管理的流程、内容、工具和方法。下面将以中国知网《中国优秀博硕士学位论文全文数据库》为例，练习护理学位论文检索。

【实验步骤】

1. 通过所在学校的图书馆电子资源数据库列表进入知网主页，公共网络也可直接访问网址 http://www.cnki.net/ 进入知网（图 7-3）。

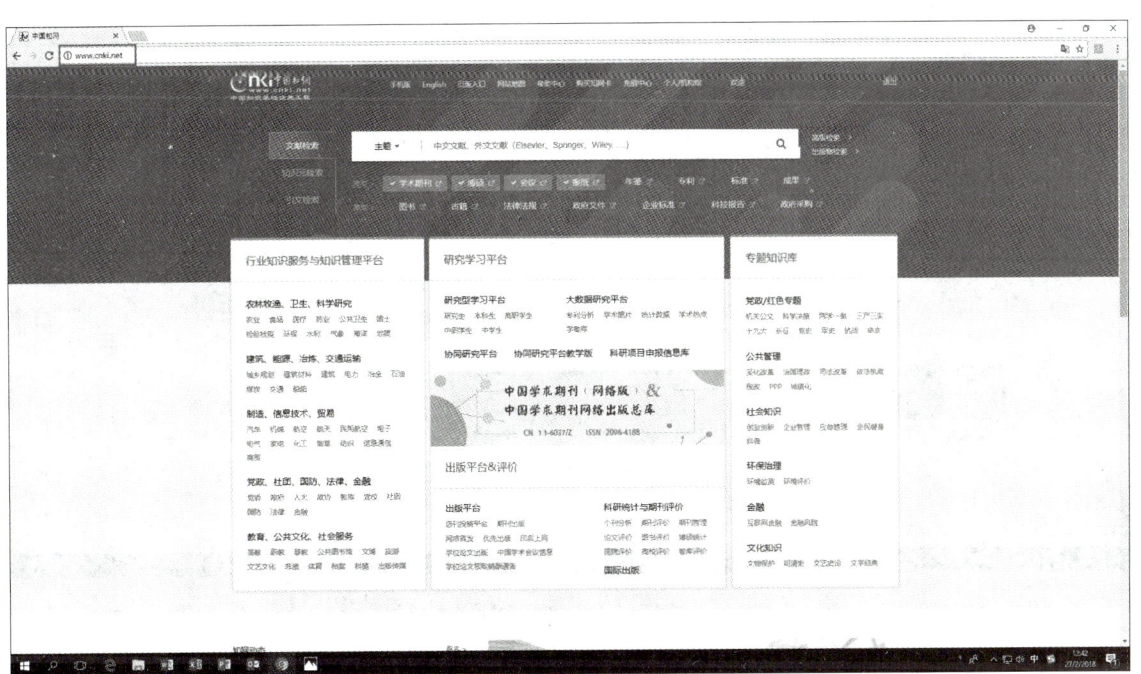

图 7-3　中国知网主页

2. 点击主页检索框右侧的“高级检索”，入高级检索界面。点击文献类型标签栏的“博硕士”，找到博硕士论文检索界面（图 7-4）。

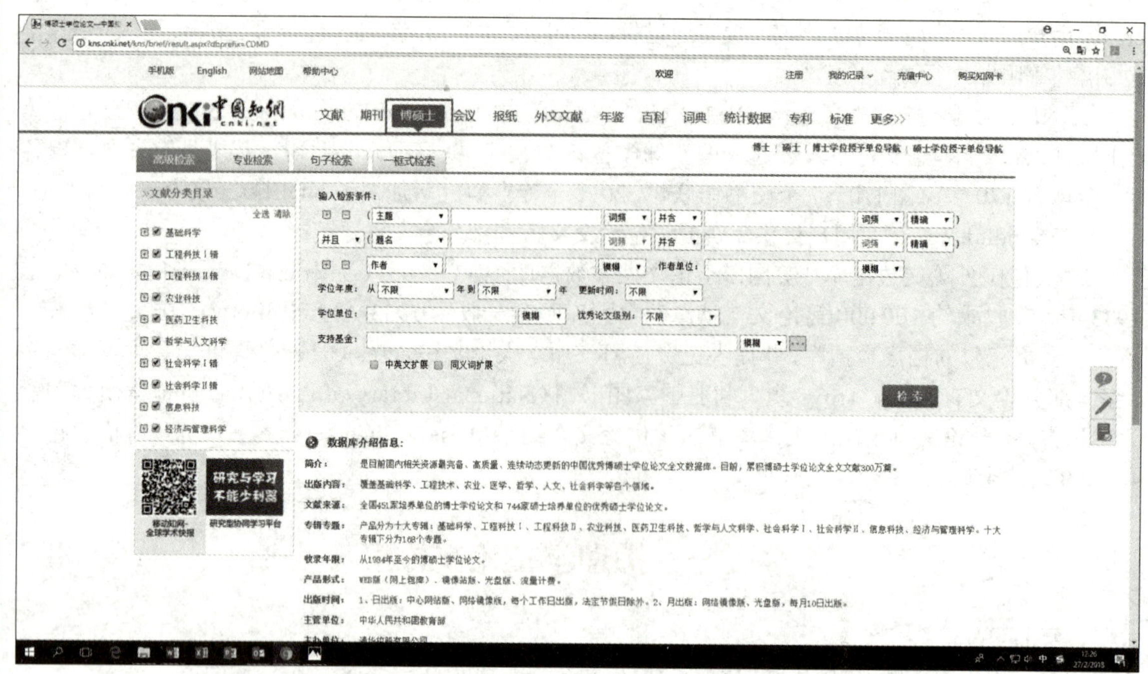

图 7-4　中国优秀博硕士学位论文全文数据库高级检索界面

3. 在检索框里输入检索条件（图 7-5）。选择检索途径为“题名”，检索词为“乳腺癌”和“个案管理”，点击“检索”。

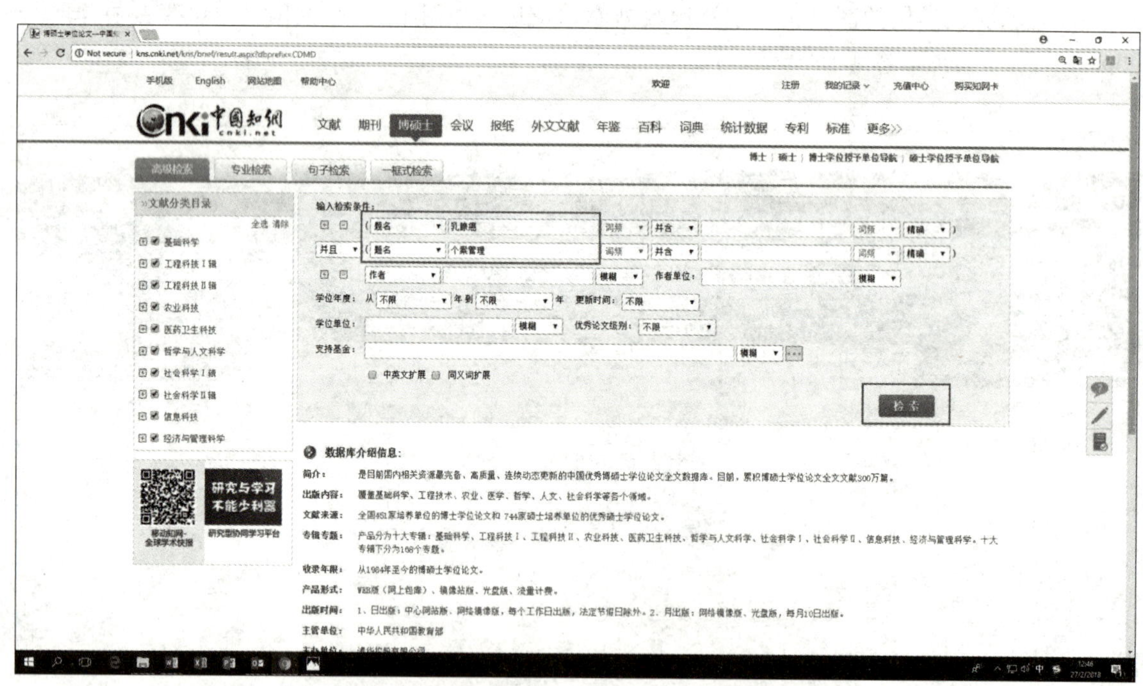

图 7-5　中国优秀博硕士学位论文全文数据库检索框

4. 生成检索结果，如图 7-6 所示。点击所需论文右侧的“下载”或“阅读”按钮，可下载论文全文 pdf 文件，也可在线阅读。在结果上方的“排序”区，可按主题、出版时间、被引、下载、学位授予年度排序。在“分组浏览”区可按照学科、学位年度、基金、导师、学科专业、研究层次进行分组浏览。也可通过屏幕左侧的快捷按钮进行结果筛选。

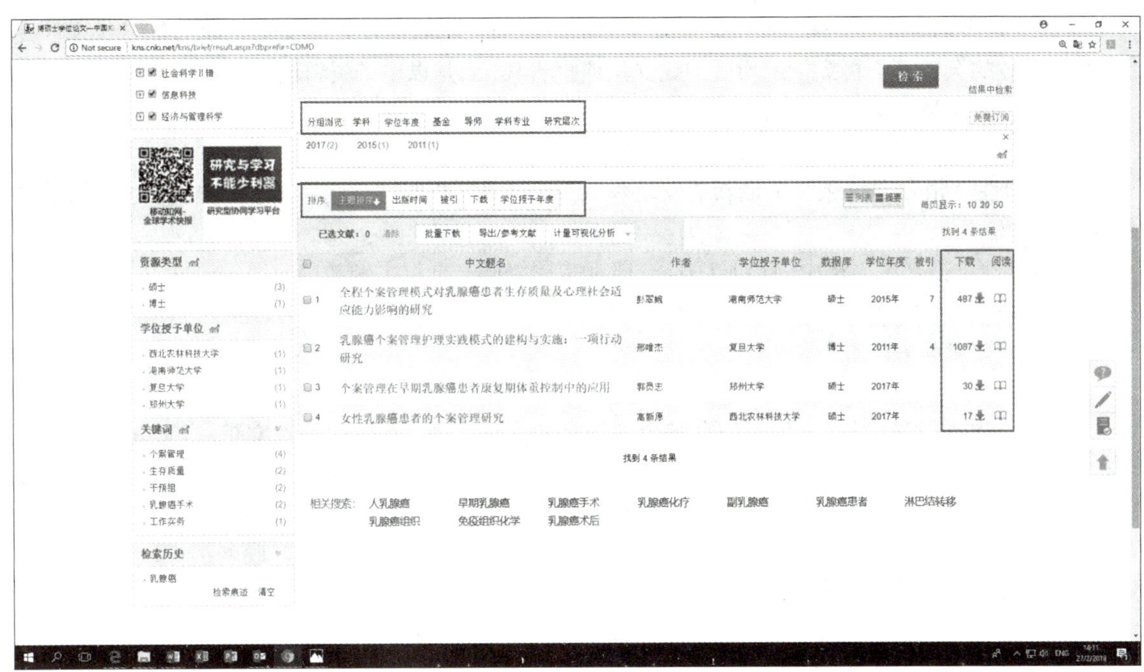

图 7-6　中国优秀博硕士学位论文全文数据库检索结果

第二节　医学会议文献及其检索

一位乳腺外科护士希望参加乳腺癌护理领域的学术会议，了解乳腺癌患者的最新护理理念和进展，但是不知道从哪里获取会议信息。她想知道：

请问：

1. 在哪里可以找到相关的学术会议信息？
2. 如何查找会议论文？

随着科学技术的迅速发展，各个国家的学会、协会、研究机构及国际学术组织所举办的学术会议越来越多。学术会议是一种非常重要的学术交流方式，科研人员可以借助学术会议交流思想、传递信息、相互启迪和借鉴。会议论文是了解专业领域最新发展状况的重要情报源之一，及时获取和掌握这些信息对于促进科研和改善临床有着重要意义。

一、医学会议文献概述

会议论文和期刊论文在学术传播中互助互补。期刊论文常常是科研工作者成熟的科研成果，但存在发表、传播的滞后性。而会议论文往往是科研工作者最初的科研思路，报告一些新问题、新见解、新进展。

（一）会议文献

会议文献是指各类学术会议的资料和出版物，包括会议前参会者预先提交的论文文摘、在会议上宣读或传播的论文、会议上讨论的问题及形成的共识、会后整理编辑加工而成的正式出版物等。会议文献一般分为：

1. 会前文献　包括会议征文启事、会议通知、会议日程、论文目录、摘要、论文预印本等。
2. 会中文献　有开幕词、致辞、报告、讨论记录、会议决议、会议共识、闭幕词等。
3. 会后文献　有会议录、论文汇编、论文集、报告集、期刊特辑、图书以及相关的声像资料等。

其中会议录是会后将论文、报告及讨论记录整理汇编而公开出版或发表的文献。随着信息技术的发展，绝大多数的会议都不再提供纸质版的论文集或报告集，而是以电子资料取代之。

（二）会议文献的特点

会议论文一般有新颖、聚焦、形式多样三大特征。

1. 新颖性　报告学科领域中最新的发现和成果，新颖性和即时性强，最能反映各个学科领域的新进展。

2. 聚焦性　报告内容集中、针对性强，一般都是围绕同一会议主题或分主题的论文。

3. 形式多样　会议文献形式多种多样，有图书、期刊、科技报告、预印本、会议录、论文集、视听资料等形式，数量庞大，出版不规则。

（三）会议文献的检索特点

会议文献的检索分为会议预告信息和会议论文检索两大类，在检索会议文献时，除了使用专业术语外，还需要了解关于会议的常用术语。例如会议（conference）、大会（convention）、专业研讨会（symposium）、学术讨论会（colloquium）、论坛（forum）、研讨会（seminar）、工作坊（workshop）、全体会议（plenary meeting）、分组会议（panel meeting）等。检索会议文献主要通过互联网进行，既可在专门的学术网站进行，也可通过数据库检索。

二、医学会议信息检索

医学会议信息以会议通知的形式发布，各学术会议的会议通知可在各学术机构的网站上获得，也可以通过学术论坛、微博、微信等社交媒体获取。

1. 中华医学会网站（http://www.cma.org.cn）　是中华医学会组织学术交流活动、开展继续医学教育的学术网站。通过浏览“学术交流”栏目，可以获取由中华医学会及各分会主办的学术会议信息，包括会议计划、征文通知、会议通知等。浏览“品牌会议”栏目，可以获取重要学术会议的会后报道（图 7-7）。

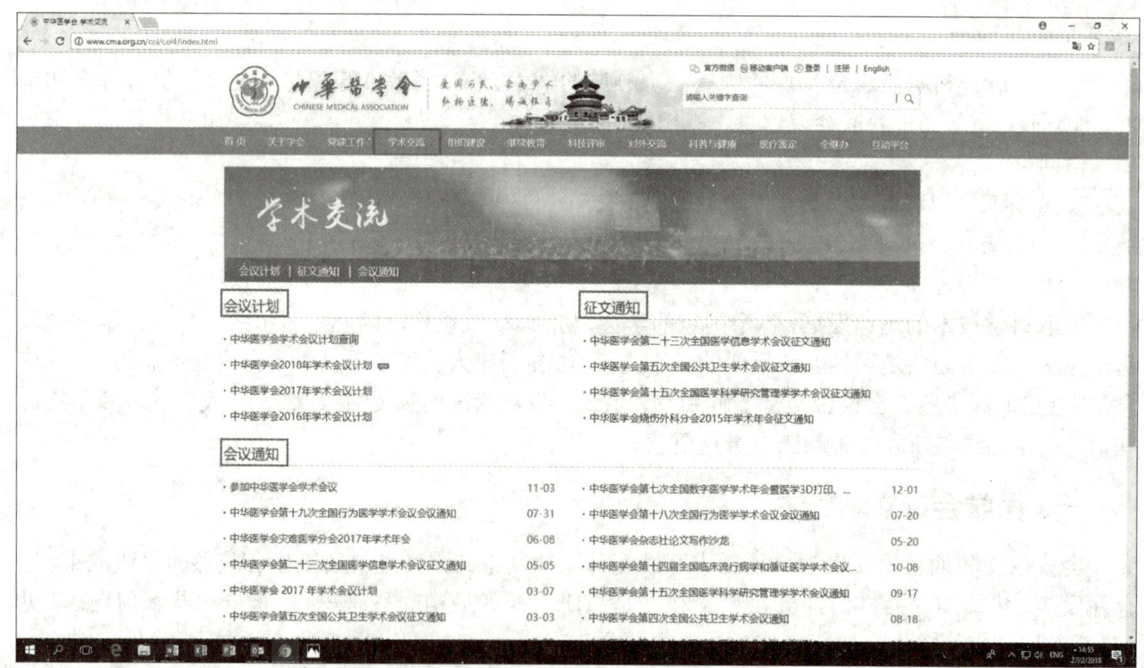

图 7-7　中华医学会学术交流界面

2. 中华护理学会网站（http://www.cna-cast.org.cn）　是中华护理学会发布信息的学术网站。通过浏览主页的“学术交流”和“学术动态”，可以获取由中华护理学会及各分会主办的学术会议信息及会后报道。

3. 中国学术会议网（http://conf.cnki.net/index.aspx）　是中国知网的下设产品，为会议主办方、作者、参会者设计并提供的服务平台。访问网页后可浏览最新会议信息，并可通过会议名称、主办单

位、承办单位、论文集收录情况、召开地点、召开时间进行高级检索。会议主办方也可利用此平台建设会议网站、征集会议稿件、组织和统计会议注册情况。

4. 中国学术会议在线（http://www.meeting.edu.cn）　是由教育部科技发展中心主办，面向广大科技人员的科学研究与学术交流信息服务平台。提供境内会议预报、境外会议预报、会议在线报名、会议信息发布、名家讲堂、会议视频点播等服务。境内会议可进行分类检索和高级检索，境外会议可按分类浏览。

5. 医学会议在线（http://www.medig.com.cn/）　汇集了大量的国内外医学会议信息，数据每日更新。设有会议搜索、最新会议、近期会议等标签浏览会议信息，也可根据科室、地址、类型、规模、日期、主办单位、关键词搜索会议。注册会员还可通过本网站发布会议、组织报名、进行会议互动和报道。

6. 丁香会议（http://meeting.dxy.cn/）　是中国最大的医疗领域连接者以及数字化领域专业服务提供商丁香园的下设产品。设有会议预告、会议快讯、视频播报、专家视点、精彩幻灯、会议专题等分类浏览标签，也可以通过会议名称、地点、学科、召开时间、所属专科进行搜索。点击“护理”标签，可以看到最新的护理专业学术会议信息，并可通过会议地点和时间进行筛选（图 7-8）。手机用户还可以关注丁香会议微信公众号跟踪会议信息。

图 7-8　丁香会议护理学术会议信息

医学学术论坛——丁香园

丁香园（http://www.dxy.cn/）原名《丁香园医学文献检索网》、《丁香园医学主页》，始建于 2000 年 7 月 23 日，是一个医学知识分享网站。网站创始人李天天在读研究生期间，感到现在的中国医学院校的学生有相当一部分对计算机感到陌生，甚至连一部分研究生、医务工作者也是如此，要想在浩如烟海的互联网信息资源中查找到对自己有用的信息更是难上加难。于是就萌生了建立专业检索网站的念头，以向大家介绍检索经验，传授检索方法和技巧，普及知识共享。

秉持着“独立、非营利、纯学术”的专业自由交流平台理念，丁香园从一个每天只有几个人查看的留言板，发展成一个超过 278 万专业会员的生命科学综合论坛。开设了丁香人才网、丁香通、丁香客、用药助手、丁香医生、PubMed 中文网、调查派、丁香会议等板块，极大地便利了医学生和医学工作者传播信息、寻求帮助。丁香园论坛的“临床五区”设有护理专业讨论版，全国各地的护理学生和护理工作者在此交流实践经验、发布最新资讯和学术进展。

图片：AllConferences 学术会议网站

7. AllConferences（http://www.allconferences.com）　世界范围各学科的学术会议信息预报。用户可按照主题目录浏览，也可直接输入关键词快速检索或者进行高级检索。分类目录中设有“nursing”标签，点击进去后可以看到护理领域的会议信息。检索结果有即将召开的会议信息，也有已经召开的会议信息。

8. MedicalConferenc（https://www.medical.theconferencewebsite.com/）　一站式免费查询国际医学会议及继续教育课程的网站。网页提供中文语言版，可进行简单检索和高级检索，还可通过学科分类查看，有“护理学”专业标签。

9. 其他途径　除了上述网站外，还可以通过各大学、各学会、各学术机构的官方网站、微博、微信公众号等媒介获取会议信息。无论是护理实践者和科研工作者，都应积极加入专业相关的学会或学术组织，建立自己的学术脉络，获得第一手的会议信息。

三、医学会议论文检索

（一）国内会议论文检索

1. 万方数据知识服务平台《中国学术会议文献数据库》（China Conference Paper Database，CCPD）　包括中文会议和外文会议。中文会议收录 1982 年以来国家级学会、协会、研究组织、部委、高校召开的 4000 多个全国性学术会议相关论文，年增 20 万篇全文，每月更新。外文会议来源于外文文献数据库，收录 1985 年以来世界各主要学会、协会、出版机构的学术会议论文。数据覆盖人文社会、自然科学、工程技术、农林、医学等各学科领域，是国内目前收录会议数量较多、质量较高、学科覆盖较广的会议论文数据库。该数据库通过万方数据知识服务平台提供检索，有快速检索、高级检索和专业检索等方式（图 7-9）。

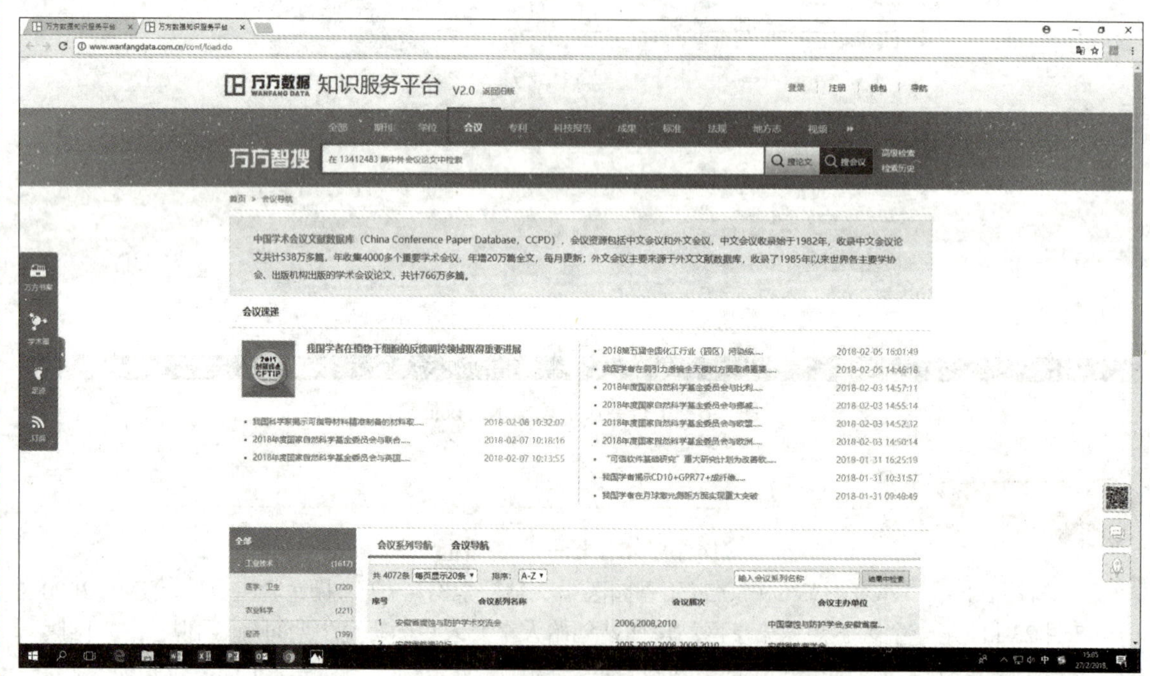

图 7-9　中国学术会议文献数据库快速检索界面

2. 中国知网《国内外重要会议论文全文数据库》　是由国内外会议主办单位或论文汇编单位书面授权并推荐出版的重要会议论文。收录 1999 年以来中国科协系统及国家二级以上的学会、协会，高校、科研院所，政府机关举办的重要会议以及在国内召开的国际会议上发表的论文集 3 万册，累积文献总量 200 万篇。其中，国际会议文献占全部文献的 20% 以上，全国性会议文献超过总量的 70%，部分重点会议文献回溯至 1953 年。覆盖基础科学、工程科技、农业科技、医药卫生科技、哲学与人文科

学、社会科学、信息科技、经济与管理科学等学科共 168 个专题。用户可通过高级检索、专业检索、作者发文检索、句子检索、一框式检索等方式搜寻文献（图 7-10）。

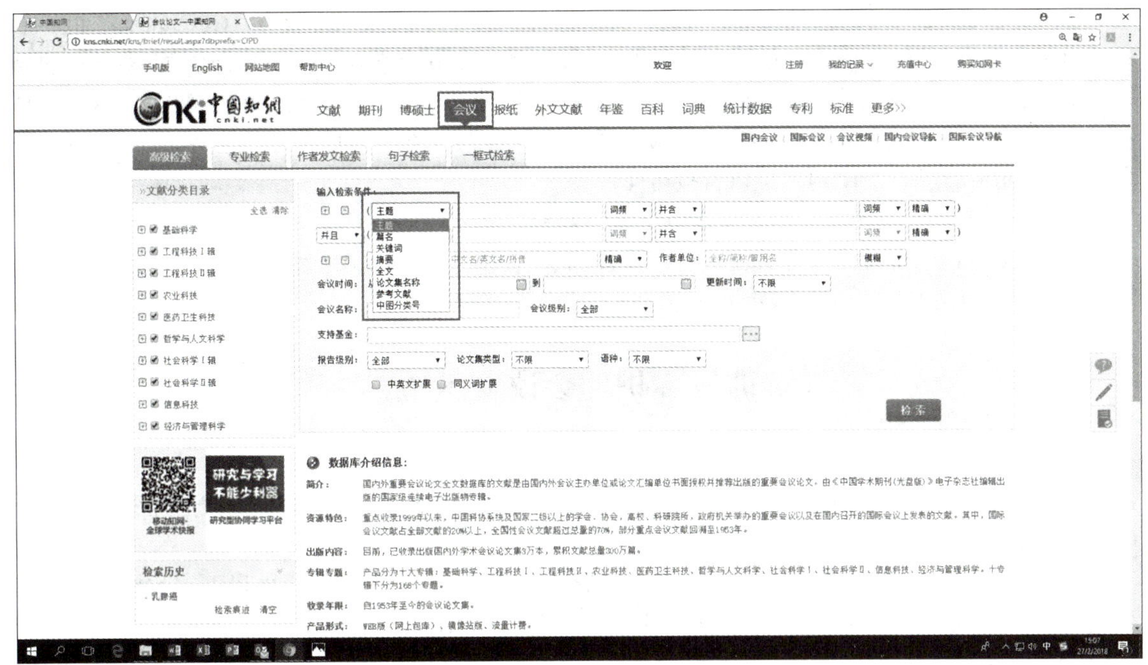

图 7-10　国内外重要会议论文全文数据库高级检索界面

3. 国家科技图书文献中心会议数据库（http://www.nstl.gov.cn/）　收录了 1985 年以来我国国家级学会、协会、研究组织以及各省、部位等组织召开的全国性学术会议论文，并逐渐增加外文会议文献信息。数据库收录的重点为自然科学各专业领域，每年涉及 600 多个重要学术会议，年增加论文 4 万余篇。用户进入会议论文检索界面后，可通过题名、作者、关键词、会议名称、会议录名称、会议时间、文摘、ISBN 号等途径进行检索，并可设置筛选条件（图 7-11）。

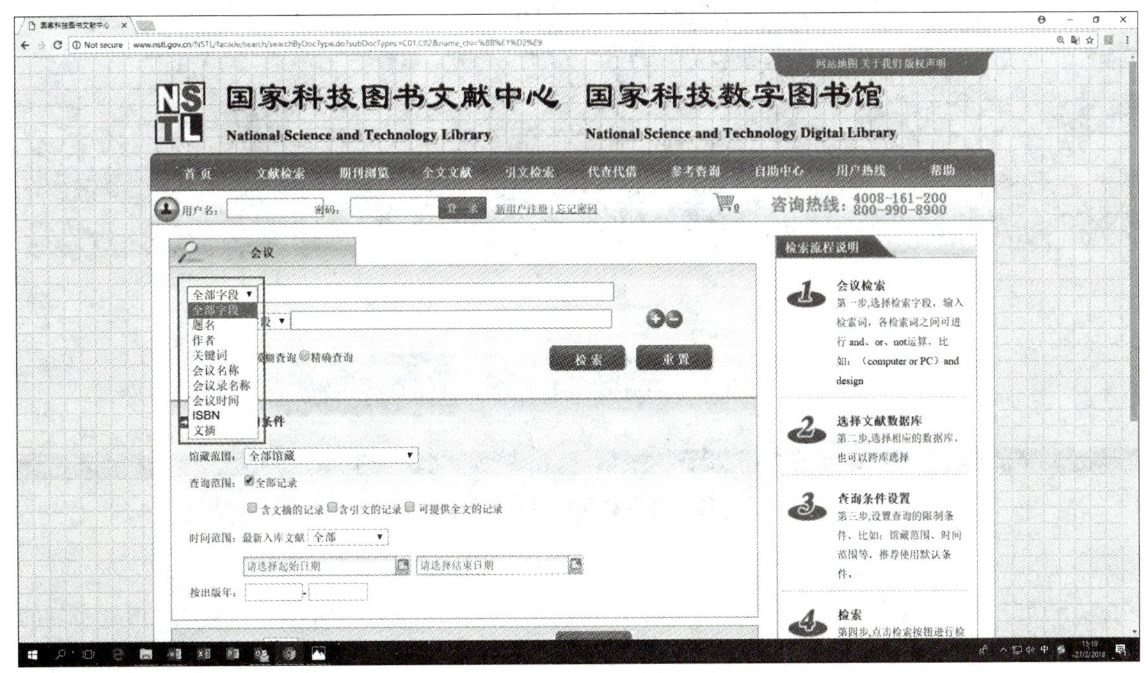

图 7-11　国家科技图书文献中心会议论文检索

（二）国外会议论文检索

1. 会议论文引文索引（Conference Proceedings Citation Index，CPCI）　即 ISI Proceedings，是科学技术会议录索引（Index to Scientific & Technical Proceedings，ISTP）和社会科学与人文科学会议录索引（Index to Social Science & Humanities Proceedings，ISSHP）两大会议录的集合。CPCI 汇集了世界上最新出版的会议录资料，分为科技版和社科人文版，共涵盖 250 个学科。提供综合全面、多学科的会议论文资料，包括会议名称、主办机构、地点、论文篇名、论文摘要、参考文献等会议及文献信息，是科研人员了解和查找世界上权威会议文献最主要的检索工具。CPCI 数据库可通过 Web of Science 平台检索，已购买的用户凭 IP 地址可以直接访问。

2. 其他途径　可利用互联网各搜索引擎如（Yahoo、Bing、Google 等）以 proceedings，symposium，conference，colloquium 加上专业关键词进行检索，获取会议信息及论文地址，也可从各著名学术机构和学术团体的网站上查找。

实训二　护理会议文献检索

0704

视频：万方数据知识服务平台《中国学术会议文献数据库》检索实例

【实训目的】

掌握应用万方数据知识服务平台《中国学术会议文献数据库》检索护理会议论文的方法。

【实训任务】

一位护士希望通过查找会议论文，来了解乳腺癌护理领域的新进展。下面以万方数据知识服务平台《中国学术会议文献数据库》为例，练习护理会议论文检索。

【实验步骤】

1. 通过所在学校的图书馆电子资源数据库列表进入万方数据知识服务平台主页，公共网络也可直接访问网址 http://www.wanfangdata.com.cn/ 进入万方数据知识服务平台（图 7-12）。

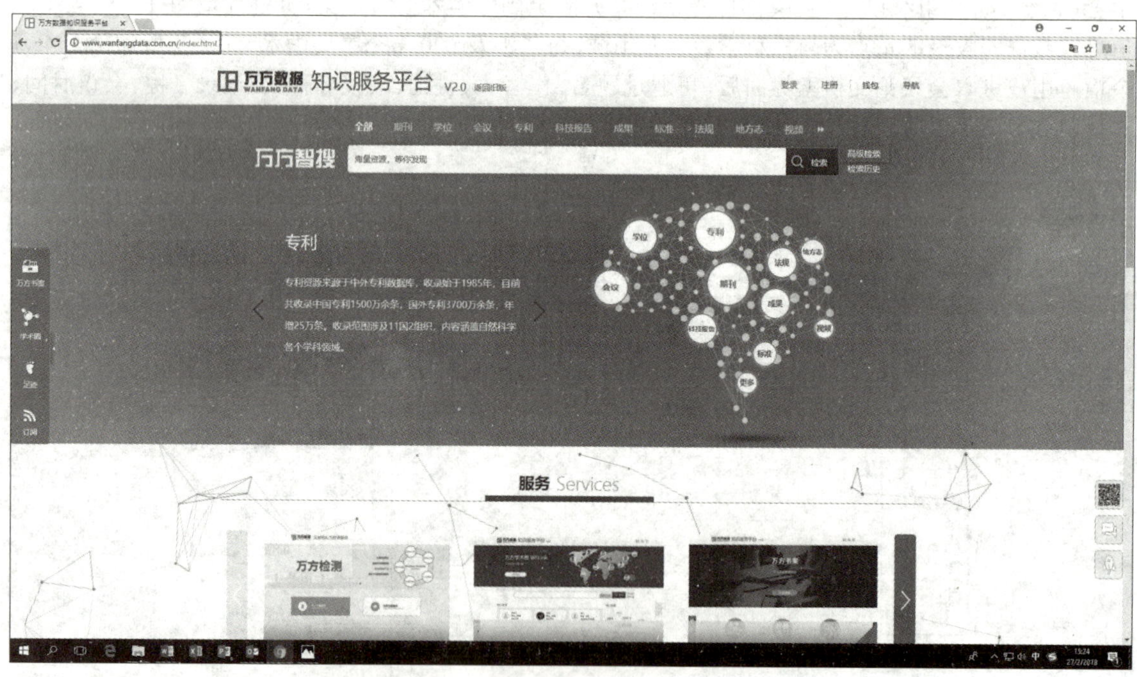

图 7-12　万方数据知识服务平台主页

2. 点击主页检索框上方的“会议”标签，进入会议论文快速检索界面。点击主页检索框右侧的“高级检索”，选择文献类型“会议论文”，进入会议论文检索高级界面（图 7-13）。

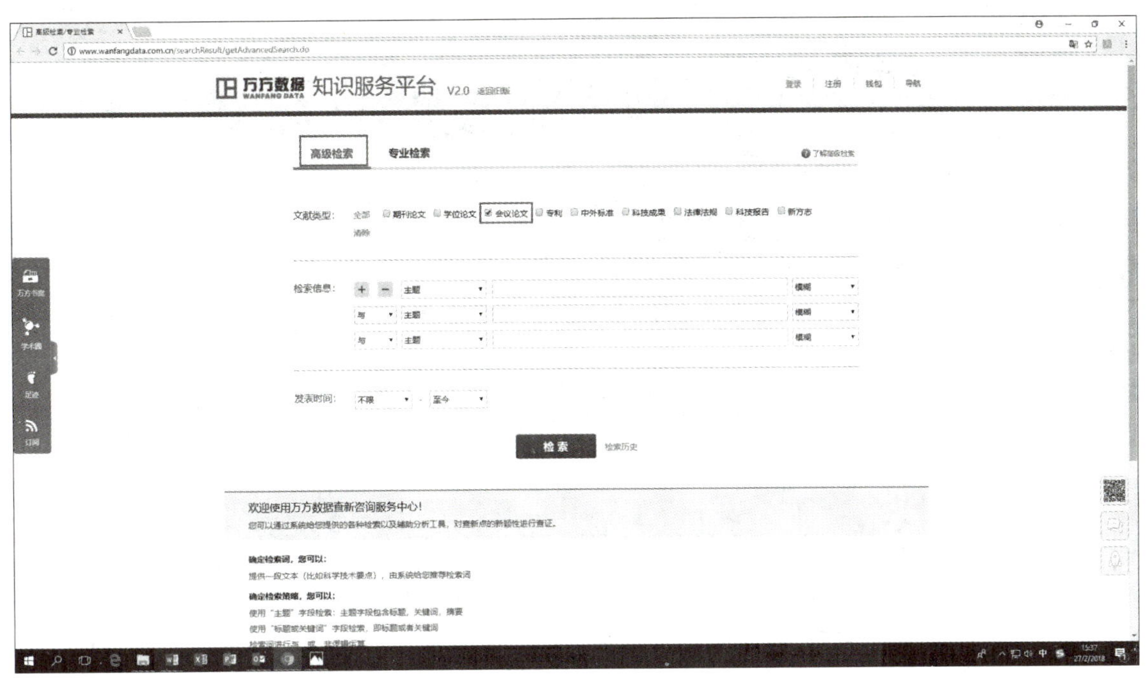

图 7-13　中国学术会议文献数据库高级检索界面

3. 在检索框里输入检索条件，如图 7-14 所示。选择检索途径为“题名”，检索词为“乳腺癌”和“护理”，限制检索年代为 2015 年至今，点击“检索”。

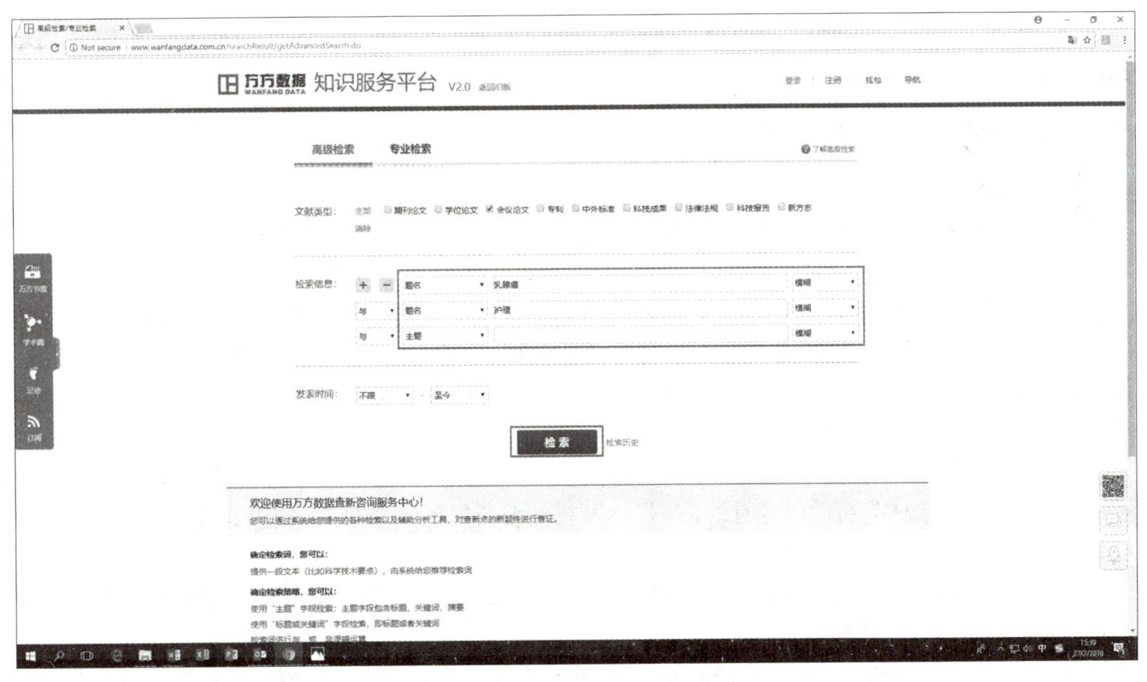

图 7-14　中国学术会议文献数据库检索框

4. 生成检索结果，如图 7-15 所示。点击所需论文下方的“在线阅读”或“下载”按钮，可在线阅读，也可下载论文全文 pdf 文件。在结果上方的“排序”区，可按相关度、发表时间、被引量、热度排序。在左侧的“分组浏览”区可按照学科分类、会议级别、年份、语种、会议名称、作者、会议主办单位等进行分组浏览。

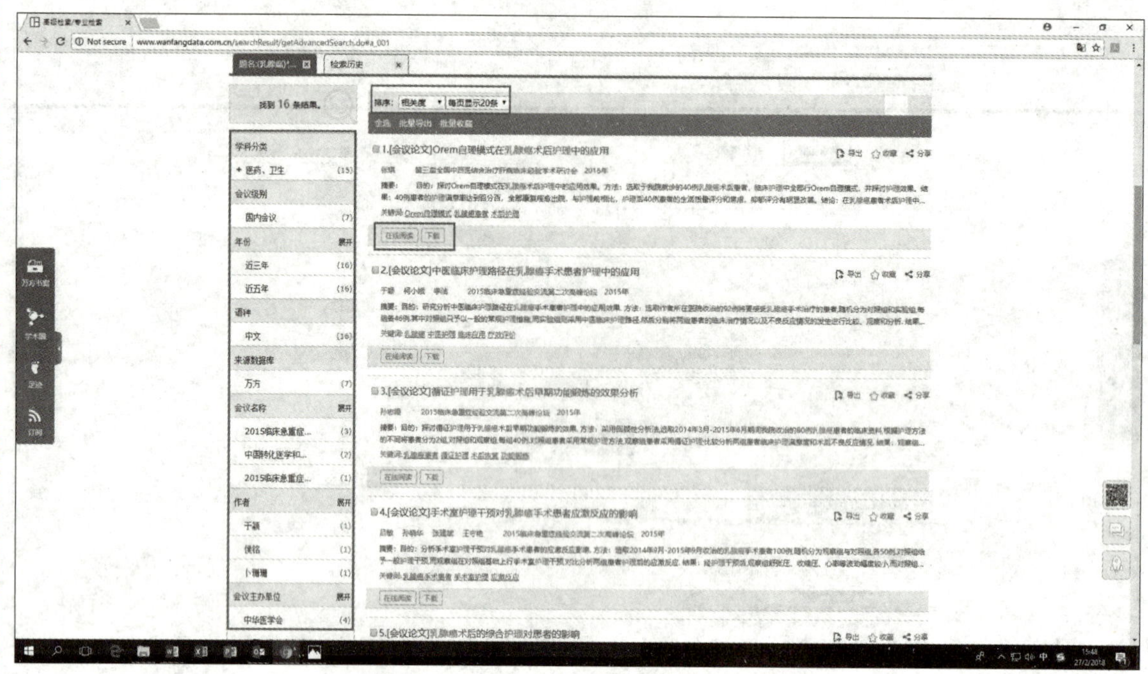

图7-15　中国学术会议文献数据库检索结果

第三节　专利文献及其检索

我国护理科研起步比较晚，但随着我国护理队伍知识结构的变化，高等护理人才比例不断增大，科研成果不断涌现，护理专利的申请量也在逐年增加。本节将对专利文献及其检索进行阐述，以促进我国护理科研和实践人员更好地利用专利信息。

一、专利与专利文献概述

(一) 专利

1. 专利（patent）　是受法律规范保护的发明创造。它是指一项发明创造向国家审批机关提出专利申请，经依法审查合格后向专利申请人授予的在规定时间内对该项发明创造享有的专有权。世界上各个国家都采用建立专利制度的形式来保护专利权。我国专利法于 1984 年 3 月 12 日经第六届全国人民代表大会通过，自 1985 年 4 月 1 日起施行。1992 年 9 月 4 日通过了《中华人民共和国专利法修正案》，对专利法进行了第一次修改。2000 年 8 月 25 日通过了对专利法的第二次修改，修改后的专利法于 2001 年 7 月 1 日起施行。

2. 专利的属性　根据专利法的解释，专利属于知识产权，具有独占性、地域性和时间性。

(1) 独占性：亦称垄断性或专有性，是指专利权人对其发明创造享有占有、使用、收益和处分的权利。

(2) 地域性：是指一个国家或一个地区所授予和保护的专利权仅在该国或地区的范围内有效，对其他国家和地区不发生法律效力。

(3) 时间性：指专利权具有一定的时间限制，也就是法律规定的保护期限。专利权人对其发明创造所拥有法律赋予的专利权只在法律规定的期限内有效。各国的专利法对于专利权的有效保护期均有各自的规定，而且计算保护期限的起始时间也各不相同。我国《专利法》规定："发明专利权的期限为 20 年，实用新型和外观设计专利权的期限为 10 年，均自申请日起计算。"

3. 专利的类型　各国对于专利类型的划分不尽相同，我国分为发明专利、实用新型专利和外观设计专利三种类型。

(1) 发明专利：是对产品、方法或者其改进所提出的新的技术方案。

（2）实用新型专利：是对产品的形状、构造或者其结合所提出的适于实用的新技术方案。

（3）外观设计专利：针对产品的形状、图案或者其结合以及色彩与形状、图案的结合所作出的富有美感并适于工作应用的新设计。

我国护理专利概况

郭丹等通过对中华人民共和国国家知识产权局网站、中国知网专利数据库和 SooPAT 专利检索网站对我国护理领域的专利进行检索和分析，发现 1985～2012 年的护理专利申请总量为 8142 件，占临床医学总量的 17%，占医药科技卫生的 2%。8142 件护理专利中，包括发明专利 736 件，实用新型专利 7406 件，外观设计专利 0 件。而从申请趋势来看，护理专利的申请总体呈逐年增加的趋势，2006 年之后上升幅度增大，其中 2011 年申请量达到 1688 件。而从专利的技术构成来看，主要为用于医院的护理设备如运送药品或物品的手推车、护理床、喂养用具、给药工具、清洁用具等。总体来说，随着护理队伍科研素质的不断提升，专利的申请量剧增，但专利以实用新型专利为主，发明专利所占比例少，整体质量还有待提升。

图片：1985—2012 年护理专利申请增长趋势

（二）专利文献

1. 专利文献　是包含已经申请或被确认为发现、发明、实用新型和工业品外观设计的研究、设计、开发和试验成果的有关资料，以及保护发明人、专利所有人及工业品外观设计和实用新型注册证书持有人权利的有关资料的已出版或未出版的文件（或其摘要）的总称。

2. 专利文献的价值　据世界知识产权组织统计，专利信息是世界上最大的公开技术信息源之一。世界上 90%～95% 以上的发明创造成果都出现在专利文献中，其中 70% 仅出现在专利文献中，并且技术信息的公开要比其他载体早 1～2 年。充分利用专利信息，可节约 60% 的科研时间和 40% 的科研经费。在全球各类研究产出中，与其他活动相比，专利经济价值超过了 90%。科研工作者通过检索专利文献，可以从他人的发明中获得启发、借鉴，了解科技发展的最新动态。专利申请人在申请专利前，对已有专利进行检索，可以判断拟申请专利的新颖性、创造性和实用性，增加申请成功的机会。

3. 专利文献特征　专利文献与普通文献一样，也包含外部特征和内容特征，可以利用这些信息进行检索。

（1）外部特征：包括专利申请号、专利号、专利申请人、专利权人、专利受让人、专利申请日期、专利公开日期等信息。

（2）内容特征：包括专利名称、摘要、说明书、分类号等。专利分类体系有国际专利分类法（International Patent Classification，IPC）、欧洲专利分类体系、日本专利分类体系、美国专利分类体系和联合分类体系等。其中，IPC 是国际专利组织管理的分类体系，也是目前被许多国家普遍采用的分类工具。IPC 按照部、大类、小类、大组、小组五级分类。因此，一个完整的 IPC 分类号由部（1 个字母）、大类（2 个数字）、小类（1 个字母）、大组（1～3 个数字）和小组（2～4 个数字）多个符号组成，如 A61G7/00 的内涵是专用于护理的床、提升病人或残疾人的装置。通过分析专利的 IPC 号，可以帮助我们了解一个学科的专利技术内容构成。

二、专利文献的检索

（一）国内专利信息检索

1. 国家知识产权局专利检索系统　是由国家知识产权局（State Intellectual Property Office，SIPO）建立的专利检索及分析系统（www.pss-system.gov.cn），公众注册后即可进行专利检索和分析服务。该系统可检索 103 个国家、地区和组织的专利数据，覆盖了中国、美国、日本、韩国、英国、法国、德国等主要国家。

（1）专利检索：有常规检索、高级检索和导航检索。常规检索有自动识别、检索要素、申请号、公开（公告）号、申请（专利权）人、发明人和发明名称 7 个检索入口（图 7-16）。高级检索功能中，根据数

视频：国家知识产权局专利检索系统检索实例

据库可检索字段按照表单方式设置的联合检索功能（图 7-17）。各检索框之间的默认逻辑为“与”，并可使用“配置”功能设置更多的检索字段。检索结果可根据国家、地区进行筛选，中国发明专利还可按照类型进行分类筛选。此外，在高级检索页面的最下方，可使用逻辑运算符和检索词编制检索式进行专业检索。如检索 2010 年以后公开的关于医用输液架的专利，在“发明名称”检索框中输入“输液架”，在“说明书”检索框中输入“医疗 护理 医用”，在“公开（公告）日”检索框中输入“20100101”、框前选择“>”，点击检索按钮，完成检索。此外，还可根据 IPC 分类号进行导航检索（图 7-18）。

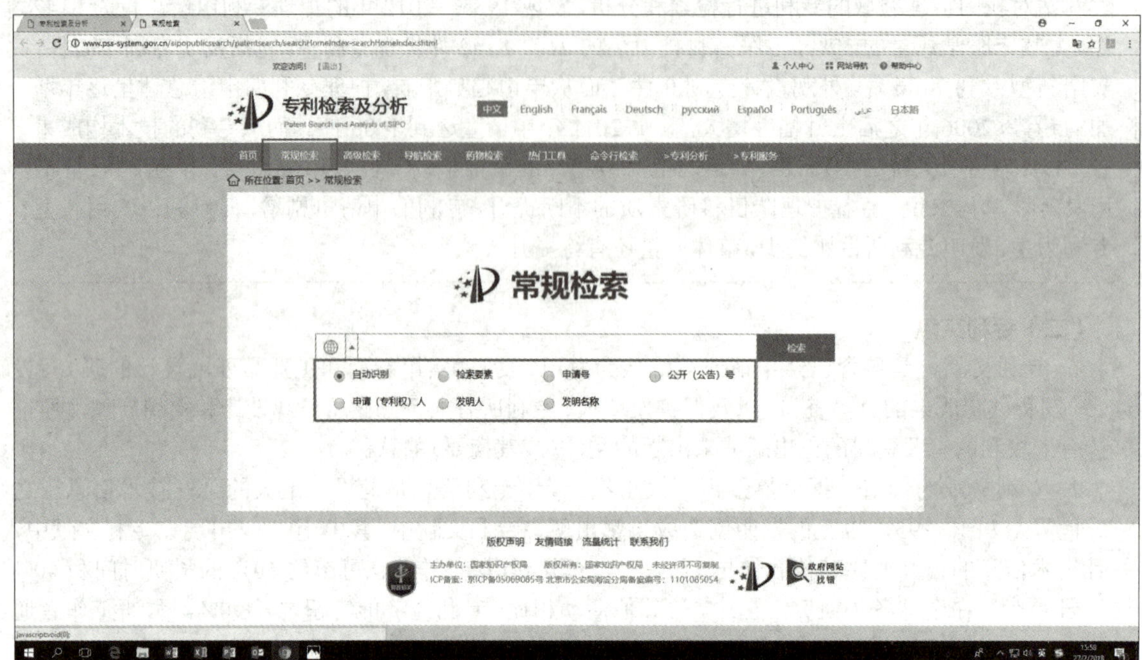

图 7-16　SIPO 常规检索界面

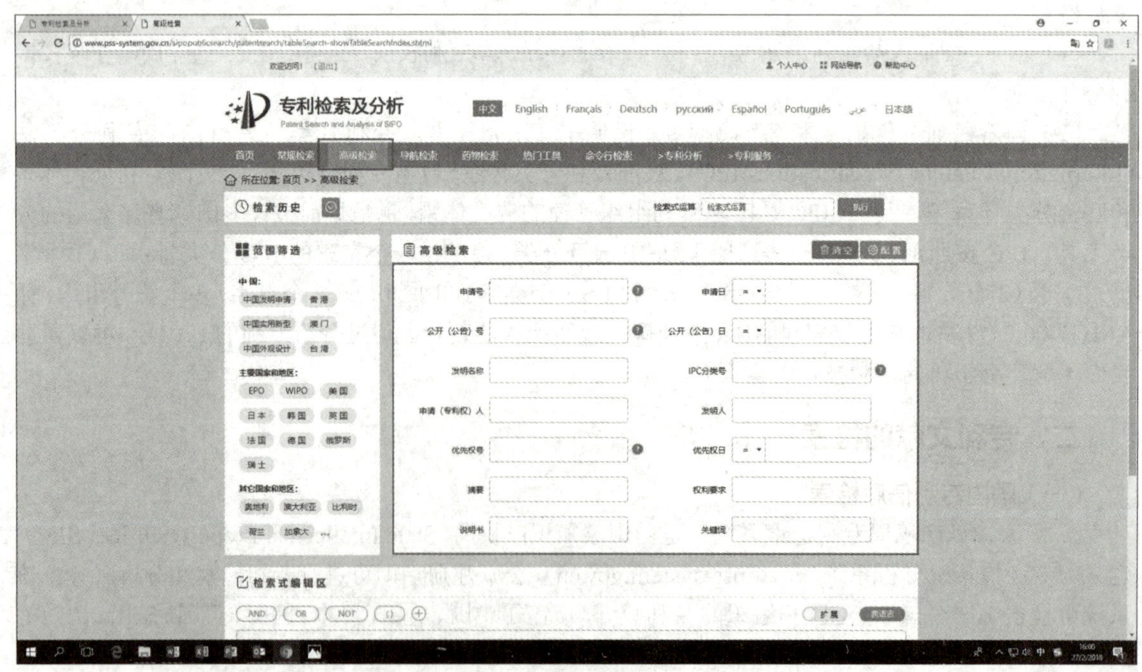

图 7-17　SIPO 高级检索界面

图 7-18　SIPO 导航检索界面

（2）专利分析：SIPO 提供的专利分析包括快速分析、定制分析和高级分析，每个分析模块下有多种分析功能。主要从区域、技术领域、申请人、发明人角度分析其趋势、分布、构成等，并以图表的形式直观显示。

2．中国知识产权网　由知识产权出版社有限责任公司建立的专利检索平台（http://search.cnipr.com），提供对中国专利和国外专利的检索，覆盖了全球 98 个国家和组织。

（1）专利检索：检索方式包括一框式检索、智能检索、表格检索。一框式检索为系统默认检索界面，键入检索词后，点击“检索”即可获得结果（图 7-19）。高级检索为表格式字段组合检索，与 SIPO 高级检索界面和功能类似（图 7-20）。

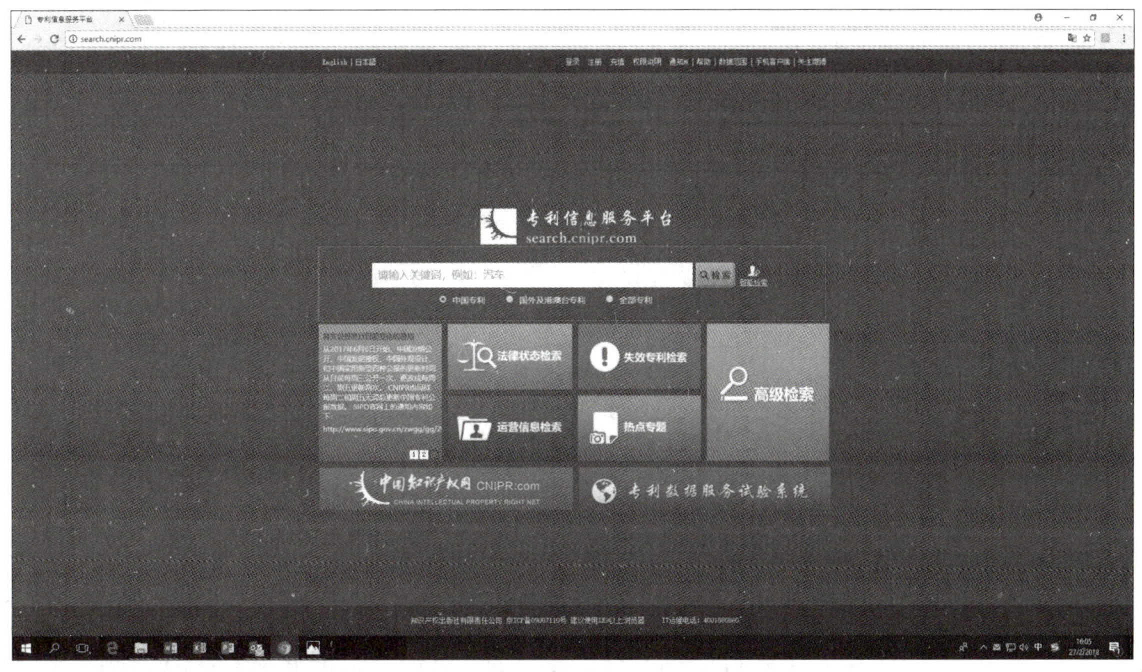

图 7-19　中国知识产权网检索首页

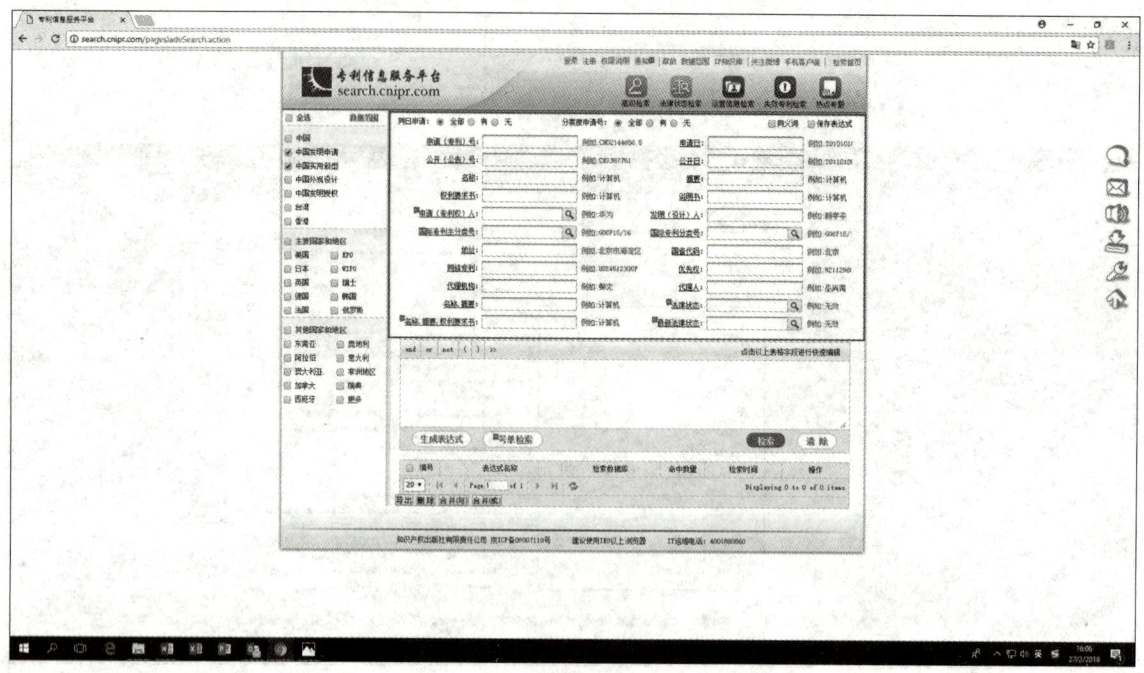

图 7-20　中国知识产权网高级检索界面

（2）专利分析与跟踪：除检索外，该系统还提供了专利分析、专利跟踪等功能。其中专利分析包括趋势分析、地域分析、申请人分析、发明人分析、技术分类分析等。专利跟踪是指通过设定检索条件，周期地检索符合条件的文献信息，从而实现某个领域技术发展的持续跟踪。

3. 中国知网中国专利全文数据库　收录了由国家知识产权局知识产权出版社出版的专利，包含发明专利、实用新型专利和外观设计专利三个子库。其中发明专利和实用新型采用国际专利分类法（IPC 分类）和 CNKI168 学科分类，外观设计采用国际外观设计分类和 CNKI168 学科分类。可以通过申请号、申请日、公开号、公开日、专利名称、摘要、分类号、申请人、发明人、优先权等检索项进行检索，并一次性下载专利说明书全文（图 7-21）。目前，共收录 1985 年至今的专利近 1200 万条。

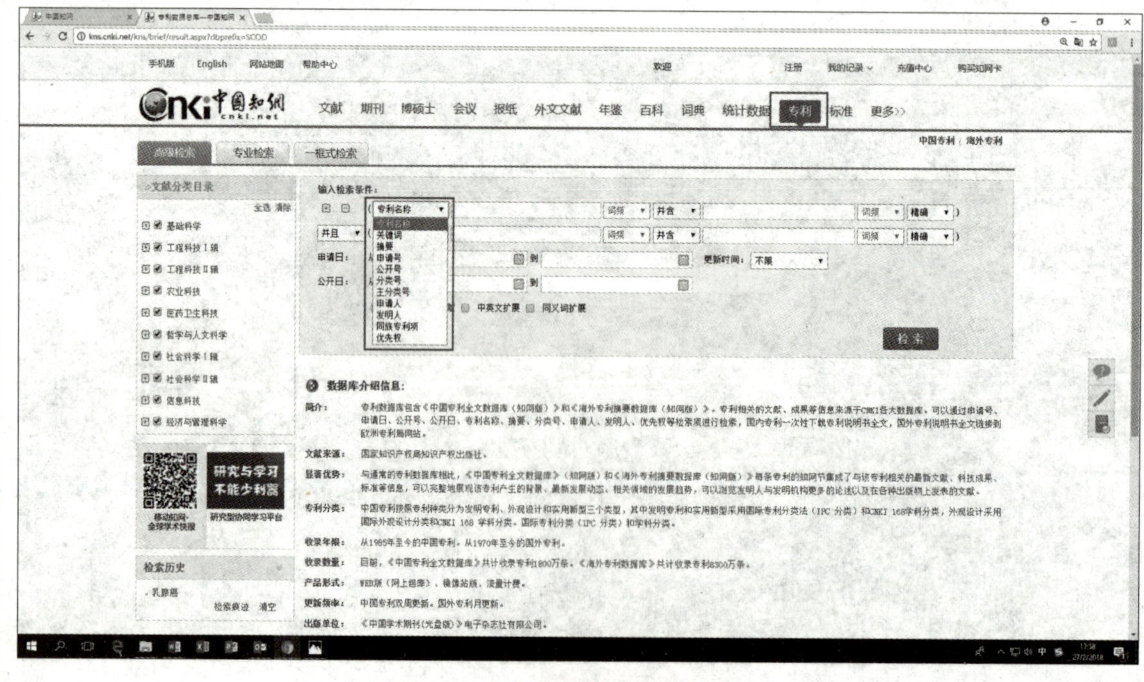

图 7-21　中国知网专利数据库检索界面

4. 万方知识服务平台中外专利数据库　收录从 1985 年至今包括中国、美国、日本、韩国、德国、英国、法国、瑞士、澳大利亚、加拿大、俄罗斯和欧洲专利局、世界知识产权组织的专利信息数据，共计 4500 余万项专利，年增 25 万条。数据库检索方式清晰，可以通过专利名称、摘要、申请号、公开（公告）号、分类号、主分类号、申请（专利权）人、发明（设计）人等检索项进行检索（图 7-22）。检索结果按 IPC 分类、发布专利的国家和组织、专利申请的日期自动聚类，便于用户快速筛选。

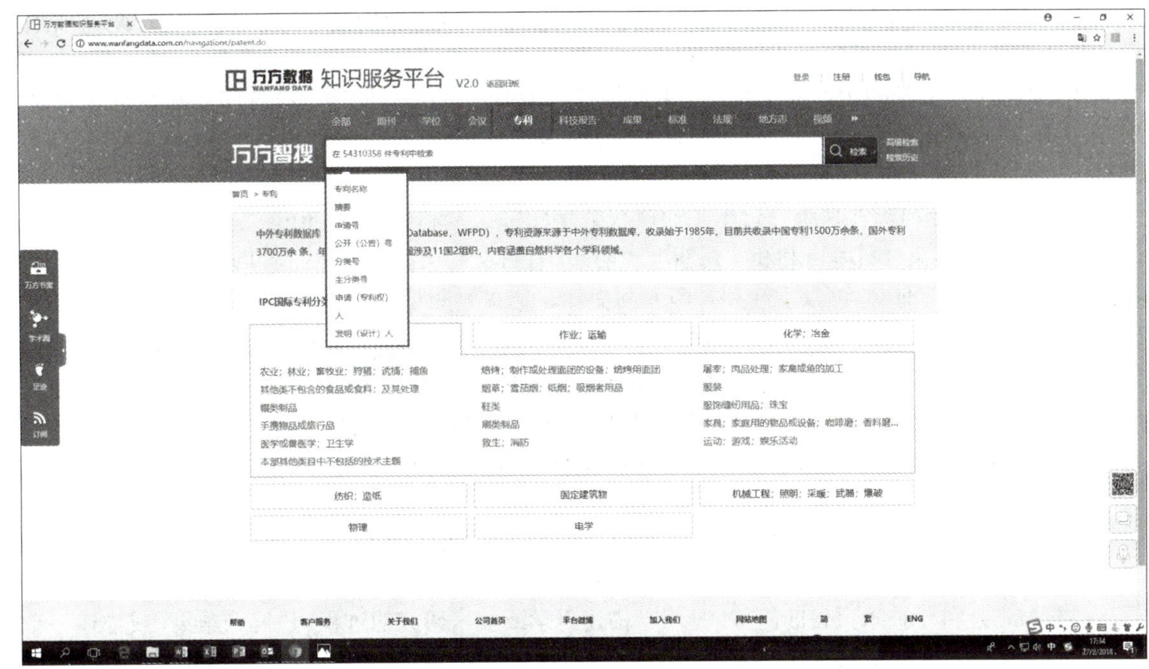

图 7-22　中外专利数据库检索界面

5. 其他中文专利检索系统　除上述常用专利检索系统外，还有中国专利信息中心（http://www.cnpat.com.cn）、专利之星（http://search.patentstar.com.cn）以及免费专利搜索引擎 SooPat（http://www.soopat.com）。其中 SooPat 是一个免费、便捷的专利搜索工具，其本身不提供数据，而是将所有互联网上免费的专利数据库链接、整合、调整，形成一个更符合互联网用户检索习惯的搜索引擎。其中中国专利数据的链接来自国家知识产权局互联网检索数据库，国外专利数据来自各个国家的官方网站。SooPat 不用注册即可免费检索，并提供全文浏览和下载。此外，香港知识产权署网站（http://ipsearch.ipd.gov.hk）提供香港特别行政区的标准专利和短期专利检索。台湾专利整合检索平台（http://webpat.tw）收录有中国台湾、中国大陆、美国、欧盟等国家和地区的专利，资料可回溯到 1950 年。

图片：SooPat 互联网专利搜索引擎

（二）国外专利信息检索

互联网上的国外专利数据库很多，除了可应用上述提到的国内专利数据库检索工具检索外国专利，还可以通过各国专利局官方网站、公益性免费专利数据库网站、商业性专利数据库网站、大型国际商业联机检索系统等进行检索。

1. 德温特世界专利数据库（Derwent Innovations Index，DII）　整合了 Derwent 最著名的世界专利索引（World Patent Index）和专利引文索引（Patent Citation Index），收录来自世界 47 个专利机构的 2000 多万项发明专利，4000 多万条专利情报，数据可回溯到 1963 年。分为化学、电子电器和工程技术三部分，通过 Web of Science 平台综合检索世界各国的专利文献。与其他专利检索系统相比，其收录范围更广、数据量大，提供符合研究人员习惯的灵活简洁检索字段和界面，并可获取部分专利全文。该平台具有强大的分析与引文功能，从不同角度分析技术发展的趋势、专利的分布、专利技术细节等。

2. 世界知识产权数据库（World Intellectual Property Organization，WIPO）　访问地址：http://www.wipo.int/pctdb/en/，提供专利合作条约成员的国际专利申请查询。检索方式包括：字段组合检索、简单

图片：WIPO专利检索系统

检索、高级检索、跨语言扩展检索（Cross Lingual Expansion）和浏览等。另外，WIPO官网还提供美、欧等多个国家和地区的专利数据库网站链接入口。

3. 美国专利商标局专利检索（US Patent and Trademark Office，USPTO）　访问地址：http://patft.uspto.gov/，收集了美国从1976年至今的专利，用户可免费查找和使用。平台提供快速检索、高级检索和号码检索入口，并提供专利分类表、专利法律状态、专利转让数据库等相关数据库的检索。

4. 欧洲专利局专利检索　访问地址：http://ep.espacenet.com 或 http://worldwide.espacenet.com，可检索的专利数据库范围包括欧洲专利组织收录的全世界70多个国家和地区的专利文献，数据库中的绝大部分数据可回溯到1970年。对于欧洲专利组织、法国、德国、瑞士、英国、美国、日本、世界知识产权组织、非洲知识产权组织及主要欧洲国家的专利，用户可以浏览、打印专利说明书全文。对于中国专利和韩国专利，用户只能查获题录和文摘。其余国家和地区专利文献，用户只能获取题目。

5. 其他国外专利检索系统　日本工业产权数字图书馆专利数据库（https://www.j-platpat.inpit.go.jp）提供1992年至今日本专利和实用新型说明书，有日文和英文两种界面，可通过关键词、发明日期、IPC号等进行查询，并可以下载和打印专利文件。加拿大知识产权局专利数据库（http://brevets-patents.ic.gc.ca）包括1920年以来的加拿大专利文献，包括专利的著录项目数据、文本信息和扫描图像。俄罗斯专利局网站（http://www.rupto.ru/rupto/portal/start）、英国专利局网站（http://www.patent.gov.uk）也提供本国的专利资源检索。此外，免费专利在线（http://www.freepatentsonline.com）也是一个免费、便捷的专利检索工具。目前提供美国、欧洲、日本、德国和WIPO专利的查询和下载。

第四节　科技报告及其检索

科技报告是科学技术报告的简称，是用于描述科学或技术研究的过程、进展和结果，或描述一个科学或技术问题状态的文献。其类型包括专题报告、进展报告、最终报告和组织管理报告。科技报告内容新颖广泛、专业性强、技术数据具体，因而具有很高的使用价值。

一、科技报告概述

（一）科技报告的概念

科技报告是在科研活动的各个阶段，由科技人员按照有关规定和格式撰写的，以积累、传播和交流为目的，能完整而真实地反映其所从事科研活动的技术内容和经验的特种文献。它具有内容广泛、详实、具体、完整，技术含量高，实用意义大，而且便于交流，时效性好等其他文献类型所无法相比的特点和优势。

（二）科技报告的特点

1. 反映新的科研成果迅速　以科技报告形式反映科研成果比这些成果在期刊上发表要早一年以上，并且部分科研成果仅通过科技报告发布。

2. 内容多样化　涉及整个科学、技术领域和社会科学、行为科学以及部分人文科学领域。

3. 保密性　大量科技报告都与政府的研究活动、高新技术有关，使用范围控制较严。

4. 报告质量参差不齐　由于撰写受时间限制、因保密需要以工作文件形式出现等因素影响，使报告的质量相差很大。

二、科技报告的检索

（一）国内科技报告检索

1. 万方数据知识服务平台《国家科技报告服务系统》　是国家科技部指定的新技术、新成果查新数据库。中文科技报告收录始于1966年，源于中华人民共和国科学技术部及各省、市、部委的奖励成果、计划成果、鉴定成果，共计20 000余份。涉及自然科学各个学科领域，已成为我国最具权威的技术成果库。基本检索界面可按照中文、英文分语言查看，还可按照计划来源、学科、地域、类型分类浏览（图7-23）。进入高级检索界面后可限制更多的检索条件。

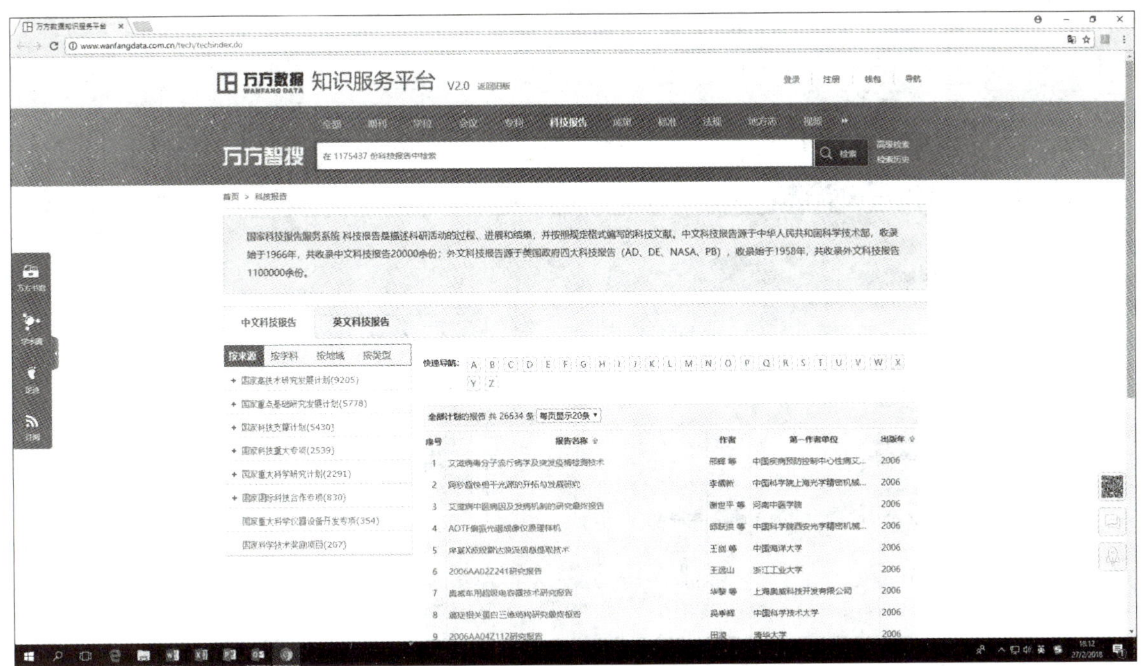

图 7-23　万方数据知识服务平台国家科技报告服务系统

2. 国家科技报告服务系统(National Science and Technology Report Service，NSTRS)　访问网址：http://www.nstrs.cn/，于 2014 年 3 月 1 日正式上线，可直接浏览网页检索，也可通过万方数据知识服务平台检索。系统开通了针对社会公众、专业人员和管理人员三类用户的服务。向社会公众无偿提供科技报告摘要浏览服务，社会公众不需要注册，即可通过检索科技报告摘要和基本信息，了解国家科技投入所产出科技报告的基本情况。向专业人员提供在线全文浏览服务，专业人员需要实名注册，通过身份认证即可检索并在线浏览科技报告全文。向各级科研管理人员提供面向科研管理的统计分析服务，管理人员通过科研管理部门批准注册，免费享有批准范围内的检索、查询、浏览、全文推送以及相应统计分析等服务。

视频：国家科技报告服务系统检索实例

3. 国家科技成果网(http://www.nast.org.cn/)　由科技部创建，国家科学技术奖励工作办公室管理，是国家科技成果发布、展示、交流的国家级科技成果信息服务平台。国家科技成果信息通过全国八十多家省、部一级科技管理机构的登记认定，来源于国内主要科研院所、高校、企业和其他研究机构。目前已收录 80 万项科技成果，15 万研发机构和 120 万科研人员信息。国家科技成果库内容丰富，信息详实，涵盖国民经济各行各业。网站提供一框式检索，也可进入高级检索，限制更多的检索条件(图 7-24)。

4. 国务院发展研究中心调查报告(简称《国研报告》)　是国务院发展研究中心的研究成果，具有很高的预见性和权威性，是中国政府和企业决策的重要参考依据。《国研报告》每年 200 余篇不定期出版，目前已拥有 94 年以来的 1 万多份研究报告。研究的领域包括：宏观经济、“十五”计划、产业经济、金融财税、西部大开发、WTO 专题、企业经营、高新经济、能源、房产、农村经济、对外经贸及海外经济研究等。登录网址 http://www.drcnet.com.cn/ 后，可进行目录检索，按报告日期或作者排序进行浏览，还可通过关键词进行全文检索，免费阅读报告摘要。

(二) 国外科技报告检索

世界上著名的科技报告有美国的四大报告、英国航空航天委员会的 ARC 报告、法国原子能委员会的 CEA 报告、德国的航空研究报告(DVR)、瑞典国家航空研究报告(FFA)、日本原子能研究报告(JAERI)等。其中美国政府的四大报告——美国商务出版局报告(Office of the Publication Board，PB)、美国武器部队技术情报局报告(Armed Services Technical Information Agency，AD)、美国国家航空和航天局报告(National Aeronautics and Space Administration，NASA)、美国能源部报告(Department of Energy，DOE)一致是世界上广大科技人员瞩目的重心。

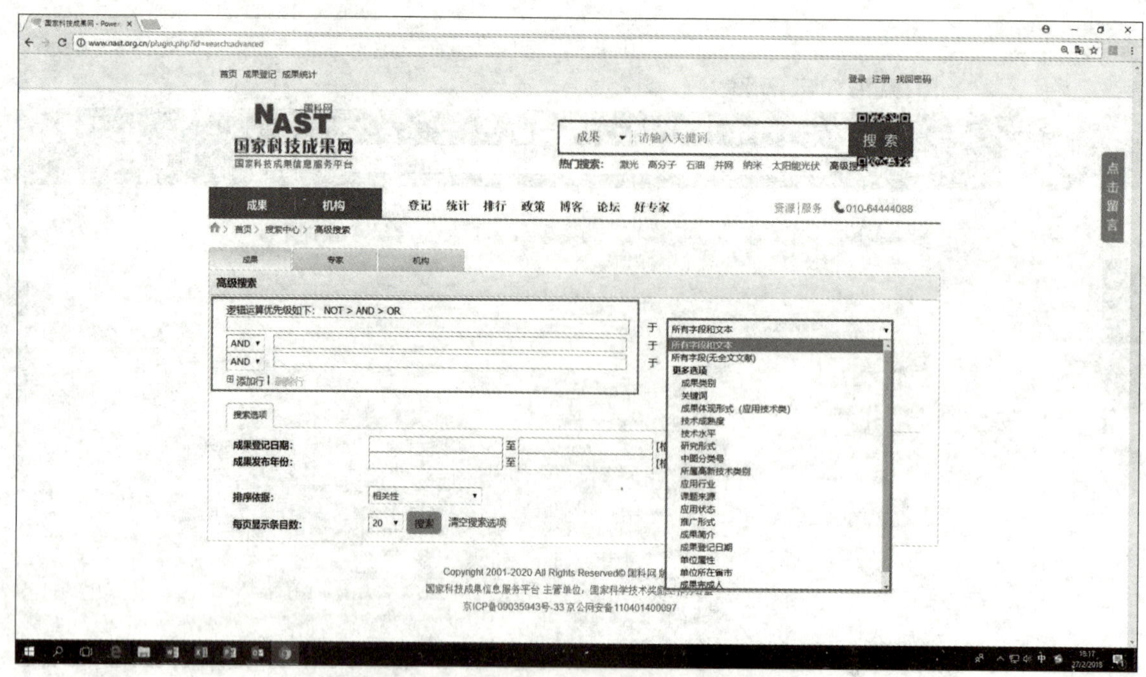

图 7-24　国家科技成果网高级检索界面

1. NTIS 数据库（National Technical Information Service）　是美国国家技术情报社出版的美国政府报告文摘题录数据库。收录美国政府立项研究及开发的项目报告，可以检索 1964 年以来美国政府 AD、PB、NASA、DOE 四大报告的文摘，少量收录世界各国的科技报告。NTIS 数据库可以通过 Proquest 平台检索，也可到 NTIS 网站（http://www.ntis.gov）上免费检索部分内容。

2. 万方数据知识服务平台《国家科技报告服务系统》　收录始于 1958 年的美国政府四大科技报告（AD、DE、NASA、PB），共计 1 100 000 余份。在基本检索界面可进行英文科技报告浏览和检索。

3. 美国政府科学门户网站（http://www.science.gov/）　由美国能源部主办，链接了 2000 个科学网站供用户查询，由美国 14 个主要科技部门的 17 个科技信息机构组成的联合工作组开发维护，汇集了来自美国政府各部门的大量科技报告的全文资源。该网站默认为简单检索，也可进行高级检索、主题检索。

第五节　电子病历及其检索

病历是医务人员在诊治护理病患过程中形成的记录患者健康状况的全部原始记录材料，包括病人基本信息、影像检查资料、医疗诊治资料、病程护理资料以及医疗检查费用等，是医院管理、教学科研、社会服务的特殊文献资料。随着信息技术的快速发展，电子病历系统出现，并成为医院信息化建设的重要组成部分。了解电子病历系统，并学会检索病历，是进入护理实践中必须掌握的技能。

一、电子病历概述

（一）电子病历的概念

病历是医疗工作的全面记录，客观地反映疾病病情、检查、诊断、治疗及其转归的全过程，是医务人员在医疗活动过程中形成的所有文字、数据、图表、影像等资料的有机整合。电子病历是通过计算机技术将病人的纸质病历汇集到计算机中，通过计算机获得病历的有关资料并对其进行归纳、分析、整理形成规范化的信息，从而提高医疗质量和业务水平，为临床教学、科研和信息管理提供帮助。电子病历具有标准性、完整性、结构化、共享性、便利性等特征。

（二）电子病历的价值

电子病历系统可以向医疗人员提供完整的、准确的病人病情资料，可以提示和警示医疗人员，给

予医疗人员临床决策支持，并连接医疗知识库及其他辅助功能。

1. 提高医疗工作效率　电子病历系统为医生护士的日常工作提供了更有力的支持。通过电子病历的结构化，计算机自动处理医嘱，检查申请与结果的无纸化传递等功能增强，从而大大提高医疗工作效率。

2. 提高医疗工作质量　医生对病人进行诊断并做出治疗决定的过程，实质上是依据他所掌握的信息做出判断的过程。电子病历系统为这一过程主动智能地提供充分有效的信息，辅助医生做出判断。

3. 实现病历共享　病人看病不可能局限在某一个医院，因此病人的病历信息应有一个共享机制。电子病历可以提供这种机制，通过授权，可以调阅病人的既往病历信息，避免重复检查，节省医疗开支。

4. 辅助医疗决策　电子病历为国家医疗宏观管理提供了原始数据库。管理部门可以从中提取数据进行分析，用于指导管理政策的制定。如疾病的发生及治疗状况、用药统计、治疗方案、医疗消耗等。

5. 为科研工作者提供数据积累　通过对电子病历进行分析，可以探索疾病发生、发展的规律，总结治疗、护理措施的效果，分析疾病预后的影响因素，对医学发展奠定基础。

二、电子病历的发展

（一）国外电子病历的发展

从全球来看，电子病历系统在美国普及较早。1960 年，美国麻省总医院就已开发了门诊电子病历，并将它投入使用，取得了良好的效果。1991 年，美国国家科学院医学研究所发表了题为“电子病历是医疗保健的基本技术”的研究报告，报告研究了自 1915 年美国开始病历以来的历程，总结了近 40 年来实现病历记录计算机化的经验，全面论述了电子病历发展的各个方面，提出了推动电子病历建设的多项建议，对医院信息系统的发展发挥了重要的指导意义。2004 年 7 月，美国政府的医疗信息电子化计划，通过确立统一的网络技术标准规范，将医院、实验室、药店、保险公司等机构的计算机相互连接，以实现医疗信息资源共享。2010 年，美国推出了“医生病历记录共享”项目，让患者通过加密的方式直接进入医院电子病历系统，看到医生对于自己的病历记录。

英国已将电子病历 IC 卡应用于孕妇孕期信息记录检查、产程记录和跟踪观察。伦敦和英格兰南部地区国民医疗服务体系（NHS）的社区医院和精神病院，目前已经实现患者电子病历共享，医生可以快速安全地查阅和编辑病人的电子病历。荷兰阿姆斯特丹医学中心对肾病患者和器官移植病人使用电子病历卡记录病人透析情况，病人可持卡异地透析。中国香港医院管理局的患者卡（patient card）记录了病人完整的医疗过程，包括医师检查、检验结果、X 片、MRI 片及处方等。

世界各地对电子病历建设的重视程度由此可见一斑。通过电子病历实现关键医疗信息的共享，已经成为医疗卫生业的发展趋势，同时也成为了医院信息化的核心。

（二）我国电子病历的发展

我国电子病历的发展始于 20 世纪 80 年代。在 2000 年之前，电子病历只是将纸质病历电子化，进行文本式的录入，实现了病历的录入、浏览、保存和分享，没有统一的结构与标准。在接下来的十年里，电子病历结构开始改善，出现了电子病历的专业厂商，把重心集中在研究病历的内容和结构上，提高了电子病历内容的有效性和规范性。但结构化方面依然存在些问题，不能很好地实现医院间甚至是医院内部科室间的共享。2008 年以后，电子病历建设从自身的结构和内容等方面出发的同时，还结合了 HIS 的流程和临床信息系统，达到了集成化的电子病历，能够保证在统一的界面完成整个病历的录入、执行和查询工作，但对于不同医疗机构间的共享还缺乏解决方案。

为了促进电子病历的共享，2016 年，国务院颁布了《国务院办公厅关于促进和规范健康医疗大数据应用发展的指导意见》，鼓励各类医疗卫生机构推进健康医疗大数据采集、存储，加强应用支撑和运维技术保障，打通数据资源共享通道。医院内部电子病历共享已成为基础，并逐渐建立医院与社区卫生服务中心共享、通过第三方平台共享等创新模式。如上海申康医院发展中心组织建设的“医联工程”，在申康内部 23 家市级医院实现临床信息共享。上海市持社保卡就医的患者在这些医院就医时，

经授权的医生就可以通过医生工作站调阅该患者近一个月来在本院以及其他医院的就诊记录、门诊处方、住院病历首页、检查检验结果，并可以调阅到部分医学影像。2017 年，北京市卫计委下发《关于加强北京地区 30 家试点医院电子病历共享调阅工作的通知》。通知指出，将在 30 家试点医院全部实现电子病历信息的共享调阅。患者在不同医院就诊时，获得患者授权后，通过医生的电脑就可调阅患者在外院的电子病历。

（三）电子病历的发展趋势

促进电子病历的标准化、提高电子病历的安全性能、明确电子病历的法律效力是电子病历未来发展中需要解决的问题。其中最迫切也是最难解决的就是电子病历的标准化问题，这涉及 4 个方面。

1. 电子病历书写的标准化　2010 年，卫生部印发的《病历书写基本规范》（下简称规范）中，对病历（电子病历）书写进行了明确定义，指医务人员通过问诊、查体、辅助检查、诊断、治疗、护理等医疗活动获得有关资料，并进行归纳、分析、整理形成医疗活动记录的行为。这份书写规范，为电子病历的结构化标准奠定了基础。

2. 电子病历使用术语、编码的标准化　医学术语标准化是电子病历发展的必然趋势，只有实现医学术语标准化才能促建电子病历在全球范围内的共享和利用。病历专业术语标准化包括三方面的内容：医学名词标准化，检验结果标准化和疾病分类标准化。

3. 电子病历互通标准化　电子病历功能强大与否不在于有多少个子系统，而在于能否互联互通。因此亟待建立电子病历的数据传输标准、数据存储标准和国际间共享标准。

4. 电子病历的使用标准化　这指的是使用者应在得到授权的情况下，在规定的使用范围内使用电子病历信息，避免信息的篡改和泄露。

电子护理记录的突破点——标准化护理用语

信息化步伐的不断加快，电子病历和护理记录信息在实现联机检索上面临的首要障碍就是不同医院、不同人员的电子记录用词不一致。护理信息表达的标准化是使用计算机处理护理信息必须跨越的障碍。护理信息化建设的基础是标准化，而解决护理信息的标准化表达方式是当前电子护理记录和临床护理决策支持系统开发的关键。因此，研究者和实践者共同呼吁使用具有操作性的标准、标准的术语来满足不同表达和编码记录项的数据集成，即标准化护理术语（standardized nursing terminologies）。它是一个统一术语的词库，在不同分类间建立等效的术语，更是电子护理记录的重要组成部分。在国外，很多电子护理记录系统应用了标准化护理语言来描述护理数据信息，而我国也已开始了标准化护理术语构建和实践尝试，如第二军医大学博士生刘霖完成了孕期护理术语子集的研制和试用。

三、电子病历的检索

随着电子病历信息“大数据时代”的到来，如何针对海量病历数据进行搜索、分析，以及可视化地呈现，成为医学信息使用中的难题。但由于电子病历需要保密存储的特殊性，互联网联机检索电子病历目前尚无法实现。而电子病历系统的不统一，使得在医疗机构中检索电子病历也困难重重。信息学家和软件工程师不断努力，开发了一系列全文检索技术，希望帮助医务人员利用电子病历信息。

1. 基本检索技术　在电子病历系统中检索患者姓名、住院号、诊断等基本信息，获得某份或多份相关病历。适合于查找某一患者的既往病历，以及某一类诊断的全部病历。但对于病历中的信息需要自行阅读全文来分析。

2. OCR 文字识别技术　适合于早期扫描或拍照存档的电子病历，用字符图像识别方法将形状识别翻译成计算机文字的过程。通过对纸质文本资料扫描成图像文件，再进行分析和识别处理，最后获取到文字信息。常用的 ORC 软件有清华紫光 OCR、汉王 OCR 等。

3. 中文分词技术　是将一个连续的字序列的多个汉字拆分成单独的词。拆分过程必须按照一定的规范，并且重新组合成词序列。在英文的行文中，空格是作为单词之间的自然分界符；而在中文中，通过明显的分界符只能对字、句和段简单划界，对于词却没有形式上的分界符。相比英语中的短语的划分问题，中文的词的划分要更为复杂，这也是中文分词技术需要解决的问题。中文分词作为文本数据挖掘的基础，它的准确与否，常常直接关系到对检索结果的相关度的排序。中文分词技术经过科研院校和企业长期的研发，目前已有包括盘古分词、IKAnalyzer 等中文分词系统。

4. 全文检索技术　通过提供快速便捷的数据管理工具和强大的海量数据查询分析手段，使人们能够在短时间内进行大量的文档资料的采集、整理和管理、利用等工作。通过使用该技术能够快速便捷地查到任何想要的数据信息。作为一种包括中文在内信息领域的基本技术，全文检索技术以其易用性和实用性，也已成为新一代信息管理系统的代名词。随着网络时代的发展，以全文检索为核心技术的搜索引擎也已成为主流技术之一。基于中文信息的固有特点，国内自主开发的中文全文信息软件系统有 TRS、TRIP、TPI 等。开源软件 Lucence 是较为著名的全文检索软件，目前也被广泛研究和使用。

（邢唯杰）

思考题

1. 一位护理专业的学生对乳腺癌患者的个案管理方法很有兴趣，她发现期刊论文对于如何开展个案管理报告较为简单，她希望检索相关的学位论文，详细了解个案管理的流程、内容、工具和方法。但是她不知道如何选择数据库，也不知道从哪里入手。请问检索学位论文的价值是什么？国内有哪些常用的学位论文数据库？

2. 一位乳腺外科护士希望参加乳腺癌护理领域的学术会议，了解乳腺癌患者的最新护理理念和进展，但是不知道从哪里获取会议信息。请问可以用哪些词汇在互联网上检索会议信息？可以利用哪些国内数据库查找会议论文？

3. 一位护士想申请关于移动输液架的专利，但是她不知道我国现有的专利有哪些类型，也不了解是否已有类似的专利。请问我国的专利有哪些类型？检索国内专利信息可以选择哪些数据库？

思路解析

扫一扫，测一测

第八章 中文期刊医学信息资源检索

1. 熟悉网络数据资源的功能特点。
2. 掌握网络数据资源的检索方法，掌握各种不同检索方法的检索技巧。
3. 了解网络数据资源的各种衍生服务。
4. 学会使用各种不同的网络数据资源检索和获取学习过程中所需要的各种文献资源。
5. 具有高效的获取信息资源的有效手段和信息处理能力。

随着知识经济时代的到来，科学技术的飞速发展，计算机的普及，网络正在渗透到科学、教育及经济生活的各个领域，改变着人类的思维方式、学习方式、工作方式和生活方式，成为人们获取信息资源的主要途径和有效手段。我国互联网上信息资源建设主要体现在信息网络建设与数据库建设两个方面，网络数据库由于具有信息量大、学术性强、检索系统成熟等优点，成为高校图书馆网络信息资源建设中的首选资源。

网络数据库（web-database）是指由数据库生产商在因特网上发行，通过计算机网络提供信息检索服务的数据库。网络数据库是数据库技术与现代网络技术相结合的产物，既具有一般数据库的特点，同时又有着明显的网络化特征，成为目前数据库服务方式的主流。网络数据库作为数据库技术在网络环境下的一种发展，表现出一定的优势，其特点是：

1. 信息容量大，增长迅速，更新及时。
2. 网络数据库面向大众用户，检索界面清晰友好，表现生动形象，易于理解，便于使用。
3. 网络数据库具有较为强大的检索功能，查全率和查准率比较高，除提供基本或简易检索模块供一般用户使用外，还可提供各种形式的高级检索模块以方便用户进行各种限定检索，或使用逻辑算符、括号、位置算符、截词符等构造检索式进行组配检索，使得检索更为灵活，更为准确。一般网络数据库都提供多途径检索入口，允许用户根据自己的需要选择不同的检索途径，其中包括关键词（Keyword）、题名（Title）、著者（Author name）、文摘（Abstract）、全文（Full test）等，有的网络数据库甚至可以通过几十个检索入口进行检索。
4. 大部分网络数据库给用户提供了更灵活的输出方式，用户可以直接对检索结果进行存盘和打印，可利用 E-mail 发送检索结果，或直接在网上订购文献全文。
5. 网络数据库可以在不同地区建立它的镜像站点，这样不仅可以使用户获得最佳的检索效果，而且节省了时间与空间，远距离实现了异地远程检索。

6. 全文型的网络数据库直接为用户提供获取全文的服务，同时一些书目索引文摘等二次文献数据库也与全文数据库之间建立链接，帮助用户迅速、直接访问，获取所需原始文献信息，增强了数据库的全文提供能力。

7. 有着较强的扩展整合功能。网络数据库除了为用户提供信息查询服务外，还提供多种整合功能。用户只需透过同一界面，通过强大的检索机制，超越学科与时间的局限，迅速地发现在不同学科、不同年代所有与自己研究课题相关的重要文献。

这些特点使得各种不同类型的网络数据库越来越成为我们学习研究的重要参考，本章按以下不同类型网络数据库分别介绍主要数据库的特点与检索方法。

第一节　万方数据知识服务平台

学生：作为一名即将毕业的护理专业学生，如何在干好本职工作之外，还能具备一定的信息获取能力呢？

老师：要完成这些工作就要掌握万方数据知识服务平台的应用，熟悉万方数据知识服务平台的工作界面和主要的功能特点，方便今后工作中进行各种信息的获取。

问题 1：万方数据知识服务平台能提供什么样的数据资源？

问题 2：如何才能利用万方数据知识服务平台快速高效的检索到所需要的文献？

一、万方数据知识服务平台概况

万方数据知识服务平台（Wanfang Data Knowledge Server Platform，http:// www.wanfangdata.com.cn） 是由北京万方数据股份有限公司建立的综合信息资源出版、增值服务的平台（图 8-1）。该平台集中外科技期刊、学术会议论文、学位论文、标准、专利、科技成果等各类信息资源。资源种类全、品质高、更新快，具有广泛的应用价值。提供检索、多维浏览等多种人性化的信息揭示方法，同时，还提供了知识脉络、查新咨询、论文相似性检测、引用通知等特色增值服务。

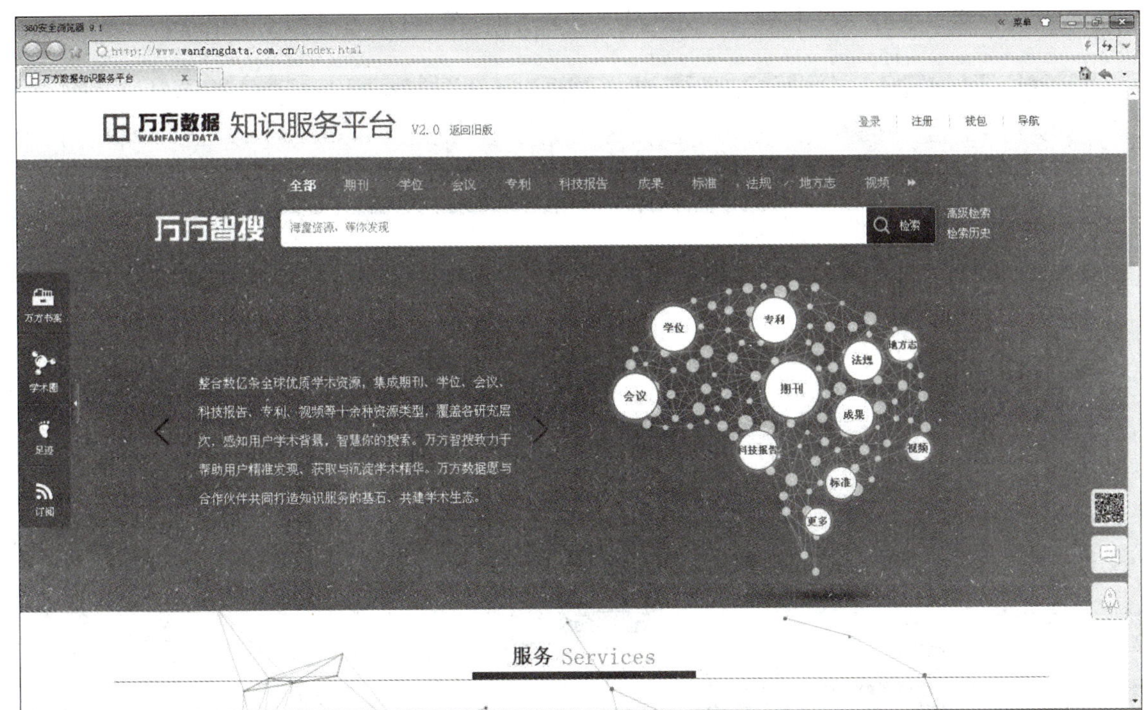

图 8-1　万方数据知识服务平台主页面

万方数据知识服务平台主要数据库：

1. 中国学位论文全文数据库　《中国学位论文全文数据库》资源由国家法定学位论文收藏机构中国科技信息研究所提供，并委托万方数据加工建库。收录了自1977年以来我国自然科学领域博士、博士后及硕士研究生论文，已达238万余篇，并年增全文30万篇。合作单位580余家，建成中国学位论文全文数据库。《中国学位论文全文数据库》涵盖自然科学、数理化、天文、地球、生物、医药、卫生、工业技术、航空、环境、社会科学、人文地理等学科领域。

2. 中国学术期刊数据库　收集了1998年以后全国大部分正规刊物，共7339种，收齐率高。拥有数量众多的高品质核心期刊，论文数量达1989万余篇，年增加200万篇。资源更新频率快、数量大。

3. 中国学术会议数据库　主要收录1985年以来一级会议以上的高质量学术会议论文，收录数量达到190万余篇。具有高质量、高权威、收录年限广、中西文合璧等特点。

4. 中外专利数据库　中外专利数据库包括中国专利文献、国外与国际组织专利两部分。内容涉及自然科学各个学科领域，包括七国两组织（中国、美国、日本、德国、英国、法国、瑞士、欧洲专利局和世界知识产权组织）的专利信息数据。其中中国563万件，外国2348万件，采用国际通用的IPC国际专利分类，方便海量专利文献的组织、管理和检索，是科技机构、大中型企业、科研院所、大专院校和个人在专利信息咨询、专利申请、科学研究、技术开发、以及科技教育培训中不可多得的信息资源。

5. 中国特种图书数据库　中国特种图书数据库收录了1949年以来2万多册方志、工具书、专业书，年增加1万多册，更新频次不定。

二、万方数据知识服务平台的检索方法

通过万方数据库资源系统主页（网址为 http://www. wanfangdata. com. cn）或镜像站点可登录数字化期刊系统。购买了使用权的单位可直接登录，不需要输入用户名和密码，可免费检索和下载。个人用户购卡注册后就可检索和下载资源。在地址栏输入网址按回车键，进入万方数据库资源系统。

万方数字化期刊全文数据库有以下三种检索途径。

1. 一框式检索　单击选择检索范围的文献类型，在检索编辑区进行引擎式学术搜索。系统默认在学术论文（跨期刊、学位、会议、外文期刊、外文会议多库）范围内快速检索文献（图8-1）。

2. 高级检索　高级检索界面（图8-2）系统提供了包括标题、作者、刊名、关键词、摘要、全文、DOI等12个检索条件入口。系统默认各检索条件之间是逻辑"与"的关系。

3. 专业检索　单击"专业检索"项，进入专业检索界面（图8-3）。专业检索提供题名、作者、关键

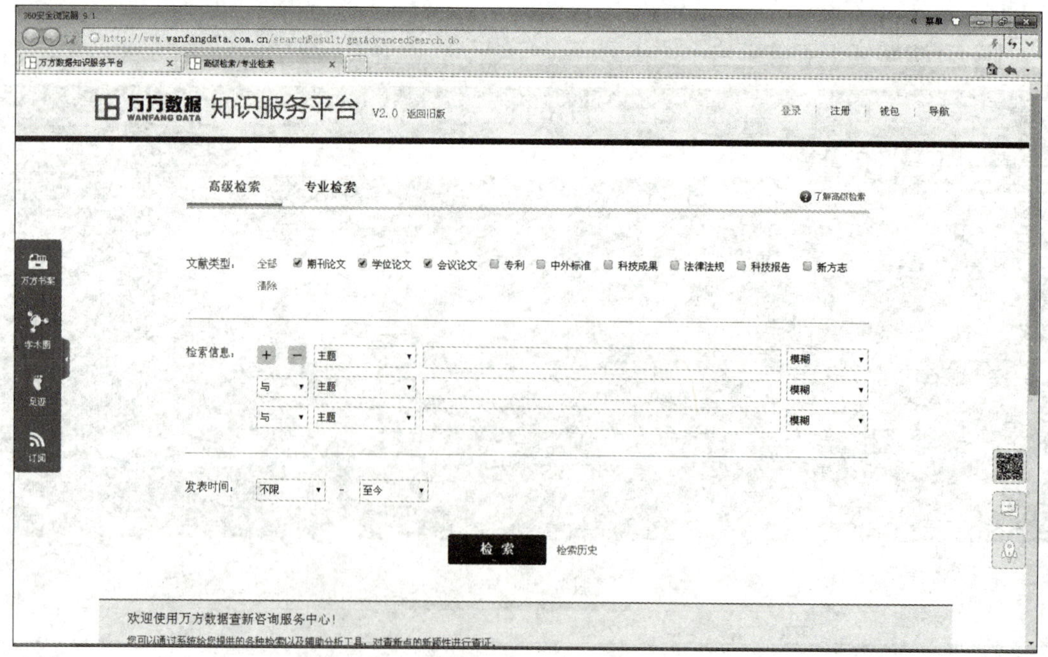

图8-2　万方数据知识服务平台高级检索页面

词、来源和文摘五个字段的组配检索功能。在含有空格或其他特殊字符的单个检索词要用引号（“ ”）括起来，多个检索词之间根据逻辑关系使用 AND 或 OR 连接，如，检索发表在《癌症》杂志上有关肝肿瘤的文献。检索表达式为“刊名 = 癌症 and 关键词 = 肝肿瘤”。

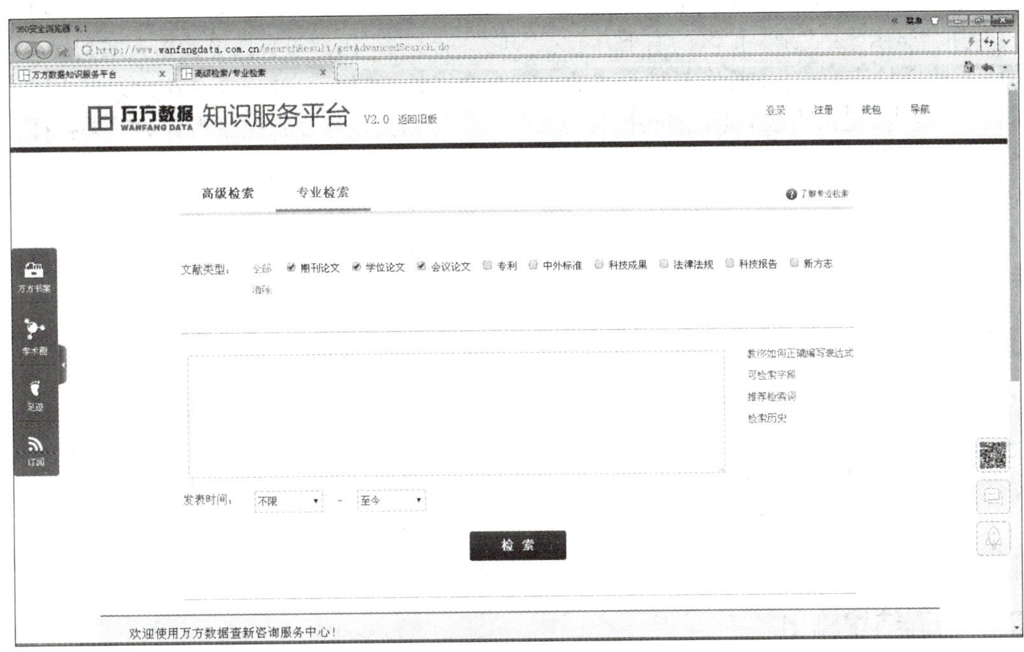

图 8-3　万方数据知识服务平台专业检索页面

4. 期刊导航　单击首页上方的“期刊”按钮，进入数字化期刊主界面（图 8-4）。

（1）按学科检索：在期刊检索页面，系统提供了“按学科”划分的期刊分类表，当要选择某一所需学科时，直接单击学科名称，系统便直接链接和显示相关学科的期刊。如，单击“临床医学”项，期刊列表左上方有“只显示核心期刊”按钮，如果用户仅需要查询核心期刊，只要单击此按钮，系统便只显示“临床医学”期刊中的核心期刊。

单击所需查询的刊物，进入期刊概览页，该页面包括期刊简介区、目录区、检索区、收录总汇区、同类期刊显示区及主管单位和地址信息区。

图 8-4　万方数据知识服务平台期刊导航页面

期刊简介区：介绍期刊名称、出版周期及刊物简介等信息。

目录区：系统将此刊最新的文献显示于该区。

检索区：用户可以在期刊的不同字段中检索，在检索框中输入检索词后，单击“检索”按钮即可。

收录总汇区：对期刊按年和期进行分类，点击列表中的年期，系统将显示该期刊某年某期信息。

同类期刊显示区：收录总汇区的右下方显示“同类期刊”表，用户可直接链接相关期刊。

（2）按论文检索：按论文检索是按论文的内容查询文献，选择论文检索，并在检索框中输入检索词，单击“检索”按钮，系统将显示期刊相关的文献。仅按论文检索途径检索得到的结果往往会多一些，系统在页面的左侧提供了缩小检索范围区，内容包括标题、作者、关键词、摘要、年代、全文期刊的限定，系统还提供直接链接近一年、近三年、近五年和全部年份的按钮。

系统中间显示相关文献、文献相关信息的列表，系统默认文献按相关度排列。单击新论文优先按钮，系统将文献按入库时间由近及远顺序排列显示。

（3）按刊名检索：页面提供了按“刊名检索”单选项，单击“刊名检索”单选项，系统默认刊名检索为模糊检索，在检索框内输入刊名检索词，系统将查询并显示所有刊名含有检索词的刊物。例如，输入“护理”，检索到刊名包含“护理”的期刊共30种。单击某一刊名，系统将显示该刊物的相关信息页面。

（4）按地区分类检索：系统首页下方提供了“按地区分类检索”查询方式，点击页面显示的某省份名称，系统就自动查询该省份期刊列表，点击列表期刊，系统直接链接到刊物详细信息页面。

（5）按首字母：首页面还提供“按首字母”选项，系统按刊物名称的拼音首字母排列刊物，例如，检索“癌症”刊物，选择拼音首字母“A”即可进入查询列表。

三、检索结果输出

检索结果页面包括二次检索区和结果显示区。用户可对检索结果进行以下操作。全部选中：将当前页的所有记录选中；全部消除：清除所有选中记录；二次检索：勾选“在结果中检索”单选项；在文本框中输入检索词，单击“检索”按钮即可。

单击“简单信息”项，显示文章的题名、刊名、关键词、数据库及部分引文等。单击“详细摘要信息”项则包含文摘信息。单击“查看全文”项可逐页查看或下载全文。单击“打包下载”项则可打开或保存全文。

知识脉络分析。知识脉络检索是以年度为横坐标，以年度每百万篇期刊论文的命中数为纵坐标对检索结果作趋势图。在趋势图的下方列出了与检索词相关的热词（热词是指与被检索词共同出现在关键词字段较多次数的词），可以了解相关主题的学术研究趋势及热点。在知识脉络检索结果页面还可以进一步“比较分析”。在万方知识服务平台主页单击知识脉络分析页面（图8-5）。

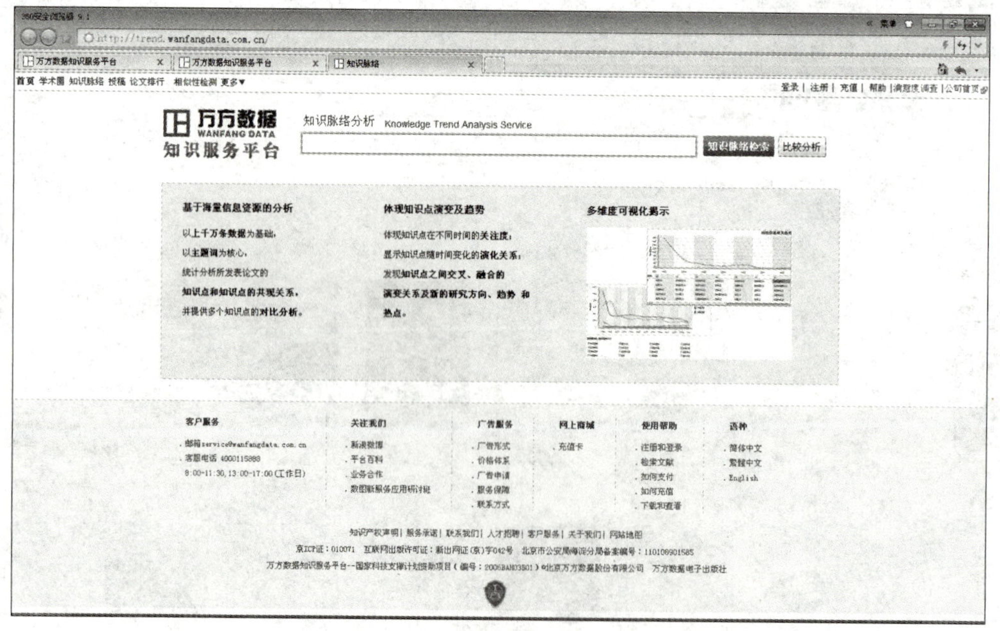

图8-5　万方数据知识服务平台知识脉络分析页面

在检索框内输入需要分析的检索词，例如对“护理干预”进行知识脉络分析时得到的检索结果如图 8-6 所示，从图中可以直观地看到对“护理干预”研究热度的变化。

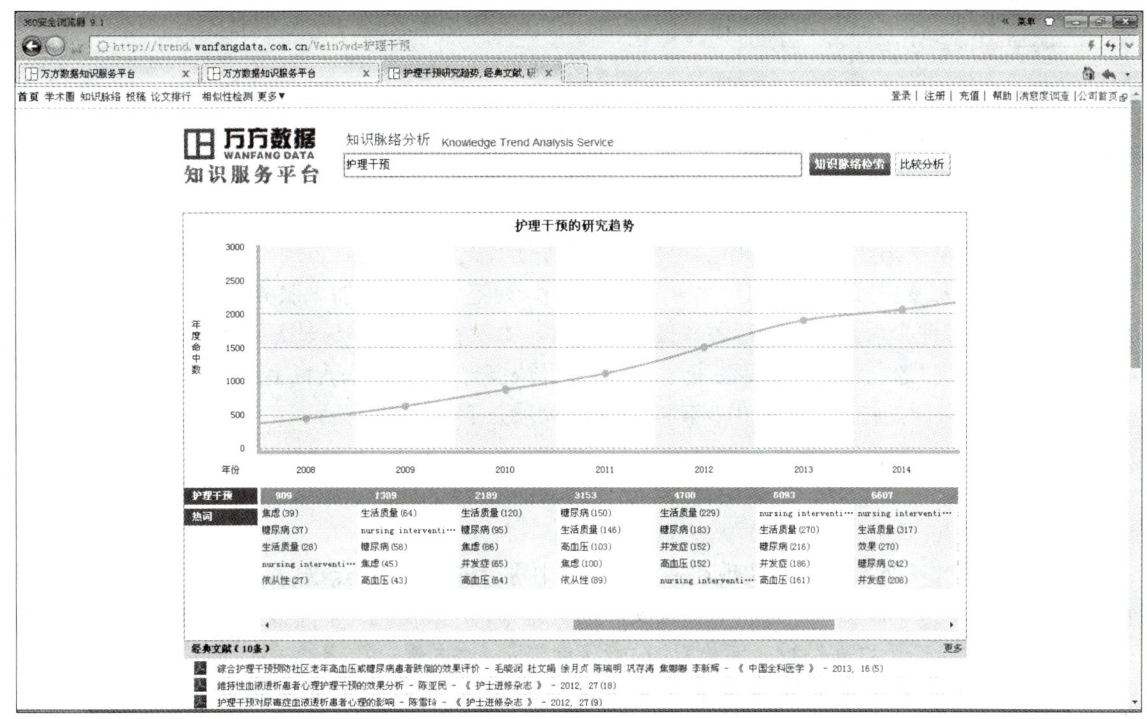

图 8-6　万方数据知识服务平台研究趋势图页面

单击“比较分析”按钮，显示如图 8-7 所示的页面，该页面对与“护理干预”相关的词作趋势图，可以了解相关学科的发展趋势。

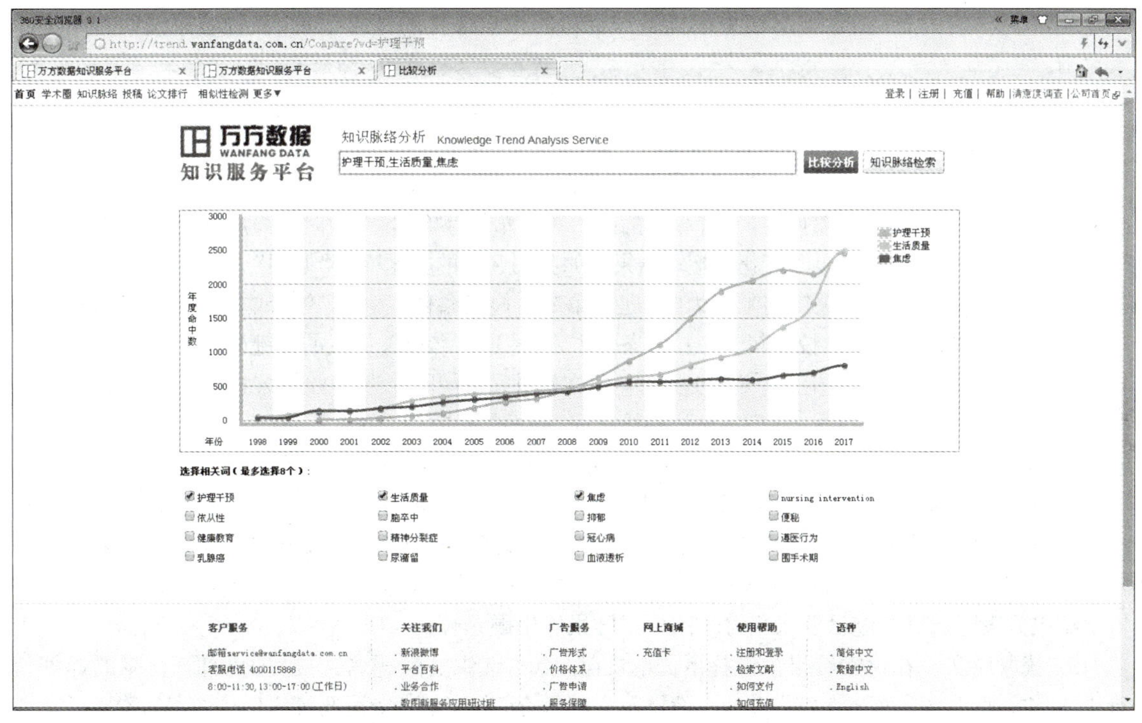

图 8-7　万方数据知识服务平台比较分析页面

实训一　万方数据知识服务平台的应用

【实训目的】

1. 掌握高级检索方法。

2. 掌握逻辑组配关系。

3. 掌握题录项的导出。

4. 掌握文献的下载与保存。

【实训内容】

护理专业的学生毕业后在工作中除了要干好本职工作之外，还要具备一定的信息获取能力。要完成这些工作就要掌握万方数据知识服务平台的应用，熟悉万方数据知识服务平台的工作界面和主要的功能特点，方便今后工作中进行各种信息的获取。本次实训任务，通过万方数据服务平台，运用高级检索方法查找“黑龙江护理高等专科学校所有人员发表在卫生职业教育上的有关护理”方面的相关文献。检索年限限定在“2009～2016年”。导出题录项并下载文献。

【实训步骤】

1. 登录系统　在浏览器地址栏中输入 http://www. wanfangdata. com. cn/，或者进入万方数据知识服务平台的站点，选择进入“高级检索”页面。

2. 多库检索　多库检索可以实现在多个数据库中进行同时搜索，点击所需检索的数据库资源列表的选择框，即可选中。多库检索可以提高文献的查全率，例如我们选中的数据库为学术期刊、学位论文和会议论文三个数据库进行多库检索，检索条件限定为“主题”，检索的关键词限定为“护理”；第二个检索条件限定为“作者单位”，检索的关键词限定为“黑龙江护理高等专科学校”；第三个检索条件限定为“期刊名称”，检索的关键词限定为“卫生职业教育”。三个检索条件之间的逻辑关系选择逻辑“与”，文献时间范围限定为“2009～2016年”，进行检索。

逻辑“与”的关系：指在前次结果中继续查找同时满足新的检索条件的数据，执行结果最终将缩小结果范围。

逻辑“或”的关系：指在前次结果中加入满足新的检索条件的结果记录，执行结果最终将扩大结果范围。

逻辑“非”的关系：指在前次结果中排除符合新的检索条件的结果记录，执行结果最终将缩小结果范围。

如果我们获得的检索结果太多，而大多是无关信息，我们可以再次通过页面左边的“缩小搜索范围”在当前检索结果中进行二次检索，以获得更高的查准率。

3. 单一数据库检索　单一数据库的检索对象限定为某一个特定的数据库，单一检索可以提高查准率。用户可以根据所需检索内容，选择相应的某一数据库进行检索，检索时只需点击所需数据库，然后输入检索词，单击“检索”按钮即可获得检索结果。如我们选择的数据库为“期刊”这一单一数据库，检索条件限定为“主题”，检索的关键词限定为“护理”；第二个检索条件限定为“作者单位”，检索的关键词限定为“黑龙江护理高等专科学校”；第三个检索条件限定为“期刊名称”，检索的关键词限定为“卫生职业教育”。三个检索条件之间的逻辑关系选择逻辑“与”，文献时间范围限定为“2009～2016年”，进行检索。

视频：万方数据知识服务平台的应用

对比两次检索的结果可见，我们在同样的检索词、同样的时间限定下，多库检索获得满足条件的结果较多，而单一数据库的检索满足条件的结果较少，可见，多库检索查全率高，而单一数据库检索查准率高。

4. 浏览检索结果　在检索结果报告区提示总记录数、总页数及当前页。在分页显示导航区。点击数字，可以进入相应点选页。检索结果页面首先为概览页，即显示命中文献记录的简单内容。在概览页，可以选择并保存检索的题录信息，也可在结果中进行二次检索，用来进一步精选文献。然后在检索结果列表区选择与题目要求相符合的检索结果导出题录项。

5. 获取原文　在检索结果中选择所需的文献，点击选中文献题名链接，即可打开文献的详细信息进入该文献细览页面。在细览页面，除显示文献题名、作者、中文摘要等详细内容外，还显示参考文献、引证文献、共引文献、同被引文献、相似文献、相关期刊等信息，供用户参考。在概览页面和细

览页面均可直接点击相应按钮下载或浏览文献全文。点击“查看全文”可在线阅读原文，点击“下载全文”，就可获得文献的全文，注意确认保存的路径。

第二节 维普期刊资源整合服务系统

学生：老师，我接到护理部主任通知，要求我提交一份“新入职护士职业规划”的文件，下班之前提交草稿，而我又缺乏这方面的经验，怎样搜集这方面的信息，如何提高检索的效率？

老师：学会使用维普期刊资源整合服务系统会给你提供很大的帮助。

问题1：维普期刊资源整合服务系统能提供什么样的数据资源？

问题2：如何利用维普期刊资源整合服务系统进一步筛选符合条件的文献资源？

一、维普期刊资源整合服务系统概况

重庆维普资讯有限公司的前身是中国科技情报所重庆分所数据库研究中心。1989年，《中文科技期刊数据库》研发成功，收录期刊2000余种，以软盘形式开始向全国用户发行，开创了中国信息产业数据库建设的先河。1992年，研究开发出我国第一张中文数据库光盘，不仅在中文信息存储介质中有重大突破，在中文数据处理、盘片制作、软件开发及光盘数据库的推广应用等方面为业界提供了可借鉴的经验，推动了我国信息产业的发展。1998年，《中文科技期刊数据库》收录期刊达7000余种，年数据加工量60万条，成为国内最具权威和最受欢迎的数据库之一，一度在国内独领风骚。

“维普资讯网”(http://www.cqvip.com)于2000年建成，目前已经成为全球著名的中文信息服务网站，是中国最大的综合性文献服务网，并成为谷歌的重要战略合作伙伴，是谷歌学术(Google Scholar)最大的中文信息合作网站。于2011年4月全新改版，新版为仓储式在线出版平台。新版《维普期刊资源整合服务系统》(CSTJ)V6.5版(http://lib.cqvip.com)，是中文科技期刊资源服务平台，是一个由单纯提供原始文献信息服务过渡延伸到提供深层次知识服务的整合服务系统。收录了自1989年后的12 000余种期刊，部分期刊回溯至1955年。其中核心期刊1957种，文献总量3000余万篇，覆盖社会科学、自然科学、工程技术、农业科学、医药卫生、经济管理、教育科学和图书情报等学科内容。

维普期刊资源整合服务系统的特点：

1. 具有期刊被知名国内外数据库收录的最新情况查询、查询主题学科选择、在线阅读、全文快照、相似文献展示等功能。

2. 引文数据回溯加工至2000年，除帮助用户实现强大的引文分析功能外，还采用数据链接机制实现与维普资讯系列产品的功能对接，极大提高资源利用效率。

3. 运用科学计量学有关方法，以维普中文科技期刊数据库近10年的千万篇文献为计算基础，对我国近年来科技论文的产出和影响力及其分布情况进行客观描述和统计。从宏观到微观，逐层展开，分析了省市地区、高等院校、科研院所、医疗机构、各学科专家学者等的论文产出和影响力，并以学科领域为引导，展示我国最近10年各学科领域最受关注的研究成果。

4. 为机构用户基于谷歌和百度搜索引擎面向读者提供服务的有效拓展支持工具，既是灵活的资源使用模式，也是图书馆服务的有力交互推广渠道。

二、维普期刊资源整合服务系统检索方式

期刊文献检索模块提供的检索方式有基本检索、传统检索、高级检索、期刊导航及检索历史。维普期刊资源整合服务系统主页，如图8-8所示。

1. 基本检索　登录系统后，默认检索方式为基本检索。在基本检索首页使用下拉菜单可选择时间范围、期刊范围、学科范围等检索限定条件，系统在快速检索途径里提供了题名、刊名、关键词、作者、第一作者、作者简介、文摘、机构、基金资助等检索入口。选择检索入口为“M= 题名或关键词”，

图 8-8　维普期刊资源整合服务系统主页

在检索框内直接输入检索式(或检索词)，单击“搜索”按钮进入结果页面。在快速检索途径中，系统支持布尔逻辑组配检索，逻辑运算符包括：“*”(相当于逻辑“与”或者 AND 的含义)、“+”(相当于逻辑“或”或者 OR 的含义)、“-”(相当于逻辑“非”或者 NOT 的含义)。在快速检索的途径里不仅可以进行同字段的组配检索，也可以进行不同字段的组配检索。如果选择同一字段的检索，那只要选择同一个检索入口，在检索框内填写组配的检索式便可进行检索；如果检索要求在不同字段进入检索，那么在输入检索式时就要填写检索字段的代字母，用“=”与检索词连接，并进行组配后才能进行检索。选择检索入口并输入检索词，单击“检索”进入检索结果页面，如图 8-9 所示。

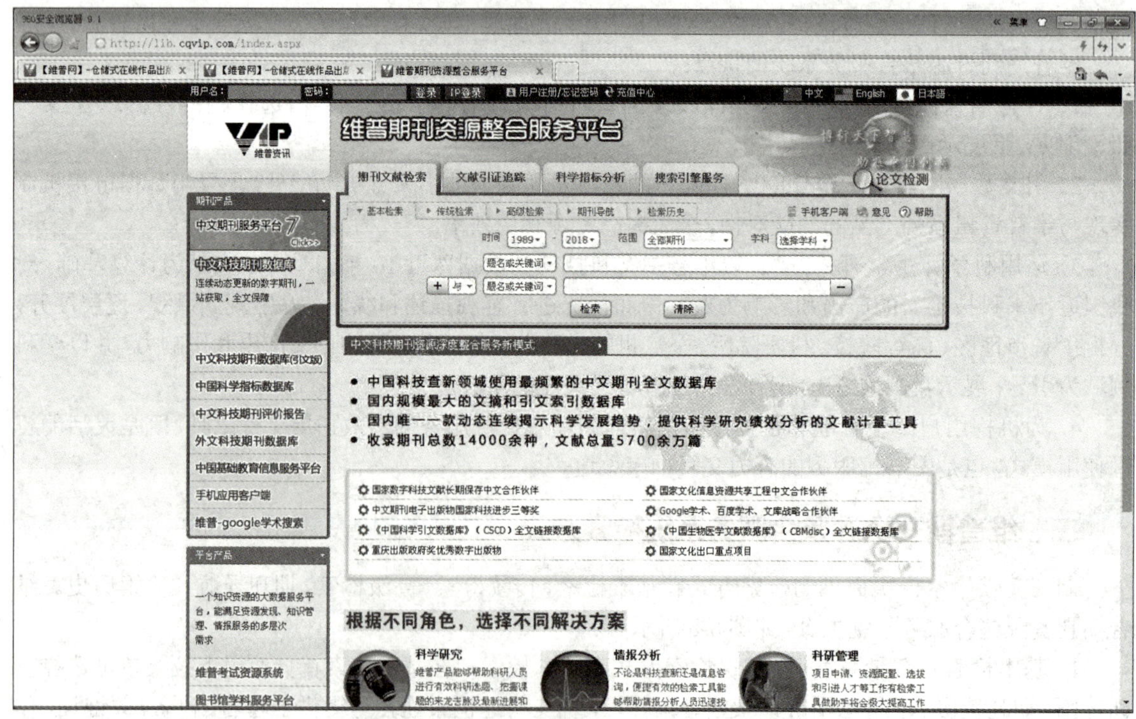

图 8-9　维普期刊资源整合服务系统基本检索页面

基本检索的结果页面提供了数据的检索范围（包括全部期刊、重要期刊、核心期刊）、年限（1989～2018 年），以及重新搜索、在结果中搜索、在结果中添加、在结果中去除几个选择项。如果需要缩小检索结果，则可在此页面进行检索范围的选择、缩小年代范围或者选择"在结果中搜索"项或者"在结果中去除"项，相当于"二次检索"。其中在结果中添加和在结果中去除需要对查询的信息再次进行检索入口的选择和检索框内容的填写。如果要重新检索新的信息，可选择"重新搜索"项。如果需要得到更多检索结果，可选择"在结果中添加"项。

2．传统检索　直接单击"传统检索"标签进入传统检索界面，如图 8-10 所示。

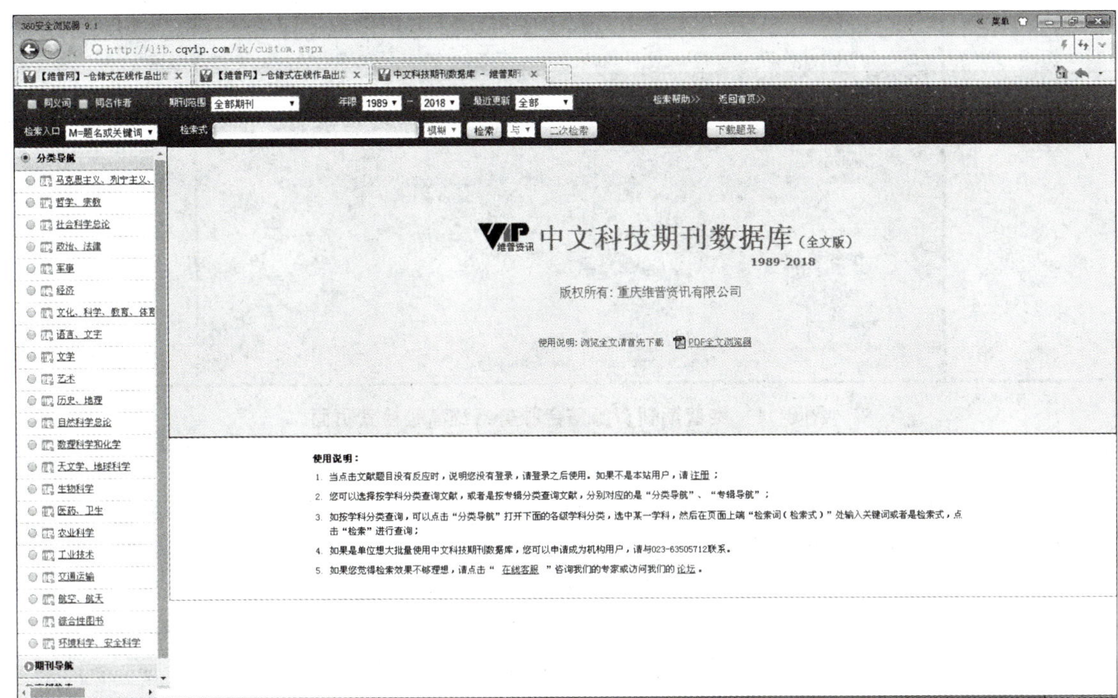

图 8-10　维普期刊资源整合服务系统传统检索页面

（1）系统检索：为传统检索途径提供了多个检索入口，包括题名或关键词、题名、关键词、作者、刊名、第一作者、分类号、文摘、机构、任意字段等。字段前的英文字母为检索途径代码，主要用于复合检索。传统检索的期刊范围、检索入口及二次检索基本与快速检索的方法是一样的，其中增加了分类导航和辅助检索功能两项。

（2）分类检索：为检索提供了文献的 22 个大类的检索导航。它采用的是《中图法》（第五版）的分类体系，分类细化到《中图法》（第五版）的最小一级分类，能够满足读者对分类细化的不同要求。

（3）同义词：页面左上角的"同义词"系统默认为关闭。勾选时，只对关键词检索有效。例如，选择"关键词"字段后在文本框中输入"头孢拉啶"，勾选"同义词"，单击"检索"按钮，系统将"头孢拉啶"、"头孢曲松"、"先锋霉素"等同义词一并检索，提高了文献的查全率。

（4）同名作者："同名作者"与"同义词"类似，但其目的不是查全，而是查准。由于存在大量同名同姓但不同人的现象，因此通过对"同名作者"中著者单位的筛选，可以去除那些同名同姓不同人的文献。

（5）模糊 / 精确：该选项只对关键词、刊名、著者、第一著者、分类号这几个字段的检索有效。系统首先默认为"模糊"检索，即检索含有检索词的文献。例如，选"著者"字段，输入"李伟"，检索到著者字段中出现"李伟"、"李伟强"、"李伟杰"、"李伟超"等作者的文献；如选择"精确"，则只检索作者为"李伟"的文献。

（6）二次检索：系统默认"二次检索"为逻辑"与"，即本次检索与上次检索之间进行 AND 的逻辑运算，与在结果中进行二次检索含义相同。

3．高级检索　单击主页"高级检索"标签进入高级检索界面，如图 8-11 所示。高级检索有向导式检索和直接输入检索式两种检索方式。

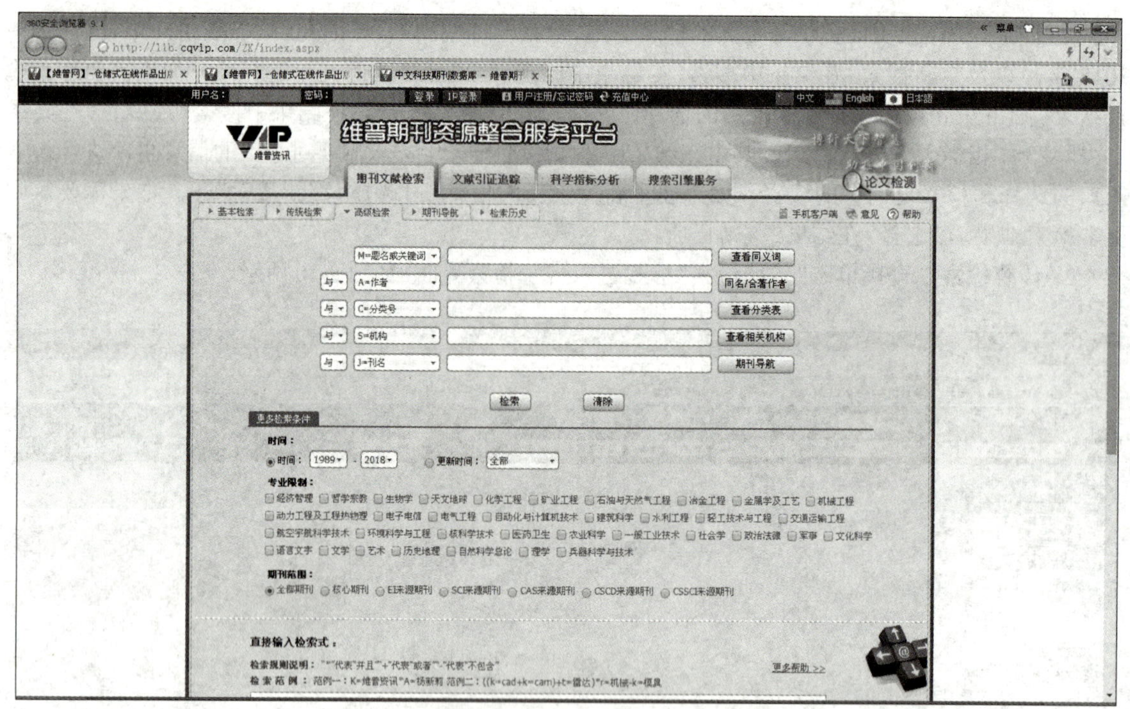

图 8-11　维普期刊资源整合服务系统高级检索页面

（1）向导式检索：用户首先选择检索项，在检索框内输入检索词，选择逻辑运算符，进行限定字段的扩展信息选择，单击“检索”按钮即可，也可单击“清除”按钮重新设置条件。

检索规则如下：检索时按由上至下的顺序选择检索项和输入对应的检索词。检索字段可进行逻辑组配。“*”表示“AND”，“+”表示“OR”，“-”表示“NOT”。扩展功能对输入的检索词提供扩展的信息。用户只需在输入框中输入检索词再单击相应的按钮，即可得到系统给出的提示信息。

查看同义词：如用户输入“高血压”，点击查看同义词，系统提供“高血压”的同义词“高血压病”、“高血压综合征”、“高血压危象”、“肾血管性高血压”供用户选择。用户可根据需要单选或者多选，以扩大检索范围。多个同义词与检索词之间系统默认是“+”的关系。表示有关检索词或者包含它的同义词的文献都能命中。

查看同名 / 合著作者：点击查看同名作者，系统列出同名但不同所在单位的作者，用户可以通过选择单位来缩小检索范围。最多勾选项不超过 5 个。确定的同名 / 合著作者与检索词之间，系统默认是“*”的关系，表示查询的作者是确定所在单位的作者。

查看分类表：点击查看分类表，系统直接链接到 22 大类的分类列表中，用户只需将所勾选类别添加到右边的方框里，再单击“确定”按钮即可。用户可以选择多个分类号进行检索，多个分类号之间系统默认是“+”的关系。

查看“相关机构”：点击“查看相关机构”按钮，系统显示所输入检索词为主办（管）机构的所属期刊社列表。最多勾选项不超过 5 个。多个相关机构之间系统默认是“+”的关系。

扩展检索条件：单击“扩展检索条件”按钮，系统提供时间限定、更新时间选择、专业限定和期刊范围的限定。扩展检索可使检索的结果减少。

（2）直接输入检索式：在检索式输入框中直接输入逻辑组配检索式，单击“扩展检索条件”按钮增加检索条件，最后单击“检索”按钮即可。在逻辑组配时各字段要进行字段字母代码的输入，并用逻辑运算符进行组配。检索式出错时，系统会自动提示“查询表达式语法错误”，单击 IE 浏览器的“后退”按钮，返回检索界面重新检索。

检索规则：逻辑运算时系统按逻辑运算的优先级运算。有括号时先运算括号内的再运算括号外的。无括号时逻辑与“*”优先运算。

4. 期刊导航　单击主页“期刊导航”标签，进入期刊导航检索界面，如图 8-12 所示。

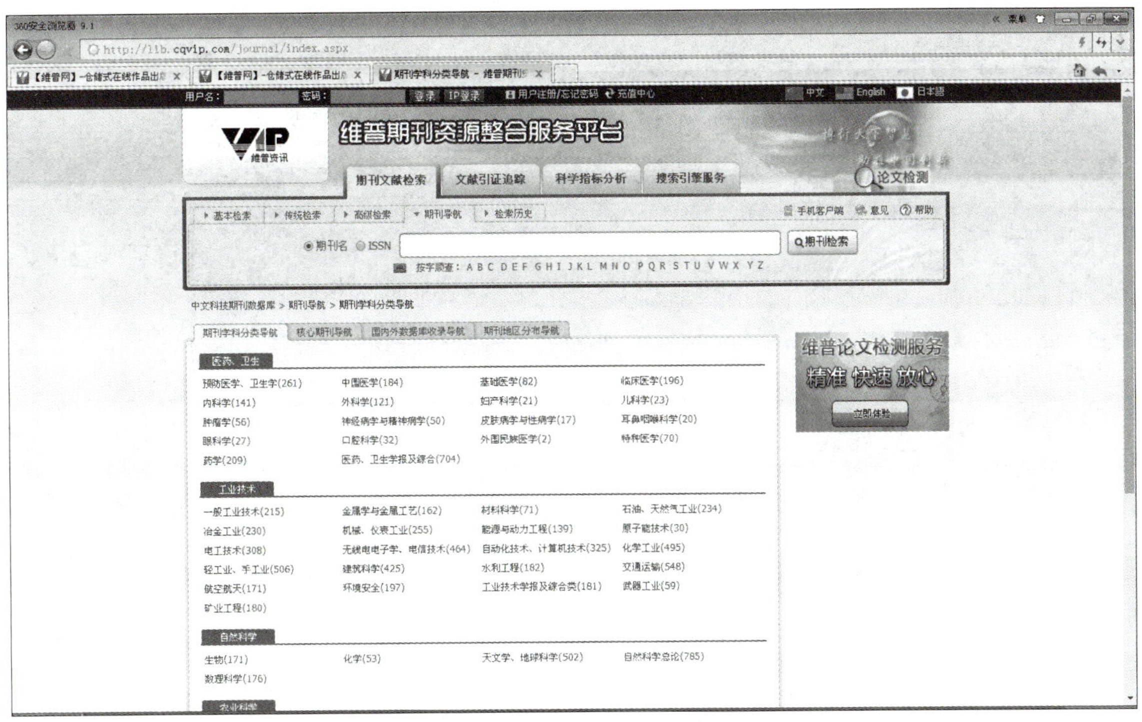

图 8-12　维普期刊资源整合服务系统期刊导航页面

（1）期刊检索：

按字顺查：即按期刊名的第一个字的拼音首字母查询。

按学科查：用户可根据系统提供的学科分类列表单击链接查询，可查到该学科的所有期刊文献。期刊学科分类导航的右侧提供了“核心期刊”和“核心期刊和相关期刊”单选项，选择“核心期刊”可以查到该学科下的所有核心期刊。

期刊搜索：系统主要提供刊名、ISSN 两种检索入口。ISSN 检索一般是精确检索，刊名检索是模糊检索；期刊检索提供二次检索功能。在期刊检索结果页面提供了“在结果中查询”和“重新查询”两个选项。用户如果需要重新检索刊物，则要在此页面直接输入检索词，单击“重新检索”按钮便可重新检索刊物。

系统提供所查刊物的列表，列表提供了刊名、ISSN、CN 及核心期刊（标有★为核心期刊）的标志。

如果列表中包含核心期刊和非核心期刊，只要单击右上方的★核心期刊按钮，即可把核心期刊单独列表，此时★核心期刊呈黄颜色。

（2）文章检索：单击选择期刊刊名，进入期刊的整刊浏览页面。页面包括创刊时间、刊期、出版地、主办单位、联系方式等，有系统提供的所选刊物的封页彩图及该期刊相关信息，如期刊的变更情况和期刊的获奖情况。整刊页面提供了某个年份、某个刊期和文献内容的检索浏览功能。用户可以通过选择年份、刊期，以及限定检索的内容进行二次检索。

5. 检索历史　检索历史系统对用户检索历史做自动保存，单击保存的检索式进行该检索式的重新检索或者“与、或、非”逻辑组配，如图 8-13 所示。

三、检索结果输出

1. 检索结果显示　检索结果默认显示方式为“概要显示”。页面显示内容主要包括文章的标题、文章前两位作者、文章出处（期刊名、出版年、卷、期、页码）。可单击显示方式下拉列表按钮，选择“文摘显示”或“全记录显示”。“文摘显示”主要显示文章的题名、作者、刊名、出版时间及文摘的详细内容；“全记录显示”显示文章的题名、刊名、机构、作者、关键词、文摘、分类号、出版时间、相关文献链接。选择显示方式的同时还可对每页页面显示的条数进行选择，检索结果默认为每页显示 10 条，可

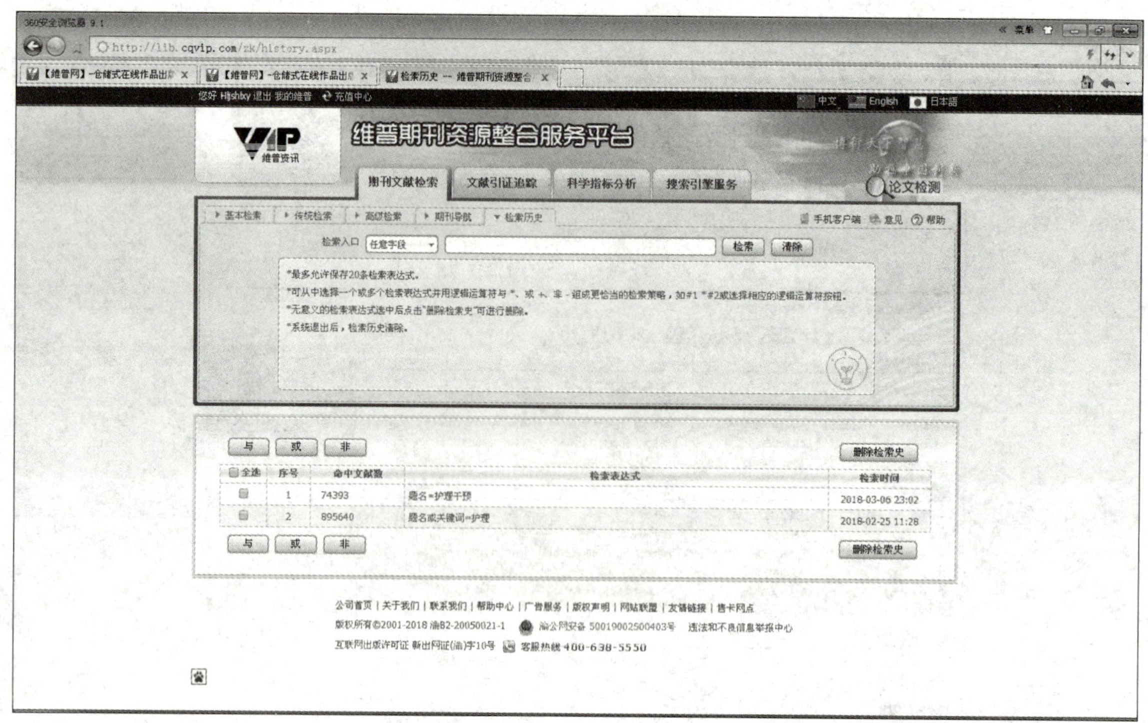

图 8-13　维普期刊资源整合服务系统检索历史页面

在显示方式处根据个人需求改成 20 条，50 条。对于检索结果中的文章，用户可逐页翻阅，也可用跳转功能跳转至自己希望阅读的页号。系统提供对应检索条件的“相关检索”内容。

单击“保存检索式”按钮，可将当前检索操作的表达式保存在“我的数据库”的检索历史中；单击概览页面上的文章标题，可查看到该篇文章细览页面。

2. 文章下载　在检索结果的概览页面上勾选文章，单击“全文下载”按钮下载全文。也可选择下载题录文摘概要显示、文摘显示、全记录显示，单击“下载”按钮，下载完成后，单击“继续检索”按钮可回到检索页面继续检索操作。

选择下载全文，则出现全文下载列表，在列表中单击“全文下载”项可下载全文；单击“加入电子书架”项可直接将文章保存到“我的数据库”的电子书架中。或者选择“另存为”保存在其他的硬盘或移动磁盘里。

3. 文章打印　勾选文章后单击“打印”按钮，选择打印的文章内容（概要显示、文摘显示、全记录显示）并确认打印，文章内容按 txt 文件格式显示在页面上，用户根据页面提示打印即可。

4. 全文处理　系统提供 PDF 格式的文章全文（国际通用格式），安装 Adobe Reader 阅读软件后才能打开。

5. 浏览器下载和使用

（1）下载：在维普资讯网首页左下角单击“下载全文阅读器”项，便可进入 PDF 浏览器下载页面，选择浏览器下载专区，选择某一版本的浏览器下载即可。用户也可通过镜像站点下载该浏览器。

（2）PDF 浏览器使用

图像复制：单击按钮，按下鼠标左键拖动，选定要复制的区域后释放鼠标左键。右击在弹出的快捷菜单中选择“复制”命令，便可将选定区域的内容以图像形式粘贴到 Word 等软件中进行图像处理。

文字复制：系统首先默认鼠标指针的形状为手形，如果要对文章的内容进行复制处理，则首先要单击工具栏图标，鼠标指针的形状变为“I”形，在 PDF 文档显示区域按下鼠标左键拖动，选定所需文字区域，此时可将 PDF 中的文字内容复制到其他文本编辑器中编辑、利用。此时，在选定要复制的区域（即文字反显区域）后释放鼠标左键。右击在弹出的菜单中选择“复制”命令，便可将选定区域内的文字复制到其他文本编辑器中进行编辑、利用。

实训二　维普期刊资源整合服务系统的应用

【实训目的】

1. 掌握基本检索方法。
2. 掌握学科范围条件的选择。
3. 掌握文献传递的利用。
4. 掌握检索词的选取。

【实训内容】

护理专业的从业人员在工作中还需要具备一定的信息获取能力，提高检索的效率，要完成这些工作就要掌握维普中文科技期刊数据库的应用，熟悉维普中文科技期刊数据库的工作界面和主要的功能特点，方便在工作中进行各种信息的获取。本次实训任务通过维普中文科技期刊数据库检索“发表在核心临床医学杂志上并有免费全文链接的有关心理干预在儿童重症监护室中的运用”方面的文献，

【实训步骤】

1. 登录系统　在浏览器地址栏中输入 http://www. cqvip. com/，或者进入维普中文科技期刊数据库的站点。

2. 基本检索　在首页中选择“基本检索”，此方法在检索页面上提供各种条件限制的检索功能。

选择检索入口，维普中文科技期刊数据库提供 14 种检索入口：关键词、作者、第一作者、刊名、任意字段、机构、题名、文摘、分类号、题名或关键词、参考文献、作者简介、基金资助、栏目信息，用户可根据自己的实际需求选择检索入口、输入检索式进行检索。这里我们选择“题名或关键词”字段进行检索。

限定检索范围，可进行范围限制（全部期刊、核心期刊、EI 来源期刊、SCI 来源期刊、CAS 来源期刊、CSCD 来源期刊、CSSCI 来源期刊）和数据年限限制（1989～2018 年），用户可根据需要来限制检索范围，从而更精准地得到自己所需的数据。这里我们选择“核心期刊”。

显示方式设定，根据用户喜好，可设置文章的屏幕显示方式（概要显示、文摘显示、全记录显示）和每页显示的篇数（10 条、20 条、50 条）。

检索式和复合检索，用户直接输入关键词检索到的数据往往是比较多的，可能有些数据是不需要的，这就说明用户检索条件过宽，可以考虑二次检索。

二次检索是在一次检索的检索结果中运用“与”、“或”、“非”进行再限制检索，其目的是缩小检索范围，最终得到期望的检索结果。这里我们可以用在检索词输入框中输入“心理干预在儿童重症监护室中的运用”作为关键词进行检索，或者可以分解成“心理干预”、“儿童重症监护室”两个关键词组合起来进行检索。

学科类别限制，分类导航系统参考《中国图书馆分类法》（第五版）进行分类，每一个学科分类都可以按树形结构展开，利用导航缩小检索范围，进而提高查准率和查询速度。例如，在本题中可以在“医药卫生”类中选择“临床医学”分类进行查找。

3. 浏览检索结果　根据检索结果信息判断文献相关性，可筛选导出文献，导出题录。选中检索结果题录列表前的复选框，单击“导出”，可以将选中的文献题录以文本、参考文献、XML、NoteExpress、Refworks、EndNote 的格式导出。导出形式有复制、导出打印等。

视频：维普期刊资源整合服务系统的应用

查看细览：单击文献题名进入文献细览页，查看该文献的详细信息和知识节点链接。还有参考文献（作者在撰写文献时引用的其他文献，反映本文的背景或依据。单击链接可以进入参考文献）、相似文献（与本文研究主题相似的文献，反映同类研究现状。单击链接可以进入相似文献）。

4. 获取全文　点击下载全文、文献传递、在线阅读按钮，将感兴趣的文献下载保存到本地磁盘或在线进行全文阅读。其中新增原文传递的全文服务支持对不能直接下载全文的数据，通过委托第三方社会公益服务机构提供快捷的原文传递服务。需要填写电子邮箱等个人信息，一般在 24 小时以内就会接收到维普中文科技期刊数据库发来的邮件信息。

第三节 CNKI中国知网数据库

学生：我是一名即将毕业的护理专业学生，学校要组织毕业生就业招聘会，如何制作一份内容丰富翔实的自荐书以更好地向用人单位介绍自己。

老师：在自荐书中要突出本专业的特点，反映本专业发展的最新情况，设计一个条理清晰、重点突出的个人简历。CNKI无疑是你最便捷的参考工具。

问题1：CNKI中国知网数据库能提供什么样的数据资源？

问题2：如何利用CNKI中国知网数据库查阅大量的参考资料？

一、CNKI中国知网数据库概况

中国知网是《中国学术期刊（光盘版）》电子杂志社、同方知网（北京）技术有限公司共同创办的网络知识出版平台。其前身为1995年立项的《中国学术期刊（光盘版）》及1996年开通的中国期刊网。2004年，中国期刊网更名为中国知网，并确立了建设“中国知识基础设施工程（China National Knowledge Infrastructure，CNKI）”的目标。CNKI采用自主开发并具有国际领先水平的数字图书馆技术，全方位整合多种媒体形式的知识资源，构建标准化、规范化、集成化、具有国际领先水平的网络出版平台。截至2016年3月，文献总量约为10 190万篇，文献类型包括学术期刊、博士学位论文、优秀硕士学位论文、工具书、重要会议论文、年鉴、专著、报纸、专利、标准、科技成果、知识元、哈佛商业评论数据库、古籍等，还可与德国Springer公司期刊库等外文资源统一检索。

CNKI数据库的资源介绍：CNKI的源数据库主要包括《中国学术期刊网络出版总库》(CAJD)、《中国博士学位论文全文数据库》(CDFD)、《中国优秀硕士学位论文全文数据库》(CMFD)、《中国重要会议论文全文数据库》(CPCD)、《中国重要报纸全文数据库》(CCND)等；特色资源主要包括《中国年鉴网络出版总库》(CYBD)和《中国工具书网络出版总库》(CRFD)等；国外资源主要包括EBSCO/ASRD-学术研发情报分析库、EBSCO/BSC-全球产业（企业）案例分析库等；行业知识库主要包括医药、农业、建筑、城建、法律及党和国家大事；作品欣赏主要包括中国精品文化期刊文献库、中国精品文艺作品期刊文献库、中国精品科普期刊文献库；指标索引主要包括全国专家学者、机构、指数等。产品分为十大专辑：基础科学、工程科技Ⅰ、工程科技Ⅱ、农业科技、医药卫生科技、哲学与人文科学、社会科学Ⅰ、社会科学Ⅱ、信息科技、经济与管理科学。

1.《中国学术期刊网络出版总库》(CAJD) 《中国学术期刊网络出版总库》(简称CAJD)是连续动态更新的中国学术期刊全文数据库。内容以学术、技术、政策指导、高等科普及教育类期刊为主，覆盖自然科学、工程技术、农业、哲学、医学、人文社会科学等各个领域。目前，收录国内学术期刊8064多种，全文文献总量43 546 223篇。收录自1915年至今出版的期刊，部分期刊回溯至创刊。

2.《中国博士学位论文全文数据库》(CDFD) 《中国博士学位论文全文数据库》简称CDFD，是国内内容最全、质量最高、出版周期最短、数据最规范、最实用的博士学位论文全文数据库。出版内容覆盖基础科学、工程技术、农业、医学、哲学、人文、社会科学等各个领域。目前，收录来自423家培养单位的博士学位论文259 910篇，收录全国985、211工程等重点高校，中国科学院、社会科学院等研究院所的博士学位论文。收录从1984年至今的博士学位论文。

3.《中国优秀硕士学位论文全文数据库》(CMFD) 《中国优秀硕士学位论文全文数据库》简称CMFD，收录来自665家培养单位的优秀硕士学位论文2 333 691篇。重点收录985、211高校、中国科学院、社会科学院等重点院校、高校的优秀硕士论文、重要特色学科如通信、军事学、中医药等专业的优秀硕士论文。收录从1984年至今的硕士学位论文。

4.《中国重要会议论文全文数据库》(CPCD) 《中国重要会议论文全文数据库》(简称CPCD)收录了国内重要会议主办单位或论文汇编单位书面授权，投稿到“中国知网”进行数字化版的会议论文，

是《中国学术期刊（光盘版）》电子杂志社编辑出版的国家级连续电子出版物。重点收录1999年以来，中国科协、社科联系统及省级以上的学会、协会，高校、科研机构，政府机关等举办的重要会议上发表的文献。其中，全国性会议文献超过总量的80%，部分连续召开的重要会议论文回溯至1953年。目前，已收录出版15 607次国内重要会议投稿的论文，累积文献总量1 872 361篇。收录自1953年至今的会议论文集。

5.《中国重要报纸全文数据库》（CCND）　《中国重要报纸全文数据库》（CCND）收录2000年以来中国国内重要报纸刊载的学术性、资料性文献的连续动态更新的数据库。至2016年10月，累积报纸全文文献1000多万篇。文献来源于国内公开发行的500多种重要报纸。收录年限为2000年至今。

CNKI数据库的检索特点：CNKI数据库为方便读者检索，知识发现网络平台（简称KDN）进行了全新改版。KDN不同于传统的搜索引擎，它利用知识管理的理念，实现了知识汇聚与知识发现，结合搜索引擎、全文检索、数据库等相关技术达到知识发现的目的，可在海量知识及信息中发现和获取所需信息，简洁高效、快速准确。

KDN的主要目标是更好的理解用户需求，提供更简单的用户操作，实现更准确的查询结果。KDN着重优化页面结构，提高用户体验，实现平台的易用性和实用性。实现检索输入页面、检索结果页面的流畅操作，减少迷失度和页面干扰。提供标准化的、风格统一的检索模式，提供多角度、多维度的检索方式，帮助用户快速定位文献。

主要新特性如下：

1. 一框式检索　检索平台提供了统一的检索界面，采取了一框式的检索方式，对输入短语经过一系列分析步骤，更好的预测读者的需求和意图，给出更准确的检索结果。用户只需要在文本框中直接输入自然语言（或多个检索短语）即可检索。一框式的检索默认为跨库检索，目前包含文献类数据库产品有期刊、博士、硕士、国内重要会议、国际会议、报纸和年鉴7个库。一框式检索的优点：简单易用，风格统一。

2. 智能提示　其功能给用户带来了极大的方便，而且能智能建议检索词对应的检索项。

3. 在线预览　在线预览是KDN推出的一项新功能。该功能极大地满足了读者的需求，使读者由原来的“检索 - 下载 - 预览”三步走，变成“检索 - 预览”两步走，节省了读者的宝贵时间，让用户第一时间预览到原文，快捷方便。

4. 导出功能　改版后的文献导出功能实现了多次检索结果一次性导出，并生成检索报告。

5. 分类导航　平面式分类导航帮助用户快速找到数据来源。

6. 文献分享　用户可以方便地把自己感兴趣的文献分享到新浪、人人网等各网站的微博。

7. 推送功能　可以关注文献的引文频次更新、检索主题的更新、几种期刊的更新，Email、手机短信订阅更新等提醒功能。

总之，KDN兼顾了不同层次用户群的需求，简化默认检索模式，重点功能、用户重点关注的内容更突出。

二、CNKI中国知网数据库的检索方法

通过中国知网主页（网址为http://www. cnki. net）或通过镜像站点登录。购买了数据库使用权的单位不需要输入用户名或密码就可直接登录。个人用户可购买CNKI阅读卡，注册后可使用数据资源。中国期刊全文数据库（Web版）主界面如图8-14所示。

CNKI检索方法主要有一框式检索、高级检索、专业检索和期刊导航四种检索方法。

1. 一框式检索

（1）输入检索词直接检索：选择数据库（默认为文献，文献为跨库检索，包括期刊、博硕士论文、国内重要会议、国际会议、报纸和年鉴数据库）以及检索字段，在检索框中直接输入检索词，单击检索按钮进行检索，如图8-15所示。

（2）数据库切换直接检索：选择字段以及输入检索词，切换数据库则直接检索；如果检索框为空，则不检索。

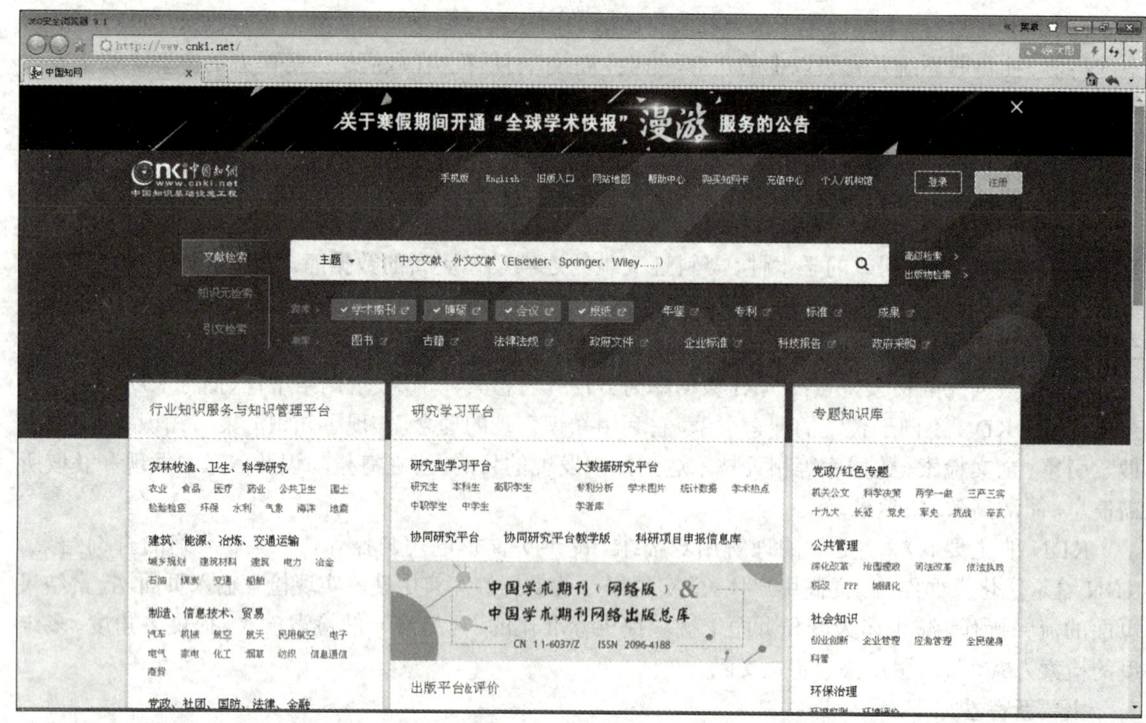

图 8-14　《中国期刊全文数据库》主页

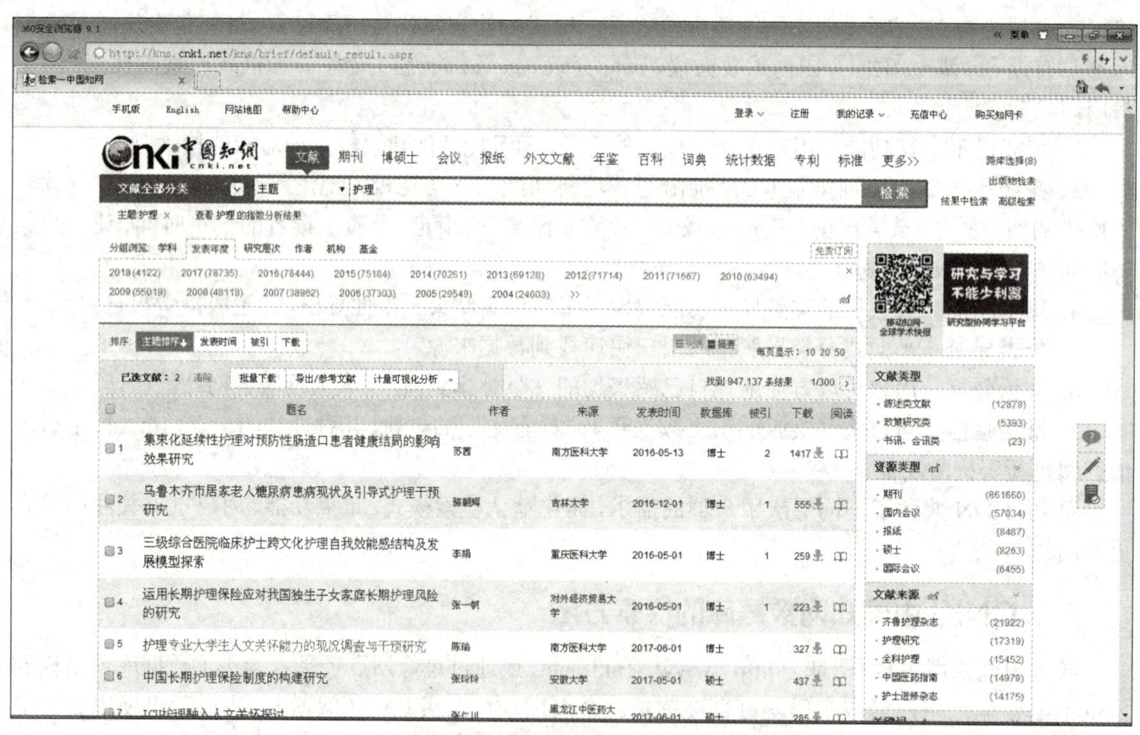

图 8-15　CNKI《中国期刊全文数据库》一框式检索页面

（3）文献分类检索：文献分类检索提供以鼠标滑动显示的方式进行展开，包括基础科学、工程科技、农业科技等领域，每个领域又进行了细分，根据需要单击某一个分类，即进行检索。

（4）智能提示检索：当输入检索词时，系统会根据输入的词，自动提示相关的词，通过鼠标或键盘选中提示词，鼠标单击检索按钮（或者单击提示词，或者直接回车），即可实现相关检索。

2. 高级检索　高级检索在初级检索基础之上增加了多项双词逻辑组合检索、双词频控制。双词是指一个检索项中可输入两个检索词（在两个输入框中输入），每个检索项中的两个词之间可进行并

且、或者、不包含三种组合，每个检索项中的两个检索词可分别使用词频、精确/模糊。

（1）检索项：《中国期刊全文数据库》提供了以下16个检索项，图8-16为CNKI《中国期刊全文数据库》高级检索界面。

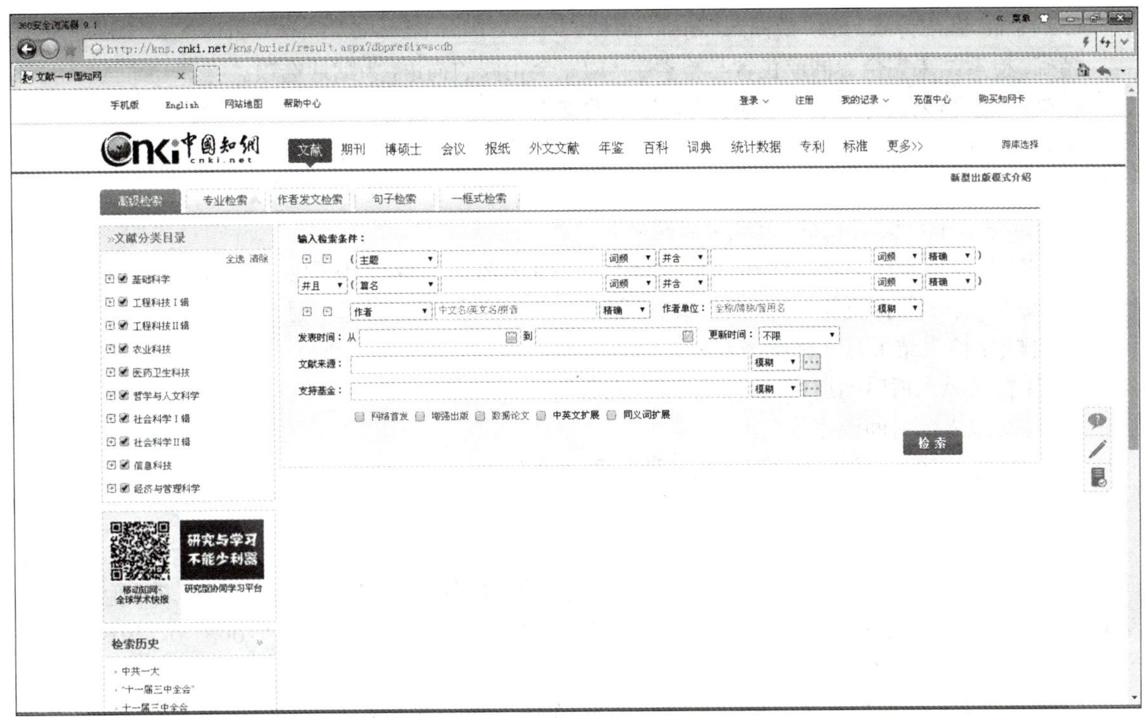

图8-16　CNKI《中国期刊全文数据库》高级检索页面

主题：默认检索字段，在中英文篇名、中英文关键词、机标关键词、中英文摘要中检索。

篇名：在中文篇名、英文篇名中检索。

关键词：包括中文关键词、英文关键词、机标关键词。机标关键词是由计算机根据文章内容，依据一定的算法自动赋予的关键词，与作者自拟关键词有所区别。

摘要：在中文摘要、英文摘要中检索。

作者：出现于文章中由作者提供的中英文作者名称。

第一作者：文章发表时，多个作者中排在首位的作者。

单位：作者发表文章时所任职的机构，照录在文章中规定位置出现的机构名称。检索时不宜使用简称，如输入“北京大学”而不是“北大”。

刊名：中文刊名和英文刊名。英文刊名中包括中文期刊的英文名称和英文期刊的名称。如有刊名发生变更的情况，无论输入曾用名、当前名，均可检出。例如，输入“新世纪图书馆”，“新世纪图书馆”、“江苏图书馆学报”均检出。

参考文献：在文章后所列“参考文献”中综合检索，而不是按条目、题名、作者分别检索。

全文：在文章的正文中检索，可输入一个词、一个短语或是一句话，如“锄禾日当午汗滴禾下土”，可以选择“并且”、“或者”、“不包含”几种关系。

年：以阿拉伯数字表示，如“2010”。

期：以2位字符表示，2位阿拉伯数字表示规则的刊期，如“01”表示第1期，“12”表示第12期；增刊以“s”表示，如“s1”表示增刊1，“s2”表示增刊2，以此类推；合刊以“z”表示，如“z1”表示某刊在某年度的第一次合刊，“z2”表示某刊在某年度的第二次合刊。

基金：用基金名称检索受各种基金项目资助的文章，如“国家高技术研究发展计划（863）基金”、“国家自然科学基金”、“国家社会科学基金”。

中图分类号：通过《中国图书馆分类法》分类号检索，如H319、R6。

ISSN：通过"国际标准连续出版物编号"检索，如 1673-1603、1008-3979。

统一刊号：统一刊号是期刊所拥有的中国标准刊号，如 21-1524/N、21-1518/C。

（2）词频：检索词在相应检索项中出现的频次。词频为空，表示至少出现 1 次，还可选择 2～9 中的任何一个。

（3）匹配：匹配方式分为"模糊"、"精确"两种。

精确：检索结果完全等同或包含与检索字 / 词完全相同的词语，为默认选项。

模糊：检索结果包含检索字 / 词或检索词中的词素。

例如，通过作者检索时，输入"王选"选择"精确"匹配方式，只有"王选"被检出，反之选择"模糊"匹配，"王选明"、"王选庆"、"王选深"、"王选杰"等均可检出。如不能确定作者姓名，可以只输入名字中的一个或两个字，选择"模糊"方式可以检出。

（4）范围：检索范围有全部期刊、EI 来源期刊、SCI 来源期刊、核心期刊四个选择。

（5）更新：库中数据更新日期，全部数据、最近一周、最近一月、最近三月、最近半年。

（6）排序：检索结果有三种排序方式。

时间：按文献入库时间逆序输出，为默认方式。

无：按文献入库时间顺序输出。

相关度：按词频、位置的相关程度从高到低顺序输出。

（7）每页：检索结果单个页面显示记录条数。

检索实例：

检索 2001～2011 年发表在核心期刊上篇名包含"护理"的文章，步骤为：选择"篇名"检索项，检索词输入"护理"；匹配方式设为"精确"；范围选中"核心期刊"；时间设定为从"2000"到"2011"；按下"检索"按钮。

3．专业检索　专业检索是所有检索方式里面比较复杂的一种检索方式，如图 8-17 所示。

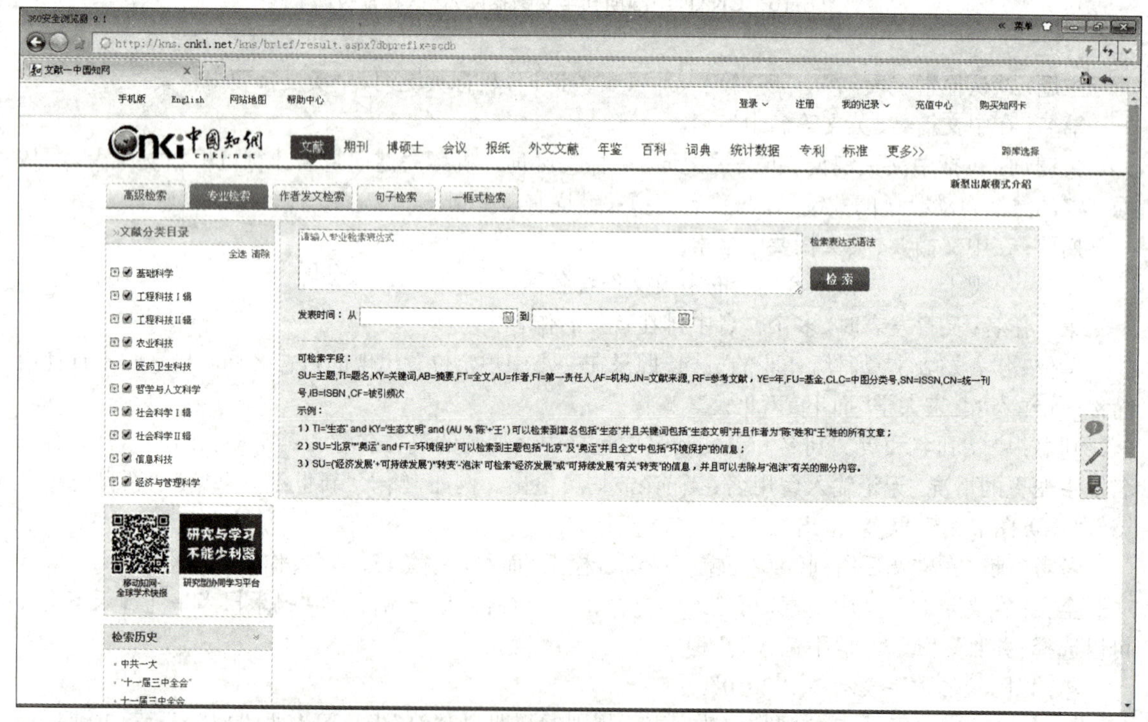

图 8-17　CNKI《中国期刊全文数据库》专业检索页面

专业检索适用于熟练掌握检索技术的专业检索人员，需要根据系统的检索语法编制专业检索式进行检索。需要用户自己输入检索式来检索，并且确保所输入的检索式语法正确，这样才能检索到想要的结果。每个库的专业检索都有说明，详细语法可以单击右侧检索表达式语法参看详细的语法说明。例如：在期刊库中，用户首先要明确期刊库的可检索字段有哪些，分别用什么字母来表示。可检

索字段：SU= 主题，TI= 题名，KY= 关键词，AB= 摘要，FT= 全文，AU= 作者，FI= 第一作者，AF= 作者单位，JN= 期刊名称，RF= 参考文献，RT= 更新时间，PT= 发表时间，YE= 期刊年，FU = 基金，CLC= 中图分类号，SN=ISSN，CN=CN 号，CF= 被引频次，SI= SCI 收录刊，EI=EI 收录刊，HX= 核心期刊。这样，如果需要检索的主题是“护理”，关键词是“护理干预”，作者“王萍”，作者单位“山东大学”，那么用户需要在图 8-17 的检索框中输入“SU =‘护理’ AND KY=‘护理干预’ AND AU=‘王萍’ AND AF=‘山东大学’”即可查询相关文献。

4. 期刊导航　《中国期刊全文数据库》的期刊导航方式共 10 种，其页面如图 8-18 所示，可点击浏览查询所需期刊。

（1）专辑导航：按照期刊内容知识进行分类，分为 10 个专辑，74 个专栏。

（2）数据库刊源导航：按收录到国内外其他检索工具或数据库（如 CA、SA、中国科学引文数据库）情况分类。

（3）刊期导航：按出版周期划分，包括年刊、半年刊、季刊等。

（4）出版地导航：按期刊出版地分类，包括华北、华东、华南等。

（5）主办单位导航：按期刊主办单位分为出版社、大学、科研院所、学会等。

（6）发行系统导航：按期刊发行方式分为邮发期刊、非邮发期刊、国际发行期刊。

（7）期刊荣誉榜导航：按期刊获奖情况分类。

（8）世纪期刊导航：回溯 1994 年之前出版的期刊，与“专辑导航”相同。

（9）核心期刊导航：《中国期刊全文数据库》收录的 2004 年《中文核心期刊要目总览》中的期刊，按核心期刊表分类排序。

（10）中国高校精品科技期刊导航：在期刊导航页面同时提供“刊名”、“ISSN”、“CN”三种途径检索。

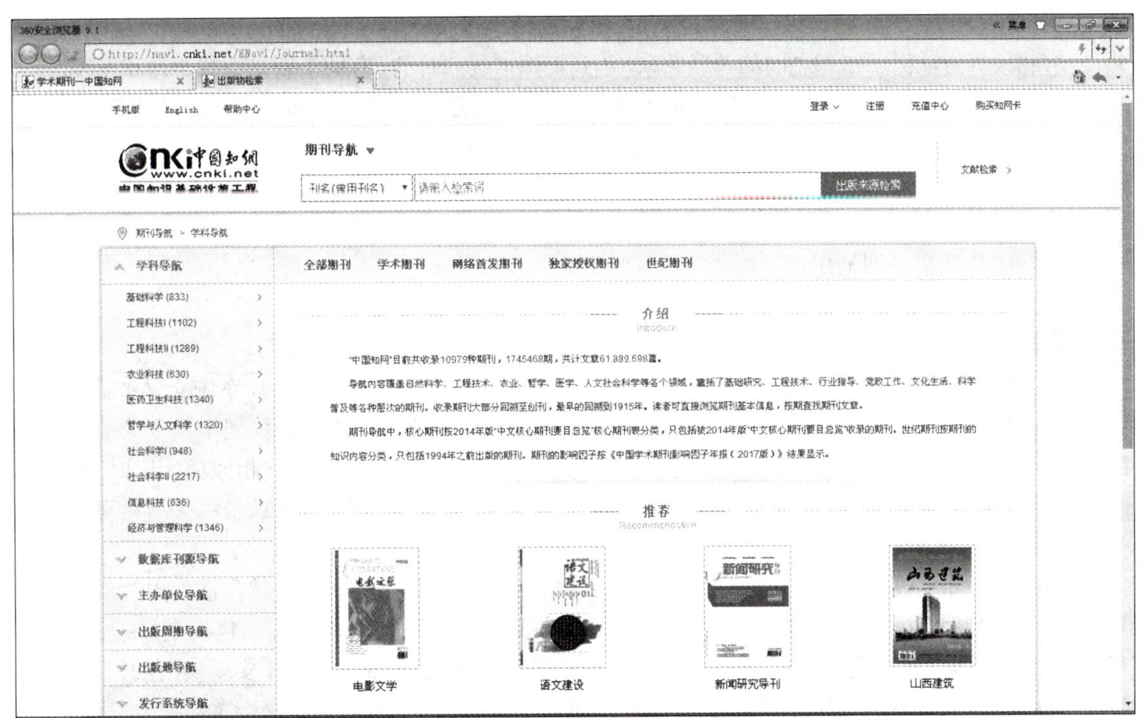

图 8-18　CNKI《中国期刊全文数据库》期刊导航页面

5. 中国知网特色功能

（1）知网节：知网节是知识网络节点的简称，其示意图如图 8-19 所示。知网节分为“单库知网节”和“跨库知网节”。单库知网节只能链接到同一库内的相关文献；跨库知网节实现多库相关文献的各种超链接。

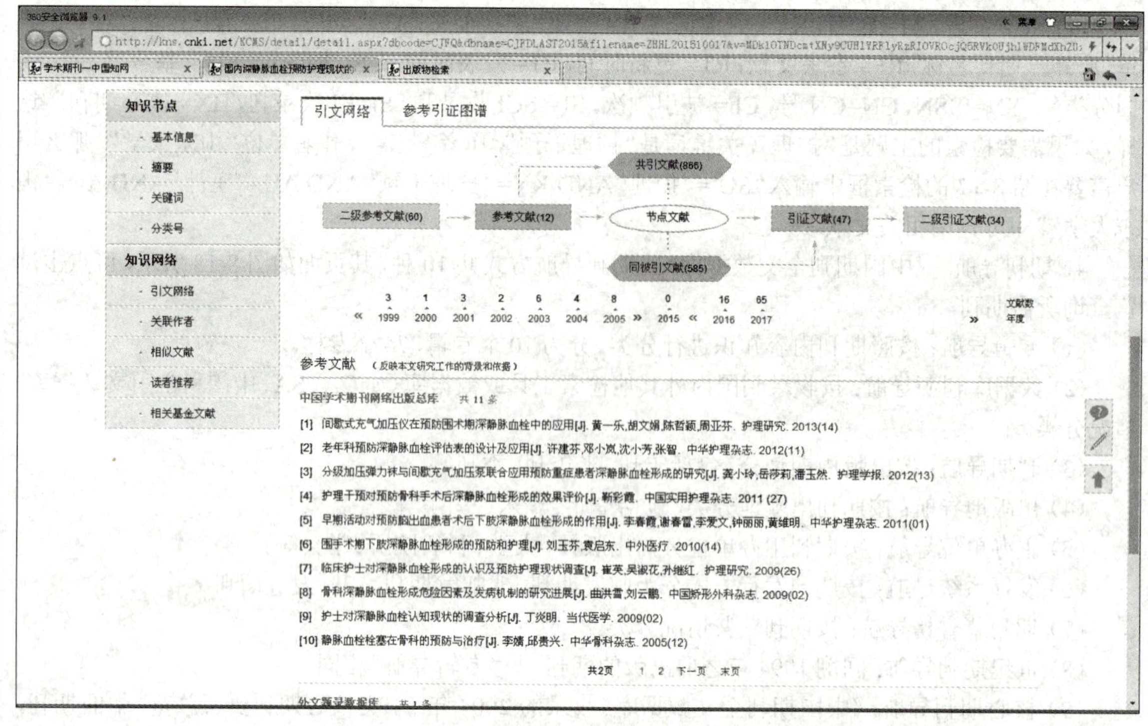

图 8-19　CNKI《中国期刊全文数据库》知网节示意图

知网节是提供单篇文献的详细信息和扩展信息的浏览页面，它以一篇文献作为节点，不仅包含了单篇文献题名、作者、机构、来源、时间、摘要等详细信息，还提供各种扩展信息，如知识元链接、参考文献、引证文献、相似文献、读者推荐文献、作者与机构的链接以及分类导航等的入口汇集点，通过概念相关、内容相关等方法揭示知识之间的关联关系，达到知识扩展的目的，有助于新知识的学习和发现。

“参考文献”是主体文献引用或参考的文献，能够发现主题研究的背景和依据，即“来龙”。

“引证文献”是其他文献对主体文献的引用或参考，能够发现主题研究工作的继续、发展、渗透、融合，即“去脉”。

“共引文献”与主体文献有共同参考文献，可以发现主题研究工作的内容交叉、相似、相关，“同被引文献”与主体文献共同被引。

“相似文献”根据内容相似度计算而得，内容上与主体文献最接近。

“推荐文献”根据用户操作日志计算而得，与主体文献相关，属“意外发现”。

（2）相似词：在各数据库检索页面，对于题名、关键词等字段输入的检索词，系统会通过后台知识处理，在检索结果页面自动提示若干相似词，供用户参考选择使用。如输入“护理干预”，会有护理干预模式、护理干预糖尿病、护理干预分类系统、护理干预措施、护理干预进展等相似词。同时，检索结果页面还会提示该检索词在中国知网工具书数据库各种工具书的解释链接，点击相关链接可以获得该检索词的详细解释信息。

（3）CNKI 知识搜索（http: //search.cnki.net）：CNKI 知识搜索是以学术文献为搜索内容的搜索引擎，搜索范围包括期刊文献、学位论文、会议论文、报纸文献、工具书、年鉴等。包括全文搜索、工具书搜索、数字搜索、学术定义搜索、图形搜索、翻译助手等诸多功能，简单易用，实现实时的知识聚类、多样化的检索排序和最丰富的知识链接。其检索结果全部来源于 CNKI 知识库，内容更为专业，突出学术性。CNKI 翻译助手（http://dict.cnki.net）是专业领域全面的科技术语在线英汉、汉英词典，能提供双语例句、英文例句、文摘，是翻译专业文献的极佳辅助工具。

三、检索结果输出

1. 概览页面　检索结果系统默认为概览页面，如图 8-20 所示。页面左上方为文献导航区域，供用户选择检索范围。页面右上方为初级框，可根据检索结果进行重新检索和二次检索，用于调整检索结果。右下方为检索结果概要列表，包括文献的篇名、作者、刊名、年/期等内容。用户直接单击题名，可链接进入细览页面。用户单击篇名左侧的图标。系统将提供下载、保存此题名的全文数据的功能。高级检索与专业检索的检索结果格式与初级检索基本一致。

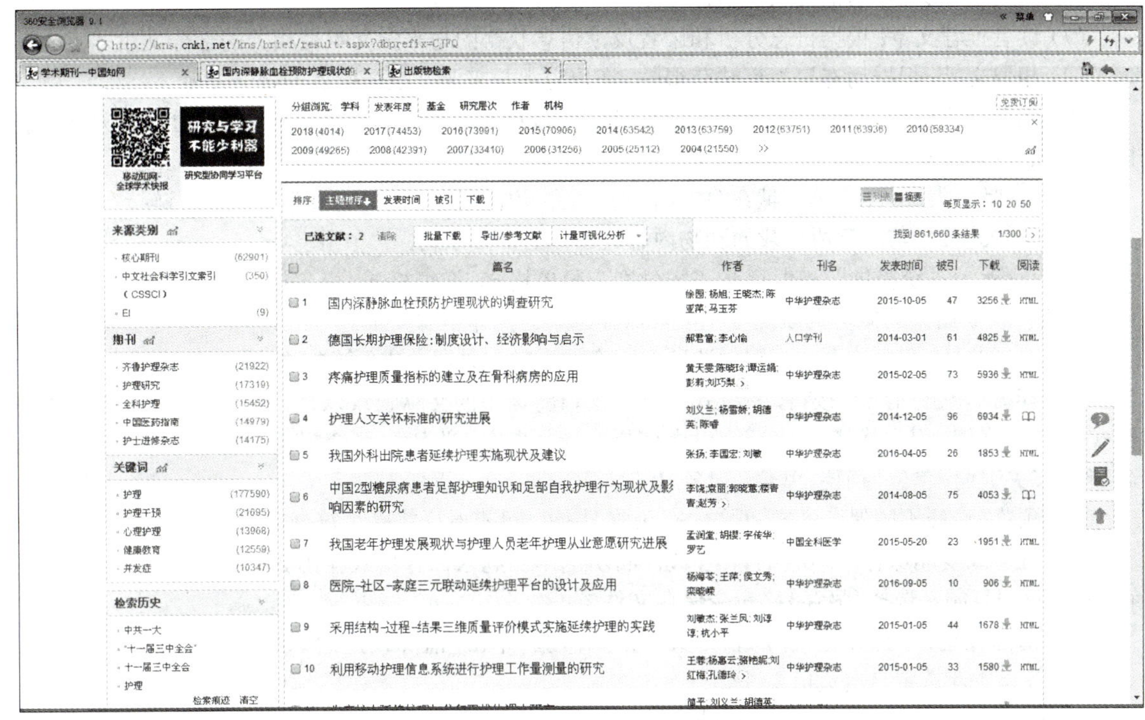

图 8-20　CNKI《中国期刊全文数据库》检索结果概览页面

2. 细览页面　单击某一篇名的链接后，进入细览页面，如图 8-21 所示。细览页面链接主要包括：

(1) 参考文献：作者在写文章时所引用或参考的并在文章后列出的文献的题录。

(2) 引证文献：引用或参考文献的文献，也称来源文献。

图 8-21　CNKI《中国期刊全文数据库》检索结果细览页面

(3) 共引文献：与文献主体共同引用的某一篇或某几篇文献的一组文献。

(4) 共被引用文献：文献主体的引证文献的参考文献。

(5) 二次参考文献：文献正文后所列每一篇参考文献的参考文献。

(6) 二次引证文献：引证文献的引证文献。

(7) 读者推荐文章：根据日志分析和读者反馈信息获得的与来源文献最相关的部分文献。

(8) 相似文献：根据动态聚类算法获得的，在内容上与来源文献最接近的部分文献。

(9) 相关研究机构：根据文献主题内容的相似程度而聚集的一组研究机构(用户通过相关机构链接，可从中国基础设施工程网数据库列表上获得相应数据库中的相关文献信息及全文)。

(10) 文献分类导航：主体文献在《中图法》分类系统中的类目及其上级类目的分层链接。

(11) 相关期刊：与文章所登载的刊物内容较相似的部分期刊。

3. 保存题录系统提供四种保存格式　分别为简单格式、详细格式、引文格式、自定义格式。题录保存只需在检索结果的概览页面便可完成。保存题录的操作步骤如下。

(1) 选择题录：在概览页面分别勾选所要保存的文献记录或单击"全选"按钮。

(2) 存盘：单击"存盘"按钮，系统弹出一个窗口将选中的文献记录以默认格式显示，并提供四种格式(简单、详细、引文格式、自定义)以供选择。选择"自定义"时，系统提供以下信息项供选择：题名、作者、关键词、单位、摘要、基金、刊名、ISSN、年、期、第一责任人。

(3) 预览：选择不同保存格式，再单击"预览"按钮，可查看样式是否符合需求。

(4) 打印或复制保存：单击"打印"按钮，将所选中的题录保存格式输出到纸载体上；如要复制保存，则将页面复制并选择"另存为"命令保存文件。

(5) 清除设定：该操作只是对"自定义"项起作用。单击"清除设定"按钮，将清除原先的题录信息保存项，可重新选定自定义信息项。

4. 全文下载及浏览　系统提供两种途径下载全文。

(1) 在检索结果的概览页面，单击篇名前的口按钮，可下载该题名的CAJ格式的全文。

(2) 在检索结果的细览页面，单击"下载阅读CAJ格式全文"或"下载阅读PDF格式全文"项，可分别下载CAJ格式或PDF格式全文。CAJ格式全文需要安装CAJ浏览器才能打开；PDF格式全文需要安装Adobe Reader阅读软件才能打开。

5. 浏览器的下载和使用

(1) 在中国基础知识设施工程网首页，单击"下载阅读器"可进入浏览器下载页面，选择浏览器下载中心，单击"下载"即可。或在镜像站点首页单击"CAJ浏览器下载"或"PDF浏览器下载"项下载浏览器。

(2) CAJ浏览器的使用：CAJ Viewer 7.0的主界面可分为三部分：功能区、目录区、页面显示区。目录区可根据用户的需要隐藏或显示。

单击功能区的工具栏的文本选择工具，然后按住鼠标左键在页面拖动，选定部分高亮显示，再单击工具栏的复制按钮，把选择结果复制到剪贴板上。

单击功能区的工具栏的图像复制工具，然后按住鼠标左键在页面拖动，选中的部分被图表框框住。可以单击工具栏的复制按钮，把选择结果复制到剪贴板上。

(3) PDF浏览器的使用。

文字复制：单击工具栏的文本选择工具，然后按住鼠标左键在页面拖动，选定部分高亮显示，再单击工具栏的复制按钮，把选择结果复制到剪贴板上。

图像复制：单击工具栏的图像复制工具，按下鼠标左键拖动，选定要复制的区域后释放鼠标左键，系统自动弹出"您所选择的内容已复制到剪贴板"的提示，可将选定的区域的内容直接粘贴到Word等处理软件中进行编辑、利用。

实训三　CNKI中国知网数据库的应用

【实训目的】

1. 掌握高级检索方法。

2. 掌握分组浏览条件的选择。

3. 掌握检索结果的排序方式。

【实训内容】

在实际工作中要随时关注和领会党和国家的重大决策，要完成这些工作就要掌握CNKI知识发现网络平台的应用，熟悉CNKI知识发现网络平台的工作界面和主要的功能特点。本次实训任务通过CNKI知识发现网络平台，运用高级检索方法查找2002年至现在，主题与“十一届三中全会”相关，在社科基础研究层次，引用次数最高的文献信息。

【实训步骤】

1. 登录系统　在浏览器地址栏中输入http://www. cnki.net/，或者进入cnki知识发现网络平台的站点。

2. 进入高级检索页面，添加一些限制条件，以提高查准率。一般检索过程规范为三个步骤：

(1) 输入检索控制条件：如时间、支持基金、文献来源、作者等。

(2) 输入内容检索条件：如篇名、主题、关键词等。

(3) 对检索结果的分组排序，反复筛选修正检索式得到最终结果。

检索控制条件：设置检索控制条件的目的，是为了通过对检索范围的限定，以便获得比较准确的检索结果。条件设置越多，检索范围就越小，检索速度就越快，检索结果就越精确。

CNKI设置的检索控制条件有：“期刊年期、来源期刊、来源类别、支持基金、作者、作者单位等。

期刊年期：它是限定检索期刊的年限范围，这里选择从2002～2018年的期刊。

来源类别：根据期刊所属类别，在下拉框中选择“全部期刊、SCI来源期刊、EI来源期刊或者核心期刊”等项，默认为“全部期刊”。

支持基金：在检索中，可直接在检索框中输入基金名称的关键词，也可以单击下拉框中选择“基金名称、基金管理单位”后，单击“确定”，返回检索框，支持基金已经填充在检索框中了。

作者及作者单位：在检索中可限定文献的作者和作者单位。在下拉框中选择限定“作者”或“第一作者”，在后面的检索框中输入作者姓名或作者单位(可使用模糊检索或精确检索)。若要检索多个作者合著的文献，单击检索项前“+”按钮可增加逻辑检索行，添加一个作者项；单击“-”按钮可减少逻辑检索行，去除一个作者项。

注意：所有检索框在未输入检索词时默认为该检索项不进行限定，将检出库中全部文献。

内容检索条件：设置内容检索条件的目的是通过基于文献的内容特征：“主题、篇名、关键词、摘要、全文、参考文献、中图分类号”之间，进行简单的“并且包含”、“或含”或“不含”运算。实际上这是布尔逻辑“与”、“或”、“非”的运算。

在下拉框中，选择一种文献内容特征，在其后的检索框中填入一个关键词。若一个检索项需要两个关键词做控制，可选择“并且包含”、“或含”或“不含”的关系，在第二个检索框中输入另一个关键词。单击检索项前的“+”按钮可增加逻辑检索行，添加另一个文献内容特征检索项；单击“-”按钮可减少逻辑检索行。在这里我们选择“主题”项作为检索入口，添加“十一届三中全会”作为检索词，单击“检索文献”进行搜索。

3. 检索结果评价　按研究层次分组，在学术文献总库中，每篇文献还按研究层次，分为自然科学和社会科学两大类，每一类下再分为理论研究、工程技术、政策指导等多种类型。可以通过分组查到相关的国家政策研究、工程技术应用成果、行业技术指导等，实现对整个学科领域全局的了解。

在这里我们选择点击检索结果分组筛选中的“研究层次”项，检索结果出现分组后得到的研究层次。点击其中的“基础研究(社科)”研究层次，检索结果则筛选出“基础研究(社科)”类的文章。

4. 检索结果排序　数据库为检索结果提供了相关度排序以及发表时间、被引频次、下载频次等评价性排序。

相关度排序：根据检索结果与检索词相关程度进行排序，反映了结果文献与用户输入的检索词相关的程度，越相关越排前，通过相关度排序可找到文献内容与用户检索词最相关的文献。

发表时间：根据文献发表的时间先后排序。可以帮助学者评价文献的新旧，找到最新文献，找到库中最早出版的文献，实现学术跟踪，进行文献的系统调研。

视频：CNKI中国知网数据库的应用

被引频次：根据文献被引用次数进行排序。按“被引频次”排序能帮助学者选出被学术同行认可的好文献以及好出版物。

下载频次：根据文献被下载次数进行排序。下载频次最多的文献往往是传播最广、最受欢迎、文献价值较高的文献。根据下载次数排序帮助学者找到那些高质量但未被注意到的文献类型，比如学位论文等。

在这里我们对检索结果选择按照“引用次数”来排序，并选取出引用次数最高的文献。

（李　凯）

思考题

通过万方数据服务平台，运用高级检索方法查找“黑龙江护理高等专科学校所有人员发表在卫生职业教育上的有关护理”方面的相关文献。检索年限限定在“2009～2016 年”。请写出检索步骤和过程及命中文献数，并写出 5 条检索结果的题录项。

思路解析

扫一扫，测一测

笔记

中英文名词对照索引

参考文献

1. 吉燕. 全国计算机等级考试二级教程——MS Office 高级应用. 2018 年版. 北京: 高等教育出版社, 2017
2. 陈典全, 崔金梅. 计算机基础与应用. 北京: 科学出版社, 2016
3. 李凤霞, 陈宇峰, 史树敏. 大学计算机. 北京: 高等教育出版社, 2014
4. 周怡, 焦纯. 大学计算机——医学计算机技术. 北京: 高等教育出版社, 2014
5. 田朝晖, 王博, 金艳. 卫生信息技术基础. 2 版. 北京: 高等教育出版社, 2015
6. 周金海, 马凯. 计算机信息技术教程. 北京: 高等教育出版社, 2013
7. 刘创宇, 卓先德, 陈长忆. 大学计算机应用教程. 2 版. 北京: 清华大学出版社, 2013
8. 陈吴兴, 徐晓丽等. 计算机应用基础. 2 版. 北京: 人民卫生出版社, 2010
9. 黄国兴, 周南岳, 陈建军, 等. 计算机应用基础. 3 版. 北京: 高等教育出版社, 2014
10. 任蔚, 贾楠. 医学计算机基础. 上海: 第二军医大学出版社, 2016
11. 惠蓉, 唐瑞明, 朱月庆, 等. 计算机应用基础. 西安: 第四军医大学出版社, 2011
12. 冯启建, 钮靖. 计算机与卫生信息技术. 郑州: 河南科学出版社, 2014
13. 甘勇, 尚展垒, 何蕾. 大学计算机基础慕课版. 北京: 人民邮电出版社, 2016
14. 叶青, 钮靖. 计算机基础. 北京: 中国医药科技出版社, 2017
15. 章炳林, 赵娟. 计算机应用基础. 北京: 人民卫生出版社, 2016
16. 石忠、杜少杰. 计算机应用基础. 北京: 高等教育出版社, 2011
17. 山东省教育厅组. 计算机文化基础. 青岛: 中国石油大学, 2017
18. 黄新荣. Excel 2010 在会计与财务管理中的应用. 北京: 人民邮电出版社, 2017
19. 赖利君, 赵守利. Excel 2010 办公应用实例教程. 北京: 人民邮电出版社, 2016
20. Excel Home. Excel 2010 经典教程. 北京: 人民邮电出版社, 2017
21. 胡树煜, 张筠莉, 赵文硕. 大学计算机应用教程. 北京: 科学出版社, 2016
22. 胡树煜, 赵亮, 姚琳. 大学计算机应用实践教程. 北京: 科学出版社, 2016
23. 谢华, 冉洪艳. PowerPoint 2010 标准教程. 北京: 清华大学出版社, 2012
24. 杨继萍, 吴军希, 孙岩. PowerPoint 2010 办公应用从新手到高手. 北京: 清华大学出版社, 2011
25. 刘兹恒. 信息媒体及其采集. 2 版. 北京: 北京大学出版社, 2008
26. 崔发周. 信息技术应用基础. 北京: 清华大学出版社, 2012
27. 韩金仓, 侯振兴. 大学信息技术教程. 北京: 清华大学出版社, 2014
28. 刘丹丹. 医学信息检索. 北京: 人民卫生出版社, 2016
29. 赵文龙. 医学文献检索. 3 版. 北京: 科学出版社, 2017
30. 陈燕, 李现红. 医药信息检索. 2 版. 北京: 人民卫生出版社, 2013
31. 苏晓英. 浅谈研究生学位论文的学术价值及获取方式. 图书情报导刊, 2011, 21(9): 151-152
32. 蒋宇弘. 学位论文收藏现状与保存方式. 情报探索, 2010, (6): 85-87
33. 郭丹, 刘晓英, 刘炯, 等. 我国护理专利情报分析. 中国护理管理, 2014, 14(3): 236-238
34. 郭桂芳. 我国护理学研究生教育概述. 中华护理教育, 2015, 12(7): 485-489
35. 李明明, 王惠连. 近 5 年我国护理硕士学位论文状况分析. 中国实用护理杂志, 2011, 27(16): 69-72
36. 罗爱静, 于双成. 医学文献信息检索. 3 版. 北京: 人民卫生出版社, 2015
37. 王细荣, 吕玉龙, 李仁德. 文献信息检索与论文写作. 5 版. 上海: 上海交通大学出版社, 2015
38. 李鹏, 李昕. 浅析我国电子病历的发展现状. 中国病案, 2013, 5: 46-47

39. 王璞，蒋海泥，江文佳，等. 实现电子病历资源共享的障碍与对策探索. 中国医院，2017，21(2)：52-53
40. 郑琳，刘克新，赵永兰. 大数据时代的病案信息全文检索. 中国病案，2016，17(5)：34-35
41. 戴建陆，张岚. 信息检索. 北京：中国电力出版社，2012
42. 饶宗政. 现代文献检索与利用. 北京：机械工业出版社，2012
43. 周晓政. 医药信息检索与利用. 南京：东南大学出版社，2012
44. 徐云，张倩. 医学信息检索. 武汉：华中科技大学出版社，2015